阿圭罗
崛起之路

AGÜERO: Born to Rise

［阿根廷］塞尔吉奥·坤·阿圭罗
［阿根廷］丹尼尔·费雷斯科 著
苏锦 译

新世界出版社
NEW WORLD PRESS

AGÜERO: BORN TO RISE

Copyright©2014,Sergio Kun Agüero and Daniel Frescó

All rights reserved.

图书在版编目（CIP）数据

阿圭罗：崛起之路 /（阿根廷）塞尔吉奥·坤·阿圭罗，（阿根廷）丹尼尔·费雷斯科著；苏锦译 . -- 北京：新世界出版社，2016.9

（群星闪耀时：这个时代的足坛传奇）

ISBN 978-7-5104-5896-5

Ⅰ.①阿…　Ⅱ.①塞…　②丹…　③苏…　Ⅲ.①阿圭罗—自传　Ⅳ.① K837.835.47

中国版本图书馆 CIP 数据核字（2016）第 179311 号

阿圭罗：崛起之路

选题策划：	蒋　祥　邓东文
作　　者：	［阿根廷］塞尔吉奥·坤·阿圭罗　［阿根廷］丹尼尔·费雷斯科
译　　者：	苏　锦
责任编辑：	丁　鼎
责任印制：	李一鸣　高　金
出版发行：	新世界出版社
社　　址：	北京西城区百万庄大街 24 号（100037）
发 行 部：	（010）6899 5968　　（010）6899 8705（传真）
总 编 室：	（010）6899 5424　　（010）6832 6679（传真）
	http://www.nwp.cn
	http://www.newworld-press.com
版 权 部：	+8610 6899 6306
版权部电子信箱：	trank@nwp.com.cn
印　　刷：	北京旭丰源印刷技术有限公司
经　　销：	新华书店
开　　本：	710mm×1000mm　1/16
字　　数：	350 千字　印张：23.25
版　　次：	2016 年 9 月第 1 版　2016 年 9 月第 1 次印刷
书　　号：	ISBN 978-7-5104-5896-5
定　　价：	66.80 元

版权所有，侵权必究

凡购本社图书，如有缺页、倒页、脱页等印装错误，可随时退换。

客服电话：（010）6899 8638

在曼城的处子秀破门令我非常开心

我们在桉树贫民区的家，离野球场很近

六个月时的我，照片拍摄于 1988 年 12 月

两岁的我与父亲和他的朋友

我的四岁生日派对

1993 年，我在唐博斯克幼儿园

1993 年，我（最右）与洛马·阿莱格里队的队友

1993 年，我和姐妹们在幼儿园庆祝独立日

1995年，我随洛马·阿莱格里队获得人生第一座奖杯

1996年，我和朋友克里斯蒂安·福米加（左）随五月一日队捧杯

1998年，我（前排左二）和第一队的队友们

1997年12月,我和姐姐在圣餐仪式上,地点是家门口的球场

1998年,我(右)和埃米利亚诺·莫利纳同哥伦比亚门将法里德·蒙德拉贡

2000年,我为独立青年队效力,第一排拿球的就是我

2002年3月,13岁的我在独立第九队踢球

15岁时,我迎来阿甲联赛首秀,对手是圣洛伦索

2004年11月26日,我在与大学生队的比赛中打入在独立一线队的处子球

2004年,我身披9号球衣为阿根廷U17国家队效力

我在与德比死敌竞技队的比赛中破门,并将进球献给我在车祸中去世的好友埃米利亚诺·莫利纳

2005年，独立队传奇里卡多·博奇尼将10号球衣交给我

2007年，我在加拿大举起了世青赛冠军奖杯

2006年6月,我正式成为马德里竞技队的球员

2009年,马德里竞技以4-3战胜巴塞罗那,这是我为球队攻入的诸多进球之一

17 岁时，我帮助阿根廷 U20 国家队赢得了在荷兰举行的世青赛冠军

2010 年，我们在欧联杯决赛上击败富勒姆夺冠，同时取得了参加下赛季欧冠联赛的资格

我和我的儿子本哈明一同庆祝马德里竞技夺得欧洲超级杯冠军

欧联杯冠军对于我和马德里竞技球迷来说非常重要

在世青赛上,我获得了金靴奖,并且被选为最佳球员

2010年南非世界杯期间,我和母亲阿德里亚娜的合影

2008年的奥运会征程很成功,这张照片是我在庆祝半决赛对阵巴西的进球时拍摄的

我身披国旗,庆祝夺得奥运会冠军

我在对阵斯旺西的英超首秀中梅开二度,这是第一个进球

2010年世界杯,我和梅西庆祝伊瓜因的进球

我的父亲莱昂陪我参加加盟曼城前的体检

2010 年世界杯对阵希腊队

巴洛特利有时候很疯狂,但我跟他关系很好

特维斯是曼城的阿根廷球员之一

2011年10月，我们在老特拉福德6-1击败曼联，我进球了

我和曼城主帅曼奇尼关系很好

我攻入的对诺维奇的进球，成为2011—2012赛季英超的最佳进球

2011—2012赛季最后一轮,我在伤停补时阶段的进球帮助曼城夺得了44年以来的第一座顶级联赛冠军

2012年5月,我们夺冠的难忘瞬间。在打进制胜进球后,我脱掉上衣庆祝,队友们一拥而上扑到我身上

在伊蒂哈德球场,队长孔帕尼举起了英超冠军奖杯

我的父亲莱昂和儿子本哈明同我一起在球场上庆祝胜利

我的儿子本哈明出生的第 21 天

本哈明身穿独立队球衣

2013年足总杯半决赛，我的头球破门帮助球队挺进决赛

2013年，佩莱格里尼成为曼城主帅

另一个德比进球——2013年9月，我的进球帮助球队以4-1战胜了曼联

本哈明向我秀了他的签名

全家福

我和父母以及本哈明

除了足球，本哈明也喜欢高尔夫球

我和我的姐姐妹妹们

我和我的弟弟们,他们现在为独立青年队踢球

梅西和我拿着他儿子蒂亚戈的球衣——我们的关系非常亲密

我和网球明星纳达尔

我和萨巴莱塔打扮成蓝月亮圣诞老人

我为彪马拍摄广告

2013—2014赛季，我随曼城第二次夺得英超冠军

致我的父母莱昂和阿德里亚娜

致我的兄弟姐妹杰西卡、加比、梅拉、戴安娜、毛里西奥和加斯顿

致我的教父达里奥

致记忆中的埃米利亚诺·莫利纳

致我的教练们

致一直陪伴我的朋友们

致我的女友卡丽娜

致我的经纪人埃尔南·雷格拉

致我的职业生涯中所有的队友

致所有热爱足球的人

致我的祖国阿根廷

最后,致我的生命之光——我的儿子本哈明

目录
CONTENTS

I / 序

I / 自序

1 / 第一章　被庇佑的孩子

17 / 第二章　花园共和国

31 / 第三章　他的名字是塞尔吉奥

45 / 第四章　桉树贫民区

59 / 第五章　万事开头难

77 / 第六章　10号10岁了

93 / 第七章　阿韦亚内达独立俱乐部

115 / 第八章　球队基石

141 / 第九章　一线队首秀

167 / 第十章　梅诺蒂、梅西和莫利纳

191 / 第十一章　离别时刻

213 / 第十二章　从马德里到加拿大

231 / 第十三章　本哈明

261 / 第十四章　更进一步

291 / 第十五章　"市民"阿坤

323 / 第十六章　完美拼图

序

我仍然清楚地记得第一次见到塞尔吉奥时的情景。当然,那时候我不知道他是谁,也不知道他叫什么,更不知道我以后还会遇到他,并且会和他成为好兄弟。

在罗萨里奥,我第一次见到他。那是我加盟巴塞罗那后的一个七月,我和家人正趁着假期享受回家的时光。不久之前,我刚刚度过自己16岁的生日,我的生日愿望一如既往:有一天能够为巴塞罗那一线队效力。我知道这一天终将到来,所以我满怀期待。

毫无疑问,足球已经占据了我睡眠时间之外的每分每秒,那个7月的周六也不例外。那天晚上,我观看了联赛最后一轮的一场电视转播,对阵双方是独立队和圣洛伦索竞技队。

我几乎记不得关于这场比赛本身的任何事情了,但是我还记得导播将镜头给到了场上独立队的一个男孩儿,我想他一定和我年龄相仿。后来解说员说这个男孩儿才刚刚度过了他15岁的生日,这是他的处子秀,他刷新了阿甲联赛最年轻登场球员的纪录。这段记忆深深地刻在我的脑海中。那时,我没有记住他的名字和相貌,但是我清楚地记得有一个男孩儿在如此年轻的时候就迈出了重大的一步,而且那正是我一直以来的梦想——为一线队而战。

一年半过去了,我再一次见到了他,彼时我已经实现了为巴塞罗那一线队首发出场的愿望。那是在埃塞萨的阿根廷国家队集训基地里一次有趣的相逢。我知道这本书里提到了这个故事,所以我不会说太多细节。我只是想说,当时他根本不知道我是谁,而我也没有将他和那个15岁便得到一线队首秀的男孩儿联系到一起。

几个月之后的2005年6月,我们再度重逢,这一次是为了备战在荷兰举行的世青赛。在世青赛之前的集训中，我们越来越投机，从泛泛之交成为莫逆之交。在那届阿根廷U20国家队中，我们是最年轻的队员。塞尔吉奥只有17岁，而我正准备迎接自己18岁的生日。

  我该如何描述塞尔吉奥呢……他是一个拥有良好品质，并且值得信赖的男人。当你遇到挫折时，他会静静地聆听，告诉你他永远支持你，然后逗你开心。球场上的他，则应该用天赋异禀来形容。他是天生的赢家，是没人知道该如何去击败的对手。这是我们共同的特质，是我们多年来建立亲密关系的纽带。关于我们的故事，很多都发生在阿根廷国家队。为了他的、我的、我们共同的梦想，我们在国家队历经无数阳光和风雨。我相信，在未来我们还会经历更多，当然，我希望快乐比悲伤多。

  作为塞尔吉奥的朋友，我知道他的很多故事。我知道他对家人的尊重和支持，以及他为足球事业做出的非凡努力。所以，我很高兴他愿意通过这本书与我们一起分享他的故事，也很高兴成为他故事中的一部分。这本书有很多关于我们的故事，并且展示了真实的我们：虽然身处职业足球的顶端，我们仍然和每一个足球爱好者一样对足球充满渴望，仍然和孩提时代一样热爱足球。书中描写了我们在足球道路上一路走来的种种细节。更重要的是，书中还提到了我们共同的梦想，一切都不容易，但是值得争取。

莱昂·梅西

自序

我想，我永远也忘不了2012年5月13日那一天发生的一切。那是2011—2012赛季英超联赛的最后一场比赛。一个赛季的艰辛，成败在此一举。距离我们拿下44年以来曼城的第一座联赛冠军只剩下90分钟了。我们深知无论对于我们的支持者还是我们自己来说，这都是一场特别的比赛，因为我们必须取胜才能拿到联赛冠军。比赛前一天，我们下榻在曼彻斯特市中心的一家酒店。为了放松紧绷的神经，我和一些队友决定打牌。期间，我们偶尔张望对方，似乎都在想着第二天的比赛。我们的球迷已经等了太久了，一切的寄托都依赖于明天的胜利。尽管一切都和往常一样循规蹈矩，但是我们仍能感到不同的气氛，也许那是宿命的味道，也可能仅仅是紧张。像往常一样，我睡得很熟，但是第二天我仍然感觉有些不安。我希望比赛尽快开始，这样我们就可以赢得比赛，夺得冠军。

当时的情况有趣而疯狂，我们必须取胜才能夺得联赛冠军。我无法想象如果我们输了会怎么样，我大概会杀了自己吧！

好吧，也许这么说太夸张了，但是至少我感觉如果我们失败了，将万劫不复。这是属于我们的时刻，属于我们的时代，我们必须把握住它！这种感觉难以言喻，是我平生未有，且绝不想再度经历的。如果非要打个比方，我可以说这种感觉就好像被车轮碾压一般。

主教练曼奇尼的赛前演讲比平时简短不少。和每场比赛前一样，他宣读了首发名单，然后，却没有然后了。是的，此处无声胜有声，我们无需动员，只需走出更衣室，站到赛场上，做我们该做的一切。我们需要的只是赢、赢、赢！所以，曼奇尼也明白，在这种情况下，他没什么可说的。

随后又是一番赛前的例行公事，我们想尽办法让自己忙起来，从而进入状态。

肾上腺素爆表，我们紧张而又兴奋。显然，我们已经准备好为曼城书写历史了。我们没有退路，不能凭运气，也不能说抱歉。我们走过球员通道，进入场地，感受着与往日不同的气氛。

球迷美妙的欢呼声震耳欲聋。当然，这些在整个赛季无论高峰低谷都支持我们的球迷也同样焦急，因此，他们既兴奋又紧张。

这一天阳光明媚。在热身的时候，我能够清楚地感受到球迷们对冠军的向往，毕竟他们已经太多年没有尝到过冠军的滋味。

球场里的气氛实在太过紧张刺激，我也不可避免地深陷其中。如果你的内心不够强大，那么比赛还未开始，你的身心就已经被压垮了。所以，我们必须尽可能地振作起来。

终于，漫长的等待结束了，比赛正式开始。然而，我不得不承认，当时我的表现很糟糕，似乎一切都很不顺利，这令我非常不满。事实上，我的尝试全都失败了。那种感觉就好像是我的两只脚都变成了左脚（阿圭罗的惯用脚是右脚）！

我想拼尽才华，为球队倾我所有，但是，我越来越觉得自己像一个绊脚石。所以，当半场结束前保罗·萨巴莱塔首开纪录时，队里的每一个人都觉得解脱了。我为萨巴莱塔感到非常开心，因为多年以来，他都是我亲密的朋友。他非常努力，进球是他应得的，尽管他在100场比赛中也就能打入一两个进球吧！至少，他的进球说明他终于找到球门了。

于是，取得领先优势的我们在中场休息时心情大好，看上去一切都走上正轨了。我们要做的就是完成比赛，保持领先，履行使命。女王公园巡游者的防守很不错，这给我们带来不小的麻烦，这是我们早已预料到的。但是，他们的进攻可以说是一无是处。

然而，下半场比赛的进程却令我们措手不及。

女王公园巡游者改变了上半场死守的策略，开始释放进攻的力量，主动出击。显然，一球落后的女王公园巡游者急需一个进球，将双方拉回同一起跑线。所以，当他们进球的时候，比赛悬念再起。

肖恩·赖特-菲利普斯为德吉布里尔·西塞送出一记长传球,乔莱恩·莱斯科特头球解围失误,只能眼睁睁地看着西塞在禁区边缘劲射入网。突然间,紧张的气氛又回来了,我们必须再进一球。

　　几分钟之后,场上又发生了意外之事。我看到卡洛斯·特维斯倒在地上,便跑过去看个究竟。事情看上去有一些失控了。特维斯站起身来之后,怒斥乔伊·巴顿是"臭牛奶",这在西班牙语里用来形容过激的人。谁是谁非,你们还是自己评判吧!

　　我并不知道之前发生了什么,但是我注意到巴顿越来越激动了。于是,我走过去安抚特维斯,以防他因为做出不理智的反应而被红牌罚下。我对巴顿说,他需要冷静下来,而他却认为我在挑衅,其实我只是想平息事态罢了。我想巴顿一定是以为我在用西班牙语咒骂他。

　　当主裁判向巴顿出示红牌后,他趁着下场踢了我一下。我完全不明所以,这些日子以来,我一直想知道这到底是为什么,因为我所做的一切只是为了避免矛盾升级。

　　好吧!现在比分是1-1,距离全场结束还剩下30分钟,我们处于不利的形势。我们多打一人,但是他们完全可以用全部的9个人专注于防守。人数优势并没有起到作用,因为我们踢得实在太糟糕了。我们根本找不到空间,也不能形成突破,多打一人似乎并没有什么好处。更糟糕的是,10分钟之后我们又被打进一球,这次破门的是吉米·麦基。

　　我们垂头丧气,对手罚下一人似乎让事情变得更糟。我们明明应该轻松取胜,事实却并非如此。我们的美梦成了噩梦,而且完全醒不过来。

　　时间一分一秒地流逝。下半场进行过半,曼奇尼换上了两名前锋埃丁·哲科和马里奥·巴洛特利,换下了另一名前锋特维斯,这让我松了一口气,因为被换下的前锋不是我,我还有机会进球。主教练同时派出了三位声名赫赫的前锋,然而我们却在场上疲于奔命。我们多想灵光一现取得进球,可惜我们没有。

　　我们的球迷目瞪口呆,似乎已经接受我们又一次把事情搞砸的现实。过去,我们曾经在很多关键时刻让球迷们失望了,我们有一个不太好听的绰号——"典型的曼城"。但是，比赛还没有结束，我们仍然在抗争所谓的"宿命"，我们绝不会认输。

第四裁判举起了补时牌，比赛还剩下5分钟。我想，一切都完了。我们怎么可能在5分钟里打进两个球呢？这是白日做梦，结束了，结束了。此时的我只想远离球场，能多远就多远，然后痛哭一场。

我们唯一的机会就是定位球，因为我们的阵地进攻已经瘫痪在对方的铜墙铁壁之下。就在此时，命运女神朝我们招手了。伤停补时第二分钟，大卫·席尔瓦主罚角球，哲科头球破门将比分改写成了2-2。我想，也许我们还有机会！

这粒进球极大地鼓舞了我们的士气，但是我们必须再进一球，而留给我们的时间已经不多了。我满脑子想的都是我要进球，进球！我要赢得比赛，夺取冠军，这是我们几个星期以来一直期盼的啊！直觉告诉我们，冠军是我们的！当我们输给阿森纳的时候，曼联已经领先我们8分，而当时联赛只剩下6轮，看上去夺冠没戏了。可是，我们却接连追回分数，而曼联则频频丢分。我们离最后的胜利那么近，如果没能抓住机会，那将是毁灭般的打击。我们怎么能让这样的事成为现实呢？

当马里奥经过我的时候，我马上告诉他离我近一点儿，因为对方防守的密度太大，我们根本没有空间。我说我们可以来一个二过一配合，或者他护住球并摆脱防守，将球传给禁区边缘的我，也许会有机会。

比赛已经进行到第95分钟，我们没有时间了，要么放手一搏，要么遗憾终生。我们得到了一个界外球的机会，罚球队员狠狠地将球扔进场内，很显然他希望将球扔得越远、越靠近球门越好，但是这并不是我们队踢球的一贯风格。我们必须坚持一直以来给我们带来胜利的原则。我回撤很深，接过尼热尔·德容的传球，并且将球向前传到马里奥附近。我用外脚背将球传出去，可惜马里奥在接球时遇到了麻烦，他摔倒了。但是马里奥在摔倒的同时奋力一推，球又回到了我的脚下。我已经找不到射门的空间了，但是我找到了突入禁区的机会。

我带球突破塔耶·塔伊沃，同时我的右脚感受到了对手的接触。电光石火之间，我必须决定是继续带球还是摔倒以博取一个点球。可是这个接触太轻微了，所以我决定继续带球。就在此时，我一直以来期待的机会来了，我必须把握住它。所以，我竭力用我最强大的足球技巧将球射出，祈求它能破门。

我记得我看着球应声入网，随后是一片山呼海啸声，然后一切都变得模糊起来！我脱下了上衣，疯狂地一边旋转球衣一边奔跑，我如痴如醉了。我知道，比赛结束了，这个进球帮助我们赢得了冠军奖杯，但是直到我的队友将我扑倒在地，告诉我他们爱我时，我都如梦似幻，头脑一片空白。我还记得马里奥抓住我大喊："你这个大傻瓜，我太爱你了！"

比赛还剩下一点点时间，因此我们还要到中圈开球，但是我根本想不起这些事了！我只记得我们的球迷欢呼、歌唱、冲进场内，但是我仍然有些云里雾里，"到底是怎么回事？"球迷们一拥而上，我获得了无数的拥抱、示爱和感谢，但是我知道此时我还没从那个进球缓过神儿来。回想起来，那时我太激动了，我觉得我太傻了！我本可以好好庆祝进球，好好应对狂喜，但是我做得不够潇洒。我们最终赢得了比赛，但是是以最为戏剧性的方式，我想我们每一个人都已经精疲力竭了。

经历90分钟的煎熬和5分钟的狂喜后，回到更衣室里的我已经疲惫不堪，我只想安静地坐下，整理一下思绪。但是很显然，狂欢才刚刚开始，我又怎会扫兴。我们将啤酒和香槟泼得到处都是，搂着奖杯不停地拍照，此外，俱乐部已经为我们准备好了一个盛大的派对。

沐浴更衣之后，我打开了手机，几百条祝贺信息蜂拥而至。我在阿根廷国家队的每一个队友都发来了信息，从门将到替补，无一遗漏。回复所有信息恐怕要花上三天三夜，于是在国家队再度集训时，我找到每一个人当面致谢。

随后，我见到了我的父母。很显然，每一个人都喜不自胜，而我却有点儿迷茫：有必要这么大惊小怪吗？哈哈，因为那时候我还迷迷糊糊的呢。我的家人和我们全队一起吃了晚饭，我母亲和每一个人都喝了一杯，直到第二天，她还因宿醉而显得有点儿兴奋，要知道她平时很少喝酒。那天晚上,她一直不停地说着,显得非常开心,而我的父亲也是如此。

回家的路上,每个人都在车上唱着笑着,而我却因为不明原因十分淡然,这让我有点儿心烦意乱。我甚至开始纳闷,为什么大家要这么兴奋?

当晚入睡之前,我上网观看了我的进球视频。直到第二天早上醒来,我才真正意识到那场比赛发生了什么。吃过早饭,我便观看了比赛集锦,听到了解说员激动的声音。当我看到全世界使用各种语言的解说员都为之癫狂时,才明白那是一个多么神奇的进球。我尤其喜欢马丁·泰勒的"阿圭罗罗罗罗"!

我还在电视节目中看到了狂喜的曼城球迷,毫无疑问,这个进球及冠军奖杯将被记载于俱乐部的历史中,因为我们已经太久没有夺得过联赛冠军了。

第二天,曼彻斯特市中心举行了盛大的夺冠游行。在这里,你将感受到我们赢得的冠军有多么重要,感受到我的制胜进球拥有多大的价值。我们在游行巴士上又唱又跳:"冠军!冠军!"球迷们都围到巴士周围,看着他们开心的笑容,真的令我十分满足。在那几个小时里,我感觉自己简直就是好莱坞巨星。不过,现在我可是有夺冠经验的人了,我保证,下次再夺冠时,我一定会表现得又淡定又绅士。谢天谢地,没过多久我就等到了机会。夺冠游行这天令我终生难忘。

很小的时候,我就知道自己是为足球而生的,我甚至从未想过为什么。对我来说,一切很简单:我只是想踢球而已。无论我身在何处,队友是谁,对手又是谁,只要有球踢就好。很长时间以来,只要有比赛我就会加入。不管在草地、泥地还是石灰地,一切都只关乎于开心。

我在足球方面的成长来得十分自然,甚至可以说太快了,快到很多时候我都懵懵懂懂。比如,第一次在阿根廷足球甲级联赛亮相时,我只有15岁,事实是当时我根本没有意识到打破最年轻的球员出场纪录意味着什么……但是,我享受每一刻!即使现在我经历得越来越多,那种喜悦也能陪伴我多年。

独立队是我永远的羁绊,马德里竞技队是我在欧洲的第一站,而后来我加盟了曼城队,在短短的时间内收获了很多。我享受这一切经历,更不用说我还幸运地入选了阿根廷各年龄级别国家队，得到了为国征战的机会。

随后，我突然想到我应该写一本书，将我这些年来的经历都写入其中。现在，我完成了。我必须承认，在完成这本书的过程中，我出书的本意有些渐行渐远，而我却没有发觉。这一页又一页写满我人生故事的书让我明白，我的生命由一个又一个大事件连接起来，如果其中任何一个环节出错，那么我将不会是如今的我。我父母的努力奉献、教练们的悉心指导、好心人的帮助支持，这一切都是那么重要，让我可以后顾无忧，专心地投入到我的足球梦想之中。

所以，在这本书的撰写过程中，对过往细节的回忆让我明白一切努力都是值得的，事情的发生并非偶然，并且都有它背后的原因。这就是为什么我坚持认为"我的故事"应该从很久以前说起，那些鲜为人知的故事对我来说十分重要，因为它们印在了我的人生道路上，定义了我的特性。我的人生道路并非一帆风顺，但是正因为我知道我是谁，因为我没有忘记过去，所以我才变成了更强大更优秀的自己。

因此，在随后的故事中，你不仅会看到我出生之后的故事——每个人降临于世都是一个独特的故事——你还将看到我出生之前的故事，看到我父母在阿根廷图库曼省生活时的故事，这些为我随后的人生轨迹做了一个不小的铺垫。

接下来，书中描写了我的童年和青少年时代，当然，绝大部分内容仍然紧紧围绕着足球。书中展现了很多细节，甚至在我们决定出这本自传时，我都没有想到我可以还原出如此多的故事。

2009年，我第一次有了出自传的想法，于是我们和著名记者丹尼尔·费雷斯科会面并商讨了这件事。5年来，我和丹尼尔在马德里、布宜诺斯艾利斯以及曼彻斯特进行了很多次会面，期间我们事无巨细地聊了我人生中每个阶段的故事，这样，书的框架便完成了。接着，丹尼尔访问了对我的人生和竞技生涯起着重要作用的人，最后，他细致地研究了所有材料，给了这本自传最强大的基础。

对于丹尼尔的专业精神，我非常感激。此外，丹尼尔真实地还原了我的观点和思想。除此之外，我们之间的信任和默契也深得我心，这也促进了一本完美自传的完成。

非常荣幸，我有机会参与整本书的完成过程。在此期间我认识到，这本书是一本公开的赞歌，它蕴含着我对许多人的谢意。包括每一个参与到我人生各个阶段，耐心而善意地回忆诸多往事，帮助我们完成调研的人。我的家人、朋友、队友、教练、经纪人都参与其中，他们的名字也将在书中出现。在这里，我要对他们付出的时间和精力表示最真诚的感激。

一开始，我们并不知道这本书记录的终点会是什么，甚至不知道它什么时候会出版，但是我们根本不需要知道，毕竟万物变化，无须强求。在本书英文版发行前一年，西班牙文版已经发行，我们将书的完结定格在我绝杀女王公园巡游者的比赛。因为，这是我人生中一个阶段的完结。我帮助曼城夺得了44年以来的第一个顶级联赛冠军，这对于我和很多人来说意味着太多太多。所以，以此为终点对于我的第一本自传来说是一个完美的结局。

然而，在英文版出版的过程中，我决定在其中增加我在曼城的第二个赛季和第三个赛季的故事。

做出这个决定不仅仅是因为在出版前曼城又取得了新成就，也是因为在此期间，我更加坚定了我的想法，这也是我来到曼城之初就有的想法：曼城就是我的理想之地，在这里我将得到成长，不管是作为一个男人还是一名球员。

当我决定到英超踢球时，我确信我来到了世界上最出色的联赛之一。从我很小的时候，英超便吸引着我。甚至在玩电子游戏的时候，我都会选择英超的球队。是哪一支球队？你将会在书中找到答案……

在23岁的时候来到英格兰并加盟曼城是一个正确的决定。因为对于我来说，投身于高水平比赛是非常重要的，这是我真正所需要的。在这里，我在一个非常职业的联赛效力，这里充满我需要的挑战。而且，从一开始曼城就为我提供了在足球世界我所需要的一切。而球迷呢？我只能说我词穷了，他们是妙不可言的。从我来到曼城的第一天，我就感受到了他们强大的支持，除了努力在赛场上踢出更完美的比赛，我无以为报。幸运的是，我和我的队友已经做到了。三年来，我们已经夺得了两座联赛冠军奖杯、一座社区盾奖杯和一座联赛杯，这简直超乎我的想象。

因此，在曼城度过的时光和我人生中的其他阶段一样重要，对我来说，将其记入我的自传是出于对俱乐部的尊重和感激。许多人说，我是曼城伟大历史的一部分。当然，这令我感到自豪。而我要说，曼城也是我的故事中重大而有意义的一部分。曼城给了我巨大的成就，这种自豪感将陪伴我一生。

举个例子。这几年来，每当我来到伊蒂哈德球场，我都能看到关于我绝杀女王公园巡游者的进球的巨大海报。我不仅看到了我自己，我看到的是"我们"。照片中有球队的工作人员，有我那些为冠军奋力拼搏的队友，还有为我们付出一切支持的球迷。那些面孔让我想起我为曼城征战的每一场比赛，以及夺冠那天球迷们冲进场中，一同庆祝久违的冠军的场面。我可以感受到他们对足球的热情。

从很小的时候我就知道，当我付出一切并战斗到最后一刻的时候，我终将得到回报。而在曼城，我的这一想法得到了印证。尽管在过程中充满焦虑和不安，但是最终成功的喜悦赋予了我们的生命更多意义。"我们将战斗到最后一刻"不仅是曼城的格言和圣歌，更是曼城的象征。即使在最艰苦的环境下，曼城依然永不言弃，这家俱乐部赋予了"信念"一次更强大、更广泛和更深远的意义，没有人知道如何击败它们。最重要的是，在曼城，每个人都相信一切皆有可能。

在自序的结尾，我一定要表达我对足球本身的感激之情。无论过去还是未来，我生命的意义都源于足球。我相信你也认为足球是世界上最美好的事物，它唤醒了我们，感动了我们，给予我们激情。随着时间流逝，我已经成长为一名职业球员，但是我对足球的热爱仍然同孩提时代一般。对足球的热爱本身是我人生最大的动力。

最后，我要特别将本书献给我的儿子本哈明。本哈明是我的生命之光，当我看着他的眼睛时，我仿佛看到了过去的自己。我希望他能从本书中得到启发，就像我曾经从我父母身上得到的领悟一样。对于我的目标，我的父母从不横加干涉，是他们给了我生活的热情。

塞尔吉奥·坤·阿圭罗

曼彻斯特 – 布宜诺斯艾利斯

2014 年 7 月至 8 月

第一章 被庇佑的孩子

让我们先回到 1987 年 11 月。此时莱昂内尔·德尔·卡斯蒂略与阿德里亚娜·阿圭罗夫妇以及他们的小女儿杰西卡已经搬到布宜诺斯艾利斯三个月了，他们终于在首都拥有了自己的家。这一家三口从位于阿根廷南部的家乡图库曼省而来，为了前途，他们放弃了未竟的梦想，带着挥别故土的苦涩，向着新的生活迈进。

理想很丰满，现实很骨感。莱昂一家人住在勉强栖身的小屋里，家徒四壁。没过多久，莱昂与阿德里亚娜的第一个儿子降生了，住三人都勉强的小屋又添了一人。这个小男孩儿被昵称为"阿坤"，这个名字被男孩儿一直保留着，直到多年以后，小男孩儿成为球场中众人瞩目的巨星，但仍然喜欢被人们唤作"阿坤"。阿坤一家的生存环境非常糟糕，他们居住的地方位于布宜诺斯艾利斯的贫民窟，这里被称为"毒品之都"。

尽管对贫民窟的治安状况惶惶不安，但是年轻的莱昂和阿德里亚娜明白，为了节省开支，他们必须在此地扎根，因为他们连最基本的生活开销都难以满足。事实上，除了乐天的精神和对未来的渴望，他们什么都没有。这一年，阿德里亚娜刚满 17 岁，而莱昂也只有 19 岁。

阿坤一家住在大布宜诺斯艾利斯都会区拉马塔萨地区的贡萨雷斯 – 卡坦，这里是首都附近人口最密集的地区，120 万居民生活在 305 平方公里的土地上。他们寄居在莱昂继兄弟家的一个小房间。这里紧邻着一条泥土路，夏天满是灰尘，冬天泥泞不堪，而最近的一条柏油路则有 400 米远。

更糟糕的是，小房间 50 米远之外有一条叫拉斯比波拉斯的河。每当下雨的时候，这条河就成了阿坤家简陋住房的巨大威胁。莱昂和阿德里亚娜花光了自己本就不多的存款，才在朋友的帮助下建起了四面墙——也就是他们所谓的房子。实际上，由于资金不够，莱昂和阿德里亚娜甚至买不起足够的砖瓦。于是，他们只好将砖旋转90度，用薄的一面砌成了房子。莱昂和阿德里亚娜戏称自己的房子是"反向屋"，但是不管怎么说，房子也算是顺利完工了。这间房子有多简陋呢？首先，屋顶是用金属薄片搭建的，买来的水泥只够铺地面而无法糊墙面。其次，房间只放得下一张双人床和一张小床，还有一个用砖块和木头搭起来的简易衣柜。一个二手的液化气灶是莱昂和阿德里亚娜为数不多的财物之一，然而也只有一半能用，于是另一半上面被放置了杯子和盘子。除此之外，他们全部的财产就是一张野餐桌和配套的椅子，折叠放在一个运输箱里。在房子外面，他们挖了一个坑，用来当作卫生间。

如你所知，阿坤家附近的环境不好，治安情况也很恶劣，为数不多的积极因素就是附近的一块野草地①。每个周末，莱昂便会到草地上踢足球，足球是莱昂最大的爱好。尽管场地条件糟糕，但是热爱足球的人们仍然会在每个周末聚集于此。不管当地哪支球队需要强援，莱昂都会加入其中。其实，踢这样的比赛还有些小钱可赚，莱昂出色的球技成了他赚外快的能力。对于莱昂来说，这并不算新鲜，当年他在图库曼省也是这么做的。

虽然莱昂没能实现他成为一名职业球员的梦想，但是，他至少可以凭借自己的足球天赋多赚上几个比索。莱昂的正式工作是在南部伯纳尔的面包房打工，可是他在那里能得到的收入非常微薄。

阿德里亚娜不停地忙着家务事，以此忘却自己离家之后喜忧参半的纠结。对于阿德里亚娜来说，离开家乡并非一帆风顺，而定居首都也是颇费周折。她总是会想起离家的那天，当她已经踏上离乡的火车时，她的父亲仍然在乞求她不要离开。而当火车开动之后，她的父亲甚至跪在站台上哭起来……这个场景在她的记忆中是如此清晰，恐怕至死难忘。在很长一段时间里，她总是想起自己在离家当天泪流满面的样子。

这只不过是人生挫折的冰山一角罢了。大城市的灯红酒绿令人迷茫，

---

① 野草地：Potreros，阿根廷当地被民间用来踢野球的场地，这种场地没有特定的标准，一般是长有少量野草的泥土地。——译者注。如无特殊说明，本书脚注均为译者注。

周边地区的混乱乖张令人恐惧。不断扩张的布宜诺斯艾利斯是南美洲继墨西哥城和圣保罗之后的第三大城市，拥有无数背井离乡又孤立无助的年轻人。如今，阿德里亚娜已经决定在这座城市同莱昂和杰西卡一起展开新生活，一个注定艰难，但无可非议的新生活。即使在逆境中，阿德里亚娜也坚信自己做出了正确的选择。

多年以后，阿德里亚娜已经可以乐观地看待初到布宜诺斯艾利斯时的种种艰难，她常以一种乐观的心态回顾往事。阿德里亚娜还记得第一次到达雷迪诺火车站时的情景，她的表现正如一个天真懵懂的乡村女孩儿：在乘坐自动扶梯时她摔倒了，摔坏了一只鞋的鞋跟，因此她不得不一瘸一拐地走完剩下的路。

幸运的是，阿德里亚娜拥有不可动摇的决心，信念带领她一路向前，带领她耐心地跨越通往目标的道路中的每一个困难。比如，他们在布宜诺斯艾利斯的第一个家中并没有自来水，他们别无选择，只能拿上两个20升的容器，到100米外的邻居家用水泵抽水。当然，真正的困难在于回来的路上，不过阿德里亚娜并不关心水的重量，她只是心疼仅仅15个月的小杰西卡要跟在她身边，一步一步地蹒跚走着。

不过，那时候的阿德里亚娜还不知道，她有重要的理由避免进行重体力劳动：其实她已经怀孕两个月了。阿德里亚娜的经期不是很准确，除此之外她并没有任何不适，所以一开始她根本没有意识到自己怀孕了。直到十一月底，她才开始怀疑自己是不是有了身孕，于是她到冈萨雷斯－卡坦医院进行了化验。一周之后，医院确认她已经怀上了自己的第二个孩子。听到这个消息，莱昂表现得很冷静，他告诉阿德里亚娜不要担心未来，只要彼此陪伴，问题终将得到解决。是的，莱昂和阿德里亚娜一点儿都不畏惧，尽管他们的房子不够住，银行里的钱也不够花。

"看到莱昂如此冷静，我就更放心了。如果他没问题，那么我就没问题。"阿德里亚娜说道。

这时候的阿德里亚娜只关心两件事，而事实证明她的预感只对了一半。首先，她认为自己已经生下了女儿杰西卡，那么第二个孩子将会是一个男孩儿。事实证明，她猜对了。但是她的第二个预感就不怎么准确了。由于怀孕并产下杰西卡的过程非常顺利，让阿德里亚娜认为自己的第二次生产也不会伴随任何并发症。可惜这一次她猜错了。在阿坤出生前的几个月，莱昂和阿德里亚娜遭遇了许多挫折，好在他们并没有被挫折击垮，反而重新变得更加坚韧了。这段经历让他们体会到了努力和牺牲的真正价值，而在未来，他们将这些宝贵的品质传承给了他们的儿子阿坤。

2005年9月11日星期日，大布宜诺斯艾利斯都会区阿韦亚内达市"红军"独立队主场，独立队对阵竞技队，比赛进行到了下半场第38分钟。

这一天，17岁的阿坤向着独立队的伟大名宿里卡多·博奇尼、阿尔塞尼奥·埃里科以及维森特·德·拉·马塔的成就又迈进了一步。第38分钟，处在本方半场靠近中线位置的阿坤接队友马丁·保塔索的传球，将球向左边线带去，趁竞技队后卫马丁·维塔利不备将其甩开。阿坤的注意力高度集中，犹如一只猎食的猛兽。他见前方空当很大，便果断地带球向对手禁区进攻。凭借速度优势和场上空当，阿坤很快接近对方禁区。当直面对方另一名后卫迭戈·克罗萨的拦截时，阿坤突然做出一个假动作，失去平衡的克罗萨眼睁睁地看着阿坤突入禁区。顽强的克罗萨又追了上来，而阿坤再一次躲避了他的铲断。接下来，阿坤再度做出假动作，让克罗萨以为他将用自己的惯用脚右脚射门。来不及反应的克罗萨失去平衡单膝跪地，而阿坤竟然转向左侧，直面门将古斯塔沃·坎帕诺洛左脚大力射门，皮球应声入网。阿坤的这一记经典进球将场上的比分改写成了4-0，独立队的球迷欣喜若狂，而阿坤则脱下上衣，露出写着"为了你，埃米利亚诺·莫利纳"字样的背心。埃米利亚诺是阿坤的好友，两个月前因为意外而去世。阿坤在13秒内奔袭52米，打入了这一记传奇进球。

【祸不单行】

1988年是阿坤出生的那年。对于整个阿根廷来说，这一年的开始并不顺利。为了抑制通货膨胀，维持经济稳定，劳尔·阿方辛政府实行"奥斯特拉尔计划"，而这一计划的副作用在 1988 年开始显现。奥斯特拉尔是阿根廷当时通用的货币，被用来代替该国曾经的货币比索。在最初发行时，1 奥斯特拉尔相当于 80 美分，而到了 1988 年 2 月，该货币迅速贬值，6 奥斯特拉尔才相当于 1 美元。同一个月，曾经的阿根廷国民偶像、世界重量级拳王卡洛斯·蒙松因谋杀自己的妻子艾丽西亚·穆尼兹在马德普拉塔市被捕。同样是在马德普拉塔，3 月 5 日，著名演员阿尔贝托·奥尔梅多在马拉尔 39 号从 11 层坠楼身亡，人民因此普遍陷入悲痛之中。在这个混乱的时期，连天公都不作美。三月份的布宜诺斯艾利斯两度深陷百年不遇的暴风雨灾害中，不少人因此丧生。

自然灾害影响到了每一个人，尤其是贫困居民和住在低洼地区的居民，而住在冈萨雷斯－卡坦地区的阿坤一家就是身处困境的典型例子。由于临近拉斯比波拉斯河，这里的 17 万居民都处在危险当中。此外，根据非官方机构的说法，这里也是污染最严重的区域之一。第一次暴风雨发生在 3 月 11 日，仅仅一个小时降雨量便达到了 115 毫升，数千居民被疏散出大布宜诺斯艾利斯都会区，好在这一次积水随着降雨的进行及时排出。

"水已经没过膝盖了。"莱昂回忆道，"我们将家具抬到高处，抓住高高的架子躲避积水。想象一下这个场景吧，再加上阿德里亚娜正怀着六个月的身孕。这一次我们依靠信念挺过去了。但是第二场大雨情况更糟，我们很快就扛不住了。"

古人云：祸不单行。两星期之后，布宜诺斯艾利斯的居民又经历了一次堪称大洪水的灾难。3 月 25 日的清晨和晌午，100.9 毫升的降雨量再一次袭击了阿根廷首都，受灾区域包括首都和布宜诺斯艾利斯省的大部分地区。

暴雨造成河水不断上涨，洪水已经不可避免。受灾地区两万名群众得到疏散，5 人在灾害中死亡。当局宣称拉马塔萨地区受灾情况严重，并动用军队力量协助孤立无援的群众撤离。然而，该地区包括莱昂和阿德里亚娜在内的 2000 名居民拒绝撤离，因为他们担心被不法分子趁火打劫。

"我们以为这一次会和前一次的洪水一样，但是几个小时过去了，积水仍然在上涨。所以我们又将全部的家具放到高架上,这一次连阿德里亚娜和杰西卡也躲了上去。"莱昂说。

"洪水涨得越来越快,而且并没有泄洪的趋势。"阿德里亚娜补充道,"我们将一张床搭在高架上,我大着肚子和杰西卡躺在上面。莱昂在下面为我们的小女儿准备牛奶。我们想自己解决问题,但是这不可能。"

确实不可能。第二天,也就是3月26日,天气情况更加糟糕了,又一次100毫升降雨量的大雨倾泻而至,灾难的情况进一步加重。彼时,官方宣布遇难人数已达13人,疏散撤离人数则达到了4.2万人。到周日,总降雨量已经达到了330毫升,死亡人数上升到24人,而疏散撤离人数则攀升至5.7万人,他们中的绝大多数都来自大布宜诺斯艾利斯都会区的各个地区。拉马塔萨的受灾情况尤其严重,该地区60%的面积受到洪水的影响,70%的路面泥泞不堪。莱昂、阿德里亚娜和杰西卡成为该地区5000名被疏散群众中的成员。

"当积水达到1米深时,我们只能选择离开。"阿德里亚娜回忆道,"依我看来,我们别无他选。我们必须忘记对抢劫的恐惧。后来,莱昂帮助我和杰西卡逃离了房子。"

电视和新闻媒体报道了救灾情况:消防员们乘着充气筏和救生艇穿过受灾地区,为受灾居民提供帮助。媒体同样也报道了灾民的受灾情况:灾民们乘着临时建造的交通工具,携带着所能带上的一切财物逃难。一幕幕的画面上,灾民们的表情绝望而痛苦。道路封锁,3万户居民失去电力供应,10万部电话线路损坏,20万居民受到直接影响。政府首先要面临的问题就是如何安置受灾群众,最终,公立学校成了大部分受灾居民暂时驻扎的地方。贫困的家庭携带着稀少的财产进入学校,在这里他们得到了政府以及工会援助的食品和床垫。莱昂和阿德里亚娜先是到了一个援助中心,随后又立刻被转移到附近的一所宗教学校。

积水造成河流水位上涨,尤其是列康吉斯达地区和拉马塔萨地区,这两个地区的河流流经大都会区的大部分地区。这意味着即使暴雨停止,洪水也要几日之后才能退去。

"降雨在第三天就停止了,但是洪水消退却花了很长一段时间。我们和很多其他家庭一样,睡在援助的床垫上。没人知道自己什么时候可以回家。"阿德里亚娜和莱昂说。他们永远不会忘记那个三月,或者说他们也难以忘记之后的几个月,因为更多的苦难和不确定还在等着他们。多年以来,他们总是记得还未出世的阿坤所经历的危险。

【强制休息】

重返家园的喜悦并没能持续太久。回家之后,莱昂和阿德里亚娜正在清算家中财产的损失,突然,阿德里亚娜感到一阵宫缩,她的羊水也破了。此时阿德里亚娜刚刚怀孕六个半月,她担心自己的孩子保不住了。于是,她马上赶到冈萨雷斯-卡坦医院进行全面检查。诊断之后,医生说她的孩子有50%的可能早产,而该医院没有能够处理这项手术的医疗仪器。最终,阿德里亚娜转院到弗朗里斯区的皮尼罗医院。由于公共卫生服务资源不足,大都会区附近的很多病人都要到城市公立医院看病,这并不算罕见。

转院倒是还算不上什么周折,但是当阿德里亚娜和莱昂辗转两趟公交车和一趟火车,历经三个小时,精疲力尽地到达皮尼罗医院时,医生对他们说的话就更令人担忧了:阿德里亚娜不仅有早产的可能,而且还必须留院观察。

医生向阿德里亚娜和莱昂做出了解释:对于产妇和新生儿来说,尽可能地延长孕期对两者都有好处,这是为了最大限度地降低早产的可能性,并且减小其带来的负面影响。

莱昂和阿德里亚娜没有足够的时间去理解所谓的诊断,他们实在是既震惊又害怕。他们必须用最短的时间考虑清楚接下来该怎么做。他们的家人太远了,帮不上忙,而他们在当地几乎没有朋友。他们必须靠自己,也只能靠自己。

最主要的问题是如何照顾杰西卡,因为杰西卡不能跟随妈妈一直待在医院。他们只得拜托邻居照顾杰西卡,而另一些时候则由莱昂将杰西卡带到工作的面包房照看。他们本以为这只是短期计划,没想到最后这样的日子持续了很久。

阿德里亚娜住在医院一层的三间产科病房中的一间，这里由维多里奥·蒙特韦德医生管辖。病房简陋但干净，房间墙壁的下半部分铺满淡黄色的瓷砖，上半部分则刷着黄色的油漆。房间里有6张黄色的床，被已经生产和等待生产的产妇占据着。独自待在房间的时间非常难熬，阿德里亚娜感觉自己快要被孤独感压垮了。

"医生让我做什么，我就做什么，因为我希望我的孩子一切平安，这是我最大的心愿。但是，他们连厕所都不让我去。我独自一人，而且太年轻了。我当时只有17岁，而且人生地不熟。我只有莱昂，那段日子太艰难了。"阿德里亚娜回忆道。在那段时间中，阿德里亚娜和外界唯一的接触机会就是透过房间的三扇窗户看一看医院里的院子。

皮尼罗医院创建于1917年。尽管经历过重装和重建，这家医院仍然展现着布宜诺斯艾利斯旧式公立医院的糟糕一面。医院的布局仍然和几十年前一样：最前方是主体区域，是行政中心的所在地，从这里可以俯瞰巴雷拉大街。主体之后是急诊中心，其后侧有一个70米长、40米宽的矩形院子，院子周围则是病房。院子的左右两侧是门诊楼和精神病病房。在院子右侧的尽头，面对着主要病房的狭窄房间就是产科病房。在住院的第一周，阿德里亚娜与外界唯一的联系就是眺望院子中的风景，她看着院子中的水泥长凳，看着树叶从绿转黄，看着夜猫肆意地跑跳。事实上，院子中昏暗的景象并不能让阿德里亚娜开心起来。

阿德里亚娜几乎整日卧床。每一天，谨小慎微的护士为她送来食物并叮嘱注意事项，而医生则会按时为她检查身体。在孤零零的病房里，这些是她仅有的陪伴。

"我是唯一一个长期住院的病人，其他病人都是临产产妇，没过多久就生下孩子，带着刚出生的宝宝离开了。我几乎整日以泪洗面。除了孤独和担心肚子里的孩子，我还很担心杰西卡。夜晚更加难熬，直到我勉强入睡，艰难的一天才终于过去了。"阿德里亚娜回忆道。

慢慢地，阿德里亚娜终于不用整日卧床休息了——尽管情况也差不了多少。医生同意她在房间里走动。每天下午 4 点到 5 点，当莱昂来探视时，她便可以在丈夫的陪同下到院子里散步。

"如果我说我不想莱昂，那自然是骗人的。从住院的第一天开始，每个下午我都在窗前凝望，直到我看到莱昂。他每天都来。因为医院不允许他进病房，所以我会缓慢地走出病房，走下台阶，到院子里和他相见。莱昂和我肚子里的孩子是那段时间里我唯一的依靠。"直到今天，在谈起这些事时，阿德里亚娜的脸上都满是对丈夫的骄傲和认可。

"那时我在伯纳尔的面包房工作。每天下班之后，我就会去医院看望阿德里亚娜，然后去冈萨雷斯－卡坦接杰西卡。但是我也经常先去接杰西卡，然后带着她去医院看望她母亲，这样阿德里亚娜和杰西卡就有更多时间相处了。"莱昂说。

无论当时还是现在，莱昂都认为他的辛苦是应该的，根本不值一提。

"我愿意照顾好我的妻子和孩子，而且这也是我的责任，所以我就这么做了。"莱昂说。

我和我的父母一直非常亲近。从我记事起，我的老爸就一直伴我左右。无论我去哪儿踢球，他都会跟着我。我从未告诉过他，他给了我一种安全感。当时我还是个孩子，当事情不顺利时，他也会紧张，但是他从来不给我压力，而是教会我要学着用自己的力量解决问题。关于如何解决球场上的问题，他曾经给了我很多好建议，他是一个真正的足球人。有时候，他会给我一个心照不宣的眼神，我便知道我要逃了，因为我妈要惩罚我了。每当我犯错误时，我妈惩罚我的方式就是不让我踢球。我的妈妈是世界上最好的妈妈，她很善解人意。她只是对我管教甚严，当然这是因为她爱我。我知道我的父母为了我和这个家庭牺牲了很多，我永远不会忘记他们所做的一切。

——塞尔吉奥·阿圭罗

【阿根廷奇迹】

出院遥遥无期，这倒是给了阿德里亚娜足够的时间学习关于青春期妊娠、分娩和早产的知识。阿德里亚娜常常观察同病房那些濒临生产或者刚刚产子的产妇，并与她们进行交流，她还从孕妇图书馆借了很多书籍和杂志以便学习。这可并不是一件容易的事。她将所有时间都用来阅读、观察和提问。于是，这位焦急而充满好奇的青春期女孩儿学习了关于分娩的不同类型、急救、母乳哺育、照顾婴儿的一系列知识，尽管在这一年的5月11日，她才刚满18岁。不过在学习这些知识的时候，她并没有预料到当她自己面临生产的时候，这些知识帮助她做出了重要的决定。

"住院的三个月，我遇到了数不清的案例。从没人陪伴的年轻妈妈到在生产中进行外阴切开术的产妇，再到通过剖腹产生产的产妇，这些案例都帮到了我。"阿德里亚娜说道。

阿德里亚娜的回忆十分清晰，只有一点她记错了。实际上，她只在医院住了不到两个月，而不是三个月。然而，住院的日子太过煎熬，以至于显得冗长，这让阿德里亚娜的记忆出现了偏差。她实际住院的日子应该是四月初到五月底，而她出院时距离预产期只有15天了。彼时，阿德里亚娜已经将关于分娩的一切知识都熟稔于心。能够出院，她很开心。

阿德里亚娜不仅没有早产，而且还可以出院了，她可一点儿都不怀念医院。虽然已经怀孕八个半月，但是回家心切的她看起来身轻如燕。而当阿德里亚娜回到家时，她发现因洪水破损的房屋早就被丈夫莱昂修缮好了：墙壁内壁重新刷了水泥，并且安置了防水措施。这下子，她更开心了。

"在经历了这一切之后，能恢复正常生活真是如释重负……你完全无法想象，当我又可以照顾杰西卡，可以洗衣做饭，可以打水之后，我有多么开心。"说到这里，微笑爬到了阿德里亚娜脸上，她的脸上有着和她儿子一样的酒窝。

6月2日凌晨3点左右，阿德里亚娜开始感到越来越频繁的宫缩。到了6点，阵痛更明显了，于是她对正准备出门上班的莱昂说明了情况。莱昂决定留下来，因为他也感觉孩子马上要出生了。

由于症状还不算特别明显，因此阿德里亚娜决定整理家务，就像她每天所做的一样。早上 8 点 20 分，气温只有 3.4℃，这是一天中最冷的时候，而阿德里亚娜仍然在洗衣服。

快到上午 10 点的时候，阿德里亚娜终于意识到自己真的要生了。她生怕耽误一点儿时间，恨不得立刻赶到皮尼罗医院。好在过去几个月中，莱昂每天都去医院看望妻子，他一手抱着杰西卡，一手拿着包，轻车熟路地带着阿德里亚娜前往医院。这条路他走过很多次，但是这一次，他的心情和以往任何一次都截然不同。当时，阿德里亚娜已经不能正常地行走，所以尽管莱昂很着急，但是他仍然放缓脚步等待妻子。他们走过四个街区，来到主干道，在短暂的等待后登上了 96 路公交车。10 分钟之后，他们到达冈萨雷斯 – 卡坦火车站，乘上通往市区的贝尔格拉诺 – 苏尔线。45 分钟后，他们到达了布宜诺斯艾利斯的维拉 – 苏达第站。

"打车是行不通的，我们没有那么多钱。不过，即使在宫缩时我也很镇定。我还记得一路上我都在吃吉事果①。"阿德里亚娜说。但是，从冈萨雷斯 – 卡坦到苏达第的 10 站路对于莱昂来说显得有点儿漫长，他看上去很焦虑。为了缓解情绪，他甚至去瞄邻座乘客的报纸。假若当时他真的看得下去的话，他会看到这些头条新闻：里根和戈尔巴乔夫举行峰会；阿根廷政府向英国建议重启双边会谈；南大西洋六年冲突；美元与奥斯特拉尔的汇率已经达到 1∶9.40。另外，他还会看到阿根廷竞技队凭借最后时刻的进球逼平河床，取得了在南美超级杯上对阵巴西球队克罗塞罗的机会。不过当然了，莱昂的心思根本没在报纸上，他只希望尽快赶到医院，越快越好。

从苏达第站下车后，他们搭乘 76 路公交车到医院旁边的弗洛里斯公墓下车。离开家将近三个小时后，他们才赶到医院。

终于，只剩下到皮尼罗医院的一小段路程了。莱昂和阿德里亚娜进入弗洛里斯公墓的大门，穿过巴尔巴斯特罗大街，接下来距离医院所在的巴雷拉大街只有 200 米了。令人心烦的是，最后这段路是上坡路，连普通人都会感到不便，更何况是一名快要临盆的年轻女士呢？此时，阿德里亚娜

---

① 吉事果：churros，西班牙甜甜圈，一种以面粉为基料的油炸小吃。

第一章　被庇佑的孩子

最初的镇定早已消耗殆尽，而莱昂太着急了，以至于抱着杰西卡的他疾步匆匆却毫无知觉。他大跨步走在前面，而他怀孕的妻子举步维艰、连连喘息。有几次，阿德里亚娜呼唤她的丈夫不要走得太急，莱昂便回过头来走到妻子身旁，尽量耐心地和虚弱的妻子保持同样缓慢的步伐。

他们走过医院附近的建筑，避开医院周围的栅栏。带着极大的不安，莱昂再一次快步向前，头也不回地冲到医院大门。保安注意到慌张不安的莱昂，拦着他并询问他的去处。"这是我的妻子。"莱昂紧张地说，"她快要生了。"保安惊讶地看着莱昂，因为他身边根本没有任何女人，更别说是临盆的女人了。

"他走得太快了，我落下了有100米。突然，我看到医院大门处有人冲我打手势。那是莱昂，他站在医院保安身边，示意我快一点儿。"阿德里亚娜说。莱昂就等在大门处，阿德里亚娜刚到，莱昂便迅速向急诊病房走去。阿德里亚娜熟悉这家医院，也清楚自己的位置。所以，她穿过急诊病房和庭院，沿着合作社走到尽头另一侧的产科病房。然而，太过匆忙的莱昂却走错了路。

时间到了下午3点，阿德里亚娜正要爬楼梯。即使她紧握着熟悉的黑色扶手，这27级她走过许多次的楼梯仍然是巨大的障碍。终于，她来到二层并左转进入待产室，值班的医生接待了她。迟到的莱昂只能坐在等候室，而此时阿德里亚娜已经躺在待产室的床上了。护士为她打上了催产的点滴，她感觉平静多了，即使宫缩给她带来阵阵疼痛。

尽管有些头晕，但是她告诉自己坚持住就好了。然而，医生随后却带来一个不幸的消息：孩子胎位不正，这种情况无法正常分娩。医生建议用产钳矫正孩子的胎位。"不，不要用产钳。"阿德里亚娜回应道，她的回应显得十分有力。尽管经过一路颠簸的她非常疲惫，再加上她本来还是个孩子，但是她仍然坚持自己的主见：不要用产钳。

"我在住院期间看到和听到了许多案例，产妇和护士都有跟我提起过。而且，我看到过用产钳协助生出的孩子，他们都快被压碎了……我可不喜欢那样……我在书里也看过类似的案例。尽管在某些情况下，使用产钳完全不会造成不良影响,但是我不会让我的孩子去冒险。"如今回忆起来,阿德里亚娜仍然显得十分笃定。

医生解释道,如果她不同意使用产钳,孩子的锁骨就会受伤,而且他们还需要使用会阴切开术在她身上切开三四个切口。"如果孩子的锁骨很容易治愈,那就这么办吧,没问题。至于我,你们需要开多少切口就开多少切口,但是不要用产钳。"阿德里亚娜坚持道。医生向她再三确认,孩子的锁骨几天之内就会痊愈,而且不会留下后遗症。阿德里亚娜同意了医生的方案。几分钟之后,孩子出生了,出生时间为 15 点 23 分。

"你生了一个漂亮又健康的男孩儿。"助产士热情地对阿德里亚娜说。阿德里亚娜已经精疲力竭,她用力撑起身子想要看孩子,这个让她牵肠挂肚的孩子。阿德里亚娜果然看到一个男孩儿,和她刚刚怀孕时所预料的一样。她是那么的确定,甚至已经为孩子购置了浅蓝色的小衣服。

医生打断了沉浸在喜悦中的阿德里亚娜:"con un pan debajo del brazo."这是阿根廷一种古老的祝福方式,意思是这个男孩儿将会给他的父母带来好运。阿德里亚娜坚信这位她并不知道如何称呼的医生已经看过她的病例,知道她之前住院的病史。其实,阿德里亚娜到医院的时间并不长,医生不可能有时间去查阅她的记录。这时,阿德里亚娜坐了起来,她轻轻地将孩子抱在怀里。她和她的宝贝需要一段安静温馨的相处时间。

抱起孩子的那一刻,阿德里亚娜感到自己在发抖。医生为她和孩子进行了初步检查,随后吻别母子俩,并祝他们好运。在护士的照料下,阿德里亚娜忍不住想起医生的预言。在她的脑海中,许多场景飞快闪过:她和莱昂四年前在图库曼省相识的场景;在决定来到布宜诺斯艾利斯之前,他们一起度过的艰难时光;被大水冲毁的房子和紧急撤离;为了安胎在医院度过的时光,以及二人担心肚子里宝宝的健康。当孩子出生后,他们最大的恐惧终于消失了。阿德里亚娜想,医生说得很对,这个孩子是被幸运之星庇佑的。

在经历诸多挫折之后,孩子能如此健康地出生真是一个奇迹。阿德里亚娜暗自想着,这个孩子降临于世一定是上帝的旨意。这个帅小伙身长 59

厘米，体重9磅11盎司（约4.39千克），他健康、强壮而又坚韧，拥有一头浓密的头发。再次确认孩子的健康后，阿德里亚娜想到了还在等候室焦急等待的莱昂，她希望莱昂能马上看到他的儿子，越快越好。她又一次想到医生的话，禁不住笑了起来："Un pan debajo del brazo。"

  2012年5月13日星期日，曼彻斯特伊蒂哈德球场。这是该赛季英超的最后一轮比赛，曼城和女王公园巡游者的比赛已经进行到93分20秒。

  时间精确到秒。在这个下午，比赛的声音和画面通过转播技术传向了世界各地，无数人一起见证了曼城史诗般的夺冠，这是他们时隔44年第一次获得英格兰顶级联赛冠军。阿坤凭借最后时刻的进球成为足球传奇。在争冠焦灼期间，曼城曾经落后榜首8分。而在这一天，他们有机会拿到冠军，却与噩梦只有1分47秒的距离：如果本场比赛打平，那么他们的同城死敌曼联就会拿到联赛冠军。在比赛刚一开始，曼城曾经凭借着保罗·萨巴莱塔的进球取得领先。但是，为保级而战的女王公园巡游者十分坚强，他们在少打一人的劣势下逆转了比分，伊蒂哈德球场熙熙攘攘的人群几乎尽数显露出沮丧和悲伤。但是，91分13秒，波黑射手埃丁·哲科接西班牙球员大卫·席尔瓦罚出的角球头球破门，将比分改写为2-2。此时，比赛已经进入补时阶段，而主裁判麦克·迪恩给予本场比赛的补时时间为5分钟。毫无疑问，哲科的进球带给了曼城一道光，而微弱的希望随后竟真的成为现实。阿坤凭借自己射手的本能、出色的天赋和毕生所学的足球技巧，从戒备森严的禁区杀出一条血路。7秒钟，他如变魔术一般让压抑的人群爆发出纯粹的喜悦。93分13秒，阿坤接德容的传球，做出假动作晃过对方后卫，用外脚背将球巧妙地传给了巴洛特利，寻求一个二过一配合。背身拿球的意大利球员巴洛特利摔倒了，他尽最后的努力用右脚将球传回给跟上的阿坤。阿坤以一脚世界级的触球突破塔伊沃，随后用右脚大力射门，皮球洞穿了帕迪·肯尼把守的大门。一个进球，决定胜利，决定冠军，它被载入历史，它被铭记于心。阿坤还不到24岁，这是他在英超的第一个赛季，在欧洲踢球的第六个年头。来自全世界的哭泣和敬意一起涌向阿坤，那一瞬间他仿佛看到了一切：他对足球的热爱，球迷们的激情，他的过去、现在以及未来。

第二章 花园共和国

图库曼省雨水丰沛，适合植被生长。因此，这个阿根廷最小的省份被称为"花园共和国"。1984年秋天，一场大雨制造了一次偶遇。这次偶遇播下了神奇的种子，随后种子生根发芽，长成震惊世界的果实。

对于阿德里亚娜·阿圭罗来说，这个秋季同往常一样平凡。这年5月11日，阿德里亚娜刚满14岁，她和双胞胎姐妹安娜莉亚的责任就是照顾弟弟们：9岁的鲁道夫、5岁的雷内、4岁的双胞胎兄弟丹尼尔和沃尔特。阿德里亚娜的父母通常不在家，因为他们要把大量的时间花在工作上。阿德里亚娜的父亲是省政府的勤杂工，而母亲则是一名用人。

当父母外出工作时，阿德里亚娜就留在家里做家务，还要给弟弟们做饭。做家务活很辛苦，但是阿德里亚娜从来不抱怨。通过观察母亲和邻居做饭，小小年纪的阿德里亚娜已经是烹饪专家了。周日是阿德里亚娜最开心的一天，仿佛一周的辛苦都得到了回报。这一天母亲不需要外出工作，所以她会在家里做炸肉排和意大利面。对于孩子们来说，这就是至高的美味了。

照看小孩子是一项非常锻炼人的工作。为了保证弟弟们不惹是生非，阿德里亚娜必须建立权威。只要弟弟们一犯错，阿德里亚娜就会马上训斥一番，一般情况下，她不会让事情发展到失去控制的地步。为了维持秩序和整洁，阿德里亚娜还养成了重视细节的习惯，比如冬天的时候，她要确保火炉前有栏杆，以免某个小淘气烫到自己。

这一天和往常并没有什么不同，阿德里亚娜在家里洗衣服。洗完衣服后，她要到后院晾衣服。从出生开始，阿德里亚娜就住在图库曼省圣米格尔镇马索地区的奥耶多斯街上。阿德里亚娜家的房子很小，后院和邻居紧紧相连，两家仅靠低矮的铁丝网分隔。她抱着一堆洗好的衣服朝晾衣绳走去，因为潮湿，衣服比平时更重一些。天刚刚下过雨，由于走得匆忙，她没有注意到路面的湿滑。刚走出几步，她便失去平衡，摔倒在泥泞中。

阿德里亚娜满身都是湿漉漉的泥土，更糟糕的是，她那一大堆衣服都白洗了。不过这一切都比不过铁丝网外邻居家院子里传来的笑声更令她恼怒。当阿德里亚娜挣扎着坐起来时，看到一个男孩儿正因为她的窘境而大笑，虽然这笑声中并没有恶意。

阿德里亚娜注意到大笑的男孩儿比她稍长几岁，但是她并不认识他。她知道新搬来的邻居有几个女儿，但是并没有听说他们有儿子。她的自尊心受挫了，她并没有回头看男孩儿，而是忍住气愤开始晾衣服，就好像什么都没发生过一样。她对自己说，不要让这个插曲毁了一天的好心情。但是，其实阿德里亚娜内心的气愤并没有真正消除，她对这个嘲笑自己的陌生人满怀介意。不久之后，她知道了那个男孩儿的名字——莱昂内尔·德尔·卡斯蒂略，他是新邻居夫妇的长子。

可以说，初次见面的意外给两人的关系蒙上了一层阴影。阿德里亚娜一直没有忘记那阵嘲笑声，而同时，莱昂内尔却想对邻居家的女孩儿进行进一步了解，当然他也知道，这一次他必须展现魅力。

后来，这段不甚美好的偶遇引发了一段恋情，图库曼的雨水带来的缘分生根发芽，二人从两小无猜到相伴一生。在此后的人生中，他们也经历过小雨的困扰，却从未遭遇暴雨的滂沱，他们二人的牺牲、慷慨和奉献都得到了回报。上天赐福于他们七个孩子中的第二个孩子，让他继承了父母全部的美好品质，并且在一个聚焦全世界目光的舞台上证明了自己。

2002 年 7 月 20 日星期六，圣大非省罗萨里奥市罗萨里奥中央预备队球场，正午 12 点 18 分。

比赛正值午餐时间，阿坤奉献了一场盛宴。在独立青年队参与的一场阿根廷国内锦标赛上，阿坤迎来了他人生中第一次具有重要意义的绝杀。主队罗萨里奥中央的主帅是埃尔·罗霍，比赛的比分长时间定格在 1-1，但是独立队的第九梯队 (1988 级) 需要一场胜利才能捧起冠军奖杯。下半场比赛的 30 分钟已经耗尽，补时的 3 分钟也仅仅剩下了 30 秒。独立队正在奋力压上，突然间，罗萨里奥中央得到了反击机会，他们的三名攻击手突破到了前场，向布鲁诺·莫拉施压。此时，莫拉是门将埃米利亚诺·莫利纳身前唯一的屏障，情况十分危急。好在莫拉完美地拦截了对方的进攻球员，消除了对方的反击威胁，并且将球快速传给5号球员奥拉利亚纳。随后，皮球转移到了阿坤脚下，他抢在对方中场队员之前控制住了球权，带球向前跑了一段距离，甩开了对方一名球员。随后，阿坤将球传给了接应的16号球员。此时，赫塞·索萨正在右路示意传球。他接到球后加速冲刺，声东击西晃过了一名后卫，用左脚将球传向中路。中路的阿坤领会了队友的进攻意图，他抢先对方门将和后卫一步，一脚触球后将球送进了大门。球场沸腾了，到处是欢呼声和音乐声。独立队的明日之星实现了自己的承诺。这是阿坤第一次参加青年锦标赛，也是他获得的第一座冠军奖杯。阿坤开始在赛场上掀起惊涛骇浪，这时候他才刚刚度过14岁生日。在这个罗萨里奥的午后，阿坤第一次尝到了荣誉的滋味，而在接下来的日子里，他将获得更多的荣誉。

【足球小子】

阿德里亚娜完全不知道她的邻居家有一个儿子，因为邻居一家搬来后，她从来没见过他，也没听说过关于他的任何事。事实上，莱昂内尔很少待在家里。所以阿德里亚娜更容易见到他的父亲胡安·卡洛斯、母亲布兰卡以及妹妹爱丽丝和克劳迪娅。胡安·卡洛斯是一位受人尊重的农业机械厂钎焊工。而布兰卡则是全职家庭主妇。彼时，莱昂内尔还是个小男孩儿，他将全部的热情都献给了他的真爱：足球。莱昂内尔白天基本都不在家，不管哪块场地有球赛，他都要去踢上一场。

1968年8月7日，莱昂内尔出生在布宜诺斯艾利斯。5岁的时候，莱昂内尔一家决定回到他们的故乡图库曼省。1311公里的距离对于小莱昂来说完全不是问题，他马上习惯了图库曼的生活，甚至有了图库曼的口音，适应了这里独特的"R"的颤音。在图库曼省圣米格尔的胡利奥9号街社区，莱昂内尔的整个童年都在锻炼自己的足球技能。

20世纪70年代，阿根廷人民依然能感受到重大的政治和制度危机，这种影响动摇了整个国家。

普通民众的日常生活受到了持续的军事独裁的影响，革命分子游击队占领了图库曼省的丘陵地区，随后又被所谓的"独立行动"铲除。此外，著名的胡安·多明戈·贝隆将军结束在西班牙的流亡回归，并就任总统，随后去世；1976年的军事政变以及随后残忍的军事独裁造成了许多人的死亡和"失踪"。图库曼省的人口密度为每平方公里50.7，是阿根廷国内仅次于布宜诺斯艾利斯的人口密度大省。在此期间，图库曼省70%的糖厂停产，造成了巨大的经济危机。在当时，制糖工业是图库曼省的主要经济活动，糖厂的停产意味着大批民众面临失业，并且可能背井离乡。

不过，那时候莱昂内尔还是个孩子，并不会关注政治问题，他只专注于在家附近的草地上提高自己的速度和过人技术。8岁的那一年，莱昂内尔遇到了图库曼省圣米格尔最神秘的人物之一——唐·古奇诺。唐·古奇诺是维拉·乌尔基萨区青年队的教练，他的球队以冷静的控球闻名，并且战绩出众。唐·古奇诺灌输给他的队员们这样的理念：踢球要让自己快乐，也要为别人带来快乐。在这样的足球哲学下，他的球队总能掌控胜利。唐·古奇诺毫不犹豫地邀请莱昂内尔加入他的球队。莱昂内尔真是太幸运了，加入这支球队意味着他有机会进入附近最好的足球学校，并且能遇到令自己受益匪浅的教练们。除了唐·古奇诺之外，莱昂内尔的另一位重要的教练是安东尼奥·埃斯科巴。埃斯科巴以发掘天才球员而闻名，而他最大的特点是乐于为小队员们提高身体素质、道德素质和知识水平。

埃斯科巴有一家汽车修理店，坐落在阿亚库乔街和乌尔基萨将军路的角落，距离著名的独立广场只有几个街区。埃斯科巴经常放下修理店的工作，把时间投入到管理球队中。埃斯科巴对莱昂内尔所在的1968级梯队格外在意，因为他的儿子托尼也在这支球队中。托尼是一名优秀的守门员。由于埃斯科巴的经济条件比队里大部分球员的父亲都要好，所以他常常开着自己的车到周围贫困的邻居们家里，接送队里的球员。尽管有一些球员的父母并不信任埃斯科巴，不愿意让他来接孩子，但是他乐此不疲。

"他们都是好小伙儿，谦逊又慷慨。"32年以来，埃斯科巴一直这样说，"但是他们都是工人阶级家庭的孩子，他们的父母既没有钱也没有时间，不能每周末送他们去踢球。"莱昂内尔就是这样的一个男孩儿，幸运的是他遇到了埃斯科巴，这个愿意牺牲自己的工作时间带他去踢球的人。

在球队中，埃斯科巴从来不会偏袒任何一名球员，但是他确实很喜欢莱昂。"他是一名天赋很高的球员。"埃斯科巴毫不掩饰地说，"他是一个天生的射手，在禁区中神出鬼没，并且非常勇敢。他是我见过的最好的前锋。有这样天赋的孩子不多，你明白吗？"埃斯科巴的儿子托尼习惯称呼莱昂"狂人"，这是莱昂的绰号。"狂人是独一无二的，他会穿裆过人，会用假动作晃倒你。在他面前，对手的防守形同虚设。当狂人进球的时候，他会疯狂地大笑。"托尼回忆说，那个时期的莱昂还比较瘦弱，但是也足够和对手进行对抗了。"他的左右脚技术都很好，射门技术也很高。"

乌尔基萨大街1968级足球队没有自己的主场，也不隶属于任何一家俱乐部，甚至在不同的时期，这支球队的名字也不尽相同。球队有时以赞助队员球衣的赞助商为名，有时以邀请他们代表自己参赛的俱乐部命名。球队最为人所知的名字是"足球小子队"，这个名字来源于球鞋赞助商的品牌弗伦西多。在20世纪70年代，这个品牌的广告和衍生的漫画非常流行，他们的广告语是"为了聪明的小球员"。

在那段时光里，男孩儿们唯一在意的就是为每周末的比赛做好准备。不过在他们10岁的那一年，一件事儿分散了他们的注意力，那就是1978年在阿根廷本土举办的世界杯，男孩儿们期待球队能在祖国捧起冠军奖杯。很可惜，图库曼省并不是世界杯的承办地，于是莱昂和他的朋友们只能守候在电视机前，生怕错过任何一场比赛。塞萨尔·路易斯·梅诺蒂的球队令整个国家兴奋，尽管这支球队缺乏有潜力的新星，而且迭戈·马拉多纳还只有17岁。在第一轮小组赛中，阿根廷战胜了乌拉圭和法国，输给了意大利。在第二轮小组赛中，阿根廷战胜了波兰，与巴西打平，并且在最后一场小组赛中以6-0"屠杀"秘鲁，这场大胜振奋了球队的士气。在决赛中，阿根廷以3-1战胜荷兰，捧得世界杯。看着丹尼尔·阿尔贝托·帕萨雷拉捧起大力神杯，看着阿根廷的球员们光荣地绕场一周，莱昂如痴如醉，他幻想自己有一天也能身临其中。那时候他绝对想不到，像梅诺蒂、马拉多纳这些遥远的名字，有一天会真实地参与到他的生活中。

　　我确信，父亲的童年经历让他在足球方面更能理解我。我总是想踢球，想参加所有我能参加的比赛。有时候我必须借住在教练或者队友的家里，这样我才能在第二天参加比赛。每当遇到这种情况，父亲总是很理解我，因为他不希望我像他一样错过参加顶级比赛的机会。所以，当他意识到我足够出色时，他决定倾其所有帮助我成为职业球员。在他27岁的时候，他放弃了一直参与的周末联赛，因为他要带我去各地参加比赛。父亲总是伴我左右，以前我曾以为这是理所应当，但是当我长大之后，我发现并不是每一个父亲都能做到这一切。前阵子我回老家图库曼时，父亲的一个老朋友对我说，我太幸运了，我拥有他从未得到过的。换句话说，我能走到今天是因为我的父亲一直在我身边，恰到好处地支持着我。

——塞尔吉奥·阿圭罗

　　图库曼的美好回忆让人终生难忘，尤其是足球小子队在当地青少年赛事上拼搏的那段时光。一个又一个冠军全都是队员们惊人天赋的证明。1979年10月，图库曼省最大的两家俱乐部之一的图库曼圣马丁队迎来了建队70周年纪念。在此期间，他们发行了名叫《我们的俱乐部》的杂志，杂志里报道了足球小子队夺冠的故事。这篇报道的标题是《前卫足球最伟大的胜利》，内容是关于联合国教科文组织在国际儿童年举办的一届青少年足球赛事，这届赛事的冠军正是足球小子队。报道中有一张冠军队伍的照片，照片上的莱昂只有11岁。在报道附录的该项赛事射手榜上，我们可以看到莱昂·德尔·卡斯蒂略以24球高居榜首。

　　男孩儿们想要在足球世界更进一步，则必须达到规定年龄，才可以注册成为图库曼圣马丁队的职业球员。经过严苛的测试后，通过者将注册在图库曼足球联盟总部旗下。队里第一个成功注册的是托尼·埃斯科巴，他于1983年7月7日注册。第二个便是莱昂，他于1983年8月2日注册，这一天距离他的15岁生日只有5天了。莱昂注册成为第32843号运动员，他的名字被写在第 12 卷第 224 页上。不久之后，足球小子队的大部分球员都注册成功，他们在圣马丁队重逢，并且以少年队时期的精神继续战斗。在接下来的两年，他们蝉联图库曼联赛的冠军。图库曼联赛有 50 支球队，其中 30 支球队被归类为 A 级。比赛通常十分艰难，但是在胜利的支撑下，莱昂和他的队友们梦想着更遥远的辉煌。

然而，世事无常，这支队伍的队员们最终难以抵抗分道扬镳的宿命。在圣马丁预备队中，莱昂尽力训练，却最终因为一系列的挫折和与教练的误会离队。他曾经尝试过到其他地方找机会，但是却无功而返。莱昂发现自己缺乏经验，并且很难在其他球队重新注册。托尼·埃斯科巴的梦想也破灭了，他永远地收起了门将手套，再也不守门了，甚至连地区联赛也不愿意参加。每个人都有了自己的新生活，他们甚至很少再有联系。

多年以后的 2001 年，托尼·埃斯科巴已经 33 岁了。有一天，他童年时期的好友"狂人"莱昂来拜访他。莱昂已经定居布宜诺斯艾利斯多年，这一次是回图库曼探亲。老友重聚之际，莱昂告诉托尼他的一个儿子在竞技青年队踢球，这是阿根廷足球甲级联赛[①]中最大的俱乐部之一。

这个孩子真的太年轻了，他的跑步姿势令托尼感到熟悉。托尼注意到这名年轻球员的突破方式很特别，很令对手头痛。托尼喜欢观赏他自信的过人和精致的打门，这一切都令托尼回忆起青少年时期，他的队友"狂人"莱昂的踢球方式。这个孩子可能更多地进行了力量训练，他看起来更强壮一些，不过和莱昂还是很像。托尼想，也许这就是他老朋友的儿子。这个孩子有一个奇怪的绰号——阿坤。但是他的姓氏并不是德尔·卡斯蒂略，而是阿圭罗。托尼想了一会儿，终于明白了。

这个年轻球员正是莱昂的儿子阿坤，他才刚满 16 岁，便为独立一线队出战。相比于父亲的姓氏，人们更熟悉他母亲的姓氏——阿圭罗，在随

[①] 阿根廷足球甲级联赛是阿根廷国内最高级别的职业联赛，类似英格兰的超级联赛和西班牙的甲级联赛。

后的故事里，我们将解开这个谜团。在确认阿坤就是莱昂的儿子后，托尼感到非常兴奋和骄傲。为阿根廷顶级联赛球队效力，这是当年的队友们都没能实现的足球梦想，现在终于由队友的儿子实现了。很明显，阿坤继承了莱昂的足球天赋，尤其是老足球小子队的冒险精神和适应能力。

托尼也知道，这个男孩儿一定经历了和当年足球小子队的球员们一样的艰难岁月。

艰难的日子总会过去，因为他们对足球纯粹的爱。只要遇到一片开阔地，组织一场比赛，他们便又快活起来。那些为了参加比赛而借住在邻居家的日子，那些互相关心、互相照顾的日子，那些比赛到夜里的日子，那些完全为荣誉而战的日子，都因对足球的热爱而幸福。这是一段漫长的旅途，旅途中伴随着牺牲和期待。他们梦想着参加顶级联赛，梦想着坐满观众的球场。然而，托尼不知道的是，这一切都仅仅是开始。在年复一年的努力之后，阿坤来到了更高的舞台，有了自己独特的感悟。阿坤继承了父亲莱昂的梦想，从"花园共和国"走到了世界中央。

2004年11月26日星期五，布宜诺斯艾利斯独立球场。独立队对阵拉普拉塔大学生队，比赛进行到上半场第22分钟。

又是一个属于阿坤的奇迹之夜。在这一天，阿坤展现了他在预备队中早已显现的才华，他没有辜负希望之星的称号。2003年，年仅15岁1个月零3天的阿坤在阿甲联赛登场，打破了马拉多纳和卡洛斯·特维斯保持的阿根廷职业足球联赛最年轻的参赛者的纪录。而放眼全球，阿坤第一次参加顶级职业联赛的年纪也小于贝利、罗纳尔多、劳尔和梅西。这是阿坤第二次为独立队首发出场，比赛进行到第22分钟，他的球队正以0-2落后。正在这时，阿坤在大禁区前沿中路得球，瞬间就完成了射门。这一脚射门让人联想起了何塞·奥马尔·帕斯托里萨和丹尼尔·贝尔托尼。阿坤的射门如猛虎出笼，"嗖"的一声越过门将埃雷拉，直挂球网左上角。这是阿坤在阿甲联赛中的第一个进球。这一年，阿坤16岁，穿着20号球衣。没过多久，他便接过了10号球衣，这是阿坤命中注定的号码，也是独立队名宿博奇尼穿过的号码，在不久的未来，阿坤将证明自己确实配得上博奇尼穿过的 10 号球衣。

【离开的时候到了】

在图库曼圣马丁队注册几个月之后,莱昂和他的家人一同搬到了 11 号马索社区。这一年,莱昂 15 岁,足球似乎将带给他一个光明的未来。这时候,一次意外的滑倒和一次偶然的相识发生了,莱昂认识了邻居家的女孩儿阿德里亚娜·阿圭罗。莱昂是从里卡多·华雷斯那里听说女孩儿的名字的。华雷斯绰号"卢克",因为他的名字和 1978 年世界杯上阿根廷的主力球员莱奥波尔多·哈辛托·卢克有相似之处。卢克比莱昂年长两岁,虽然他在足球方面缺乏天赋,但是却对绿茵场充满热情。莱昂刚搬到新家就和卢克成为了好朋友。除非万不得已,莱昂和卢克总是形影不离,一直到今天,他们的友谊从未间断。

卢克在莱昂和阿德里亚娜的关系中扮演着重要的角色,因为他家距离阿圭罗家只有两房之隔。事实上,莱昂很少有机会追求阿德里亚娜。一方面,阿德里亚娜的父亲鲁道夫非常严厉,总是要控制女儿生活的方方面面。不过,这倒不是不能克服的困难,因为阿德里亚娜总是独自在家做家务,莱昂还是有很多机会和她接触的。问题是,阿德里亚娜还没有忘记"滑倒事件",她几乎对莱昂不理不睬。

阿德里亚娜生活中的大部分精力都投入到照顾弟弟们身上。在为数不多的闲暇时间里,阿德里亚娜都致力于她的新爱好:女子足球,这项运动突然之间就在圣米格尔的女孩儿中流行了起来。巧合的是,阿德里亚娜的教练正是卢克。"她一般出任球队的右边锋,"卢克回忆道,"但是我必须承认,她的双胞胎妹妹、我们的 10 号球员安娜莉亚要更优秀。"

莱昂家门前有一块草地,男孩儿们经常在这里踢球,后来,女孩儿们也将这里选为自己的场地,不过她们只能在男孩儿们不踢球的时候使用,可是这种时候并不多见。莱昂家最大的特点就是紧挨着这样一片草地,而在随后的很多年,莱昂和阿德里亚娜搬过很多次家,每个家也都紧挨着这样一片草地。"滑倒事件"发生的一年后,阿德里亚娜和莱昂在市中心经历了一次邂逅。从这时起，阿德里亚娜"再也不想见到他"的心声逐渐散去，她被莱昂吸引了，并且越陷越深。在9号胡力欧公园，莱昂和阿德里亚娜小心翼翼地献出了初吻，这是他们爱情关系的开始。在察觉到两个孩子越走越近后，阿德里亚娜的父亲鲁道夫开始监督女儿的日常生活。虽然受到鲁道夫的严格监视，但是这对年轻的恋人还是找到了秘密约会的理想协助者——卢克。约会越来越频繁，终于，阿德里亚娜怀孕了，但是，毫无经验的她直到怀孕六个月都没有发觉。此时，时间来到了1985年年末，而那时她才仅仅15岁。

"是我母亲发现的，她带我去看了医生，那一天是1985年12月7日。第二天，我母亲见了莱昂的父母。尽管父母都不太开心，但是我欣喜若狂，我想要这个孩子。"阿德里亚娜回忆道。

这一切对她来说历历在目，她不疾不徐地诉说着。阿德里亚娜对于新生命的到来非常开心，她的立场十分坚定。然而对于两个家庭来说，这可是个重磅新闻，他们必须协商如何处理现在的状况。谈判在"中立场地"，也就是两家后院的衔接处进行，只有双方的父母和两位当事人在场。事实上，阿德里亚娜的强硬态度几乎没有给谈判留有余地，她表达得很清楚，她要她的孩子。

"其实在整个谈判中，我们几乎都保持沉默，而父母们在不停地交涉。他们提出了自己的意见，询问了我们的想法。然后，我说出了我自己的观点，就是这样。"阿德里亚娜说。

来自双方家庭的阻力并不能改变阿德里亚娜和莱昂的决定，从这时起，他们开始同居。这对年轻情侣和父母住得很近，但是却心有嫌隙，因为父母并不赞成他们的结合。

造成这种情况最重要的原因是莱昂和阿德里亚娜都太年轻了，当时莱昂17岁，而阿德里亚娜只有15岁，对于他们来说，未来太不确定了。因此，双方父母的关系越来越紧张。不过，阿德里亚娜仍然因怀孕而感到开心，尽管她孩子的爷爷奶奶从隔壁投来并不欢迎的目光。莱昂也为孩子的降临感到开心，总是陪阿德里亚娜去医院进行例行检查。

此时，莱昂也许还没有意识到，他离成为职业球员的梦想渐行渐远了。莱昂已经进入了图库曼圣马丁队的预备队，但是他与教练的异见令他孤立于整支球队。莱昂通过了海军上将布朗和北方人队等球队的试训，但是他仍然是圣马丁的注册球员，并且俱乐部拒绝和他解约。因此，莱昂不能加盟其他球队。

另外，莱昂必须考虑他能为未出世的孩子做些什么。因此，他把时间更多地花在了北默卡多的市场上，在那里打零工可以赚更多的钱。他不停地打工，有时候也自己卖一些果仁糖和牛轧糖。

当然，莱昂还可以靠踢野球赚钱。他的球技非常出色，因此附近的社区球队和他工作的市场的球队都对他求贤如渴。为这些球队踢球赚到的钱，对于一名17岁少年来说，还是非常可观的。

在墨西哥举办的1986年世界杯让阿根廷再次沸腾，国家队再一次捧得冠军奖杯。在打入世界杯历史上最漂亮的进球后，迭戈·马拉多纳加冕成为世界最佳球员。阿德里亚娜住进了暗月街的妇产医院，1986年8月7日，在经过3小时15分钟艰难的生产后，阿德里亚娜和莱昂的第一个女儿杰西卡终于出生了，而这一天恰好是莱昂18岁的生日。

一年之后，阿德里亚娜和莱昂搬到了布宜诺斯艾利斯，准备开始新生活。莱昂还不确定他是否要放弃成为职业球员的梦想，但是他确定他要为小家庭的未来奋斗，而阿德里亚娜也坚信她必须离开父亲的控制，开始人生的新阶段。

尽管前路迷茫，尽管被人质疑，尽管知道会遇到很多挫折，阿德里亚娜和莱昂还是决定在这个孤独的城市打拼。他们在布宜诺斯艾利斯一个较为空旷的街区安家，在这里，足球可以打破一切隔阂，在球场上无所谓富贵还是贫穷。在这个叫基尔梅斯桉树贫民区的地方，他们的第二个孩子阿坤·阿圭罗降临了，在这里的野草地上，阿坤第一次展露了他的足球才华，第一次发现他对足球深入骨髓的热爱。足球就像氧气一样，是他生存的必需品。

第三章　他的名字是塞尔吉奥

阿坤出生之后，阿德里亚娜继续留院观察了两周，尽管她觉得自己的身体在第三天就恢复了。由于出生时锁骨骨折，阿坤一直在接受观察，每隔一天就要照一次 X 光。

在医院度过艰难的两个月后，阿德里亚娜和她的儿子又在医院住了一段时间。不过，每当看到儿子吃奶时的可爱样子，看着他健康成长时，阿德里亚娜就不觉得住院是一种折磨了。

尽管医生和护士们都对阿德里亚娜说不用担心，身为母亲的她仍然担心阿坤脆弱的肩膀。于是，每当阿德里亚娜抱阿坤，为阿坤换尿布，甚至抚摸阿坤的时候，她都非常当心。

这段时期正好发生了婴儿在公立医院被偷走的案件，这个消息在整个布宜诺斯艾利斯的产科病房掀起轩然大波，父母们都处于恐慌的状态中。正因如此，在住院期间，阿德里亚娜不肯离开孩子半步。每天夜里，她都会惊醒两三次，检查阿坤是否安然无恙地睡在自己身边。护士劝她注意身体，但是她只在意阿坤的安全。

两周之后，专家告诉莱昂和阿德里亚娜孩子的锁骨已经完全康复了。这时候，这对小夫妇才想起来应该给孩子取个名字，此时他们已经没有太多时间可以用来纠结了。

莱昂一直很喜欢"塞尔吉奥"这个名字，因为他童年时代的两位好友都以此为名，这个名字对他来说意味着非常美好的回忆。所以，莱昂提议给儿子取名"塞尔吉奥"。阿德里亚娜同意丈夫的提议，但是她也希望孩子能够以父为名，取名"莱昂"，不过莱昂本人对此倒是没什么兴趣。最终，他们折中：为他们的第一个儿子取名塞尔吉奥·莱昂内尔。事实上，阿德里亚娜更希望孩子取名"Lionel"（莱昂的名字是 Leonel），莱昂的母亲当年也想为莱昂取名 Lionel，但同样遭到了民事登记处的反对。现如今，阿根廷的父母在给孩子取名字时拥有更多的自由，但在当时，民事登记处对名字的限制条件很多。

有意思的是，在这个国家的另外一些地区，民事登记处对于人名没有如此严格的要求。举个例子，在塞尔吉奥出生前一年，距离他出生的医院 306 公里以外的罗萨里奥市，民事登记处为一个新生儿登记了 Lionel 这个名字。此时是 1987 年 7 月，而这个新生儿的父母正是豪尔赫·梅西和西莉亚·梅西。更有意思的是，他们本来准备给孩子取名 Leonel，但是豪尔赫·梅西在给孩子登记的时候搞混了，所以才将名字注册为 Lionel。

本该取名 Lionel 的男孩儿最后取名 Leonel，本该取名 Leonel 的男孩儿最终取名 Lionel。两人名字的故事似乎已经预示了莱昂内尔·梅西和塞尔吉奥·莱昂内尔·阿圭罗的奇妙缘分。不过，与其咬文嚼字寻找名字的共同点，不如说他们都拥有足球方面的天赋和灵感。这样的天赋和灵感令他们在绿茵场上共同谱写了一段传奇的历史。

2008 年 8 月 19 日，中国北京。正在进行的是奥运会男子足球半决赛，对阵双方是阿根廷和巴西，比赛进行到了下半场第 7 分钟。

这一天，梅西和阿坤的神奇组合第一次引起了足球界的注意。无论在场上还是场下，他们都默契非凡。在此后的时光中，他们一起为阿根廷立下了赫赫战功。这一天，阿坤和梅西打破了阿根廷多年不胜宿命之敌巴西的诅咒，一起导演了这场胜利，帮助球队杀入决赛，最终捧得奥运会冠军。费尔南多·加戈从中场拿球，并将球传给梅西。梅西将球完美地传递给对方禁区边缘的阿坤。阿坤一脚触球后，皮球回到了加戈脚下，随后阿坤立刻回到了禁区内。加戈将球传给左边锋安赫尔·迪马利亚，后者以他惯常的方式下底传中，阿坤插上胸部触球，将球碰进球门，1-0！阿根廷取得了领先。阿坤跑到场边，将大拇指含在嘴里，向全世界宣告他刚刚成了一名父亲，现场球迷尖叫着将欢呼声送给他。随后，阿坤得意地和梅西拥抱在一起，就好像三年前他们参加在荷兰举行的 U20 世界杯时一样。此后在国家队的很多次进球，阿坤都是这样庆祝的，他喜欢和梅西一起分享为蓝白军团得分的喜悦。

莱昂和阿德里亚娜没能为阿坤登记到他们想要的名字,但是扫兴的事情还不止于此。

时年,莱昂19岁,阿德里亚娜则刚刚度过18岁生日,在阿根廷他们仍被看作是未成年人。此外,从法律的角度讲他们还没有结婚。阿根廷法律不允许非婚生子女跟随父姓。在这种情况下,唯一能证明阿坤与他父母关系的是一张医院诊断书,所以他只能跟随母亲的姓氏——阿圭罗。

阿德里亚娜提交了相关的个人证明文件。其中有她从图库曼带来的本人出生证明的复印件,还有莉莉安娜·里瓦拉医生和"目击证人"格蕾西艾拉 L. 麦卡多签字的证明文件,文件上写着这个名叫塞尔吉奥·莱昂内尔·阿圭罗的男孩儿于1988年6月2日15点23分出生在巴雷拉大街1301号的皮尼罗医院。以上证明可以证实孩子的母亲是18岁的阿根廷公民阿德里亚娜·德尔·阿圭罗,而出生证明上本来用于填写父亲姓名的区域则是空白的。

四年后,阿德里亚娜和莱昂已经是法定的成年人了,他们想将父亲莱昂的信息补充到阿坤的出生证明上,但是这一次他们又遇到了麻烦。

为了证明他们是阿坤的双亲,他们必须提供各自完好无损的国家身份证明文件。

"从那时起,我们就坚持为自己的文件证明申辩。我们的国家身份证明文件在洪水中丢失了。"阿德里亚娜说,之前他们并没有意识到要保护好这些文件证明,"所以法律并不承认莱昂是阿坤的父亲,更不可能将莱昂的名字写到阿坤的出生证明上。官方不允许我们这么做。我只有我自己的出生证明,但是这没有用,从法律的角度讲,我们必须提供双方的证明文件。"

最终,他们拿到了这样的出生证明:1988年,皮尼罗地区,卷2A,1144号。出生证明上的细节和之前在医院登记的出生证明没有区别,孩子的名字叫塞尔吉奥·莱昂内尔·阿圭罗,为父姓保留的区域仍然是一片空白。官方文件上孩子的姓氏是阿圭罗而不是德尔·卡斯蒂略,这让莱昂非常难过,他希望儿子可以继承父姓。

当然，不管儿子姓阿圭罗还是德尔·卡斯蒂略，他都是莱昂的骄傲。最重要的是，塞尔吉奥虽然没继承德尔·卡斯蒂略姓氏，但是家族的基因是不可能被抹去的，这将在未来的日子里得到完美的体现。

我一直认为我是为足球而生的，这是命中注定的事。我也知道，我完成了父亲未竟的梦想。父亲的朋友总是跟我讲述他年轻时是个多么优秀的球员，他们甚至告诉我，父亲的足球天赋比我还好。很明显，我继承了父亲的足球基因，实现了他的梦想。我的母亲完全不懂足球，直到我在阿甲联赛上演首秀，她才第一次来看我的比赛，很难想象吧？但是，她仍然关注着我生活中发生的一切。她不是那种爱出风头的母亲，但是当她觉得有必要时，会在我不知道的情况下来训练场看我，这样的事发生过不止一次。我相信我继承了她的坚韧和慷慨，她的拼搏精神和奉献精神。她一直都是我的榜样。

——塞尔吉奥·阿圭罗

【羊奶】

出院时，莱昂和阿德里亚娜又遇到了新麻烦：因为莱昂和阿德里亚娜未成年的身份，他们不得不请莱昂的继兄到医院签署一份文件，保证他会为这一家三口负责。

就在塞尔吉奥出院的这一天，所有媒体的头条都被一则体育新闻占据了。1988年6月18日，阿根廷竞技俱乐部在南美超级杯上战平了巴西的克鲁塞罗队，进而夺得了该项赛事的冠军。这是阿韦亚内达地区22年以来第二支取得冠军荣誉的球队。阿根廷竞技队的时任主帅是阿尔菲奥·巴西莱，他们拥有"鸭子"菲洛尔、乌拉圭人鲁本·帕兹、内斯特·法布里和梅迪纳·贝洛等天赋出众的球员。夺冠令竞技队的球迷们疯狂，因为他们已经期待了太久。然而，竞技队球迷最先想到的庆祝方式竟然是用残酷的笑话羞辱他们的同城死敌独立队的球迷。

塞尔吉奥出院和竞技队夺冠发生在同一天，这也是一个有趣的巧合。三十年河东，三十年河西。多年以后，这个在死敌夺冠日出院的婴儿给了独立队的球迷报复死敌球迷的机会，所有的羞辱和嘲笑都被狠狠地反击。

塞尔吉奥是阿德里亚娜最在意的孩子，她尤其怕塞尔吉奥挨饿。出生后，塞尔吉奥整整吃了八个月的母乳。"我每三个小时至少会喂他一次。"阿德里亚娜回忆道。但是，即使这样塞尔吉奥还是吃不饱。莱昂和阿德里亚娜只好向附近的小摊买奶，不过这个小摊不卖牛奶，只卖羊奶。"我们只买得起羊奶。"阿德里亚娜笑着说，"羊奶便宜一些，但是至少是奶啊。而且看起来效果还挺好。"其实，在塞尔吉奥出生三个月后，阿德里亚娜就开始给他喂固体食物了。

"塞尔吉奥是个很安静的孩子，但是他的胃口出奇地好。从他只有四五个月大时我就发现这件事了。所以，除了喂奶，我们还得喂他其他食物。其实他从两个月大的时候就比一般的婴儿吃的要多。所以，我会给他喂汤、南瓜，还有一些其他食物……"阿德里亚娜说。另外她还回忆起当初每天要花很长时间为杰西卡和塞尔吉奥清理尿布的事。

"我们买了一些布。"她说，"然后当作尿布塞到孩子的裤子里。我们从来没有使用过一次性尿布，因为太贵了。"

莱昂和阿德里亚娜的经济状况十分不堪。不过，当时的情况是即使他们有钱也买不到一次性纸尿裤。因为1989年2月，也就是阿坤出生八个月后，春天计划给阿根廷造成了毁灭性的打击。

春天计划由劳尔·阿方辛领导的政府实施，其目的是遏制通货膨胀，结果却适得其反。该计划在一开始有所成效，随后却造成了货币急剧贬值，导致了整个国家前所未有的恶性通货膨胀。阿根廷人民买不起超市里的任何商品。这么说吧，商品被贴上标签的下一秒就需要更换标签，因为价格又涨了。在这样的经济条件下，一些物资发生短缺，其中就包括一次性纸尿布。1989年2月，阿根廷的通货膨胀率是9.6%，到了当年五月，通货膨胀率竟然蹿升至78.4%。经济情况的恶化导致了社会的混乱和政府的垮台。

工人举行罢工，暴徒洗劫商店。在这种情况下，阿方辛政府宣布辞职，总统选举提前进行，最终崇尚贝隆主义①的卡洛斯·梅内姆赢得了选举。阿根廷的贫困率从二月份的25%增长到了十月份的47.3%。社会的每一个阶层都受到了冲击，但是由于洪水的影响，受冲击最大的还是社会底层人民。

对于莱昂和阿德里亚娜一家来说，当莱昂工作的面包房因为经济危机而停业时，情况真的变得非常危急。破产的危机蔓延到阿根廷数不清的公司和企业，失业率的上升幅度令人咋舌。

失业，没有基本收入，缺乏新工作机会，这就是莱昂的处境。于是，他只能投奔自己唯一的退路：足球。冈萨雷斯-卡坦的一些大型商店和屠宰场的店主拥有自己的球队，并且乐于参加各种各样的比赛。对于这样的球队来说，像莱昂这样的10号球员是不可多得的人才。在很长一段时间里，莱昂唯一的收入就来自于每周末踢球赛。他也会去打零工，但是机会实在太少了。

"当时很流行踢球赛赚钱，所以我会尽可能多地参加比赛。"莱昂微笑着回忆起那段艰难的岁月，"一到周日，我就会一连踢上五场比赛。如果邀请我的球队被淘汰了，马上会有其他球队来邀请我。我很受欢迎，因为他们认为我在场上表现得很镇定。"

这还没完，到了晚上，他又会去参加罚球大赛。这项比赛有10支球队参加，每队两人，参加的球队都要交出10个比索的参赛费。此项比赛是淘汰赛，赢的队伍拿走全部参赛费，而莱昂往往能进入决赛。依靠足球比赛和罚球大赛赚到的钱，莱昂勉强能养活一家人。1989年7月12日，莱昂和阿德里亚娜家族迎来了第三个孩子加布里埃拉。

【切蒂一家】

此时的塞尔吉奥已经可以到处乱爬了，他不再睡在父母的床上，而是睡在杰西卡的身边。当然，这也是因为小加布里埃拉要和父母睡在一起。

---

① 贝隆主义是阿根廷前总统胡安·多明戈·贝隆和他的第二任妻子伊娃·贝隆留下的政治遗产。

在这种情况下，一家五口栖息在一间小屋里确实显得拥挤。尽管妹妹出生了，但是塞尔吉奥仍然是母亲最重视的孩子，而塞尔吉奥也很在意妈妈，只要他醒着，不管阿德里亚娜走到哪儿，他都要跟到哪儿。

"他很黏我。"阿德里亚娜说，"不管我去哪儿，他都要跟在后面。不过他一直是爬着的，因为他太懒了，不愿意走路。"直到1989年年底，塞尔吉奥才迈出了人生的第一步，这时候他已经18个月大了。

"有一天，当我转过身去，发现他正站在床边，满面笑容地看着我。他开始学会走路，从此以后再也不爬了。不过，这不意味着他不再跟着我了。只要我出门，他就会一直哭，直到哭得把脸都憋紫了。"阿德里亚娜说。

1990年2月，在短暂地回到图库曼寻找工作后，莱昂和阿德里亚娜带着孩子回到了布宜诺斯艾利斯，准备迎接新的开始。但是，他们不能回到在冈萨雷斯－卡坦居住的房子了。因为他们刚一离开，遗留的所剩无几的财产就被盗了，他们必须另寻它处。

他们决定租下布宜诺斯艾利斯南部弗洛伦西诺－巴雷拉地区佩德罗－莫兰街1090号的房子。这间房子大小适中，由石灰和沙料混合建造，外部没有粉刷。这座房子只有一间卧室，但是至少有厨房和卫生间，这比他们之前的住处强多了。

这是一个属于工人阶级的街区，街道脏乱，居民贫穷。他们在这里住的时间并不长，但是这里对他们来说意义重大。在这里，他们认识了一户人家，这家人为莱昂和阿德里亚娜的儿子取了一个绰号。这个绰号一直陪伴着塞尔吉奥，如今，这是塞尔吉奥名满全球的响亮绰号。

2007年9月23日星期日，卡尔德隆体育场。马德里竞技对阵桑坦德竞技，比赛进行到第69分钟。

这一天，阿坤穿上了刚刚转会利物浦的前队长费尔南多·托雷斯曾经身披的10号球衣。当然，这不仅仅是托雷斯穿过的号码，也是马竞传奇基科、保罗·富特雷、鲁本·卡诺和"老鼠"阿亚拉穿过的号码。这年夏天，阿坤刚刚在加拿大举行的U20世界杯上夺得冠军，他状态正佳。这是塞尔吉奥来到西班牙的第二个赛季，他证明了马竞为他付出的转会费物有所值。在接到何塞·安东尼奥·雷耶斯的右路传中后，阿坤头球一击致命，对方门将托诺根本无力回天。这是本场比赛马德里竞技攻进的第二粒进球，也是他个人本赛季参加的四场比赛的第三粒进球。在此之前，他策动了劳尔·加西亚的进球，帮助球队首开纪录。随后，他又以一记直传球助攻迭戈·弗兰，完成球队本场比赛的第三个进球。第85分钟，阿坤被米斯塔替换下场，卡尔德隆球场的球迷为阿坤编了一曲赞美歌："阿坤、阿坤、阿坤、阿坤……"的歌声响彻球场，经久不息。这歌声一半是战斗的号角，一半是热情的赞歌，它属于阿坤在场上精彩的演出。

新家的右前方又有一片野草地。这片泥泞的草地被叫作第五草地，作为一座球场，它的球门仅仅是四个没有球网的门柱。但是，该地区最火爆的德比便在此进行。这也是塞尔吉奥人生中踏上的第一座足球场。此时，塞尔吉奥刚刚度过两岁生日，但是他已经开始随父亲到草地上踢球了。

虽然莱昂已经22岁了，但是他的足球技艺并没有退步，因此他可以靠踢当地的球赛赚钱补贴家用。莱昂初来乍到，举目无亲，但是他的球技很快令他名声在外。一支名叫幻影的球队见识过莱昂的球技后，马上就邀请他加入该队。每周日，拥有30支球队参加的赛事在早上8点30分开始，一直到黄昏才会结束，每场比赛持续15分钟。每支球队都要交参赛费，而最终获胜的球队则拿走全部的奖金。比赛在露天的开阔地进行，这才是足球的真谛。通过足球比赛，莱昂和阿德里亚娜一家和附近的家庭熟络起来。其中，和他们最要好的便是住在阿根廷街的切蒂一家了。

切蒂夫妇比阿德里亚娜和莱昂年长很多，但是却成了他们在布宜诺斯艾利斯最早的朋友。豪尔赫·切蒂当时已经45岁了，他是一名金属工人。虽然已经不再年轻，但是豪尔赫·切蒂仍然是工厂队和工会队的明星中卫。豪尔赫·切蒂和他的妻子埃尔莎一共有6个孩子。

切蒂家也有一个名叫塞尔吉奥的孩子，但是人们更多地称呼他"奎维塔"。奎维塔继承了父亲的足球基因，他经常为青年队踢球，是队里的明星球员。奎维塔和莱昂都热爱足球，他们的友谊因此越来越深厚，两家人已经成为了彼此生活中的一部分。所以，人们常常能够看到奎维塔拉着小塞尔吉奥的手，带他到野草地玩耍，每一次，在野草地上尽情玩耍的小塞尔吉奥都会带着一身泥土回家。当父母们都外出工作时，奎维塔的姐姐苏西承担起了照顾两家孩子的工作，所以她也经常陪奎维塔和小塞尔吉奥去球场。

在这段日子中，只要有工作机会，莱昂都会去做。大部分时候，莱昂得到的都是一些在建筑工地的工作机会，尽管他并不擅长这类工作。但是，至少这样可以让莱昂挣到足够的钱养家糊口。通过辛勤的工作，莱昂终于可以为他的家庭添置第一件奢侈品了，那是一台 14 英寸的彩色电视机。这是他们一家在首都大商场的第一笔消费。但是，虽然买了电视机，他们却付不起有线电视费。因此，他们只能利用电视机的内置天线搜索电视频道。内置天线不能保证电视画面的质量，这也意味着他们只能收看免费的电视频道。在一番折腾之后，凭借着一个用土豆和两根编织针自制的天线，他们终于可以收看电视节目了，虽然屏幕上满是因信号失真造成的"雪花"。这台小电视机陪伴阿圭罗·德尔·卡斯蒂略一家度过了 1990 年意大利世界杯。在那届世界杯上，马拉多纳带领阿根廷队艰难地闯入决赛，可惜最终遗憾地输给了联邦德国，痛失冠军。

塞尔吉奥也有自己喜欢的电视节目。虽然电视机很小，信号也不好，但是每到下午 4 点，他就会准时坐到父母的床边，目不转睛地观看一部日本动画片。

这部首映于 1975 年的动画片一共只有 26 集，但是却在世界范围内享负盛名。从英国到加拿大，从澳大利亚到墨西哥，从俄罗斯到意大利，到处都是它的粉丝。

这部动画片原名《大顽皮库姆库姆》，英文版译名简化为《库姆库姆》。动画片的背景设定在石器时代，讲述了一个淘气小男孩儿的冒险故事。小男孩儿和家人朋友居住在一座山脚下，每天他都拿着一根木棒，在乡间奔跑，敏捷地越过悬崖峭壁。

库姆库姆的冒险试图教导年轻观众，通往成年的道路是崎岖的。但是，动画片的基调并不沉重，创作者巧妙地将人生道理融会贯通到幽默的故事中。因此，这部动画片吸引了来自世界各地的无数观众。在阿根廷，该动画片在 ATC 频道播出，其片名被译为《小原始人库姆库姆》。在卡洛斯·梅内姆的贝隆主义政府领导下，首都的广播公司大规模私有化，ATC 是唯一一家国有电视频道，也是莱昂家的电视机唯一能收看到的两个频道之一。由于公共电视频道缺乏资金，因此该电视台不得不放映多年前的电视节目资源，这其中就包括了小塞尔吉奥最喜欢的这部动画片。

事实上，当阿德里亚娜离开家去工作时，这部动画片是唯一能让塞尔吉奥安静下来的理由。当时，阿德里亚娜和她的新朋友埃尔莎的工作是家庭钟点清洁工。阿根廷的经济状况越来越糟，许多工厂持续停工，豪尔赫所在的工厂也在所难免。因此，豪尔赫经常待在家里，这让他有更多的机会陪伴莱昂和阿德里亚娜的孩子们。

【阿坤】

忘了是从什么时候，人们开始用塞尔吉奥最喜欢的日本动画片主人公的名字来称呼他。有人说，这是因为塞尔吉奥和动画片里穿着布条的小男孩儿在外表上有相似之处；也有人说这是因为塞尔吉奥和动画片主人公一样都很淘气，喜欢恶作剧，还拿出塞尔吉奥毁坏玩具车的事举例；还有一种说法是，塞尔吉奥很喜欢模仿动画片中小男孩儿的行为，因此得名。

19 年过去了，如今已经 63 岁的豪尔赫·切蒂在谈及"阿坤"这个绰号时，仍然骄傲地表示这是他的杰作，并且给出了这个绰号的另一个由来。除了因为塞尔吉奥太喜欢这部动画片之外，还因为在那个时候，小塞尔吉奥唯一能发出的单音节就是"koo"或者"koom"（西班牙语发音"kum"）。每当塞尔吉奥想要表达什么，或者想要提出请求时，都会发出这个音。

"那时候他还很小，还不会说话，只能发出类似'koo'或者'koom'的音。他对一切的回应都是这个发音。每次我教他说他的名字或者其他什么单词时，他只会重复这个音节，简直让我崩溃。从那以后，我就开始说'阿坤，到这儿来'或者'阿坤，到那儿去'……这就是我们称呼他阿坤的原因，而这个有趣的绰号一直伴随他至今。"豪尔赫·切蒂说。

不过可以确定的是，塞尔吉奥最早学会的单词是"妈妈"和"爸爸"。

学会这两个单词后，在豪尔赫·切蒂的指导下，塞尔吉奥学习母语的效率越来越高。"他会重复他听到的每一个单词。在同他爸爸以及奎维塔从足球场回家的路上，他的保留节目就是重复他在球场上听到的一切，你可以猜得到，那都是些什么话……"阿德里亚娜说。我们并不难想象，阿德里亚娜所谓的"保留节目"就是在世界范围内都不可避免的球场上的脏话。

"从很小的时候，他就能把足球踢到天上，踢得特别高，他的力量非常惊人。你可以想象一下，那时候他只有三岁……我叫他'青蛙'，因为他踢球时胸脯气喘吁吁的样子就像一只青蛙。从那时起，他就像是一名真正的足球运动员……不过老实说，我们没想到他能取得如此辉煌的成就。"豪尔赫·切蒂骄傲地展示了他个人收藏的阿坤在各支球队的球衣，这都是阿坤本人穿过的（其中一个还写着："致我的爷爷豪尔赫·切蒂"）。

豪尔赫·切蒂的妻子埃尔莎附和道："我一直记得阿坤每次回家时的样子，他会在脖子上挂着我儿子的球靴，手里抱着一个足球。"

艰难的日子没有影响到切蒂一家和莱昂一家的关系，他们反而更亲密了。

"如果阿德里亚娜有食物，她会带给我们一起分享，而我们也会和他们分享我们的食物。我们有6个孩子，而他们只有3个，所以我们把所有能分享的都给他们了，包括豪尔赫从河里抓来的青蛙。那时候，男人们都会去钓鱼，包括莱昂和切蒂。"

1991年6月11日，阿德里亚娜和莱昂的第四个孩子梅拉出生了，阿坤又有了一个妹妹。阿德里亚娜临盆时，是奎维塔将她送到医院的。很多年以后，阿坤仍然特别喜欢奎维塔。在阿坤成名之后，他离开了家庭和祖国，但是奎维塔的温暖一直陪伴着他。

梅拉出生6周之后，莱昂和阿德里亚娜一家又搬家了，因为他们在佩德罗-莫兰所居住的房子的房东准备将房子出售。

这一年，莱昂23岁，阿德里亚娜21岁，他们带着5岁的杰西卡、3岁的塞尔吉奥、两岁的加布里埃拉和仅仅6周大的梅拉走向了人生的新阶段。在这个阶段，艰难的日子被新的梦想取代了。在这个阶段，塞尔吉奥开始蜕变，他从小塞尔吉奥变成了"阿坤·阿圭罗"。

第四章　桉树贫民区

基尔梅斯是大布宜诺斯艾利斯都会区最古老的行政区之一，它位于首都以南 20 公里处。该地区因当地的基尔梅斯人而得名，而基尔梅斯人正是阿坤一家的家乡图库曼省的原住民。

为了抵御西班牙侵略者，基尔梅斯人进行了长达 130 年坚定的抵抗，展现了他们的民族自豪感和战斗精神。最终，基尔梅斯人战败，在一场种族清洗后，西班牙人将他们驱逐出位于萨尔查奇斯山谷的家园，勒令其迁移到布宜诺斯艾利斯南部的拉普拉塔河畔。

1666 年，成百上千人在长达 1300 公里的路途中失去生命，200 个坚强的家庭被强制居留在如今以他们为名的基尔梅斯地区。300 年以后，基尔梅斯成为大布宜诺斯艾利斯都会区最繁荣的区域之一。该区域面积 125 平方公里，由 9 个城镇组成，拥有来自不同地方的居民 50 万人。

20 世纪 60 年代，该地区丰富的绿地资源成为当地居民进行足球比赛的场地。每到周末，这里的居民都要进行充满激情的比赛。东基尔梅斯镇和东伯尔纳镇的居民对于足球尤其狂热。在两镇交界处的拉普拉塔大道和拉马德里大道的交叉路口处有一块被当地人称作"拉索莱达"的绿地，这块空地的每一边都长达 200 米。平日里，在这块空地上踢足球的人远比进行其他运动的人多。

这片场地不仅因足球比赛而闻名，它周围的高大桉树也名声在外。根据规划，人们还将在这片场地外沿种植更多的桉树。在这片空地中，最大的球场也是被维护最好的，两侧的球门有球网，因此被保留用于成年赛事和当地的地区联赛。空地上还有两块稍小一点儿的场地，它们是属于学生的乐园。每天一放学，孩子们便跑到这里开始进行足球比赛。

所有经常来这片场地踢球的人都非常关心场地的维护，尤其是在大风天或者雨天。桉树的树枝并不粗壮，因此他们担心掉落的树枝会砸伤来踢球的居民。如今，这里的老居民仍然记得当年场地管理员的小屋，那座小屋的墙上刷着黑、红、白相间的竖条纹。场地对面有一家台球馆，坐落于拉马德里大道和拉普拉塔大道交叉口的另一面。

场地的入口正是一长列桉树的起点，这里通常有出售阿根廷传统香肠三明治的摊贩。对于踢球的人们来说，这些三明治摊真是必不可少。比赛结束后，他们经常会买上一些香肠三明治，一边吃一边讨论刚刚进行的比赛。这大概就是一种特殊的"加时赛"吧！

但是在 20 世纪 60 年代末，这个以球场为中心的迷你社会遭到了沉重打击。当时的实际政府领导人胡安·卡洛斯·翁加尼亚实施了一项具有争议的计划，彻底消除了避难贫民区。这种贫民区的居民构成不稳定且居住密集，这些定居点一般位于低地，这里的地下水受到污染，并且没有配备饮用水或者下水道。从 1940 年开始，这样的居住点在大布宜诺斯艾利斯都会区明显扩张。

数以千计的乡村居民忍受着糟糕的农村经济，他们被首都十年来高速工业化进程带来的大量从业机会所吸引。然而，政府的保守政策和经济危机造成大规模的工厂倒闭和工人失业，越来越多的工业从业者被边缘化。因此，避难贫民区的数量和所居住人口的规模都不可避免地增长。独裁者翁加尼亚傲慢地承诺，他们将会建造特供的住宅设施，用于安置从贫民区迁出的居民。在所谓的特供建筑建成之前，这些被从贫民区举家赶走的居民被强制安排到临时房屋枢纽居住。当然，政府表示这是暂时的，而每个家庭分配到的所谓的临时房屋平均只有 13.3 平方米。

这些特供临时房屋的选址正是居民们踢球的空地。不过后来事实证明，一切都是暂时的。临时房屋成了烂尾楼，而居民已经各奔东西，另谋出路。对于东基尔梅斯和东伯尔纳的居民来说，这样的结果不仅仅意味着他们失去了自己的地盘，更意味着他们失去了人生中重要的一部分——他们的过去，以及每天在闲暇时踢球的快乐。新的社区建成后，新居民马上占据了他们曾经挚爱的足球场。那些聚会踢球的日子，只能封存在他们的童年记忆中了。

东基尔梅斯和东伯尔纳的居民不会想到，虽然他们的球场不复存在，但是足球本身的魅力不会覆灭，那个黄金时代对足球的热爱，一直在这个地区传承了下来。

【拉索莱达精神】

阿坤最初的童年记忆便是他住在基尔梅斯桉树贫民区的日子。1991年，三岁的他同家人一起搬到这里。1999年，他们离开这里，当时11岁的阿坤已经开始在球场上展现惊人的天赋了。而在其间的8年，阿坤正是在这附近的野草地上锻炼了自己的足球技艺。

尽管桉树贫民区比大布宜诺斯艾利斯都会区的其他贫民区的规模都要小一些，但是这里仍然拥有三块足球场。其中两块多用于女子比赛和儿童比赛，第三块场地面积要大一些，但是草地状况不佳，几乎可以算是裸露的土地，而这块场地就坐落在拉索莱达的原址。在这块场地上，当地居民会进行激烈的本地联赛，也会邀请其他地区的球队进行较量。场地的边线、禁区线和半场线都是用粉笔画的，中圈弧则一般是没有的。只有在特别需要时，人们才会将中圈弧也标注出来。

这些用粉笔画的线经常变得模糊不清，这不仅仅是因为场地上进行了太多的比赛，也是因为场地被居民的简陋住所包围，这意味着人们每天都要穿越场地，进行日常的工作和生活。但是，这块场地却有一个优势：这是附近为数不多的没有树的场地。场地周围大多是桉树，但是最近的树也在房屋的后面，或者在边线以外。因此，比赛可以在几乎没有障碍的环境下进行，球员们不会被树根或者其他什么东西干扰。

其他两块小场地的情况就没有这么乐观了，尤其是位于拉马德里大道旁的那一块场地。这块场地同样位于一片贫民区的入口，七棵紧紧依偎而粗壮的大树排列在拉马德里大道以及它旁边的这块场地上。这块特别的场地坐落在一个十分贫困的街区旁边，生长着一些非常原始的树木。

这些树木正好长在木制的自制球门后，因此，桉树的果实会散落在整个场地,进而刺痛球员们的脚。因祸得福的是,出于自我保护,在这块场地踢球的人都锻炼出了一种特别的控制力,他们脚下的足球就仿佛自己长了眼睛一样。

这片场地长约40米,它的远端便是贫民区的起点,一排又一排的房子延伸开去,一座挨着一座,错综复杂地形成了一条条窄巷。按照当地的传统,阿坤一家搬到了这片住宅区第一排的房子,直接面对着足球场。实际上,这座房子的大门距离足球场的一角大概只有半米的距离。足球一直是阿坤一家重要的一部分,如今,一打开家门就是足球场,这个小家庭和足球更加密不可分了。阿坤就是在这样特殊的环境下长大的,自然而然地,有关足球的声音、气味和色彩逐步深入到阿坤的灵魂中。

多年以后,阿坤已经是成名球员了。有时候,他会将童年时期的照片展示给一些马德里的朋友,告诉他们他家的老房子和他最爱的球场只有一线之隔。

"看那里,那里就是球场的角旗区。小的时候,我就坐在这里看比赛,这旁边的门就是我家的大门。"阿坤饶有兴趣地说。

阿坤不知道的是,他家所在的整个桉树贫民区,以及他最钟爱的足球场,都是曾经的拉索莱达的所在地。那片球场虽然已经消失在历史的长河中,但是球场上的那种传奇精神还在,这种精神在阿坤身上得到了传承,这不能不说是一种神奇的缘分。我们至少可以说,阿坤替那些曾经在那片泥泞的球场上飞驰的人实现了足球的梦想。

2007年7月12日星期四,多伦多国家足球场。加拿大U20世界杯16强战,阿根廷对阵波兰,下半场仅仅开始1分钟。

从这一天起,阿坤更加坚信他应该相信自己在桉树贫民区的球场上培养出的射手本能。比赛中,波兰的达维德·扬茨克率先攻入一球,没过多久,迪马利亚将球扳平。下半场刚刚开始,阿坤背身便接到埃米利亚诺·因苏亚从左路的传中,在点球点附近攻入一球。在对方后卫阿德里安·马雷克的盯防下,阿坤将球控制在右脚下,大胆地将球挑到空中,转身接球突破防守,左脚将球射向球门远角,波兰门将巴托茨·比亚乌科夫斯基无力回天,比分被改写成了2-1,阿根廷队完成了逆转。距离比赛结束还有4分钟时,阿坤再一次改写了比分。这一次,阿坤在大禁区边缘接到左路队友的传球,盯防他的后卫在争抢中摔倒,阿坤得到了独自面对门将的机会。只见他做出一个假动作,波兰门将猝不及防摔倒在地,阿坤得以从容地用右脚完成进球。彼时阿坤19岁,他的才能来源于个人与生俱来的天赋和对足球的狂热,这种狂热在拉索莱达的野球场上屡屡可见。

【一起过生日】

据统计,在阿坤一家搬到桉树贫民区的时候,整个大布宜诺斯艾利斯都会区共有超过50万人口挤在385个类似的贫民区中。以与桉树贫民区同在基尔梅斯地区的伊塔提贫民区为例,该贫民区是阿根廷最大的贫民区之一,占地超过100英亩,居民达到5万人。相比之下,桉树贫民区的规模要小得多。桉树贫民区的面积大约只有30英亩,容纳了1000户左右的家庭。桉树贫民区的所在地就是基于曾经的拉索莱达再向外延伸200米。为了在这里买房,莱昂花了500比索,用他的话说,这些钱是踢了无数场比赛后东拼西凑攒起来的。这座房子在整片贫民区的第一排,用石灰和沙子砌成,它由一间大的客厅、一个窄小的卧室和一个卫生间组成,而它周围则拥有着相似的房子。

阿坤一家兴高采烈地搬进新家,然而新生活的开始却没有想象中那么顺利。他们搬进新家的那一天是1991年8月30日,在圣徒的日历中,这一天是圣罗莎日。在神话中,这一天的夜晚总是伴随着暴风雨。

"屋顶全都是洞。为了防止渗水甚至洪水,整个晚上我都在修补屋顶,但是根本就无济于事。"阿德里亚娜回忆道。她当时十分沮丧,只能决定第二天一定要把屋顶修好,以免下次降雨时再度陷入窘境。

"我们把金属板搭到房顶上,为外墙抹上石灰。卧室被分成两间,一间是孩子们睡觉的双层床,一间由我和阿德里亚娜居住。我们还把地面铺平了,然后分离出小小的空间,用做餐厅和厨房。"莱昂说。

对于阿坤一家来说,适应新生活并非一帆风顺。不过他们也认为自己并没有遇到太严重的困难。"我们谁都不认识，而且还要注意和一些想要欺负你的人保持距离。生活在贫民区并不容易，但是我们总能解决困难。"阿德里亚娜说。

为了防止不幸的事发生，莱昂和阿德里亚娜必须保证他们中至少有一个人会在家看孩子。如果实在都不能脱身，他们会请豪尔赫·切蒂的女儿苏西来家里帮忙。直到1991年12月31日，他们终于在桉树贫民区交到了真诚的朋友。那是一对和他们年龄相仿的夫妻，他们住在临近的房子里。在路过阿坤家时，这对夫妻向他们问好。从那时起，一段友谊开始了，一直延续至今。

这对夫妻中的丈夫名叫古斯塔沃，巧合的是，他也姓卡斯蒂略。他和他的妻子安娜成了阿坤一家的好邻居和好朋友。这段时间，莱昂以开出租车谋生，而阿德里亚娜仍然在做家庭钟点清洁工。

阿坤出生在6月2日，而梅拉出生在6月11日。于是，莱昂和阿德里亚娜决定在阿坤4岁这一天为他们一起过生日，这也是这个小家庭第一次为孩子过生日。这一天，阿坤穿着一条牛仔裤，一件带有蓝色领子、胸前绣有可爱小狗的红色上衣。他坐在一堆气球中间，第一次吹灭了生日蛋糕上的蜡烛。

这个蛋糕是由豪尔赫·阿里扎制作的，他是一名糕点师，和古斯塔沃·卡斯蒂略一起在附近的一家面包房工作。人们都叫豪尔赫·阿里扎"面包师傅"，其实他还有另一个身份——业余球探，他是第一个发掘阿坤的人。当然，豪尔赫不是唯一一个热心于培养阿坤的人。随着阿坤的天赋日益显露，越来越多的球探愿意帮助他。不过，所有试图接触阿坤的球探，都必须得到莱昂的认可和允许。莱昂对于球探的筛选基于童年时期自己的亲身经历，他知道阿坤的人格和足球技能的塑造都需要精心的呵护。

阿坤本身就拥有惊人的天赋，再加上他父亲莱昂的精明指导，能有今天的成就就不意外了。此外，当时还有一些好心人为阿坤提供了很多帮助。他们并非看中阿坤的天赋可以带来的经济利益，而是完全出于对一个足球天才的关心和呵护。这些热情的帮助组成了阿坤成为足球巨星路上的最后一块拼图。

在泥地中艰难跋涉，在大街上茫然入睡，东拼西凑只为填饱孩子的肚子，我知道这些意味着什么。对于我和莱昂来说，这是一种持续的磨砺，也是我为自己骄傲的原因。不管你挣了多少钱，你必须记住你的出身，并且不忘初心。当然，钱是很重要的，如今我们可以买到以前从未得到的东西，这些都要感谢阿坤。但是钱不是万能的。比如，如果你在分娩时遇到并发症，再多的钱也帮不了你。有一些人甚至认为，金钱可以买到爱，这当然不可能。我经常对阿坤以及其他人说："赠人玫瑰，手有余香。"你必须忠于自己的价值观，慷慨待人。即便在最困难的日子里，我们也从不吝惜于伸出援手。如果你不计个人得失帮助他人，命运终将会眷顾你的。

——阿德里亚娜·阿圭罗

【谢谢阿坤！】

临近5岁生日之际，阿坤终于进入了幼儿园。这所幼儿园坐落于桉树贫民区附近的达多-罗察大道。阿坤适应幼儿园的时间比阿德里亚娜预想的要长一些。在开始几个月，阿德里亚娜必须每天守在幼儿园门外，以免发生意外情况。阿坤非常不愿意上幼儿园，因为这样就意味着和妈妈分开。此外，为了吸引别人的注意力，他总是喜欢搞恶作剧。

"每一次我离开的时候他都会哭。他会到处制造混乱，在幼儿园到处乱跑……老师根本无法控制他。"阿德里亚娜回忆道。

尽管阿坤不断地制造问题，但是他也有很乖的时候，比如他参加了五月革命的纪念活动。在活动上，他穿着一套爱国服装，戴着阿德里亚娜租来的帽子，和一个打扮成老妇人的小女孩儿跳了一支舞。然而，阿坤的适应问题仍然在持续，幼儿园甚至建议阿德里亚娜带他去看心理医生。

"我带他去了儿童医院，经过4次面谈评估之后，医生告诉我不用担心，他们的测试证明阿坤是一个聪明的孩子。医生向我解释说，以前阿坤拥有更多自由，但是现在他发现他必须待在室内。换作任何人，也不愿意在一个封闭空间待上8个小时。"阿德里亚娜说。

专家的诊断被证明是非常正确的：阿坤在社交上没有任何问题，只是他需要更多自由。但是心理专家不知道的是，阿坤不愿意待在幼儿园，是因为他最快乐的时候是在球场上踢球的时候，他已经深深地爱上了足球。对于阿坤来说，任何事物的魅力都比不上足球，他对于足球的热爱越来越深。

1994 年，阿坤脱下了幼儿园浅蓝色的背带裤，穿上了小学统一的白色制服。阿坤的学校在基尔梅斯 36 号，距离桉树贫民区有 7 个街区。上学第一天，阿坤非常兴奋，他很喜欢自己的新书包。不过随着日子的流逝，他对上学的兴趣逐渐降低。不过，事情远没有发展到在幼儿园时那么难以控制，相反地，老师还赞扬了阿坤的绘画天赋。

然而，很明显，每天从早上 8 点到中午的 4 个小时课程对于阿坤来说仍然很煎熬。每天一放学，阿坤便拉着莱昂或者阿德里亚娜以最快的速度回家，因为他渴望回到桉树贫民区的野草地上，和他的朋友们开始一场又一场永无止境的比赛。

每到晚上，桉树贫民区便会进行一场地区德比，住在贫民区前方的球员对阵住在后方的球员。阿坤本来应该为前者上阵，但是因为他和住在后侧的男孩儿克里斯蒂安·福米加私交甚笃，所以他决定为后者出战。

"有阿坤在，输球是很难的。或者说，因为阿坤很能进球，所以赢球更容易一些。" 15 年后，克里斯蒂安笑着回忆道。

作为昔日旧友，克里斯蒂安非常了解阿坤，他坦率地讲述了为什么他希望阿坤为他的球队而战。克里斯蒂安还说，唯一让阿坤犹豫要不要参加比赛的事情就是比赛的时间刚好与电视播放动画片《七龙珠》的时间撞车，阿坤不想错过《七龙珠》。不过，在球场上争胜的欲望总能战胜一切，阿坤最终还是会出现在赛场上。即使队员们只有五六岁大，他们还是会拿出一些参赛费。尽管数额通常只有 1 比索左右，但这已经是他们的全部了。

"赢球得到的钱对于我们来说算得上是一笔财富了，我们会用这些钱去买果汁。与其说是果汁，不如说就是冰水。这种果汁很便宜，大概 10 分钱左右吧。这些果汁并不算十分美味，但是对于我们来说已经是奢侈品了。

这种果汁是最便宜的,也是我们唯一能买得起的。"克里斯蒂安说。

对于那时候的比赛,还有一段小插曲令阿坤印象深刻。

"比赛的规则是先进 8 个球的队伍为胜,而双方比分通常咬得很紧。有时候,比赛在下午 3 点开始,要到晚上六七点才能结束。之所以要踢这么久,是因为双方都不能打进制胜球。每一次比分被扳平,我们就必须加时。最后,我们不得不决定给比赛加一个时间限制。"

在桉树贫民区的日子里,阿坤和克里斯蒂安的锋线组合制造了无数的进球,他们名声在外,每一个对手都知道这对锋线双煞的厉害。回忆起这段往事,克里斯蒂安突然笑着说:"谢谢阿坤!"克里斯蒂安一直是球队的头号射手,这都要归功于阿坤精准的助攻,因此在每一场比赛后,克里斯蒂安都会重复这句话:"谢谢阿坤!"

【第一支俱乐部】

对于莱昂和阿德里亚娜来说,阿坤热爱足球是很正常的,他们根本没想到自己的儿子会在足球领域取得如今的成就。尤其对于阿德里亚娜来说,她更关心莱昂的学业和健康。而对于莱昂来说,他更在意自己在球场上的表现。当时,莱昂身穿 10 号球衣,为达多·罗察队征战于贝尔纳联赛。达多·罗察队主要由当地的大学生和年轻教授组成,在这里,莱昂结识了爱德华多·冈萨雷斯。冈萨雷斯是一家电台的主持人,这家电台只报道关于独立队的消息。冈萨雷斯给予了阿坤一家不少的帮助,在随后的日子里,他为阿坤在足球领域的发展牵线搭桥,联系人脉。

"每周日,我为这支球队出场比赛,我会带着阿坤和我一起去。当比赛进行时,阿坤会在球门后看着,而我的朋友们则帮我照顾他。这些朋友通常是来看我踢球的,我有自己的球迷。"莱昂骄傲地说着,随后他回忆起自己是如何发现阿坤的天赋的:"中场休息时,我们的儿子们会在球场上踢二对二的比赛。阿坤是年纪最小的,也是最瘦弱的,但是他却经常领导比他更高更壮的男孩子,这样的场景逗得我们哈哈大笑。但是渐渐地,阿坤开始带给我惊喜,我发现他的足球天赋远超常人。"

在为达多·罗察队效力的同时，莱昂还在为一支名叫"时光隧道"的球队踢球。那时候，每当莱昂去比赛时，阿坤都会陪着他。"有一次，我在阿韦亚内达为一家名叫'开放'的球队踢比赛，阿坤像往常一样跟着我。比赛刚一结束，这项赛事的组织者，同时也是一家名叫贝尔格拉诺的俱乐部经理便找到我，询问阿坤的年龄。他告诉我，他刚刚看到阿坤和其他男孩儿们踢球的样子，希望阿坤加入他的球队。他说，阿坤一拿球就能过掉所有球员，他简直震惊了。我想都没想就答应了，并祝他好运。这就是阿坤的第一支俱乐部。"莱昂说。

但是，阿坤并没有在这支俱乐部效力太长时间。他只为贝尔格拉诺参加了阿根廷儿童运动联盟儿童足球联赛[①]（以下简称FADI）在阿韦亚内达的预赛。这项比赛共有超过100支球队参加，FADI是大布宜诺斯艾利斯都会区南部地区最激烈的赛事，包括首都人民在内的32万阿根廷人都关注着这项比赛。但是，这家俱乐部设立在贝尔格拉诺街3200号，这里距离阿坤的家太远了。对于莱昂来说，这可是一个难题。最终，莱昂认为参加比赛得不偿失，阿坤就此退出了球队。塞尔吉奥·内拉曾经是贝尔格拉诺队的经理，但是在阿坤为贝尔格拉诺踢球的时候，内拉还只有13岁，不过他仍然对于阿坤短暂却耀眼的表现记忆犹新。

"我还记得他是和他一个名叫克里斯蒂安的朋友一起来的。当阿圭罗开始踢球时，我的朋友便找到我说'快去球场看看，有一个孩子球踢得特别厉害'。我只看了一小会儿，就发现其他人根本不是他的对手，这就是天赋……"塞尔吉奥·内拉说。

贝尔格拉诺只是分布在阿韦亚内达的众多地区的俱乐部之一，这样的俱乐部每隔几个街区就有一家。这类俱乐部已经成为一种社会现象，他们为阿根廷青少年足球发展起到了惊人的推动作用，也成为顶级联赛培养球星的可靠渠道。在阿韦亚内达，共有7000个孩子参加了FADI联

---

① 这项比赛在小型场地举办，每队只有5名球员同时登场。在阿根廷、智利、乌拉圭和哥伦比亚，这项赛事在5岁到13岁的儿童中非常流行。

赛。每个周六，350场比赛在50块不同的场地上进行。这项赛事是年度赛事，分为A、B、C、D、E五个等级。球队按照年龄分为七个不同的年龄组，其中以6岁年龄组和7岁年龄组为最小，对于他们来说，这项赛事更接近友谊赛，目的是培养儿童对足球的兴趣。而其他五个年龄组为8岁以上儿童设置，他们的赛事是积分制，根据积分的不同，球队有可能升级或者降级。在每一个比赛日，每块场地要进行7场比赛，比赛从下午2点30分开始，每场比赛之间间隔10分钟，全部比赛要到晚上才能结束。

维持这样的比赛需要庞大的组织结构。除了裁判、监理人员、纪律小组之外，为了接待前来观看比赛的参赛队员的父母、亲戚和朋友，组委会还进行了特别部署。这样的赛事不仅存在于阿韦亚内达，也存在于大都会区的其他地区，包括布宜诺斯艾利斯省的全部城镇以及首都布宜诺斯艾利斯市和阿根廷的其他22个省。这些地区拥有类似于FADI的地区联赛，有些是儿童足球联赛，有些是"土地"联赛。后者之所以取这个名字，是因为举办这些比赛的场地上的草寥寥无几，基本是裸露的土地。

在整个阿根廷，成百上千的青少年对于捧起足球比赛冠军充满渴望，他们的梦想就是有朝一日可以成为顶级联赛的职业球员。在这种情况下，阿根廷的每一个周末都是年轻球员茁壮成长的日子。这样的赛事循环往复，年复一年，为整个阿根廷的足球人才提供了宝贵的锻炼机会。

球员们因狂热而团结，他们深爱着足球。但是现实是，只有少数足球少年能够实现他们最终的梦想，而阿坤就是其中的幸运儿之一。五月一日、洛马·阿莱格里、第一队、六月二十、佩莱拉诺·罗霍、东克鲁塞西塔以及布里斯托，在这些球队中，阿坤参加了大布宜诺斯艾利斯都会区大大小小的各种比赛，其天赋显露无遗。最终，阿坤成了阿根廷顶级联赛中最年轻的出场球员。

2008年9月16日星期二，荷兰埃因霍温主场飞利浦体育场。这里是欧冠联赛，埃因霍温对阵马德里竞技，比赛进行到上半场第36分钟。

在阔别欧冠联赛11年之后，马德里竞技再次回归欧冠赛场。在这个晚上，阿坤为球队带来了一场兵不血刃的胜利。比赛刚一开始，路易斯·加西亚送出一记传中，阿坤抢在对方后卫之前接球破门，为球队取得领先。35分钟后，阿坤梅开二度。法国人西格玛·庞格勒在左路形成突破后下底传中，阿坤在小禁区外左脚接球，调整后用同一只脚劲射得分。下半场开始后，马尼切又帮助马竞打入了锁定胜局的一球。马竞球员用这样一场比赛展现了他们对于胜利的渴望。在紧要关头，在多年的等待后，赢得荣誉是职业球员最大的动力。

第五章　万事开头难

在贝尔格拉诺的短暂效力只是阿坤足球生涯的开始。随后的日子里，足球成了阿坤的精神寄托，如同水和空气一般重要。阿坤的足球运动员生涯开始于 1993 年，当时他还不满 5 岁。他的第一站是伯尔纳的五月一日队和基尔梅斯的洛马·阿莱格里队。

对于阿坤来说，踢球从来不是一件苦差事，相反地，他非常乐意为足球奉献全部的激情。将足球控制在脚下，一次次提高自己的足球技艺，阿坤对此乐在其中。

更具体地说，从桉树贫民区的球场转战地区联赛，阿坤必须面对更强大的竞争，这让小小年纪的他懂得了团队协作的重要性、更衣室的亲密感情以及体育竞技的精神。面临更高要求的比赛，阿坤完全没有表现出不适应，相反，在这样的环境下，他的天赋更容易发挥。年龄对于阿坤来说完全不是障碍，在球场上，他展现出了一名成熟射手的素质。对于阿坤来说，成长来得自然而然。

阿坤的第一个机会来得纯属偶然。曾经为阿坤制作了四岁生日蛋糕的糕点师豪尔赫·阿里扎得到古斯塔沃的邀请，前来观看一场地区联赛。尽管投身于青年足球事业，但是豪尔赫偶尔也喜欢观看成人比赛。34 岁的豪尔赫的职业是糕点师，但是他将全部的业余时间都用于为五月一日队发掘年轻球员。

豪尔赫经常开着他那辆仙马迪特拉古董车穿过大街小巷，在各个球场里寻找自己的目标。在当地大大小小的球场中，每天都有上千个孩子踢球。豪尔赫有一双伯乐的眼睛，他风度翩翩的外形也为自己与球员父母的谈判增加了胜利的筹码。因此，豪尔赫总能组建起一支支忠诚而又有能力的、具有战斗精神的球队，这些球队通常可以向冠军发起冲击。

然而在这一天下午，豪尔赫并不是抱着挖掘球员的目标赴约的，他只是单纯地想和老朋友聚上一聚，享受一场刺激的比赛。然而，就在这一天，他遇到了自己梦寐以求的事情：他发现了一个完全有可能成为顶级职业球员的苗子。事实证明，豪尔赫非常有眼光。一开始，豪尔赫注意到了他的朋友古斯塔沃的球队中一个叫莱昂的球员。在这支完全由本地居民组成的球队中，竟然隐藏着一位拥有职业级别素质的球员。豪尔赫观察到，莱昂的每一次触球所体现出的视野和球感都非常出众。

不过，更吸引豪尔赫眼球的是场边迷你版的莱昂——阿坤。后来，豪尔赫形容了他第一眼看到阿坤踢球时的感觉："矮小、强壮的孩子，五到六岁，身体条件好。""这边！""向那边传！"他听到阿坤在场上叫喊着，感受到这个孩子非同寻常的机敏。比赛一结束，豪尔赫立刻向他的朋友古斯塔沃询问阿坤的情况。

"他懂得向队友做出那些指令，是因为他有阅读比赛的天赋。"豪尔赫回忆道，"我对自己说，这孩子一定能成长为一名好球员。但是我必须承认，虽然当时我很看好他，可他现在的成就依然超出了我的想象。"

无巧不成书。豪尔赫注意到的男人和男孩儿正好是一对父子，而且还是他的朋友古斯塔沃的邻居。男人名叫莱昂，而男孩儿则被昵称为阿坤。豪尔赫还发现，他曾经为古斯塔沃制作的蛋糕其实正是这个男孩儿4岁时的生日蛋糕。豪尔赫毫不犹豫地邀请阿坤加盟他所在的五月一日队。然而，莱昂可不会这么容易就让一支球队签下他的儿子，他说："如果你的球队能战胜我的球队，我就让阿坤加入你们。"

挑战赛在一座水泥球场举行，莱昂临时组建的一支球队对阵豪尔赫的球队，最终五月一日赢得了比赛。"尽管想防住阿坤很难，但是我们还是赢得了比赛。事实上，我们习惯在水泥地踢球了。在水泥地上控球是很难的。"豪尔赫回忆道。随后，莱昂履行了他的承诺，让阿坤加盟了豪尔赫的球队。

豪尔赫性情温和，他对待孩子们的方式和教导孩子们的样子让莱昂回想起在他年幼的时候给予过他帮助的教练们。豪尔赫之于阿坤就如同安东尼奥·埃斯科巴之于莱昂，他会带着阿坤在布宜诺斯艾利斯参加各种训练和比赛。一辆老爷车，一个充满希望的男孩儿，一位慷慨的男人，这个场景让莱昂感到似曾相识。豪尔赫为小球员们提供物质帮助以及精神帮助，这不是因为他非常富有，而是因为发掘潜力球员并教导他们成才是豪尔赫最大的爱好。

"在得到莱昂的允许和阿德里亚娜的认可后，我便开始到阿坤家去接他参加比赛。"豪尔赫说，"当我到阿坤家的时候，他经常会要求我稍等一会儿。因为他总是在和十二三岁的大孩子们踢比赛或者踢点球大战，他不想半途而废。踢这些比赛可以让阿坤赚到零花钱，他总是能赢。赢到钱后，阿坤喜欢买一些果汁。至今我都清楚地记得那个场景：阿坤手里拿着'奖金'，从车子后面跑过来，准备迎接下一场比赛。"

对于豪尔赫来说，接送球队的男孩儿们是一项严肃的任务。男孩儿们大多住在附近，其中有不少来自阿坤所居住的桉树贫民区，他们大多都来自贫困家庭。"我对所有男孩儿一视同仁，我尽力培养他们诚实有礼貌的品质。只要没有意外情况，我们都是这么做的。"

当然，在谈到阿坤的天赋时，豪尔赫滔滔不绝地讲述了阿坤的与众不同。

"那时候阿坤只有5岁，但是他拥有其他球员没有的特质，他是被上帝选中的孩子。他不仅拥有足球天赋，还非常聪明，能够洞悉球场上发生的一切，并且加以分析，总能先别人一步做出判断，这就是他与众不同的地方。偶尔，当你觉得他在比赛中表现不佳时，他会突然灵光乍现，一个人终结比赛。有时候，阿坤回撤很深，他会直接从门将那里接球，然后过掉每一个对手。因此，对手总是对他毫不客气，但是他从不抱怨。最终，他会将球传给空当处的队友完成助攻，或者干脆自己射门得分。没有人可以阻止他，他是一个奇兵。"

豪尔赫致力于为五月一日俱乐部的球探工作奉献着。除了豪尔赫，还有许多热心人为这家俱乐部付出着。五月一日俱乐部之所以可以运转下去，是因为热心人们的无私捐助。这些热心人都是附近的居民，居住在肮脏道路边的低矮贫民窟中，他们为俱乐部付出，从来不求回报。五月一日俱乐部的水泥球场边线旁边有几个引人注意的烧烤架，烧烤架在替补席旁边，紧挨着出口。这是五月一日的一大特色，也是俱乐部家庭氛围的体现。每到周末，人们就会聚集到这里，等待比赛后不容错过的烧烤。

在当时，新更衣室和室内场地的建设工作刚刚开始，建筑材料就堆在金属球门后侧。来来往往的建筑工人成了男孩儿们的训练课和比赛的背景。

阿坤参加了 1987 和 1988 两个年龄组别的比赛，因为 FADI 规则允许比规定年龄小一岁的球员参赛。对于青少年来说，相差一岁可意味着不小的差距。因为青少年正在长身体的时候，一年的身体发育就可以带来很大的差别。然而，年龄的差别并没有给阿坤带来太大的影响，他用自己的能力弥补了身体上的差距。其实，在青少年时期的大多数时候，阿坤都在和比他大的孩子踢球，这种情况一直延续到了他职业生涯的初期。

在主教练卡洛斯·阿尔贝托·拉米雷斯的带领下，五月一日笼络了越来越多的支持者，球迷们愿意花费 4 比索买票观看球队的比赛。五月一日的名气越来越大，除了球迷之外，球探也开始关注这支球队。在阿坤效力五月一日的日子里，这家简陋的俱乐部成为一些重量级对手的噩梦。在 1987 级队员的努力下，球队从 C 组升级到了 A 组，获得了"前无古人后无来者"的 FADI 三连冠。

如今，这些光荣的日子和乡愁一起镌刻在阿坤心中，它令阿坤非常骄傲。

"那是一支伟大的球队，阿坤是灵魂人物。他的射门太有力量了，任意球对他来说就是必进球。在那个年龄，你就能看出他的与众不同。他和克里斯蒂安·福米加到各个地方参加比赛，他们的配合非常默契，无论在水泥地上还是草地上，他们总是那么出色，就像拥有心灵感应一样。克里斯蒂安是一名射手，但是阿坤更加出众。在水泥场地，阿坤是一名组织者，而在草地上，他更多地扮演一名终结者的角色。"

这是来自拉米雷斯的评价，作为阿坤在五月一日和洛马·阿莱格里

1988 级的教练，拉米雷斯绝对有评价阿坤的资格。在效力五月一日的同时，阿坤为洛马·阿莱格里参加如今已经不复存在的基尔梅斯联赛，这是一项在草地上举行的比赛。在洛马·阿莱格里，阿坤可以在整齐的草地上踢球，而且这支球队的教练也对小球员们的发展非常关心。

2011 年 12 月 3 日，星期六，曼彻斯特伊蒂哈德球场。这是该赛季英超第 14 轮曼城对阵诺维奇的比赛，上半场进行到了第 32 分钟。

阿坤和他的队友下定决心尽一切努力保持球队开赛以来的强势劲头，他们要捍卫积分榜榜首的位置。然而比赛开始后，诺维奇坚固的防守令曼城队员备受打击。这时，法国球员萨米尔·纳斯里在右路的一脚直塞找到队友米卡·理查兹，后者带球下底传中，球传到了阿坤的身后。此时，阿坤正处在小禁区之外。他将球控制在右脚下，转身 180° 之后摆出一个射门的假动作，虚晃了对方门将约翰·鲁迪和其他 5 名防守队员。接着，阿坤晃倒了其中一名防守队员，将球转移到左脚，与此同时，所有防守队员都涌了过来。电光石火之间，阿坤注意到了门将右侧的空当，他轻巧地一拨，皮球从人群中贴地而过。这是阿坤在英超的第 11 个进球，这个进球将场上比分改写成了 1–0，开启了一场 5–1 "屠杀"的序幕。此役过后，曼城在当赛季已经进行的 14 场比赛中打入 48 个进球，豪取 38 分，这一创纪录的开赛的最好成绩意味着曼城夺冠形势大好。这一年，阿坤 23 岁，三个月前他刚刚来到英格兰。阿坤展现了他的天赋和胆识，以及多年踢球生涯培养出的直觉。他证明了自己是一个有能力以一己之力改变局势的球员。

【洛马·阿莱格里】

洛马·阿莱格里的队服是蓝白相间的，后来改成了橙色。阿坤为洛马·阿莱格里队征战基尔梅斯联赛，这项赛事流行于 20 世纪 90 年代左右，随后逐渐消逝了。在当时，这项比赛云集了当地具有潜力的少年。和其他大部分联赛一样，这项比赛每年一度，关于球员年龄和级别的规定也和大部分类似赛事相同。

从另一方面来说，基尔梅斯联赛也有一些不同之处。这项比赛的场地比儿童联赛更大一些，每支球队由包括守门员在内的 7 名球员组成。此外关于这场比赛还有一项特别的规定：任何一支球队率先打入 7 球或者取得 7 个进球的优势，那么比赛随即宣告结束，即使规定的 40 分钟比赛时间还未完结。这项规则以往很少被使用，但是在阿坤加盟洛马·阿莱格里后，这种情况变得多见起来。

曾经有很多次，1987 级和 1988 级的男孩儿们完成了规定的进球数，根据规则提早结束了比赛。

"有那么几次，比赛才开始 10 到 15 分钟，连上半场的时间还没结束，我们就已经终结了比赛。联盟里真正对我们产生威胁的球队，也就只有两三支。"莱昂回忆道。

阿坤有许多和球队的合影，其中最早的一张来自于 1993 年。在这张照片上，阿坤与他洛马·阿莱格里 1987 级的队友们站在整齐的绿色草地上，四个男孩儿在前面单膝跪地，五个则站在后面，每一个人都身着队服。队服包括蓝色的短裤、白色的袜子和白色的上衣，上衣的领口和袖口是蓝色的，袖子上有一圈星星。尽管阿坤看起来很瘦小，但是照片上的他已经显露出一种成熟球员的气质。

"看看这个小伙子，看看他的小腿儿和膝盖，你就会觉得他是真正的足球运动员。当你看到他踢球时，你会认为他以后一定会成为一名职业球员，他看上去已经是一名成熟球员的样子了。"鲁本·阿马里亚说。鲁本是阿德里亚娜的密友，也是阿坤一家在桉树贫民区的邻居和朋友。她的儿子和阿坤是洛马·阿莱格里 1988 级的队友。

另一张同一时期的照片记录着莱昂短暂地成为他儿子的球队教练的时光。"那段经历并不算美好。那是在洛马·阿莱格里，一开始一切正常，但是后来，一些球员的父亲怀疑我能否公正地对待我的儿子和其他球员，或者抱怨他们的孩子没有得到首发。我开始意识到我最好只作为父亲的角色出现，而不是作为教练。"莱昂说。

在照片中，莱昂站在他的队伍旁边。此时，全队都穿着相同的上衣，胸前印着卡利托斯屠宰场的广告。这是球队唯一的赞助商。

这张照片的拍摄者是安赫尔·马基·阿尔马达，他是阿坤队友马克西的父亲，也是洛马·阿莱格里俱乐部的官员，他一直保留着这张照片。

"1987级和1988级的队伍是很特别的。这两届的球员一起踢了一届又一届比赛，几乎没有人员变动。1987级赢得了1992年和1993年的青少年比赛冠军。到了1994年，他们又赢得了新的年龄组的冠军。至于阿坤，他比队友们要更聪明。他可以控制住球，然后轻轻推射破门。这不是练习的结果，这是天赋，是直觉。你很难教会球员这一招。"阿尔马达补充道。

1994年，阿坤6岁了，这一年的世界杯在美国举行。在马拉多纳因药检呈阳性被禁赛后，巴西莱率领的阿根廷队在八分之一决赛上被罗马尼亚淘汰。阿根廷10号留下了那句著名的语录："他们砍下了我的腿。"

这一年的世界杯冠军是卡洛斯·阿尔贝托·佩雷拉带领的巴西队，他们的明星球员是罗马里奥。而在未来的一天，阿坤也将被和罗马里奥相提并论。在洛马·阿莱格里，阿坤赢得了人生中的第一个冠军。在当时，没有人想到阿坤将会赢得越来越多的冠军，直到有一天，冠军成为他的标志。

洛马·阿莱格里1987级的主教练是豪尔赫·科里亚。在执教阿坤多年后，他还能清楚地描述出阿坤当年的样子。

"这个男孩儿对于足球有着不可思议的热情，这就是他脱颖而出的原因：他爱足球。"

科里亚又说道："你不需要对阿坤说太多，只需要给出一些指引。阿坤喜欢踢组织核心的位置，当他踢前锋时更有威胁。对我来说，我不能对阿坤这样的球员施加太多约束，不能让他感觉在比赛中被压制。更重要的是，球队必须以阿坤为核心。"

阿坤的回应也支持了科里亚的观点："在洛马·阿莱格里，我打过前场的每一个位置。我喜欢后撤拿球，我会回撤到中场要求门将将球传给我。如果条件允许，我会带球一直突入禁区。"

诺贝托·利沃伊也是洛马·阿莱格里的球员，他曾经在球队效力了很长时间。诺贝托·利沃伊回忆了第一次看到阿坤哭时的情况。

"那是一项淘汰赛，所有比赛在一天内结束。阿坤所在的1988级打入了决赛，再赢下一场比赛，他们就是冠军了。但是你知道的，足球里一切皆有可能。阿坤的球队在场上占据优势，但是对手却先进了一个球，随后开始着重于防守。阿坤的表现很好，但是运气不佳。他也为福米加制造了几次机会，但是最终没有形成破门。最糟糕的是，阿坤罚丢了一个点球。最终，他们不可思议地输掉了比赛。这是我第一次看到阿坤哭，我们的安慰根本没有用……"

科里亚还讲了另一个关于阿坤的故事："那时候他已经进入独立青年队了。有一次，我们和当地球队别霍布埃诺有一场友谊赛。我们以为阿坤不会来了，因为他还有训练课。然而比赛开始15分钟后，他竟然出现了。他花费了很大的力气才穿上球衣，因为那时候他已经长身体了。曾经的阿坤身材矮壮，但是后来他长大了。他踢了15分钟，打进了制胜球。"

我还记得第一次在水泥场地比赛的样子。我以前经常在草地上踢球，两种场地的感觉是非常不同的。水泥场地会小很多，比赛节奏也会快很多。一开始，我根本不知道该怎么踢球，后来我就习惯了。因为我只想踢球，所以不管在什么样的场地上，我都要好好踢球。那时候我甚至不看电视里的足球比赛，每天一放学，我就扔下书包脱下校服，跑到球场上踢球。我还记得我会一边听收音机里的足球评述一边往球场跑。唯一能够阻止我脚步的就是我听到河床队获得任意球，因为那时候河床队的任意球通常由恩佐·弗朗西斯科利主罚，他几乎每次都能进球。弗朗西斯科利的定位球给我留下了深刻的印象。当然，罚球之后，我会加快速度赶往球场。

——塞尔吉奥·阿圭罗

【马里奥·波尔蒂纳里，拉努斯和独立队】

早年间，阿坤每周要到贫民区外踢4场比赛：两场为五月一日队，两场为洛马·阿莱格里队，并且要同时为1987级和1988级效力。后来，阿坤要踢的比赛越来越多，因为他加入了其他球队，这意味着每一个周六和周日他都要不停地在大布宜诺斯艾利斯都会区的不同的场地穿梭。莱昂渐渐发现，他已经难以支持阿坤的日程表了，所以他对阿德里亚娜说，他做了一个决定。

"我以后不踢球了。"他对他的妻子说，而他的妻子根本无法相信。

"真的，我一开始根本就不相信。但是，他从来都言出必行。他偶尔还会和邻居们踢一踢，但是再也不随球队参加周末的比赛了。因为每周末，他要陪儿子去参加比赛。这件事发生在1995年。"阿德里亚娜回忆道，"那时候莱昂27岁，而阿坤是7岁。"

在这段时间里，还有一个重要人物融入了阿坤一家的日常生活中，他给阿坤的成长带来了特别的影响，这个人就是马里奥·波尔蒂纳里，他是一位在五个街区之外工作的修理工。有一次，莱昂发现他的出租车坏了，于是开着那辆老标致504来到了马里奥的店里。从此以后，莱昂和马里奥成了好朋友，这样的良好关系也蔓延到了两个家庭中去。

马里奥的修车技艺高超，在基尔梅斯拉普拉塔街角落的修车店里，阿坤拥有了人生中除了足球之外的第二个爱好：汽车。对于阿坤来说，工具撞击水泥地面的刺耳噪音，零件散落四周的碰撞声以及发动机的咆哮声都像音乐一般迷人，而修理汽车的场景则更是一番迷人的风景。很多年以后，阿坤开始学习开车，他的车是一辆福特银河，不过那时候他更喜欢马里奥从巴西买来的一辆大众甲壳虫。

四个挡泥板丢失，车灯是坏掉的，没有乘客座位，车身只有一层防锈漆，然而就是这些与众不同的地方让阿坤尤其喜欢。他们以菲亚特500的昵称为名，将这辆车叫作"小鼹鼠"。在马里奥接送自己去训练的路上，阿坤度过了很多快乐的时光。

后来，又一次经济危机重创了阿根廷和他的人民，马里奥不得不卖掉这辆车，这让阿坤非常伤心。多年以后，阿坤已经是一名职业球员了，他建议马里奥把"小鼹鼠"买回来。带着阿坤的钱和期待，马里奥着手寻找当年的买主。尽管时间已经过了很久，但是马里奥还是幸运地找到了买车的人。然而，当马里奥为买主转述了这辆车背后的故事后，他得到了一个不可思议的回应:"就算你给我再多钱,我也不会把车还给你。"

原来,"小鼹鼠"现在的拥有者是一名狂热的独立队球迷,他尤其喜欢阿坤。当他得知这是阿坤小时候用过的车时,他便更不可能放弃了。从那以后,他可以吹嘘自己拥有阿圭罗童年时期的座驾了。虽然马里奥没能买回"小鼹鼠",但是他还拥有其他珍宝,那就是阿坤在每一支球队穿过的不同球衣,其中包括他在不同年龄组别国家队穿过的球衣,甚至还包括训练服。这些都是阿坤送给他的,这可真是令人羡慕的收藏。

足球是马里奥和阿坤一家友情的另一个重要因素,尤其在马里奥成为阿坤所在的一个当地球队的主教练之后。马里奥性格强势,在必要的时候,他总会冲在最前面,维护自己的朋友。马里奥对足球的热情让他和阿坤形成了深厚的感情。修理店是阿坤的庇护所,在那里他度过了许多时光,而在一杯又一杯咖啡的伴随下,马里奥教会了阿坤不少汽车知识和人生道理。

2010年,马里奥身患重病,在阿坤一家的帮助下,才得以延续生命。无论是物质上还是精神上的支持,阿坤一家都在所不惜,因为在过去艰难的日子里,马里奥给予了他们太多的帮助,阿坤一家不希望疾病夺走他们的朋友。

让我们先回到过去的日子。在那段艰难的日子里,马里奥鼓励莱昂改做大车司机,承担送乐队到乡下开演唱会的工作。这份新工作可以让莱昂多挣一些钱,但是即使如此也不够莱昂养家。因为在1994年12月,莱昂和阿德里亚娜又生下了戴安娜,而在1996年3月,他们的第二个儿子毛里西奥也出生了。阿坤清楚地记得他的第一个弟弟出生时的场景。

"父亲告诉我不要离开家,因为他和我母亲随时可能带着新生儿回来。但是我还是出门去家门口的球场踢球了。正在我踢球时,他们回来了。我记得我看了看小婴儿,然后便请求他们让我继续踢球。"

这已经不是阿坤第一次忽略"不要离开家"的要求了。一般情况下,这样的要求都来自于阿德里亚娜,她会将阿坤锁在家里,作为对他犯错误的惩罚。然而,阿坤总是能找到应对之策。当阿坤被锁在家里时,邻居古斯塔沃·卡斯蒂略往往会成为帮助阿坤逃脱的"共犯",他会协助阿坤先翻墙到自己家，这样阿坤就可以出门了。由于球场和阿坤家离得太近，所以每次阿德里亚娜快到家时，古斯塔沃等人就会给阿坤一个暗号，这样阿坤就可以快速跑到邻居家，翻墙返回家里，然后装作什么事儿都没有发生的样子。

1996年，阿坤第一次来到现场观看顶级球队的比赛。事情发生在阿坤8岁生日前不久的一个星期三，更确切地说，那是在1996年6月26日。比赛是南美解放者杯的决赛，交战双方是河床和来自哥伦比亚的卡利美洲俱乐部。尽管莱昂挚爱图库曼的圣马丁队，但是他也是河床的支持者，于是他决定带阿坤一起去看这场决赛。

准备从基尔梅斯赶到首都看球的一行人还包括阿坤在五月一日和洛马·阿莱格里的教练拉米雷斯，以及阿坤的朋友克里斯蒂安·福米加和他的父亲丹尼尔，据说福米加父子都是百万富翁队球迷。这一行人开着一辆雷诺12来到了布宜诺斯艾利斯。

到现场看比赛的决定是冲动的。一是因为阿根廷六月的天气十分寒冷，当天的气温只有零下5℃。二是因为他们根本就没有足够的钱去买票，而且那时候球票基本已经卖光了。最终，在不确定能否入场的情况下，他们还是来到了纪念碑球场。在比赛开始之前，球场早就坐满了观众。在决赛首回合的比赛中，河床在客场以0-1输掉了比赛，所以他们必须在主场赢得一个球以上，才能夺得冠军。

尽管阿坤认为，如果可以选择的话，他更愿意去踢比赛而不是来看比赛。不过，由于能看到他最喜欢的两位球星恩佐·弗朗西斯科利和阿里尔·布瑞多·奥特加，阿坤还是很兴奋的。在黑夜的对比下，球场的泛光灯显得格外刺眼，阿坤已经能远远地看到河床队的主场，接下来的问题就是他们能不能进场看比赛了。凭着在当地的生存经验和大胆，再加上一点点运气，一行人终于还是进入了球场。

"包括我们在内，有很多人没能进到球场里。"克里斯蒂安回忆说，"突然我们注意到有几个警察开放了其中一个大门，人们只要给他们10比索就能进入球场。于是我们走了过去，接下来你懂的，我们在底层看台找到了几个拥挤的位置。"

他们刚刚走进球场，就看到埃尔南·克雷斯波进球了。这是克雷斯波在河床的最后一场比赛，随后他加盟了意大利球队帕尔马。在比赛刚刚进行到上半场第6分钟，克雷斯波便为主队先下一城。

阿坤非常幸运，他见证了奥特加最好的状态，而乌拉圭人弗朗西斯科利的表现也不错。但是，这个夜晚属于克雷斯波。在下半场第14分钟，克雷斯波梅开二度，帮助河床取得了本场比赛的胜利，赢得了俱乐部历史上的第二座南美解放者杯。

"最为打动我的是草地的颜色，在泛光灯的照耀下，球场显得更绿了。看台、人群、烟火……各种各样灿烂的颜色吸引了我的注意力，这就是第一次在现场看球留给我的记忆。"阿坤说。

正如我们之前提到过的，在那些年，阿坤和克里斯蒂安亲密无间，这是他们第一次一起到现场看球。他们一起为洛马·阿莱格里和五月一日效力，一起踢野球。在业余时间里，他们也会一起打游戏。

他们还一起得到了第一次参加职业俱乐部试训的机会。莱昂和丹尼尔带着他们的儿子来到了这家名叫拉努斯的俱乐部，这家位于大布宜诺斯艾利斯南部的球队正在为他们的青年队遴选人才。试训包括一场比赛，由参加筛选的孩子对阵已经加盟俱乐部青年队的孩子。

"阿坤当时8岁，马上就要过9岁生日了。而他们面对的球队是1986级的，所有孩子都要比阿坤大上两岁。更糟糕的是，我们已经对教练说过阿坤是一名前场球员，但是教练还是把他安排到了后卫的位置上。很显然，他连一次铲断都做不到。"莱昂说。

克里斯蒂安补充道："这是我们第一次在标准尺寸的场地踢球。他们给了阿坤4号球衣，给了我8号球衣。比赛毫无意义，我们抵达没多久就离开了。"

阿坤几乎不记得那次试训的事情了，不过他还记得在同一年，他获得了拉努斯第二次试训的机会。"那次我们和我父亲认识的一个人同去。这一次拉努斯选中我们了，但是我们最终没有加入球队。因为他们警告我们说，如果我们想在这里一直踢下去,就要成为会员。"

莱昂证实了阿坤的话:"我以为他们会承担孩子来球队训练的路费,但是结果恰恰相反。在秘书办公室,他们通知我要为阿坤缴纳会员注册费,还要购买球衣和其他装备。对于我们来说,这是无法承担的,原因很简单,我们没钱……"

拉努斯不是唯一一个让阿坤碰钉子的球队,相同的事情还发生在了基尔梅斯俱乐部,这是大布宜诺斯艾利斯南部的另一家大俱乐部。和在拉努斯第二次试训的经历类似,阿坤和克里斯蒂安都通过了测试,但是最终因为钱的问题离开了。"在两周的训练后,他们表示愿意签下我们,但是我们必须成为俱乐部的会员,会员费是每个月15比索。对于我们来说,这可不是个小数目。"

对于莱昂来说,这样的会员费太奢侈了。1997年6月,莱昂和阿德里亚娜的第七个孩子加斯顿出生了,对于莱昂来说,维持生计越来越难了。

阿坤获得了在独立队踢球的机会,这让他距离加盟大球队的梦想又近了一步。其实,独立队的情况和拉努斯队以及基尔梅斯队一样,像阿坤这个年龄的球员如果想进入足球学校,则必须成为俱乐部的会员。不过,独立队还拥有一些设立在多米尼克的编外青年队,这些球队由独立队年龄最小的球员们组成,他们不参加阿根廷足球联盟的比赛,而是和当地的球队对抗。对于阿坤来说,现在机会来了,他不需要成为会员就可以加入这类青年队。

"我知道他们在选球员,所以我就带着阿坤去了。"莱昂说,"第一个看到阿坤的人是阿古斯丁·巴尔武埃纳,他让我下周带阿坤去参加训练。"

巴尔武埃纳时任独立队的青训教练,在20世纪70年代,他曾经是独立队风光无限的右边锋。那是属于独立队的黄金时代,当时的独立队号称"杯赛之王"。

1974年,独立队和马德里竞技队会师丰田杯决赛。在首回合比赛中,独立队坐镇主场,巴尔武埃纳打进了全场唯一一个进球。第二回合独立队奔赴坐落于曼萨纳雷斯河畔的卡尔德隆球场,而这一次马德里竞技笑到了最后，以 2-0 赢得了第二回合比赛。距离比赛结束还有 4 分钟时，阿根廷人鲁本·阿亚拉的进球粉碎了独立队的夺冠梦想，帮助路易斯·阿拉贡内斯执教的马德里竞技赢得锦标。

当然，巴尔武埃纳做梦也想不到，这个在试训中闪耀的小男孩儿最终真的能走到这么远，甚至加盟了他 23 年前曾经遭遇过的对手马德里竞技。

2006 年 9 月 17 日星期日，毕尔巴鄂圣马梅斯球场。这是 2006—2007 赛季西甲第三轮的比赛，马德里竞技客场挑战毕尔巴鄂竞技，比赛进行到了下半场第 18 分钟。

这一晚，阿坤继承了曾经在马德里竞技取得辉煌的阿根廷前辈何塞·欧洛西奥·加拉特、鲁本·卡诺和鲁本·阿亚拉的光荣传统，他证明了自己的身价，也证明了那些赞颂他天赋的报道确实所言不虚。阿根廷人马克西·罗德里格斯和保加利亚人彼得罗夫在上半场分别破门，帮助马德里竞技在客场取得 2-0 的领先优势。下半场第 18 分钟，身穿 10 号的阿坤接过法国人卢辛的传球，向禁区前的空当推进。阿坤右脚垫球，避开了萨列吉的防守。就在另一名后卫上前准备断球时，他从禁区边缘用右脚将球射向门将丹尼尔·阿兰苏比亚的左侧，阿兰苏比亚奋力扑救，但是皮球还是滚进了大门。这一年，阿坤只有 18 岁，来西班牙只有三个月的时间。这是他为马德里竞技打入的第一个进球，当然，这还只是一个开始。在加入独立队的前几个月，阿坤参加了一些友谊赛。相对于他为其他球队比赛的数量来说，简直可以忽略不计。这并不是因为阿坤没有入选球队阵容，而是因为他之前已经应允为贝拉萨特吉的一支球队踢地区联赛了。

因此，每个周末阿坤都要在大布宜诺斯艾利斯南部地区不停奔波，从一个球场赶往另一个球场。无论是草地还是水泥地，对于阿坤来说，只要有比赛就是完美的，他渴望在每一块场地留下自己的印记。这段时期，阿坤每周要踢 6 场比赛，他球场"冷血杀手"的威名越传越远。

尽管阿坤少言寡语，大多数时候表现得非常害羞，但是他天生拥有一种魅力，这在日后成为他鲜明的个人特征。因此，只要阿坤在场，即使不说话也能成为焦点。

这倒不是因为阿坤体格强壮,也不是因为他个性鲜明。相反,他要比队友都矮小一些,也矜持一些。但是,阿坤的笑容非常真诚,深深的酒窝很具有感染力,他迷人的笑容总能吸引所有人的注意力。

　　没人能忽略阿坤,他不需要惺惺作态,就能成为众人瞩目的焦点。有时候,他会显得有些分心,仿佛周围的一切都跟他没有关系。

　　然而,当他突然发言时,你才会知道虽然他看似漫不经心,却一直在观察和倾听着周围的一切。他的发言总是恰到好处,带着贫民区出身的孩子的天真,并且不带半分恶意。

　　阿坤天性善良,不善于伪装。他的成长顺应天性,没有强迫和打压。他的风度仪态和个人魅力都源自天生。

　　阿坤在球场上的表现和他在赛场下的风格如出一辙：没有表演,没有伪装。他不需要任何虚荣的伪装,便能成为球场上的焦点,没人能将目光从阿坤的身上移开,他看似漫不经心,实际洞悉一切。当他必须发言的时候,他会在恰当的时机表达观点。当然,在球场上,他是用表现代替语言,让对手哑口无言。

　　他总是在恰当的时候出现,奉献魔幻般的表演,为队友振奋士气。

　　因此,人们会被球场上阿坤的表现打动。在阿坤所成长的地方,诞生了这样一个人物可不算小事情了。无论是在场上还是在场下,阿坤的个人特质越来越明显。1998年,阿坤10岁了,他的精神开始感染越来越多的人。

第六章 10号 10岁了

1997 年底，在阿德里亚娜的坚持要求下，阿坤努力完成了四年级的课程，并且准备接受初次圣礼。阿坤对领圣餐并不感兴趣，但他还是听从了母亲的要求。第一次圣餐之前的培训课程由一位名叫玛丽塔的女士教授，培训在桉树贫民区的一座小礼堂进行。

社区的宗教组织一直致力于防止青少年成为社会边缘人物。青少年犯罪在那个时期愈演愈烈，波及整个大布宜诺斯艾利斯地区。

"最终我说服了他。我知道，这件事当时如果不做，以后也不可能完成了。他尽力参加了课程，而且还带回了一个冠军。"阿德里亚娜特别强调了她的儿子参加课程时真正的兴趣所在——足球比赛。

仪式在 12 月 7 日举行，那是一个星期日。日期在临近仪式的时候才得到确认，因此阿坤一家并没有得到想象中的准备时间。

"我们不知道他能不能领圣餐，所以我们甚至连为他准备参加仪式的衣服的时间都没有。"阿德里亚娜说，"我们没有足够的钱买衣服，但是一个小小的奇迹发生了。周五晚上，莱昂决定和我的朋友鲁本·阿马里拉到拉努斯的游戏厅搏一把，上帝保佑，他们真的赢了。"

有了这些钱，阿德里亚娜终于赶在周六为阿坤购置了一件白上衣、一条黑色领带、一件绣着金色花纹的马甲以及一双鞋。随后，他们让阿坤换上衣服，看看是否合身。阿坤可不觉得这身新衣服很舒服，毕竟他已经习惯于穿运动服了。由于参加仪式的孩子太多而教堂太小，于是教会不得不安排一个临时地点，而这个地点竟然就是阿坤家门前的小足球场。

"所有的父母都同意这个安排，于是在仪式前一天，我们打扫了球场，清理了场地中的石头和垃圾。在周日早上 7 点，我们又布置了座位。幸运的是，那天天气很好，一切都很完美。"阿德里亚娜说。

圣礼后的派对在古斯塔沃和安妮家的露台上举行，现场装点着白色和黄色的气球，宾客们坐在一张大桌子周围，糕点师豪尔赫还制作了一个三层大蛋糕。尽管派对很热闹，但是阿坤并没有被吸引，他找到机会逃了出来。阿坤脱掉了那身令他不适的衣服，换上运动服，回到了他刚刚领圣餐的地方。仪式刚一结束，圣餐台就被撤掉了，球场又回到了以前的样子，阿坤又可以踢球了。

【第一次成为封面人物】

1998年，阿坤得到了人生中第一次离家参加比赛的机会——西部青少年联盟（ACIFO）和布宜诺斯艾利斯足球联盟（FEFIBA）联合举办的第八届省锦标赛。比赛在卢汉市进行，洛马·阿莱格里1987级得到了参赛邀请。而对于这支贫穷的俱乐部来说，仅仅是接受邀请便要付出很大的努力。

首先，路费就是一个不小的麻烦，好在卢汉市距离基尔梅斯只有90公里，而且主办方保证孩子们可以住在当地的居民家里，这让金钱上的困难变得容易了一些。莱昂、安赫尔·阿尔马达和球队主教练豪尔赫·科里亚共同担任本项赛事的球队官员，球队中的球员包括阿坤、安赫尔、埃尔南以及科里亚和阿尔马达的儿子。在这项赛事期间，他们要辗转大布宜诺斯艾利斯的各个地区，与不同的球队比赛。这是检验球队真正实力的机会，所有球员都跃跃欲试。

比赛从1月2日星期五持续到1月10日星期六，所有球队被分为四个组，每组四支队伍。洛马·阿莱格里连赢五场进入决赛，他们的对手是东道主球队圣洛伦索。在现场大批球迷的面前，一场大战一触即发。

为了缓解紧张情绪，科里亚、莱昂和马基带着孩子们参观了卢汉圣殿，这是阿根廷天主教的地标性建筑。全队在圣殿门前的合影成为旅途中最后的纪念品。

1998年1月10日，阿根廷媒体的体育版预测了即将参加法国世界杯的国家队大名单。此时距离世界杯只有六个月了。国家队主教练丹尼尔·帕萨雷拉公开透露了他对于阿里尔·奥特加的担忧。奥特加在巴伦西亚没有得到主教练克劳迪奥·拉涅利的信任，因此缺乏比赛机会。此外，帕萨雷拉任命胡安·塞巴斯蒂安·贝隆、马塞洛·加拉多和罗伯托·森西尼作为场上队长。

媒体还探讨了国际足坛上的一些话题，并且特地为临近的马德里德比留出了版面。而在阿根廷的卢汉市的一个镇上，每周三和周六出版的期刊《公民报》用头版介绍了当天晚上将要进行的青年邀请赛决赛。

大标题"今晚决战"的下面写道："第八届省青年锦标赛即将闭幕。在1987级的比赛中，来自基尔梅斯的洛马·阿莱格里和本地球队圣洛伦索会师决赛，比赛将于今日20点10分进行。"

标题旁边是一张大尺寸的照片，记录了洛马·阿莱格里在半决赛中获胜的瞬间，矮小但健壮的阿坤正在其中。这家卢汉的报纸成为世界上第一个发行以阿坤的照片为头条的报纸。当时没有人敢想象，很多年后，阿坤将成为无数报纸的头条。

报纸内页的体育版还专门对两支决赛球队进行了详细介绍，并配以两队的照片。在洛马·阿莱格里队的照片上，阿坤蹲在第一排，手里拿着足球，年轻的主教练豪尔赫·科里亚则站在球员们身边。

在4000名热情的观众面前，洛马·阿莱格里和圣洛伦索的决赛准时开始。比赛非常激烈，场面十分胶着。最终凭借安东尼奥·迪亚兹的进球，洛马·阿莱格里以1-0赢得了比赛。

"我永远也忘不了这场决赛。"主教练豪尔赫·科里亚说，"阿坤从右路突破，为安东尼奥·迪亚兹送出一记绝妙的传中。迪亚兹抓住这次机会，将球踢进大门。"决赛后发行的《公民报》在头版上印着决赛两队的合影，球员们围成一圈，除了阿坤之外，所有球员都交换了球衣，阿坤则穿着一件独立队的训练衫。在内页的照片上，洛马·阿莱格里队的全体球员都戴着一块冠军奖牌，主教练豪尔赫·科里亚和莱昂也微笑着站在一旁。

2007年10月25日星期四，莫斯科火车头体育场。这里正在进行欧联杯的比赛，马德里竞技客场挑战莫斯科火车头，比赛进行到下半场第40分钟。

在俄罗斯冰冷的首都，马德里竞技队的防守弱点再一次暴露。尽管开场不久后马德里竞技就凭借着阿坤的进球取得领先，但是在比赛还剩下 5 分钟时，莫斯科火车头已经将比分逆转成 3-2。葡萄牙球员马尼切在两名后卫之间将球传出，阿坤在禁区边缘背身接球，转身面对对方唯一的防守球员——火车头队的门将佩利佐利。佩利佐利绝望地出击扑救，但是阿坤右脚的打门非常有力量，这是一粒精彩的进球。最终，比赛的结果定格在了 3-3。莫斯科火车头的主教练阿纳托利·比绍维茨声称阿坤的表现就好像普拉多博物馆一样壮观。几天之后，西班牙体育媒体《马卡报》在头版刊登了一张阿坤站在普拉多博物馆前的照片，并且在内页用四个版面介绍了他。此时阿坤 19 岁，他已经在世界上最大的报纸上占据了特大版面。

凭借在卢汉的优异表现，一个月后，洛马·阿莱格里又得到了另一个比赛的邀请，这一次出征的是 1988 级的队伍。这项赛事名为友谊青年足球赛，比赛在查斯科穆斯市进行，该市距离基尔梅斯有 115 公里。

莱昂曾经向阿坤保证过，他会一直留在儿子的队伍中。于是，莱昂再一次作为球队负责人一同出征。同行的负责人还有莱昂的朋友鲁本·阿马里拉，鲁本也是跟随儿子托托出战，球队的主教练则是卡洛斯·拉米雷斯。由于比赛是在假期进行，球队租了一辆校车供球队出行。经过两个半小时的车程，球队抵达查斯科穆斯市，球员们分别借住在当地人家中，就如同上一次在卢汉的情况一样。

"最棒的是比赛的过程。"卡洛斯·拉米雷斯说，"球队中的大部分球员都来自低收入家庭，这是他们第一次出远门，但是他们没有制造任何麻烦，他们给提供借住的家庭留下了很好的印象。"

鲁本·阿马里拉回忆起 2 月 15 日进行的第一场比赛。那是一个星期日，而球队的对手则是由提供借住的家庭的孩子们组成的。

"说起来有点儿不好意思，毕竟这些家庭热情地招待了我们，但是我们以 7-1 的比分击败了他们。阿坤进了 5 个球，克里斯蒂安·福米加进了两个。不过，后来这些家庭还是一直很支持我们。"

毫无疑问，在取得如此震撼的胜利后，所有参赛者都开始讨论这些来自基尔梅斯的小伙子们。

"没人看好我们。"阿马里拉回忆道,"我们的球员看起来太小了。但是他们一旦踏上球场,就会给对手带来致命一击。"

事实确实如此。洛马·阿莱格里的男孩儿赢得了接下来的四场比赛。决赛在 2 月 22 日进行,那又是一个星期日,洛马·阿莱格里击败了来自弗洛伦西奥巴雷拉市的索尔美洲队,最终夺得冠军。在这项赛事中,洛马·阿莱格里队一共攻进了 28 个球,有 16 个来自阿坤。

2 月 24 日,《阿根廷日报》体育版的头条是"洛马·阿莱格里成为友谊杯 1988 级的冠军",报道旁边还配有一张冠军队伍的照片。

"在决赛中,来自基尔梅斯的蓝色队伍以 2-0 的比分击败了来自弗洛伦西奥巴雷拉的索尔美洲队。"报道这样写道,"进球来自阿坤·阿圭罗和克里斯蒂安·福米加。这些球员来自洛马·阿莱格里队,他们无疑是本届比赛中表现最出色的球员。洛马·阿莱格里的冠军实至名归,在夺冠现场,他们获得了球迷的喝彩。"

卡洛斯·拉米雷斯为他的球队感到自豪,他毫不掩饰自己的看法:"在整支球队中,阿坤是最出色的。作为一名队长,他有资格捧起奖杯。"

【卡乔·巴雷罗】

在卢汉和查斯科穆斯的胜利为新的一年开了一个好头,也成为阿坤命运的转折点。这一年,他将继续用场上的表现证明他是为足球而生的。

阿坤越来越享受足球了,他热爱每一场比赛,每一个进球,每一次和队友的拥抱庆祝。在五月一日队和洛马·阿莱格里队,他参加了和大布宜诺斯艾利斯南部诸多球队的比赛,也挑战了不少来自更遥远城市的球队。在每一场比赛中,阿坤都为球队做出了贡献,他的能力也在比赛中得到了提升。

阿坤在青少年足球圈中声名鹊起,他被看作是明日之星,许多俱乐部都希望将他招致麾下。知名俱乐部往往希望利用一切方式召集最好的球员,以增强球队的实力。这些俱乐部要求球探从其他俱乐部寻找真正有实力的年轻人,并将他们挖到自己门下。在很多情况下,这些年轻人来自贫困家庭，所以俱乐部挖人的惯用方式是找到最有潜力的球员的父母，承诺他们各种难以拒绝的好处。

可以想到，在阿坤的天赋日渐显露之时，他的父亲莱昂收到了许多邀请。在参加 FADI 和基尔梅斯联赛的比赛时，有不少俱乐部向莱昂表示，希望阿坤到自己的球队踢球，而俱乐部们承诺给莱昂的好处也越来越让人难以拒绝。然而，莱昂明白不能只顾眼前的利益，他必须经过权衡再做出决定，他要保障自己所做出的决定是对他的儿子最有利的。

阿坤才刚满 10 岁，正处于成长的重要阶段。因此，莱昂明白他的决定必须经过深思熟虑，他的选择必须是对阿坤的成长最有利的，而不是对自己的经济最有利的，尽管金钱是那么的诱人。莱昂本能地认为他必须谨慎，这种谨慎来源于他童年时代在图库曼省踢球的经验教训。

对于莱昂来说，他的底线是阿坤加盟的球队必须有愿意帮助孩子成长的好人。当然，这不意味着莱昂过于天真。莱昂是一个家庭的父亲，他要养活七口人。莱昂和阿德里亚娜的收入不足以养活这么一大家人，而阿坤的天赋就是上帝给他们的礼物。从这时起，阿坤便帮助父母承担了一部分养家糊口的任务。

莱昂的谨慎是正确的，贝拉萨特吉的第一队俱乐部代表接触了莱昂，同洛马·阿莱格里一样，这支球队也征战于基尔梅斯联赛，他们希望能签下阿坤。这是当地最好的球队之一，他们为俱乐部各年龄组的 180 个球员都提供了极好的关照，俱乐部可以提供青少年球员发展所需要的一切。

场上的成功离不开场下的努力。对于第一队来说，成功背后的原因之一便是卡乔·巴雷罗，他是阿坤最终加盟的俱乐部 1988 级球队的主教练。

"在联盟中，许多人都在谈论一个现象级的球员。"接受采访时，卡乔正在首都巴拉卡斯地区的建筑工地工作，他抽出时间回答了我们的问题，"当我们的球队遭遇这个男孩儿所代表的球队时，我也注意到了他。俱乐部老板安赫尔·西蒙尼斯让我关注这个孩子。我做出了一些试探，并且同俱乐部一起会见了他的家人，之后没过多久，他就开始为我们踢球了。"

总体来说，卡乔是一个和蔼的人，偶尔的严厉只是为了让孩子们更好地成长。阿坤进入了一支精英球队，他的表现总是十分出众。卡乔非常看重阿坤的天赋，因此他在场上和场下都给予了阿坤特别的关注。

"他是一块未经打磨的璞玉，需要耐心雕琢，而这就是我最大的挑战。我对所有球员一视同仁，但是我仍然明白，阿坤是与众不同的。我要教导他如何成为一名优秀的球员，也要教育他如何做一个优秀的人。"

作为加入第一队的条件，阿坤的家庭获得了一些好处：莱昂可以将球队老板的一辆车作为他的私人出租车，这令他十分受用。时间将会证明莱昂为阿坤做出的选择是正确的。在第一队，阿坤不仅获得了许多冠军，更获得了能力和经验的提升。卡乔·巴雷罗的指导让阿坤受益终生。

"他是对我影响最大的教练之一，"阿坤承认，"他总是告诉我们在胜利的时候也不要松懈，他懂得给我施压。虽然他从来都不训斥我，但是当我犯错误的时候，他一定会直接道明。在一场实力悬殊的比赛中，我们早早取得领先，随后在比赛中我浪费了很多机会，射门被门将成功扑救了四次。中场休息的时候他对我说'你这样做只是为了炫耀'，他认为我的行为给对方门将带来了信心，这会打消我们球队的积极性。他说的话一点儿没错，没过多久我们就落后了。好在最终我进球了，扳平了比分。"

"直到今天，每当我在比赛中浪费机会的时候，我都好像能够听到卡乔的声音：'加油塞尔吉奥，加油塞尔吉奥，注意，注意……'"阿坤说着，将手放到嘴边做"话筒"状，模仿着巴雷罗当时的样子。

"你瞧，我不会一直恭维他。"卡乔说，"当我与他交流的时候，我会一直提醒自己他只是一个孩子。对其他像阿坤一样有潜力的孩子也是一样。我总是让他照顾好自己，不要踢过多的比赛，不要过度消耗自己。我还会注意他平时在跟哪些人玩。他很听我的话，因为他知道我是为他好。他也明白他必须履行我对他的要求。"

阿坤和卡乔的结合在第一队取得了成功，他们获得了多项冠军。在阿坤为独立一线队出战的半年前，他还携手卡乔获得了布宜诺斯艾利斯青年锦标赛冠军。

中场休息的时候，我去为球队买香肠三明治。突然，我听到了欢呼声，然而我还没察觉到这时下半场比赛已经开始了。当我回到球队时，所有人都围过来为我讲述刚刚发生了什么。原来，阿坤的队友克里斯蒂安在中场获得球权并将球传给阿坤，接到球后，阿坤用脚一垫，突然发力用头将球倒勾入网。我错过了这个进球，但是所有人都告诉我它有多么精彩。你能想象吗？一个小小的进球，让所有人都兴奋了起来。最后我不得不藏了起来，因为每个人都来和我聊阿坤，甚至有人希望将他挖到其他俱乐部。考虑到其他男孩儿，我不希望这种事儿发生，但是阿坤太惊艳了。这么说吧，这是他最精彩的进球之一，但是我竟然没有看到……

——莱昂内尔·德尔·卡斯蒂略

【"路易吉"】

毫无疑问，阿坤和卡乔·巴雷罗拥有美妙的化学反应，相同的关系也发生在阿坤和路易斯·赛尔维之间。路易斯·赛尔维常被叫作"路易吉"，这个绰号起源于他的工厂。路易吉的工厂为布宜诺斯艾利斯都会区的大量球队提供队服，因此，路易吉对青少年足球涉猎颇深。路易吉是六月二十俱乐部的主教练，这支球队征战于拉努斯青年运动协会(ADILA)。ADILA由90支球队组成，这个组织和FADI类似。路易吉第一次见到阿坤的时候，阿坤正在为贝尔格拉诺比赛。

"那时候的塞尔吉奥还是一个弱不禁风的小孩儿，但是他的球技却像台风般有破坏力。后来我又遇到了他，那是在一场决赛上，他当时效力的球队是五月一日队，那支球队的建立者是'糕点师'豪尔赫和拉米雷斯，这两位建立者很低调，但是他们训练年轻人的方式很正确。在那场决赛中，五月一日击败了蒙特队，塞尔吉奥打进了制胜球。在那里我认识了莱昂，并和他成了亲密的朋友。当我建议塞尔吉奥来六月二十队踢球时，莱昂毫不犹豫地答应了。那时候，莱昂和五月一日队的董事有一些分歧，所以我们最终说服了他。"路易吉说。

豪尔赫是对阿坤的离队反应最激烈的人。不过，即使阿坤离开了，也不能改变豪尔赫对于曾经执教阿坤的自豪感,以及他对阿坤的成长所付出的一切。他与阿坤一家一直保持联系,他的热情令他们的友谊延续至今。

在阿坤随后的成长过程中,豪尔赫仍然扮演着重要的角色。尽管豪尔赫是一名竞技队的死忠,而独立队是竞技队的死敌,但是他仍然支持效力于独立队的阿坤,为他的每一次成功感到开心。巧合的是,豪尔赫和路易吉都是竞技队的支持者。

豪尔赫和路易吉还有一个共同点,就是对于自己事业的责任感和热情。路易吉热情的特点尤为突出。不管从事什么事业,他都会付出 100% 的努力。

譬如说,路易吉专注于他的球衣工厂的运作,以至于每天都要工作到凌晨。尽管睡眠时间被剥夺,他仍然以最大的热情扮演好六月二十队主教练的角色。由于路易吉尊重每一个球员,因此他经常和男孩儿们打成一片。

包括阿坤在内的球员已经习惯于在进球后奔向替补席庆祝。这种庆祝方式不仅仅是出于兴奋和激动,也是针对路易吉的恶作剧。因为路易吉经常会在球队比赛的时候在替补席上睡着。

路易吉性情温和,即使生气也不会持续太长时间,这样的个性令他很受欢迎。莱昂和阿德里亚娜也很喜欢他,随着交往渐深,他们越来越信任路易吉,还成了路易吉女儿的教父教母。

"周五晚上我通常会到桉树贫民区接塞尔吉奥,晚上塞尔吉奥会住在我家,第二天我就可以直接带他去比赛了。也有些时候,莱昂会亲自送他去比赛。这小子真的很有魅力,不管我们去哪儿比赛,人们都很喜欢他。我从来没见过人们如此欣赏一个其他球队的男孩儿。在比赛中,任何事都有可能发生,甚至是不友好的事。但是,塞尔吉奥总能赢得对方球迷的心。"

"我还记得有一次我们和金塔纳队踢比赛,塞尔吉奥进了 13 个球,在 1988 级里他真的很突出。"路易吉回忆道。他还认为,阿德里亚娜母亲的角色对于阿坤的成长也很重要:"如果塞尔吉奥胡闹,阿德里亚娜就不让他出门。在这种情况下,必须由我出面去说服她。很庆幸,塞尔吉奥有一个严厉的母亲。更何况，阿德里亚娜要照顾这么多孩子，她真的付出了很多。"

路易吉认为，在和阿坤相处的每一天里，他都会被这个男孩儿非凡的天赋震惊。在执教阿坤的过程中，他自己也学到了很多。"我总是对他说，不要尝试倒勾球，因为在水泥场地上倒勾落地是非常危险的。如果他不听我的劝告，那么在大多数情况下我会将他换下。这不是因为我想要控制他，而是因为我要避免他受伤。照顾他是我的责任，我不能让他肆意妄为。但是就这一点而言，他非常叛逆，因为用这种方式进球对于他来说太自然了，这是他的本能，而他并不懂得预估风险。你不能限制球场上的本能行为，这就是我在他身上学到的事。"

年复一年，两家人的感情越来越深厚，路易吉成了莱昂的左膀右臂，他和莱昂陪伴了阿坤在独立青年队的每一场比赛。

每一次观看阿坤的比赛时，路易吉都会带上一台摄像机，他想记录阿坤在球场上的成长过程。请注意，"想"这个词是非常精准的，因为路易吉很少真正成功地完成摄像。每次阿坤进球的时候，路易吉都太过于激动了，以至于根本忘记自己还在摄像。在这种时候，忘情庆祝的路易吉挥动双臂，摄像机也随着东倒西歪。因此，这些本该记录着阿坤进球的录像却记录着天空、大树、看台或者地面，而背景音则是莱昂和路易吉为进球喝彩的声音。

2008年12月6日星期六，西班牙希洪大磨坊球场。这里是希洪竞技和马德里竞技的比赛，上半场刚刚进行到第4分钟。

阿坤再一次展现了他的射手本能，为了进球他可以做任何事。同时，阿坤也证明了美感与足球密不可分。在这场比赛中，马德里竞技迎来了最糟糕的开局。比赛仅仅进行了3分钟，希洪竞技的比利奇就用一记头球攻破了马德里竞技的大门。马克西·罗德里格斯接球后头球摆渡，皮球奔向点球区。希腊球员塞塔里迪斯没能抢到头球，但是他吸引了希洪竞技队后卫的注意力，后者离开了自己的位置。此时，皮球弹到右侧，正在小禁区边缘的阿坤背对球门，选择了用倒勾的方式射门，球进了！希洪竞技队门将只得目送皮球飞入球网。阿坤的扳平进球鼓舞了士气，最终马德里竞技以 5-2 大胜对手，而阿坤的这个进球也被评选为当周西甲联赛的最佳进球。在阿坤看来，这个进球是献给所有在他成长过程中对他耐心辅导，从不限制他天赋的教练们的。同时，这些教练也为阿坤的成长铺平了道路，让他顺利登上足球世界的最高峰。

【公正与回报】

1998 年 6 月 2 日，阿坤度过了 10 岁生日。让他高兴的是，寒假和法国世界杯马上就要一同到来。同许多阿根廷人一样，他对丹尼尔·帕拉雷塔执教的这一届阿根廷国家队寄予厚望。在这一届国家队中，有着阿里尔·奥特加、胡安·塞巴斯蒂安·贝隆、加布里埃尔·巴蒂斯图塔、克劳迪奥·洛佩斯、迭戈·西蒙尼和马塞洛·加拉多等实力球星。在小组赛中，阿根廷队击败了日本、牙买加和克罗地亚。随后在淘汰赛中，阿根廷与英格兰战成 2-2 平。

"在这场比赛中，贝克汉姆与西蒙尼发生冲突，并且因此被红牌罚下，这件事引发了巨大的争议。由于在 120 分钟内打成 2-2 平，双方需要点球大战决出胜者晋级下一轮。当门将罗阿扑出最后一个点球时，我们都兴奋得跳起来庆祝。"阿坤回忆道。对于他来说，这是第一届令他印象深刻的世界杯。可惜，阿坤的兴奋没能延续太久。7 月 4 日，阿根廷被荷兰淘汰了。比赛进行到最后一分钟，博格坎普的进球将比分改写成了 2-1。在此之前，巴蒂斯图塔一记势大力沉的射门击中了门框，而奥特加则被红牌罚下。

幸好阿坤有一个忘记阿根廷在世界杯遗憾出局经历的好理由，那就是洛马·阿莱格里马上要参加另一项省级锦标赛了。洛马·阿莱格里已经参加过大布宜诺斯艾利斯南部和西部的比赛，并且都获得了冠军。这次锦标赛是第 14 届省锦标赛，举办城市是圣尼古拉斯，主办方是尼古拉斯儿童联赛，监管方是 FEFIBA。比赛时间为 1998 年 7 月 20 日到 7 月 26 日。

比赛开始前，主办方要求参赛队员递交健康状况证明，以保证球员的安全。阿坤的健康证明是一张抬头为"基尔梅斯校园足球联盟"的卡片，上面写着"塞尔吉奥·阿圭罗，阿根廷人，10 岁，1998 年 7 月 15 日由路易莎·法菲安医生执行检查"。换句话说，此时阿坤的年龄是 10 岁 1 个月零 13 天。

在感觉器官一栏，医生标注了"s/p"，这个缩写意为"平稳"或者"没有问题"，表示阿坤的视力和听力正常。在反射和协调一栏，医生也标注了"s/p"。同样的缩写出现在了神经系统一栏，该项涉及关于步态和平衡的指标。关于循环系统，医生详细记录了阿坤的静止脉搏为每分钟 72 次，静止血压最高为 90，最低为 60。另外，听诊一栏的标注同样为正常。

最重要的是，这是阿坤自出生以后第一次测量身高和体重，结果分别是 132 厘米和 32 千克。

在所有手续办妥后，由豪尔赫·科里亚挂帅、莱昂·德尔·卡斯蒂略担任球队官员的 1987 级代表队终于从洛马·阿莱格里的主场出发了。为了这次比赛，俱乐部特别租用了一辆 582 路公交车。

阿坤胸有成竹地踏上了长约 265 公里的行程，他明白这一次球队将再度证明自己的实力。

这一次，又是 16 支球队被分为 4 个小组，洛马·阿莱格里队又一次以全胜纪录闯入半决赛，塞尔吉奥·阿圭罗的名字又一次以 7 粒进球高居射手榜的榜首。

1998 年 7 月 24 日星期五，本届比赛进行到半决赛的一场较量，洛马·阿莱格里遭遇的对手是一支来自萨尔托市的球队。比赛进行得非常胶着，两队在常规时间战成 1–1 平，洛马·阿莱格里的进球由克里斯蒂安·福米加打进。由于双方战平，比赛不得不进入点球大战。

"这是一场大比赛。"马基·阿尔马达回忆道。在比赛期间，阿尔马达一度回到了基尔梅斯，因为他的母亲要接受手术。最终，阿尔马达在这场比赛结束前 10 分钟赶回到比赛现场。"我甚至一度在劝慰莱昂，他对于主裁判的某个判罚非常不满，激动的他差点儿要求塞尔吉奥退赛。经过我的一番努力，最终莱昂被说服了，阿坤留在了场上。点球大战太激烈了，双方一直打到7-7平。阿坤主罚最后一个点球，他就像在自家后院踢球一样镇定地将球踢进大门。就是这个进球将我们送进决赛。"阿尔马达说。

决赛的时间是7月26日星期日。受到球队近期战绩的鼓励，球员的家人和朋友们乘坐四辆面包车来到了圣尼古拉斯，他们不想错过这场决赛。进入决赛的另一支球队是弗洛雷斯市的代表队。比赛时间被安排在下午四点，但是在比赛开始前一个小时，洛马·阿莱格里队得到了令人意外的通知。

原来在决赛前一晚，萨尔托队的官员提出了上诉，控告洛马·阿莱格里队的德·拉·克鲁兹在半决赛中违反比赛规定。尼古拉斯儿童联赛支持这一上诉，因为根据大布宜诺斯艾利斯青年足球协会的相关规定，在比赛进行过程中，任何球员不得离开比赛城市或者离开其所借住的家庭。

基于以上原因，赛事组委会剥夺了洛马·阿莱格里的决赛资格。球员们感到痛苦和伤心，一路走来他们赢得光明正大，但是他们夺取冠军的机会就这样被夺走了。圣尼古拉斯市的《北方报》这样报道："据洛马·阿莱格里的代表莱昂内尔·德尔·卡斯蒂略称，球队已经提交了关于中途离队男孩儿的特殊情况的说明，但是结果已经无法挽回。"

同一份报纸上以"不应如此！"为标题，详细阐述了这一事件，文中指出"决赛不应该以这样的方式进行"，不应该"导致一支以正当途径进入决赛的球队失去比赛资格"。并且，所谓"保证球员居留在私人住宅"的规章制度和球员是否违反体育精神毫无关系。换句话说，这种情况并非适用超龄球员这样的严重违规。

在决赛中，萨尔托以2-1击败拉斯·弗洛里斯夺得冠军。为了表示抗议，洛马·阿莱格里没有参加三四名决赛，因此季军最终归属于拉努斯队。

洛马·阿莱格里并没有带回期望中的冠军，大家非常失落，阿坤也是一样。整个归途，阿坤都沉浸在愤怒之中。

  这是沉重的一课，它告诉阿坤，在人生中不公正的事情时有发生，但是努力终有回报。事实上，就在此时，一个巨大的回报正走向阿坤和他的家庭。

第七章　阿韦亚内达独立俱乐部

对于阿坤来说，1998年是忙碌的，他既要参加第一队和六月二十队的比赛，还要随洛马·阿莱格里队外出参赛。此外，同样在这一年，阿坤开始与独立队进行接触。

独立队召集了许多小球员，并将他们分成若干支球队参加所谓的"地下联赛"。这是一种地区比赛，交战双方是青少年和久经沙场的社区球队。在该项赛事中脱颖而出的球员有机会加入独立队11岁以上的各级别队伍，征战阿根廷足球联盟的青少年联赛。

"他每周必须参加两次训练。博奇尼是球队的主管，教练团队中还包括奥斯瓦尔多·卡里加。"莱昂说。

里卡多·恩里克·博奇尼是独立队历史上的超级偶像，他是率先注意到阿坤足球才华的人之一。

"尽管只有9岁，但是他的技巧和力量都很出众，很少有人能在这样的年龄达到塞尔吉奥的水平。他主罚的角球力量很大，可以直接到达近门柱。其他球员会对塞尔吉奥犯规，但是他只会爬起来，要求传球并继续比赛。塞尔吉奥真的很突出，他与众不同，且拥有巨大的潜力。"博奇尼表示。

博奇尼是阿坤最早的偶像之一，他是独立队的标杆人物，被认为是独立俱乐部历史上最伟大的球员。这不仅是因为博奇尼将19年的职业生涯全部奉献给了独立队，还因为作为核心的10号球员，博奇尼能力出众，带领球队夺得了许多冠军。

博奇尼的职业生涯开始于1972年，结束于1991年。其间，他为独立队出场638次，攻入97个进球，获得四次阿根廷甲级联赛冠军，四次南美解放者杯冠军，三次美洲洲际杯冠军和两次丰田杯冠军。他跟随阿根廷国家队参加了 1986 年的墨西哥世界杯,在半决赛对阵比利时的比赛中替补上场,并随队夺得冠军。迭戈·马拉多纳视博奇尼为童年偶像,称赞其为大师级球员。

博奇尼退役时,阿坤只有 3 岁,因此他并没有看过博奇尼比赛。然而,阿坤却继承了博奇尼的一些踢球方式,这也可以看作是独立俱乐部的传承。多年以后,阿坤还继承了博奇尼在独立队的 10 号球衣,他用难忘的表现为 10 号球衣增添了新的荣耀。独立队的球迷经常为阿坤送上经久不息的掌声,自从博奇尼退役,这种场景已经很少见了。

尽管阿坤还是个孩子,但是随着他的天赋显露,越来越多的人开始接触莱昂,并送上他们的邀请。这时,一位名叫爱德华多·冈萨雷斯的记者表示他愿意为阿坤家介绍一个人,这个人可以为阿坤的成长提供最好的保障。爱德华多·冈萨雷斯拥有一个专门为独立队开设的节目,他曾经与莱昂在达尔多罗恰有过一面之缘。

"冈萨雷斯向我们解释了他的工作,并表示如果有困难,他可以为我们提供帮助。而我们确实需要强力的支持,保证塞尔吉奥走在正确的方向上。爱德华多对我们的帮助纯粹出自于他与莱昂的友情,而没有其他目的。然后爱德华多告诉我们,他要为我们介绍一个朋友,他曾经和这个朋友提起过塞尔吉奥。"阿德里亚娜说。

爱德华多提到的朋友叫何塞·马利亚·阿斯塔洛亚,他是一名律师,也是一名独立队的球迷和一家小俱乐部的主席。阿斯塔洛亚为一位名叫萨缪尔·利伯曼的商人做法律顾问,而利伯曼则是阿根廷主要的有线电视运营商之一。事实上,VCC 电视台就隶属利伯曼的公司,在阿斯塔洛亚的要求下,冈萨雷斯才开始运营那个完全服务于独立俱乐部的电视节目。

"冈萨雷斯告诉我有一个现象级的 10 岁男孩儿,很可能成为下一个博奇尼。他问我是否愿意帮助这个孩子。他还告诉我这个孩子的父母非常友善,他家一共有 7 个孩子,住在大布宜诺斯艾利斯的贫民区。"阿斯塔洛亚回忆道,"我必须承认,当我听说这个孩子的年纪时,我心中存有一丝怀疑。"

律师对这个孩子持保留意见，但是他不希望看到这样一个年轻男孩儿受到任何伤害或者过分的压力。在做决定之前，阿斯塔洛亚咨询了利伯曼。尽管这位企业家的生意和足球并不挂钩，但是他参与过他的主队河床的几名球员的签约。而且，利伯曼不止一次地跟阿斯塔洛亚提起他希望进一步参与足球行业的想法。

很快，阿斯塔洛亚的第一个机会来了，他在独立队的朋友向他推荐了一名潜力球员——乌拉圭人迭戈·弗兰。彼时，弗兰刚刚开始在独立俱乐部预备队开始他的职业生涯，他的父亲拥有他40%的球员所有权。阿斯塔洛亚观看了弗兰的比赛，但是在做出决定之前，他希望得到更明智的建议。通过冈萨雷斯，他得知里卡多·博奇尼认为这个乌拉圭球员一定能有一个光明的未来。

尽管这是一场赌博，但是阿斯塔洛亚仍然毫不犹豫地从弗兰的父亲手中买下了球员的部分所有权。几年之后，弗兰以数百万的身价加盟曼联队。

弗兰之后，阿斯塔洛亚通过冈萨雷斯的介绍得到了第二个投资球员的机会，这次他面对的不是一位17岁的青年，而是一个10岁的男孩儿。在得到利伯曼的允许后，他约见了这个名叫阿坤的男孩儿。

"那是一个周末的下午，博奇尼在多明尼加的训练中心向我介绍了阿坤，他是那么的矮小……阿坤先做了一会儿颠球训练，然后开始上场比赛，他一个人单挑所有球员。他可以从中场接球，一路过人直到对方门前，他的长传球也很出色，确实有几分博奇尼的神韵。另外，阿坤的视野非常开阔，他的定位球技术不错，停球也很棒，他的角球可以直接开到点球点。我对他的表现非常满意，于是我对他们说，如果需要的话，我们会帮助他。"阿斯塔洛亚回忆道。

阿斯塔洛亚再一次寻求他老板的意见，最终他们一致决定要帮助阿坤。"我们对自己说，即使无视这个男孩儿的潜力，至少我们帮助了一个艰难的家庭。"

1998年11月24日星期二，阿坤一家和阿斯塔洛亚在麦伊普大街和科连特斯大街交口处的办公室见面了。会面的双方一致赞同的一个观点是：

真正重要的是男孩儿的幸福。

阿斯塔洛亚、冈萨雷斯、莱昂和阿德里亚娜坐在办公室的长方桌前进行了面谈。律师给出了条件：他们将按月支付阿坤一家的报酬，并且马上为他们购置新房，让他们搬出贫民窟。作为回报，他们希望得到未来十年阿坤100%的球员所有权。

阿斯塔洛亚说："我发誓如果孩子只是为了履行协议而被迫踢球，那么我们之间的协议就废除。只有当他真的想继续踢球时，他才需要履行协议。"

"阿德里亚娜的眼里充满了泪水，她对我说：'对塞尔吉奥来说，没有什么比踢球更美妙了。每当他因为同兄弟姐妹打架而被罚不许踢球时，他会哭上整整一天。'这就是我愿意和他们合作的原因。这是一个伟大的母亲，她只关心她儿子的快乐。"阿斯塔洛亚说。

阿德里亚娜说："他告诉我们，他们愿意帮助塞尔吉奥，是因为看到了这个孩子身上巨大的潜力。他们并不想利用我们，或者成为我们儿子的所有者。如果他们赌赢了，那当然是最好的；但是即便塞尔吉奥最终没能成为球星，我们也不欠他们任何东西。

"他看上去很真诚，这让我略感安慰，但是我仍然有自己的困惑。不过莱昂和我不同，他不仅相信我们儿子的潜力，也认为这笔交易最大程度地维护了我们的利益。"

在未来的日子里，他们遭遇过不同的考验。但是，无论在任何时候，这些正直的人都履行了自己的诺言并做出了正确的选择。当莱昂和阿德里亚娜回想起来，他们很高兴自己又一次为阿坤做出了最正确的选择。

从阿斯塔洛亚的角度来说，他很高兴自己为独立队留住了一个潜力新星，而且这个潜力新星不仅为俱乐部带来了竞技层面的成功，也带来了经济层面的巨大收益。

后来，阿坤和弗兰成为世界上最令人闻风丧胆的锋线组合之一。从个人角度讲，阿斯塔洛亚也为参与了这两位球星的职业生涯感到开心。

【10号球员】

在与阿斯塔洛亚达成协议后不久,时间已经走向年末了,独立队要为1999年的新赛季做准备了,他们开始遴选优秀的1988级球员,以备战AFA联赛。

这次选拔对于克里斯蒂安·福米加来说是一段美好的回忆,当天他和阿坤被分到了同一支球队。"参加筛选的一共有200多个球员,他们被分为若干支球队,每队11人,踢一场10分钟的比赛。阿坤和我都坐在后排,所以我们被分到了同一支球队。比赛开始后,阿坤踢10号位,并且大出风头。"

"我在随后的一场比赛出战。一开始,我连触球的机会都没有,直到我接到一记传中并且头球破门。几天之后,他们通知阿坤和我准备前往巴尔卡塞,因为独立队要在那里踢比赛。"

福米加对这段时光记忆犹新,不过阿德里亚娜的记忆显然更加清晰,她还清楚地记得阿坤得到通过选拔通知的日期是1998年12月10日。

1999年1月9日到17日,阿坤在巴尔卡塞第一次代表独立队参加比赛。巴尔卡塞是F1世界冠军胡安·曼纽·方吉奥的家乡,位于布宜诺斯艾利斯南部400公里处。这项赛事是阿根廷夏季最受欢迎的青少年足球赛,参加比赛的700多名球员和20支球队来自全国各地,超高的比赛质量也保证了该项赛事的权威性。

博卡青年、竞技队、独立队、纽维尔老男孩队、萨斯菲尔德队等豪门的青年队都参加了这一赛事。因此,许多球探从阿根廷各地甚至国外赶来,期望在比赛中发掘出阿根廷足球的未来之星。

在去年的比赛中,来自罗萨里奥的纽维尔老男孩队在决赛中以6-1击败了巴尔卡塞本地球队竞技队。决赛中纽维尔老男孩的6个进球中有3个来自同一位球员,这个球员当时也刚满10岁,他的名字是莱昂内尔·梅西。对于阿坤来说,这是与全国最好的球员较量的机会,也是证明自己实力的机会。

2月8日星期五，由奥古斯丁·巴尔武埃纳率领的独立队抵达巴尔卡塞，他们在本项赛事中的第一场比赛将在一天后进行。莱昂履行了他永远陪在儿子身边的承诺，再一次随队出征。这一次，阿坤被分配借住在阿瓜约家。巧合的是，阿瓜约家的附近也有一块小足球场。何塞·阿瓜约是这个家庭的一家之主，他是一名筒仓装配工。当何塞看到阿坤和自己的儿子马丁踢球时的样子，并且观看了阿坤参加的比赛后，他被阿坤的天赋震撼了。

"当我看到他踢球时，我感受到了他的与众不同。他非常有力量，这种情况在他这个年龄的男孩儿中是不多见的。他是他的球队中最出色的那一个，这就是他是队长的原因。"

何塞骄傲地对他的朋友，尤其是对独立队的球迷朋友说："记住那个叫阿圭罗的男孩儿，他会成为现象级的球员。"

赛程过半时，阿瓜约必须将他的东道主任务转交给他的朋友劳尔·费雷拉。费雷拉是狂热的独立队球迷，尽管阿坤只住在他家几天，但是他非常热情，还特意给阿坤准备了独立队样式的床单被罩。

来自阿韦亚内达的球队在本项赛事中的表现一如既往地出色，尽管他们最终没能获得冠军。在第一阶段，他们接连以 6-0 战胜了马德普拉塔，以 10-0 战胜了来自坦迪尔市的拉普拉塔体操队，还以 3-0 战胜了东道主竞技队。

在八强战中，他们击败了来自科尔多瓦的阿德里亚玛利亚队，随后在半决赛中遭遇了纽维尔老男孩队。纽维尔老男孩被看作是冠军的争夺者，他们拥有在当时十分出众的球员：莱安德罗·德佩特里。

"那时候，人们都在谈论纽维尔老男孩的 9 号球员，一个进了很多球的小个子金发男孩儿。"阿坤说。最终，来自罗萨里奥的纽维尔老男孩以 2-0 击败了独立队，并且最终夺得冠军，实现了两连冠。同时，独立队不得不为第三名而战，在战胜竞技队之后，他们夺得了季军。

德佩特里是当届赛事的最佳球员，他的故事可以看作一个时代的缩影。1999 年末，年仅 11 岁的德佩特里加盟意大利球队 AC 米兰，并为 AC 米兰青年队参加比赛。在意大利生活两年后,德佩特里返回阿根廷并加盟到河床队,随后又转投意大利的布雷西亚队。2008 年,时年 20 岁的德佩特里还短暂地为独立队效力过。

然而,他作为球员的发展辜负了人们最初的希望,他的故事也成为一个论题现成的论据,即是否应该在未成年球员成熟之前就让他们离开家乡前往国外踢球。而这些年来,这样的现象越来越普遍了。

巴尔武埃纳对阿坤的表现非常满意,不仅给了阿坤 10 号球衣,还将阿坤安排到中场左路的位置。同时,巴尔武埃纳意识到其他俱乐部开始对阿坤感兴趣了。

"在这项赛事中,已经有来自博卡的人希望将阿坤带走。"巴尔武埃纳回忆道。此外,球队第三名的成绩值得赞扬,但是也给了他们继续努力的理由。

"我已经几乎完成了 1988 级队伍的组建工作,但是他们仍然需要一起比赛,这样才能看出他们的凝聚力。由于阿坤展现出来的能力,我决定将他也纳入到队伍当中。在巴尔卡塞,他是真正脱颖而出的球员。"巴尔武埃纳说。而回忆起这段往事,阿坤自己则评价道:"我总是喜欢向前,喜欢在左路活动。大部分后卫都很高大,而我很矮小,但是我的速度很快。当我面对他们时,我会用速度击败他们。"

对于阿坤来说,尽管这次比赛没有能够获得冠军,但是第一次为独立队外出征战的体验对他大有好处。除了打入 6 球之外,阿坤的全面是球队的重要杀招,每个人都对他的表现很满意,尤其是巴尔武埃纳。回到阿韦亚内达后,巴尔武埃纳立刻向内斯托尔·兰伯特介绍了阿坤的情况。兰伯特是独立青年队的领导者,当时他已经为独立青年队工作了 14 年,是俱乐部最有经验的青年队教练。兰伯特认识阿坤,他看过阿坤为第一队踢球时的表现。1999 年 3 月 20 日,他为独立队签下了阿坤。

在不同的场地上踢球让我学到了不同的本领。桉树贫民区的野球场对控球的要求很高,我必须以最精确的方式传球,因为在这样的场地上你很难控制好球。儿童联赛场地对一次触球的要求很高,在接球的一瞬间我就必须完成射门。在土地球场上，我必须加快速度，我要奔跑，要学会利用我的身体，要去过人。当遇到过顶球时，要转身跑到后卫的身后接球。因此，当我来到真正的草地上时，一切都变得更容易起来。独立青年队的训练场地很不错，但是有时候他们会带我们到一线队踢球的场地上训练。在那些日子里，我站在一线队的场地上，心里涌起极大的期待。我要走上那片草地，绿色的草地，那真的会触动你。相比我以前踢球的场地，那草地无与伦比。那时候我太年轻了，我不知道是否有一天自己可以真的在那样的草地上踢球，我从未想象到自己有一天可以为一线队出战。所以，当他们让我们到一线队的场地上训练时，那感觉简直太美妙了⋯⋯

——塞尔吉奥·阿圭罗

【再见贫民区】

1999 年是阿坤一家来到布宜诺斯艾利斯的第十二个年头，也是他们住在桉树贫民区的第八个年头。这一年的 7 月 16 日，这一家人终于搬离贫民区，来到新家园。这次搬家成为 11 岁的阿坤走向职业球员道路的里程碑事件。

新家位于基尔梅斯欧斯特地区卡洛斯－佩莱格里尼街 3000 号。作为与何塞·马利亚·阿斯塔洛亚协议的一部分，这座房产被登记在莱昂、阿德里亚娜和他们的七个孩子名下。

"新家的优越条件给了我们很大的安慰，因为离开熟悉的地方令我感到有些恐惧。"阿德里亚娜说，"房子的面积很大，有两个卧室、一个客厅、一个厨房和一间浴室。对于我们来说，搬家是个大事情，当然我们也很舍不得离开桉树贫民区的老朋友们。"

尽管他们的新家距离桉树贫民区只有 10 分钟的路程，但是这依然意味着他们离开了老邻居古斯塔沃、安妮夫妇，鲁本·阿马里拉一家以及其他相处多年的朋友。不过，对于新环境的恐惧并没有持续太久。

尽管莱昂和阿德里亚娜与老朋友们的会面不再那么频繁，但是他们之间的友情并未受到影响。他们仍然乐于分享各自家庭发生的大事件，就好像他们从未分开过。

诚然，一直以来莱昂和阿德里亚娜都能很好地约束自己和教育孩子。但是，这对夫妇深知离开贫民窟可以令他们的家庭远离不良的影响，离开贫民窟他们的孩子才可以在更好的环境下成长。

此外，这也是这个家庭第一次拥有小小的物质享受，所以说这次搬家的时机再好不过了。

2001年，在一场经济崩溃后，阿根廷全国特别是贫困地区的生活环境再度恶化。人民在银行的部分储蓄被所谓的围栏政策[①]没收，政府拖欠对外债务，一场空前的政治危机和随之而来的社会经济衰退令阿根廷的贫困率达到了50%。

在这种社会背景下，一种被称为"帕科"的可卡因制品在贫民区的年轻人中泛滥传播，这种药物也被叫作"穷人的毒品"，桉树贫民区也未能独善其身。这种生存条件的普遍下降造成了贫民区居民人数的大幅上升。根据非官方组织"为我的国家搭建屋顶"的统计，大布宜诺斯艾利斯地区拥有超过50万的家庭居住在贫民窟。

除了搬家之外，生活中另一个变化是，在搬家前不久的1999年3月16日，阿坤转学到阿尔托－索尔小学就读六年级。这是一所私立学校，而阿坤的学费则由阿斯塔洛亚承担。

"何塞·马利亚还会为孩子们买食物和衣服。他总是对我说，无论我们需要什么，我们都应该让他知道。"阿德里亚娜回忆道。彼时她在一家公司做清洁工，工作时间是早上5点到9点。"他给我们钱是为了阿坤，所以即使缺钱，我们也不会碰那些钱。我们很清楚这件事。"阿德里亚娜肯定地说。

如果说这一年缺少某些令人兴奋的事件，那么可以说这种情况在十月份发生了改变。独立队组建了一支俱乐部传奇明星队，除了队长里卡

---

① 围栏政策是阿根廷政府在2001年金融危机期间实行的暂停银行运作举措的非官方说法。

多·博奇尼之外，豪尔赫·布鲁查加、里卡多·朱斯蒂、恩佐·特罗塞罗和丹尼尔·贝尔托尼也在队中。

青年队的一个男孩儿正在接受昂贵的白血病治疗，阿根廷电视明星马塞洛·蒂内利和他的朋友为了筹集治疗费用，将与独立全明星队进行一场慈善赛。

1999年10月11日，两万名球迷聚集在独立队双舌帽球场，支持这一场充满温情的比赛。桉树贫民区的很多居民都来到了球场，因为1988级正要与他们的死敌竞技队打热身赛，阿坤和克里斯蒂安·福米加也在队中。

"这是我第一次在独立队的主场踢球，而且我的运气好到极点。"阿坤说，"最终我们以1-0取胜了对手，我进了一个点球。"

克里斯蒂安也对这场比赛难以忘怀，他对于阿坤在独立队主场的第一个进球印象深刻。

"他用舞蹈般的步伐晃过了对方三名球员并突入禁区，为了阻止他，对方球员犯规了，我们获得了点球。想象一下我们的心情吧！看台上全是球迷，而这是我们第一次在独立队的主场比赛，这太疯狂了！接着，阿坤走上前去主罚点球命中，他非常淡定，就好像在桉树贫民区踢球一样，我们简直不敢相信……"自那不久之后，克里斯蒂安就离开了独立队，但是他和阿坤仍然是好朋友。

直到今天，克里斯蒂安仍然居住在桉树贫民区，当他谈到阿坤的时候，更多地像在谈论一个偶像而不是一个朋友，他们的命运似乎被一个巨大的裂缝分开了……就在几年之前，他们还都是孩子，阿坤经常睡在他家，他们形影不离。

由于他对阿坤的崇拜，他内心的颜色一直在变化：他曾经挚爱的河床队的颜色是红与白，随后这颜色慢慢褪去，被重新粉刷上了不同的颜色。一开始是独立队的红，后来是马德里竞技队的红与白，最后是曼城队的浅蓝。

"这些日子以来，我一直支持阿坤。"他说。因为阿坤，他不断变换着自己的主队。

他热情地收集着自己老搭档的报纸，并把它们展示给他那些不相信他曾经在儿童时期与阿坤搭档的新朋友。当他意识到阿坤职业生涯最亲密的搭档迭戈·弗兰 (Diego Forlán) 姓氏的前三个字母和他 (Cristian Formiga) 相同时，他笑了，认为这是命运的安排。

2009 年 3 月 1 日星期日，卡尔德隆体育场。马德里竞技对阵巴塞罗那，比赛进行到了第 86 分钟。

阿坤刚刚出生的儿子本哈明就在人群中，这个梦幻般的夜晚就是献给他的礼物。不过，比赛的开始并不美好。上半场进行到 30 分钟，凭借蒂埃里·亨利和阿坤的朋友梅西的进球，巴塞罗那已经以 2-0 领先马竞。然而，马竞开启了逆转之路。首先，迭戈·弗兰从禁区外的一脚大力射门吹响了反击的号角，马竞扳回一球！接着，阿坤带球斜线突入进球，面对巴尔德斯低射入网扳平比分。但是，亨利的进球帮助巴萨再度取得领先。尽管马竞以 2-3 落后，而且球队的后防线屡屡为对方制造机会，但是马竞的势头仍然不可阻挡。在进攻线上，他们已经拥有令人恐惧的锋线组合，而且他们还有很多选择。随后，弗兰利用点球的机会将比分扳成 3-3 平，他的大力射门洞穿了巴尔德斯把守的大门。距离比赛结束还有 4 分钟，阿坤再次展现了自己标志性的进攻方式，他从左路接球，面对丹尼·阿尔维斯的防守，将球传向点球点附近的马切尼，葡萄牙人一个轻巧的传球，第一时间将球敲回给阿坤。普约尔试图抢断阿坤，但是球经反弹后又回到了阿坤脚下，这一次阿坤用左脚射向球门远角，皮球滑过倒在地上的巴尔德斯飞入大门。这场 4-3 的胜利是一次历史性的大逆转，它证明了阿坤和弗兰的组合是欧洲火力最强的搭档。这场比赛也是阿坤献给儿子本哈明最好的礼物，这是本哈明第一次到现场看比赛，他骄傲的父亲有足够的动力为他献上一场完美的比赛。

阿坤这一年的出色表现在年底达到顶峰。1999 年 12 月，他跟随独立队来到了布宜诺斯艾利斯省马德普拉塔市，参加了由当地一支同样叫作"独立"的球队举办的比赛。这项赛事留给阿坤特殊的回忆，他再一次奉献了杰出的表现。

"我认为我在那里打进了我人生中最漂亮的进球之一。如果我没记错的话，那场比赛我们的对手是阿尔瓦拉多。我从中场右路带球，过掉了对方的每一个球员，包括他们的门将，然后将球射入了空门。在决赛中我们的对手是弗罗西部铁路俱乐部，我们最终通过点球大战战胜了他们。"

点球大战的结果是4-3，加冕冠军的球队光荣地绕场一周，向球迷致谢。路易吉和莱昂特地赶往"快乐之城"马德普拉塔，路易吉用摄像机记录了决赛的画面。然而，就像我们之前提到的那样，路易吉的镜头只记录下了周围的树木、看台上被围栏围住的观众以及球场上其他无关紧要的事物。

但是，路易吉记录下了一个点球从产生到罚进的全过程，而这样一个过程在此后几年内不断地重复着：对方球员在禁区内对阿坤犯规，裁判判罚点球，独立队门将埃米利亚诺·莫利纳在门前12码处将球罚进对方大门。

这一次，埃米利亚诺将球射向西部铁路队门将的左侧死角，而西部铁路队门将却扑向了右侧。

接下来的庆祝活动展现了球队的另一面，而这样的场景在此后一次又一次地重演：一群小男孩儿挤在一起疯狂地庆祝，而其中一个男孩儿像长颈鹿一样站在其中，这个男孩儿便是瘦高个门将埃米利亚诺了，他的身材令他看起来更像其他孩子的父亲而不是队友。

尽管埃米利亚诺与队友们是同龄人，但是他比其他人要高出三四头。这么说吧，11岁的时候，埃米利亚诺的身高就超过180厘米了，到了14岁，其他大部分男孩儿刚刚开始长身体，而埃米利亚诺的身高已经达到了189厘米。当埃米利亚诺与阿坤站在一起时，这种差异更加明显了，因为阿坤比其他球员更矮小一些。由于阿坤的身材，兰伯特总是昵称他"小矮人"或者"小男孩儿"。

然而，身高的距离不会影响足球世界的默契。埃米利亚诺的身高和力量可以为球队的最后一道防线提供保障，而他对阿坤的理解也为独立队1988级带来了进攻上的福利。

"埃米利亚诺的发球距离很远，他知道我总是在中场附近等待反击的机会。还有，如果他接到了对方罚出的角球，他会知道我在等待机会，并且将球按照我需要的方式发出。这是我们的经典招式，我们之间有心灵感应。按照这样的方式，我们进了很多球。"阿坤说。

在埃米利亚诺成为球队指定的头号点球手后，这样的进球越来越频繁了，而罚点球的机会大部分是阿坤创造的。2002 年，这支年轻的队伍已经成为独立队第九队[①]，他们获得了阿根廷足球协会组织（AFA）赛事的该年龄组的冠军，而射手榜上有两位杰出的独立队球员：塞尔吉奥·阿圭罗和埃米利亚诺·莫利纳。

他们也一起为布宜诺斯艾利斯省和首都的其他青少年球队比赛，还一起得到了阿根廷国家队青年队的第一次征召。

"我们成了很好的朋友，我经常去他家玩。我还记得我第一次去他家时，他对我说：'我在邀请你，所以你不要对我做你在训练时做的事情，比如向我冲过来，过掉我射门之类的。'"回忆起昔日好友，阿坤微笑起来。

"那时我总是对他说，我梦到我在阿甲联赛中面对竞技队进了一个漂亮的进球，一个令人们永远忘不掉的进球，而他总是回应道'你会做到的，你马上就能做到，然后我们会一起庆祝'。他总是这么对我说……"直到今天，当回忆起埃米利亚诺时，阿坤仍然深受触动，而这个朋友也给他带来了生命中最沉重的打击之一。

几年之后，阿坤真的在与竞技队的比赛中进球了，而进球的方式和他梦中的一模一样。但是，想象中与朋友的庆祝却没能实现。就在这个进球之前两个月，埃米利亚诺·莫利纳遭遇了一场严重的交通事故，最终他因为伤势过重去世了。

[①] 阿根廷的大俱乐部会根据年龄将球队的球员划分为不同的年龄组，这些球队的球员与一线队直接相关，球队的命名依次为预备第九队（12 岁）、第九队（13 岁）、第八队（14 岁）、第七队（15 岁）、第六队（16 岁）、第五队（17 岁）、第四队（18 岁），最后是第三队（19 岁，也被叫作"预备队"）。"第二队"并不存在，但是也有些球队会有一支"选拔队"，"选拔队"由第三队最好的球员组成。

然而，阿坤却准备了另一种特殊的庆祝方式，在喜悦的独立队球迷面前，阿坤用一种仪式般的庆祝告慰了他的朋友：他抬头凝视天空，掀起自己的球衣，露出穿在独立队球衣里面的一件T恤，T恤上面写着：献给你，埃米利亚诺。

【我心为红】

2000年和2001年是积蓄能量的两年，这两年的经历为阿坤提供了宝贵的经验。

2000年2月，在前独立队球员吉列尔莫·里奥斯的率领下，阿坤和他的队友们前往科尔多瓦，参加第五届阿德利亚·马利亚全国青年足球赛。该项赛事以主办的小镇阿德利亚·马利亚为名，博卡青年队已经连续三次夺得该项赛事的冠军，这一次他们仍被看作是冠军的热门人选。

然而，独立队却在半决赛击败了这支被广为看好的博卡青年队。这场比赛令人难忘，不仅是因为比赛本身的紧张激烈，也是因为比赛时的天气状况非常糟糕。由于风力太强，队员们几乎无法用常规的方式传球。比赛的结果是3-1，阿坤打进了一个进球。路易吉对这个进球记忆犹新。是的，在这场比赛中，路易吉作为莱昂的忠实伙伴，又带着他的摄像机前来助阵了。

"他们当时正落后一球。埃米利亚诺·莫利纳将球开出，而强风又将球吹了回去。所以，塞尔吉奥在前场根本接不到球，他不得不回撤到很深的位置拿球，随后他过掉了至少七名球员，然后奔袭进入禁区将球射进大门。这一脚射门太漂亮了。路易吉说：'我必须承认，当时我太激动了，镜头又对准了地面。'虽然我没能用摄像机记录下这个进球，但是我用我的记忆记下了它。"

2月12日，独立队迎来了决赛对手拉努斯队。这是一场势均力敌的较量，比赛在常规时间打成了2-2平，最终拉努斯队在点球大战中胜出，夺得冠军。

阿德利亚·马利亚当地媒体将塞尔吉奥·阿圭罗和劳塔罗·阿科斯塔评选为该届赛事的最佳球员。阿科斯塔是拉努斯队的一名射手，他在决赛中上演了杰出的表现。

在后来的日子里，阿科斯塔又打进了一记戏剧般的进球。这个进球发生在巴拉圭举行的南美 U20 锦标赛上，阿根廷 U20 面对乌拉圭 U20 的比赛中，这个进球帮助阿根廷队确保了亚军的位置，也意味着他们进入了在加拿大举行的 U20 世界杯决赛阶段和 2008 年北京奥运会的决赛阶段。在这两届赛事中，阿坤是球队的关键人物，而阿科斯塔也在队中。后来，阿坤和劳塔罗在西甲各为其主，他们分别效力于马德里竞技队和塞维利亚队，再度成为赛场上的对手。

同样是在 2000 年，阿坤第一次为首都的俱乐部出场。这支俱乐部是来自帕特里西奥公园地区的布里斯托，是青少年足球联盟联赛最好的球队之一，这个联盟由布宜诺斯艾利斯的 141 个俱乐部组成。

FAFI 联赛的特点是全部参赛队员在每个周末都会参与到赛事中。该项赛事涵盖了 9000 名 7～13 岁的男孩儿，这 9000 名男孩儿被分为 7 个不同的级别。每个级别有 18 支队伍，每支队伍要在 4 月到 11 月期间参加 38 场比赛。比赛场地是木质地板或者镶嵌地板，联赛的规定对于阿坤来说并不陌生。这段时间，他每周六为布里斯托效力，这与之前为六月二十和五月一日效力时没什么区别。比赛的场地长 25 米，宽不少于 14 米，球门的高度是 2 米，宽度是 3 米。

这一年，阿坤打进了 92 个进球，并且成为联赛的最佳射手，这项殊荣是他能力的证明。

在阿坤的强力输出下，布里斯托最终积 63 分获得联赛冠军，并且创造了一个现象级的比赛纪录：29 胜 5 平 4 负。阿坤的优异表现在 FAFI 的历史上留下了一笔，而除了阿坤之外，从这个联赛走出的著名球员还有费尔南多·雷东多、卡洛斯·特维斯和哈维尔·萨维奥拉。

哈维尔·萨维奥拉绰号"兔子"，这个有名的绰号来源于河床队的主教练拉蒙·迪亚兹。萨维奥拉的职业道路发展和阿坤如出一辙。1998 年 10 月，16 岁的萨维奥拉迎来了自己在顶级联赛的处子秀，并且收获了一个进球。

"他在如此年轻的时候就得到了在顶级联赛踢球的机会，我对自己说我也要像他一样。当我踢球的时候，我总是在模仿萨维奥拉。我还记得我对父亲说，我想要一双和萨维奥拉一样的球鞋，一双全黑的球鞋。"阿坤回忆道。尽管阿坤的偶像萨维奥拉是河床球员，但是他很确定自己忠于独立队。

"我身边的很多人都希望我成为河床队的球迷，但是我的心彻彻底底地属于独立队，没有什么能改变我的想法。"确实，阿坤是如此地想要征战阿甲联赛，而且是为独立队征战阿甲联赛。然而，这种渴望也可能让他走向另一个方向，现实的情况是，很多阿根廷顶级俱乐部都忽视了青年队的发展。

俱乐部花大价钱从其他球队购买球员，但是却不愿意从中拿出一小部分钱投资给自己的青年队，这样的例子非常多见。这种对于年轻球员的漠视损害的不仅仅是俱乐部自己的财政，也凸显了俱乐部对于青年队具有潜力的球员缺乏应有的保护。在这种情况下，很多球员被国外大俱乐部的优越条件吸引从而出走，这样的例子在近年来越来越多。

阿坤就遇到了这种情况。由于阿坤家的经济状况非常不理想，因此很多俱乐部开始利用各种方式接近阿坤的家人，试图用金钱诱惑他到自己的球队。面对如此有潜力的球员被挖角的情况，独立队的高层几乎没有做出任何举动。

"我们和阿坤经历了非常困难的时期。"兰伯特说，"阿坤是那么的优秀，所以无论我们到哪儿，都有人想将他从我身边夺走。博卡青年、河床……他们从各方面诱惑莱昂。莱昂希望阿坤留在独立队，但是有时候他连坐公共汽车的钱都没有。"

独立队做出的第一个挽留的举动就是为莱昂提供了在青年队装备室工作的机会。2000年4月21日的体育报纸《奥莱报》上还记载了这一事件，文章的标题是《他们想要留住他，无论代价如何》。这是这份报纸第一次报道关于阿坤的新闻。

文章描述了这份由独立队提供，并且被莱昂接受的工作机会。为了让阿坤留在俱乐部，独立队为莱昂提供了装备室的工作。

报道的旁边附着一张彩色照片，照片上的阿坤躺在装备室的桌子上，莱昂则站在他身旁，照片的图注写道，"明日之星应该得到照顾"。这篇报道由记者费德里科·德尔·里奥执笔。值得一提的是费德里科在报道中描写阿坤的用词，他将场上的阿坤描写成是"狡猾的"，而又提到场下的阿坤是"安静和细声细语的"。

他踢球的方式吸引了场边所有家长的关注。"看，那是小阿圭罗。你根本没法相信他有多厉害。看他，看他。"他们在场边这样评论着。这个小伙子只有 11 岁，但是他的过人和进球能吸引场边哪怕最心不在焉的观众的眼球。青年队的新赛季开始了，阿坤再一次证明了自己的能力。在第一场比赛中，阿坤就上演了帽子戏法，而在第二场与伊西库斯尼斯塔史的比赛中，他竟然打进了 6 个球。随后，报纸上第一次出现了阿坤的言论："兰伯特给了我很大的自由，我可以在场上随意活动，从中场到前场，我喜欢这种感觉。我是右脚球员，但是我的双脚都可以射门。有时候我一次可以进五六个球。如果有两名后卫一同向我冲过来，我会过掉他们，我喜欢过人。"

莱昂只在独立队的装备室工作了六个月，随后因为同管理层意见不同而离开。"当时俱乐部之所以能够良好运行是因为兰伯特和里奥斯的无私付出，他们为了这些孩子们鞠躬尽瘁。如果没有他们，这些孩子们都会离开，因为看起来球队的管理层并不想帮助孩子们，而是想抛弃他们。"莱昂说。

兰伯特讲述了一个自己的故事。有一次，一些家长向董事会投诉他选择了一个时常不来参加训练的队员。

"我向他们解释说，这个男孩儿是独立队的未来。我质问他们相信谁，我还是那些抱怨的家长。随后我提议：'也许你们应该给这个队员一些钱，这样他就能来参加训练，而且还能买一双像样的球鞋。'我赢得了这场争辩，他们告诉我，我可以继续按照我的方式做事。"

兰伯特是一个谦虚慎言的人，但是他对自己帮助独立队留住阿坤的事情感到骄傲，他还将这件事归功于莱昂和他的家庭。"他们坚持让阿坤留在独立队，即使我们必须因此面对很多问题和艰难时刻，我很欣赏他们的原则。"

2001 年，阿坤还经好友埃米利亚诺·莫利纳的介绍为东克鲁塞西塔队参加了 FADI 联赛。在东克鲁塞西塔，阿坤和埃米利亚诺再度并肩作战。最终，球队在这个赛季的成绩是 35 胜 2 平 1 负，但是他们仍然遗憾地屈居亚军，而冠军是他们唯一输掉的球队——贫民窟梦想。

同时，阿坤邀请他的朋友埃米利亚诺和他一起为布里斯托效力。

阿坤回忆道："每周六我要参加三到四场比赛。首先是下午 2 点为东克鲁塞西塔参加的 FADI 阿韦亚内达联赛，比赛结束后我和埃米利亚诺飞奔而去，赶在 3 点半为布里斯托踢 FAFI 联赛。如果来得及的话，我还会为拉努斯的佩尔拉诺罗霍踢比赛。到了晚上 7 点，我会为路易吉的六月二十比赛。周日早上我在独立队训练，下午我要和卡乔一起为第一队踢球。你问我会感到疲惫吗？不……我想参加所有的比赛！"

2008 年 8 月 27 日星期三，马德里卡尔德隆体育场。马德里竞技对阵沙尔克 04，比赛进行到上半场第 18 分钟。

这个夜晚，阿坤用精彩的表现告诉人们他在球场上永不疲惫，没有什么可以阻挡他对比赛的渴望，正如他童年时一样。比赛前三天，他才带着奥运会的金牌从北京回到西班牙，而在前一年的夏天，他作为球队关键人物参加了在加拿大举行的 U20 世界杯，这意味着他已经连续两年没有在夏天得到休息了。然而，连续作战和时差没有给阿坤带来任何困扰，他用精彩的表现帮助马德里竞技在 11 年以来第一次打进欧冠正赛。首先，阿坤接到哥伦比亚球员路易斯·佩雷亚的一记精彩传中，在禁区内头球为球队首开纪录。随后，他又送上了两次精彩的助攻，帮助球队以 4-0 大胜对手。卡尔德隆球场 55000 名球迷目送阿坤被替换下场，他们不停地呼唤着"阿坤，阿坤，阿坤"。马德里竞技的球迷承认这个 20 岁的阿根廷男孩儿绝对配得上这件红白相间的球衣。

阿坤的能量似乎是无穷无尽的。2001 年 2 月，他跟随独立队参加了第五届阿亚库乔市全国青年足球锦标赛。在这个距离布宜诺斯艾利斯 330 公里的城市，独立队一路取胜挺进决赛，进 18 球仅失一球。在决赛中，独立队凭借阿坤的一记任意球以 1-0 战胜了来自乌拉圭的河床队。

球队的杰出表现吸引了媒体的注意。2月23日,《奥莱报》为独立队1988级撰写了一篇标题为《夏日的幸福》的文章。文章用"惊人的战役"一词形容独立队1988级参加该项赛事的表现。在报道中的一张插图上,阿坤站在兰伯特身边微笑着。《奥莱报》的记者非常敏锐,因为不久之后,他们还要再次谈论独立队,尤其是阿坤。在当时,阿坤已经展现出了超出他年龄的成熟。

12岁的时候,阿坤的身体开始发育,身材特征开始显露出来。当他走路的时候,肩膀会在身体的其他部位之前动起来,他强壮的大腿和身材让他看起来像是一个标准的足球运动员,这一切赋予了他无形但又无法抵挡的吸引力,你不可能会错过他。

几个月之后,阿坤达到了规定年龄,迎来了人生中第一次重大的比赛。

第八章　球队基石

在阿亚库乔获得冠军后，阿坤与独立队1988级的队友再一次充满自信地踏上征程，这一次他们参加的是AFA锦标赛预赛。这项赛事由阿根廷顶级联赛俱乐部的代表队参加。

　　进入最后阶段的球队都来自顶级的俱乐部。在该项赛事的第一阶段，独立队先后轻松战胜伊希库斯尼斯塔史、亚特兰大、伊图塞恩戈、博卡青年、尤潘基、通讯队和拉菲雷雷。

　　从阿坤个人层面来说，他最出色的一次表现是在面对伊图塞恩戈时打进五球。

　　第二阶段开始于7月5日，独立队1988级继续着他们的连胜势头，他们仅仅在面对圣洛伦索和拉努斯时落败。阿坤表现最好的一次是发生在球队3-0战胜萨斯菲尔德的比赛中，他上演了梅开二度。萨斯菲尔德有一位名叫达米安·埃斯库德罗的球员，这位球员后来在阿根廷U20国家队和阿坤成了队友。

　　联赛临近尾声，独立队以1分的优势领先曾经战胜过自己的圣洛伦索和拉努斯。联赛只剩下最后一轮，谁能笑到最后，谁就能参加与另一半区冠军河床队进行的总决赛。

　　独立队的最后一场比赛是客场面对拉普拉塔体操队，之前他们曾经在主场2-1战胜过这支球队。而拥有阿坤的老熟人阿科斯塔的拉努斯则要在最后一轮面对圣洛伦索。

　　比赛时间是2001年12月12日。彼时阿根廷国内局势混乱，政治、经济和社会状况都陷入骚乱。不过，独立队1988级的小伙子们可顾不上关心这一切，对于他们来说，比赛比任何事情都重要。可惜，胜利女神没有站到阿坤的球队这边，他们在拉普拉塔以0-3落败。

"那真是一场糟糕的比赛。"主教练兰伯特回忆道,"我们发挥得不好,比赛刚开始 15 分钟,他们就进了 3 个球。更糟的是,主裁判把阿坤红牌罚下了,因为他向裁判抱怨对方犯规。阿坤从来不抱怨,但是那一天他被踢了太多次。我们以为自己要和决赛说再见了,直到我们发现拉努斯和圣洛伦索竟然打成了 1—1 平,这意味着我们三个队最终积分相同。我们不得不再进行一次附加的三角淘汰赛角逐最后的冠军。"说到这里,兰伯特显得非常兴奋。

这几场较量发生在敲锅抗议期间,社会动荡和随后的镇压造成了 25 人死亡和 400 余人受伤,阿根廷总统费尔南多·德拉鲁阿被迫于 2001 年 12 月 20 日辞职。在这样的大背景下,独立队先是与拉努斯队战成了 1—1 平。由于红牌停赛,这场阿坤未能出场,他只能等待与圣洛伦索的较量。

"那场比赛简直就是阿坤的个人表演!"兰伯特说,"我们最终以 3—0 取胜,其中两个球都是阿坤进的。比赛结束时,圣洛伦索青年队的主教练加布里埃尔·罗德里格斯对我说:'你们能赢球是因为你们拥有阿圭罗……他是凭借一己之力赢得比赛的。'因此,最终我们凭借着一个净胜球的优势进入了与河床队的总决赛。"

总决赛的日期是 2001 年 12 月 30 日,比赛地点是亚特兰大竞技体育场。

对于阿根廷人来说,这特殊的一年拥有一个糟糕的结尾。前来观看决赛的球迷通过媒体得知他们刚刚上任一周的新总统、德拉鲁阿的继任者阿道夫·罗德里格斯·萨阿宣布阿根廷拖欠外债,并且将于当晚递交辞呈。

同时,媒体在忙着解释宪法机制,这将导致阿根廷在一周内拥有五个不同的总统,这是史无前例的,而独立队和河床队的决赛就将在这种情况下打响。看起来,在这种环境下踢球有一些奇怪,但是也只有足球可以为人们提供喘息的机会,一个面对这种绝望的理由。

在那个炎热的上午,莱昂和他的同伴焦急地等待着比赛开始,两个陌生的年轻人坐在他们旁边。这两个人一个是经营私人邮政公司的商人,一个是律师,是投资球员所有权的合伙人。这一次,他们就是来看阿坤的。

此时的阿坤已经是业内公认的明日之星了。

这两个人一个叫埃尔南·雷格拉，另一个叫冈萨洛·雷巴萨，他们相识于1996年的一场朋友聚会，这场聚会中的大部分人都是橄榄球界人士。那一天，冈萨洛的注意力并没有在聚会上，他一直关注着收音机里的一场足球比赛，征战于低级别联赛的查卡塔瑞青年队正在进行事关升级的大战。

在这种情况下，冈萨洛认识了埃尔南。埃尔南注意到了这个认真倾听低级别足球比赛的男人，因为他也对此感兴趣。

由于都对体育经纪人行业感兴趣，他们的交流十分顺畅。在几个小时的谈话后，他们决定放弃目前的工作，从低级别联赛开始挖掘球员资源。

或许是因为年轻人的动力吧，几个月之后，这两个不满28岁的年轻人已经成为阿根廷足球乙级联赛球队科勒加勒斯的五名球员的经纪人。

每个周末，这两个年轻人都会出现在不同的低级别联赛赛场中，试图发掘一些有潜力的球员。他们投入到了这个当时在阿根廷刚刚起步的行业：球员经纪人。渐渐地，他们成为球场上定期出现的非典型观察者，他们的身影出现在了弗兰德利亚、卢汉、贝拉萨特吉、莫隆和伊希库斯尼斯塔史等俱乐部。随着经手的交易越来越多，他们叩开了阿根廷顶级俱乐部的大门。

四年后，他们已经成为小有名气的球员经纪人。2001年年底的这一天，埃尔南和冈萨洛来到亚特兰大球场，他们此行的目的是观察圈内最被看好的年轻球员阿坤。埃尔南和冈萨洛之间有一条不成文的规定，就是不能与年纪过小的球员签约。但是这一次，他们实在按捺不住亲眼见识这名传说中的天才少年的渴望。当然，结果是他们不虚此行。这场比赛之后，埃尔南和冈萨洛对阿坤展开了漫长的追逐，经过一年多的努力，他们终于为IMG签下了阿坤。IMG是一家国际体育公司，此时埃尔南和冈萨洛就受雇于IMG阿根廷分公司董事长豪尔赫·普拉特·盖伊。

埃尔南和冈萨洛的出现对于阿坤的人生是非常重要的，他们对阿坤的奉献其实已经超出了经纪人的职责。在未来的日子里，阿坤一家会发现埃尔南和冈萨洛的法律背景和商务背景将帮助他们解决许多问题。

也许更重要的是，埃尔南和冈萨洛参与到了这整个家庭的成长和成熟。在阿坤早期的职业运动员生涯中，这两名经纪人如兄长一般照顾着他。

让我们先回到 2001 年 12 月 30 日独立队和河床队的比赛中。在亚特兰大球场的观众席上，还有两位特殊的来宾，一位是当时阿根廷国家青年队的主教练米格尔·安赫尔·多霍，一位是守门员教练乌巴尔多·马蒂尔多·菲洛尔。到现场观察球员是两位教练的日常任务，他们需要用敏锐的眼光发掘球场上最亮眼的新星。

对于多霍来说，抛开完成任务不说，观看这样的比赛本就是一件乐事。还有什么比看着未被职业足球的压力和野心束缚的孩子们带着无限的热爱享受纯粹的足球更令人高兴的呢？

这天早上，兰伯特和里奥斯派出了独立队近期惯用的阵容：守门员埃米利亚诺·莫利纳，后防线上是尼古拉斯·托雷桑、布鲁诺·莫拉和莱昂纳多·托雷斯，中场组合是埃米利亚诺·费雷拉、丹尼尔·莫利纳、里卡多·戈麦斯和罗德里戈·比亚特，前锋则是路易斯·莫雷利和塞尔吉奥·阿圭罗搭档。而对手河床队的主教练派出的阵容是：桑德；阿瓦洛斯、盖拉多、索托马约尔、阿尔瓦雷斯；杜尔、里不拉门托、巴勒莫；佩雷拉、蒙萨尔沃、科尔巴兰和路易斯。

独立队在上半场先进两球，第一个进球由戈麦斯在第 26 分钟攻入，第二个进球由费雷拉在第 28 分钟完成，而阿坤在两个进球的完成过程中都起到了至关重要的作用。中场休息时，河床队进行换人调整，主教练换上了阿拉巴和迭戈·博纳诺特。后者是河床队的希望之星，他在几年后转会到了西班牙的马拉加队。河床队的换人收到了成效，阿拉巴在下半场开始 3 分钟后为球队首开纪录。

布宜诺斯艾利斯报纸《编年史》在 2002 年 1 月 4 日的文章中写道："河床队主教练换上了可以改变比赛的球员，但是在扳回一球后他们虽然创造了很多机会，却没能再度改写比分，最终独立队捧起了 AFA 预选赛的冠军奖杯。独立队的 10 号球员阿圭罗奉献了精彩的演出，这是一个你愿意抵押房子去赌他未来的球员。在防守方面，独立队的门将埃米利亚诺·莫利纳表现出色，在比赛最后时刻，他力保城门不失，帮助球队最终获胜。"

在这则报道旁的冠军队合影上，阿坤正抱着奖杯微笑。米格尔·安赫尔·多霍完全赞同《编年史》报记者的观点。8年后，他为我们回忆了赛后的情景，那是他第一次在观看一场青少年比赛决赛后到更衣室恭喜球员。

"这些小伙子们的表现实在是太棒了。为了发掘年轻球员，我观看过很多这样的决赛，但是只有那一次，我在赛后到双方的更衣室祝贺，表达了我对他们竞技水平的欣赏。这是我第一次注意到塞尔吉奥，他踢球的方式和身体的力量都是最好的。他坚韧，健壮，球感很好。守门员埃米利亚诺也很不错。这支球队是以他们两人为核心打造的，他们一个射门得分，一个把守最后的防线。"米格尔·安赫尔·多霍说。

【两分钟三球】

预赛上的成功让独立队1988级对三月份的正赛充满期待。这段期间，独立青年队发生了一些人事变动，阿尔贝托·塔斯沃成为青年队的协调人，而豪尔赫·罗德里格斯则成为第八队和第九队的教练。

罗德里格斯在青少年足球方面有着丰富的经验，曾经担任过普拉腾斯队和阿根廷青年人队的青年队主管。罗德里格斯在唐·托尔夸托市的圣豪尔赫贫民区挖掘了当时年仅7岁的胡安·罗曼·里克尔梅，当时罗德里格斯也是阿根廷青年人队的第九队教练。

罗德里格斯确实是青少年足球问题的专家，后来他还成为博卡青年队的青年队主教练。这位经验丰富的青少年足球教练告诉我们，他在为独立队工作前就注意到阿坤了。

"从阿坤刚一进入青少年足球界我就注意到他了，那是在1999年，当时我在阿根廷青年人队工作，我的球队和阿坤的球队有过一场比赛。我还记得当时我和我的兄弟在一起，我们都认为自己见证了一个现象级的球员。那一天，阿坤过掉了他面前的每一个对手，最后盘过守门员将球射入大门，其间球一直黏在他的脚边。那时候他只有10岁，却令人难以忘怀。几年之后，独立队邀请我去工作，我知道阿坤也在那里，我很想执教他，幸运的是，我真的做到了。"罗德里格斯说。

在对球队进行评估之后，罗德里格斯明白他必须对一些位置进行补强。他先是从一个隶属于独立队的俱乐部带来了胡安·卡拉科切。在观看了一场比赛后，他又从大布宜诺斯艾利斯的埃维塔城带来了一名强力后腰迭戈·坎帕斯。罗德里格斯还敏锐地发掘了何塞·佩佩·索萨，认为这名来自圣路易斯省的强力中锋是阿坤的理想搭档。

"我们必须巩固实力，并且对一些位置进行加强。"罗德里格斯说，"至于塞尔吉奥，我安排他作为中场和锋线的连接者，而不是一个纯粹的前锋。我喜欢他回撤拿球，所以我安排了一个纯射手——9号佩佩·索萨，这样塞尔吉奥可以更多地回撤。"

"他仍然可以进球，当他从中场拿球时，没有人可以阻止他，而且他还是一个好的助攻者。"罗德里格斯说。

后来，迭戈·坎帕斯和佩佩都与阿坤成为场上的好搭档，同时也是场下的好朋友。

"刚到球队时，塞尔吉奥是更衣室里对我最热情的人。"迭戈回忆道，"我不认识任何人，他对我提供了很多帮助。和他一起踢球很开心，和他做朋友更开心。我还经常和他的家人一起玩，他们都对我非常好……"

迭戈和佩佩陪伴阿坤度过了人生中很多重要的时刻，比如他第一次到海边度假。甚至阿坤到西班牙和英格兰踢球时，迭戈和佩佩也经常出现在他的生活中。

在迭戈和佩佩的帮助下，适应新国家的生活对于阿坤来说简单了不少。

罗德里格斯的球队被寄予厚望，《奥莱报》在2002年3月的青少年足球板块两次对这支球队进行了大篇幅的报道。第一次发生在3月1日星期五，报道的标题是《他们必须再赢一次》，报道上还有一张球队的照片，图注写道：冠军队阵容。穿白色T恤的是阿坤，博奇尼对他非常看重。

第二篇报道刊登于3月8日，执笔者是德米安·梅尔泽，报道标题为《第九队的基石》。梅尔泽提到阿坤在第九队的首秀便上演了帽子戏法，那场比赛最终以独立队6-0大胜拉普拉塔大学生队告终，他还肯定地表示

"虽然只有13岁,但是这个男孩儿是独立队未来最大的希望"。

在这篇报道中,阿坤表达了他对奥特加和里克尔梅的欣赏,并且谈到了他的梦想。

"和所有人一样,我的梦想是征战顶级联赛,并且参加世界杯。为了实现这一切,我会继续努力训练,我不会自满的。"阿坤说。

梅尔泽记者的标题成了神奇的预言。几年后,独立队靠出售"球队基石"收益数百万欧元,这些钱帮助球队解决了债务问题,并且翻新了球场。

2008年11月,翻新后的独立队主场美洲解放者球场揭幕,独立队的老球员和希望之星为球场的揭幕进行了一场表演赛,而开球的球员是毛里西奥·德尔·卡斯蒂略和加斯顿·德尔·卡斯蒂略,他们是阿坤的弟弟,不过他们没有遇到哥哥曾经遭遇的麻烦,顺利地跟随了父姓。球场翻新后的第一场正式比赛发生在2009年10月,独立队以3-2战胜了科隆队。

第九队的男孩儿在AFA正赛第一阶段表现出色,他们在3月2日以2-0完胜拉普拉塔大学生队,随后以2-2战平纽维尔老男孩队,4-0大胜努埃瓦芝加哥队。在与努埃瓦芝加哥队的比赛中,绰号"导弹"或"拖拉机"的坎帕斯打进了他在该项赛事中的唯一进球。

"我想这应该是我短暂的职业生涯中唯一的进球了。"坎帕斯笑着说,"我的职责并不是进球,但是我永远忘不了那一天。那天我们在多米尼克训练场踢球,阿坤几乎过掉了对方所有球员并将球传给了我,我所需要做的只是将球撞进球门……"坎帕斯不会忘记他的朋友慷慨地将球让给他。

独立队的风光无限被一场0-3的完败终结了,他们输给了河床队,接着独立队又以1-1战平了拉普拉塔体操队。

2002年5月4日,一场胜利让独立队的夺冠征程回到了正轨。豪尔赫·罗德里格斯激动地回忆了那个周六发生的事。上午11点15分,主裁判丹尼尔·罗曼诺吹响了比赛的开场哨。

"比赛刚刚开始,我们就陷入了不利。他们利用一个角球机会头球破门,取得1-0的领先。重新开球后,塞尔吉奥突破两名球员防守,和佩佩·索萨以难以置信的速度进行了一次二过一配合，佩佩在接到球的瞬间便将球传回给塞尔吉奥，塞尔吉奥在禁区外用一脚角度和力量俱佳的射门完成了进球。所以，我们很幸运地扳平了比分，但是班菲尔德是一支很坚韧的球队，比赛变得非常胶着。

"下半场班菲尔德没有留给我们任何机会，但是他们也难以攻入我们的半场。比赛进行到尾声时，我看了看表，发现比赛时间还剩下5分钟。我要求队员们将球控制在地面，不要起高空球，但是我的命令并没有起到作用。在比赛还剩下两分钟时，塞尔吉奥得到了球权，他带球过人，一直跑到了角旗区。

"这时他可以选择传中，这是一个必进球。因为他已经过掉了所有的对方球员，而佩佩和坎帕斯已经到达中路准备接应。

"此时距离比赛结束还有90秒，塞尔吉奥没有选择传中，而是站在距离角旗和边线只有一米的地方起脚射门，皮球像子弹一样射向了球门的远角。这个进球太美妙了……我们面面相觑，连班菲尔德的主教练都目瞪口呆地望着我，就好像在说'有了这孩子你什么比赛都能赢'……而我的兄弟对我说：'告诉他，他应该传中的，告诉他……'这个进球让我们取得了2-1的领先，我们只需要等待裁判的终场哨了。但是，你知道比赛最后的结果是什么吗？4-1！在不到一分半的时间里，塞尔吉奥又进了两个球！

"你看，我总是对球员说，中线开球后要立刻给对方施加压力，因为这时候对方容易分心。在第二个进球之后，我的球员们马上组织进攻，赢得球权。阿坤拿到球后直接从禁区外远射破门！

"第三个进球后，球员们再次从中线开球，然后赢得了一个界外球。阿坤主罚界外球，队友接球后又将球交回给他，随后他大力射门将球射入球门上角。两分钟三球，令人难以置信……这就是我不明白为什么有些教练会在比赛尘埃落定之前就将阿坤换下的原因。当然，有时候你会觉得他在球场上消失了，但是一旦他举手要球，那么对手就要小心了！那些关注青少年足球的教练和记者说得没错，阿坤前途无量。

"有人说阿坤在场上跑动不积极，但是如果他们认为阿坤整场比赛都只是站在那里，那么我们是怎么踢出 18-0 的比分的呢？"显然，罗德里格斯还记得当年的每一个细节。

2006 年 4 月 8 日星期六，布宜诺斯艾利斯何塞·阿马尔菲塔尼体育场。阿根廷秋季联赛萨斯菲尔德对阵独立队，比赛进行到下半场第 37 分钟。

这一天，阿坤又一次展现了他改变比赛的能力。独立队前往利涅尔斯挑战萨斯菲尔德，希望借这场比赛一扫五轮不胜的颓势。然而，比赛并不顺利，对方非常强硬，球队失误很多，双方都没能打破僵局。比赛还有 8 分钟就要结束了，阿坤再一次展现了他的神奇，他突破克劳迪奥和埃尔南·佩莱拉诺的防守，突入禁区盘过门将加斯顿·塞萨后将球轻巧地推进球门。就这样，一个漂亮的进球将比分改写成了 1-0。阿坤的表演还在继续，4 分钟后，他再入一球。他从 18 码处接到反弹球，将球直接射向塞萨的左侧。阿坤用事实告诉大家，就算到了比赛的最后时刻，他也可以用灵光乍现为球队带来胜利。

【荣耀的绕场一周】

战胜班菲尔德令独立队得以继续留在争冠阵营当中，也鼓舞了所有人的士气。随后，独立队接连战胜了查卡里塔青年、萨斯菲尔德、乌拉坎和阿根廷青年人队，另外他们和圣洛伦索打成平局。独立队和圣洛伦索队的比赛汇集了 7 名刚刚入选米格尔·安赫尔·多霍领军的阿根廷 U15 国家队大名单的球员，其中有 4 名来自独立队，他们是埃米利亚诺·莫利纳、布鲁诺·莫拉、何塞·索萨和塞尔吉奥·阿圭罗。

同时，由马塞洛·贝尔萨执教的阿根廷国家队在 2002 年韩日世界杯小组上出局，无缘淘汰赛阶段。这个消息令阿坤非常伤心，他几乎不敢相信这是事实。

14 场比赛之后，独立队以 30 分占据积分榜次席，落后榜首的博卡青年仅仅两分。另外，排在第三名的圣洛伦索少赛一场与河床队同积 27 分。

第 15 轮，榜首的两支球队博卡青年和独立队迎来了一场提前上演的决赛。

比赛被安排在 2002 年 7 月 13 日，独立队远赴客场挑战博卡青年，最终他们以 2-0 赢得了这场关键战役，进球队员是佩佩·索萨和路易斯·莫雷利。这场胜利帮助他们以 33 分压倒博卡青年占据积分榜首。下一轮比赛独立队要面对罗萨里奥中央队，由于最后一轮轮空，这将是他们的最后一场比赛。

在赢得补赛后，圣洛伦索积 30 分，也就是说，如果这一轮独立队战胜罗萨里奥中央队，而圣洛伦索没有全取三分，那么独立队就将提前一轮获得冠军。

为了备战比赛，独立青年队的技术协调人阿尔贝托·塔迪沃向董事会提出申请，为了保证球员状态，希望批准球队在比赛前一天抵达罗萨里奥，并且入住一线队平时下榻的酒店。

董事会批准了请求，这些 14 岁的男孩儿们史无前例地得到了职业球员的待遇。7 月 19 日，当他们到达酒店时，他们惊喜地得知自己入住的是标准间，而同样在第二天有比赛的第八队和第七队则住在临时宿舍里，这让孩子们感觉自己飞到天上去了。

"整支队伍动力十足。"阿坤说，"我们知道必须好好休息，这是一个特别的机会。提前一天抵达，入住酒店客房，对于我们来说一切太新鲜了。"

当天晚上阿坤的室友是他的朋友佩佩·索萨，索萨回忆了当天晚上的情景："我们很期待第二天的比赛，我们想要获胜，但是实在太焦虑了。所以，为了打发时间，我们决定和第八队的伊斯梅尔·索萨以及另一个男孩儿打牌。我们很想早点儿休息，但实在睡不着……"何塞说。

2002 年 7 月 20 日，这是一个清新的早晨，7℃～14℃的温度正好可以帮助这些前一晚难以入睡的小伙子们清醒过来。

当阿坤到达罗萨里奥中央预备队球场时，他俯瞰着巴拉那河，憧憬着最好的比赛结果。尽管他是球队的头号球星，肩负重任，但是他丝毫没有压力。阿坤认为作为球队队长，他的职责就是赢得比赛。如果比赛顺利，他们一定能夺得冠军。

球队其他出场球员还包括布鲁诺·莫拉、莱昂纳多·塔尔比尼、尼古拉斯·托雷桑、雅伊尔·索洛加、胡安·卡拉可什、路易斯·莫雷利、迭戈·坎波斯、佩佩·索萨和路易斯·法利亚斯。而罗萨里奥中央队则派出了这样的阵容：费德里科·罗德里格斯、加斯顿·阿莱、沃尔特·戈多伊、纳韦尔·瓦伦蒂尼、伦佐·富内斯、安德烈·佩拉尔塔、埃米利亚诺·拜迟德、吉列尔莫·奇盖提、米尔顿·卡拉利奥、莫罗·马亚和埃塞基耶尔·贝拉。

这场比赛从一个侧面说明了成为职业球员有多难：在场上的所有球员中，除了阿坤只有三人最后登上了顶级联赛的舞台，他们是独立队的胡安·卡拉可什以及罗萨里奥中央队的米尔顿·卡拉利奥和纳韦尔·瓦伦蒂尼。

前30分钟，独立队从左向右攻。莱昂和其他球员的家人朋友一起站在边线的栏杆外的水泥台前观看比赛。这里距离替补席和罗萨里奥中央队的球门都很近。莱昂想，这里是他观看阿坤比赛的最佳视角，可是他错了。

随着主裁判迭戈·哥伦布的一声哨响，比赛在上午11点正式开始了。莱昂在最佳的角度观看了他的儿子创造出的全场第一个射门机会。独立队正在进攻，阿坤从左路靠近禁区的位置接球，过掉了盯防他的对方6号球员安德烈·佩拉尔塔。在几个假动作之后，阿坤来到了小禁区边缘准备射门，对方5号球员伦佐·富内斯试图抢断，但是阿坤牢牢地将球控制在自己脚下。在得知自己无法成功断球后，富内斯绊倒了阿坤。一直紧跟场上形势的裁判立刻指向了点球点。

摔倒在地的阿坤尽可能地抬起头期待着，希望接下来的场景也像曾经无数次在比赛中出现的那样：阿坤制造机会，对方犯规，裁判判罚点球，埃米利亚诺·莫利纳主罚点球，命中得分。

然而，事情并没有往常那么顺利。埃米利亚诺大力将球踢向右下角，然而球却被门柱弹了出来。此时，栏杆后面的莱昂和边线外的主教练罗德里格斯都遗憾地抱住了头，但是他们没有太多时间纠缠于这个失误。

13分钟后，路易斯·法利亚斯在中线前主罚任意球，双方几乎所有球员都在禁区内等待罚球。随后，一记力道十足的球高高越过所有的后卫，阿坤跑向左边底线将球顶回禁区中央，路易斯·莫雷利抢点成功，将球顶进大门。

独立队将比分改写成了 1–0，并且将这一比分保持到了上半场结束。下半场刚一开始，罗萨里奥中央队的 8 号奇盖提便得到了一次和门将埃米利亚诺一对一的机会。埃米利亚诺奋力扑出奇盖提的射门，但是面对后来赶到的米尔顿·卡拉利奥的补射，埃米利亚诺无力回天。1–1 的比分不足以让独立队在这天早上获得冠军。

在阿坤的带领下，独立队的小伙子们决定全力进攻。"但是就是无法进球。"主教练豪尔赫·罗德里格斯回忆道，"我们错过了太多机会……我对塔迪沃说冷静下来，我们会赢的。但是时间一分一秒地过去了，我们还是没能将机会转化成进球。"

随着罗萨里奥中央队的埃塞基耶尔·贝拉和阿坤的朋友迭戈·坎波斯被罚下场，比赛变得更加戏剧化了。双方都以 10 人应战，场面变得更加开放。比赛常规时间快要结束之前，主裁判哥伦布宣布补时 3 分钟。留给绝杀的时间已经不多了，在补时的前两分半时间里，豪尔赫·罗德里格斯不停地敦促他的球员进攻。在最后的 30 秒里，罗德里格斯一直在场边指手画脚，根本停不下来。

6 年过去了，阿坤仍然将这个进球的细节记得清清楚楚。看来，球员们总是能记住他们的每一个进球，无论时间过了多久。

"为了进球，我们全部压上进攻，但是他们却赢得了球权，由于我们已经全员压上，他们得到了反击的机会。中央队的前锋持球，他的另外三名队友和他一起压上，而我们只有布鲁诺·莫拉一个人拖后。在这关键的时刻，莫拉在与对方前锋的对抗中取得了胜利，他成功地抢回了球权。很明显，由于我们在前场人数占优，现在我们成了反击的一方。

"莫拉将球传给了 5 号球员，随后球又被传到了我的脚下。"阿坤回忆道。他的注意力太过于集中在场上，以至于完全没有听到他的教练罗德里格斯在场边又跳又叫，要求他控制住球并且向对方球门进攻。

阿坤接着回忆道："我急忙转身向右路跑去，而另一名队友将球分给了更靠右路的索萨。索萨突入前场，我开始喊道：'索萨，索萨！传球，传球……'他已经到达了禁区，一名对方后卫试图断球，索萨用一个假动作甩掉了他，继续向前带球，并将球传给中路的我。我只记得我在小禁区内靠球门左侧，我身边有一名防守队员，面前还有门将。球向我飞过来，我抬起腿抢在防守队员之前碰到皮球，接着皮球从门将两腿之间穿过，进入大门。"

"这一切都发生在小禁区内，我看着皮球飞入球网，接着我开始像疯了一样庆祝。我脱下球衣一边转球衣一边跑，队友们都跟在我身后。我在角旗附近停下，依然在转着球衣，当队友们赶上来时，我将球衣抛向天空。球衣飞了起来，飘向天空然后掉在地上，莫雷利也和我一样脱掉球衣抛了出去。我被队友们拥在中间无法脱身，但是我很开心。"阿坤说。

罗萨里奥中央队仍然要到中圈开球，这样裁判才可以吹响终场哨。在此之前，裁判向莫雷利出示了他个人本场比赛的第二张黄牌，因为裁判觉得他的庆祝太过火了。这样，莫雷利便被红牌罚下了。

然而，莫雷利却穿上了阿坤的10号球衣，并将自己的球衣交给阿坤以避免被罚下。"在庆祝时，他交换了我们俩的球衣。"阿坤说，"当裁判出示黄牌时，他正穿着我的球衣，他希望以此逃避判罚。不过，这一招被中央队的球员发现了，最终莫雷利还是下场了。"

最初的错误判罚仍然被记录在阿根廷足球协会关于本场比赛的官方报告里。在"罚下"一栏中记载着埃塞基耶尔·贝拉、迭戈·坎波斯和路易斯·莫雷利的名字，而在后两个名字之间，塞尔吉奥·阿圭罗的名字被划了一道杠。

主队从中圈开球后，裁判立刻吹响了比赛结束的哨音。独立队用他们惯常的方式庆祝这场戏剧性的胜利，男孩儿们拥簇在一起，最中间是高大的埃米利亚诺·莫利纳。阿圭罗－莫利纳的组合收获颇丰，阿坤打入11球，而埃米利亚诺也有6球入账，当然，这6球全部都是点球。

几分钟兴奋的庆祝之后，一些留在布宜诺斯艾利斯观看圣洛伦索和拉努斯比赛的家长们打来电话，告知独立队的球员们，那场比赛打成了平局，圣洛伦索的积分追不上他们了。

独立队提前一周成为比赛的新科冠军，光荣地绕场一周和场边的滑跪只是更衣室疯狂庆祝的开始。得到组委会允许的 ESPN 电视台记录了这场比赛的前前后后，并且采访了本场比赛的最佳球员：阿圭罗。

"我以为比赛要结束了，但是我告诉队友们保持冷静，把球传给我，我可以进球。"接受采访时，光着身子的阿坤笑着说道，轻描淡写的语言根本无法准确表达他在场上巨大的作用。"踢一场好球，赢一个冠军，这是世界上最棒的事情。"他补充道。这就是他对于美丽比赛最简单的定义。

此时阿坤绝对想不到，这不会是他职业生涯中唯一一次最后时刻进球帮助球队捧得冠军。十年之后，同样的故事在另一个更大的舞台上演，而阿坤选择了同样的庆祝方式：脱下球衣，在空中旋转。而那一次，他手中的球衣是曼城队浅蓝色的队服，他在比赛最后时刻的进球帮助球队获得了历史上第一座英超冠军奖杯。

【阿坤的教父】

独立第九队获得冠军的消息在纸媒上同样掀起了波澜。《奥莱报》在 7 月 21 日的青年足球板块上以《一场希区柯克式的胜利》为标题描述了独立队和罗萨里奥中央队的那场比赛。7 月 24 日，《号角报》在阿韦亚内达和拉努斯地区的本地版则刊登了文章《感谢阿圭罗，独立第九队夺冠》，该篇文章称比赛最后时刻的进球由"该地区的杰出球员"打进，还写道"高产前腰阿圭罗天赋出众，能力卓越"。文章中还引用了独立青年队技术协调人阿尔贝托·塔迪沃的言论："这些孩子的表现太惊人了，他们将这场比赛视为决赛，他们本应该轻松取胜的。这些小球员很有前途，尤其是阿圭罗，他是独一无二的。虽然他只有 14 岁，但是场上的他看起来像是一个经验丰富的老球员。"

阿坤的快乐没能持续太久。在夺冠后的第六天，他的母亲阿德里亚娜因为生病住进了基尔梅斯医院。尽管身体不适，但是为了挣到并不多的薪水，阿德里亚娜必须继续工作。在当时的阿根廷，工作是很不好找的。莱昂零星的工作根本不能维持如此大的一个家庭的开销。当身体出现异常时，阿德里亚娜并没有重视，这让她的病更严重了。

"我只想出院。"阿德里亚娜说，"我在医院住了两个星期，医生不允许我出院，我也没有接受严格的诊断。我的体重从 63 公斤降到了 55 公斤。我想照看我的孩子们，所以我出院了，然而我没有考虑清楚后果。后来在阿格里奇医院，我被确诊为严重的贫血，必须接受药物和注射治疗。整整一个月，我甚至都没办法走路。我真的很难过，因为我想回家照顾我的孩子们，但是我做不到。"

莱昂必须照顾他的妻子，所以这段时间他不能陪在阿坤身边了。在这段艰难的日子里，阿坤一家的生活中出现了一个给予他们巨大帮助和支持的人——达里奥·费尔南德斯。

阿坤和达里奥·费尔南德斯的相识正发生在不久之前。那一天，独立第九队正在进行训练课，而达里奥则带着他的儿子卢卡斯来到独立队训练营。卢卡斯比阿坤小一岁，这一天他是来参加试训的。在等待期间，达里奥决定去看看相邻场地的第九队的训练课。他走到围栏旁边，和其他人一起观看训练。本来，达里奥打算随便看看就回去找他的儿子，但是他却被场上的一个男孩儿吸引住了。在他看来，这个男孩儿在场上无所不能。

"那个黑头发的小伙子球技真好，是不是？"达里奥与身边的人攀谈起来，身边人回过头看着他说："他很棒，对吧？"随后他们聊了起来。

训练结束后，达里奥眼看着他刚刚谈论的男孩儿拿着球鞋朝围栏走过来，停在了和他聊天的男人身边并说："爸爸，我去换衣服，一会儿就回来。"达里奥半开玩笑地对身边的男人说："这是你儿子？哇，你下半生有依靠了……"

达里奥和这对父子一起大笑起来。当然，这对父子正是莱昂和阿坤。由于相谈甚欢，莱昂、阿坤和达里奥父子一起去吃了自助餐，期间他们发现彼此非常合得来，一段深厚的友谊就这么开始了，不久之后，达里奥和莱昂以及阿坤都成了好朋友。在阿德里亚娜生病期间，达里奥承担起了照顾这一家人的工作。

在阿坤一家的艰难时期,达里奥将阿坤带到自己家照顾,他的帮助从来不求回报。在这段日子里,阿坤和达里奥以及其家人的感情越来越深,尤其是和达里奥的儿子卢卡斯更是亲如兄弟。拥有一头茂密鬃毛般头发的达里奥带着兴奋的微笑,跟我们聊着阿坤。

他眼含热泪地分享着他和阿坤的故事。看得出,他真的很爱阿坤。这些年来,达里奥和阿坤的关系越来越亲密,所以阿坤选择让达里奥作为他迟来洗礼上的教父。

"这种感情建立在相互的关心和感情的投入上。我总是为阿坤大惊小怪,总是保护着他。他喜欢来我家住,第二天我会带他去训练场。从我们在独立队的训练场外相识后,我们就再也没分开过。"达里奥说。

自然而然地,在阿坤效力青年队和阿甲联赛期间,达里奥成了莱昂的忠实伙伴,他们陪伴着阿坤的成长。

达里奥还是第一个发现阿坤的身体素质和踢球方式与巴西球星罗马里奥很相似的人。后来,塞萨尔·路易斯·梅诺蒂也有过相同的言论,这番言论还引起了媒体的强烈反应。

"有一天在看完阿坤的一场比赛后,我对莱昂说:'阿坤很像罗马里奥,他就是小罗马里奥。'几年之后,我们听说梅诺蒂也这么认为。'看到没?就像我对你说的一样。'我对莱昂说。"达里奥骄傲地回忆着这一段轶事。达里奥还是一个起绰号的专家,他为阿坤取名"用右脚的马拉多纳",此外还有一个鲜为人知的绰号"罗特韦尔犬"。

"他走路的姿势、奔跑的习惯,尤其是他的速度,太像一只罗特韦尔犬了。阿坤过人时候的速度如风一般,没有人可以阻止他。确实,就像一只罗特韦尔犬,不过是很好的那种,你明白吧?"达里奥说。

后来,这个绰号成了阿坤比赛时场边一个标志性的口号。尤其是当阿坤完成精彩的传球或者射门时,达里奥用他独特的嘶哑嗓音大喊"罗特韦尔",这样一来,阿坤马上就会知道达里奥、莱昂以及其他的亲人朋友都站在哪里看比赛了。

每当此时,阿坤便会回应给达里奥一个眼神、微笑甚至进球,这是献给场边关心他的人的礼物。达里奥非常热爱生活，他这一极具感染力的态度陪伴着阿坤进入了他的青春期。

【阿圭罗，护身符】

2002年7月27日星期日，距离独立第九队在罗萨里奥夺冠仅仅一周，此时阿德里亚娜还在住院，而独立第九队将要在位于阿尔西纳街和科德罗街（后为纪念球队传奇更名为博奇尼街）的独立队主场双舌帽球场进行夺冠庆典，当然，他们的队长阿坤也要出席。在夺冠庆典之后，双舌帽球场还要进行独立队和拉努斯队的一场阿根廷春季联赛。2.7万名兴奋的球迷将双舌帽球场装点得五彩斑斓，他们为独立第九队的男孩儿们大声欢呼，因为这些男孩儿让他们相信独立队的黄金时期就要到了。

在这个夜晚，同时亮相的还有独立一线队主帅阿梅里科·鲁本·加列戈打造的全新队伍。球迷对这支球队同样抱有期待，当然，这种期待要更直接一些，球迷希望他们能夺得冠军。

独立队的后防线由加布里埃尔·米利托、卢卡斯·普西内里、费德里科·因苏亚组成，中前场则有丹尼尔·蒙特内格罗和库基·西尔维拉等球星。独立队的球迷期待这支球队可以终结8年无冠的尴尬。

对于那一天双舌帽球场的景象，阿坤久久不能忘怀。尽管他已经在这座球场和蒂尼利队打过比赛，但是这一次踏上球场的体验完全不同，他被球迷们永不停歇的欢呼声深深地打动了。

当阿坤和他的队友们绕场一周向观众致意时，红色的烟火升到天空，球迷们大声呼喊着"冠军"。阿坤感觉自己对于独立队的爱比以往更强烈了。

为独立一线队效力是阿坤一直以来的梦想，而球迷的热情令他越来越渴望早日为一线队出战。不过在那时的他看来，要实现这个愿望还有很长的路要走。

我很难说清楚为自己支持的球队效力是一种什么样的体验。9岁的时候，我便加入了独立队，而离开时我已经18岁了。换句话说，我生命中前18年的一半时间是与独立队紧密相连的。因此，当我得知我不能在前往西班牙之前在独立队的主场和球迷们告别时,我非常沮丧。在与奥林堡比赛的时候,我得到了一张黄牌,所以我不能参加随后独立队在主场与博卡青年队的比赛。也许那天在布兰卡港我做错了一些事,我不该在中场休息的时候对主裁判阿瓦尔说"不要给我黄牌,不然我就会在这赛季最后一个主场比赛的时候停赛"。当时他回答我说,如果我不犯规,那我肯定不会得到黄牌。当时,在下半场的一次合理冲撞后,他向我出示了黄牌。于是,站在球场上的我立刻哭了出来,我的泪水喷涌而出。我有点儿尴尬,但是我根本不能停止哭泣。因为当我意识到我不能在双舌帽球场向一直以来支持我的人们道别时,我完全崩溃了。现在我长大了,不过当我回想起那一天,我想如果一切重来一次,我还是会哭的。这种失落源自内心,根本无法抑制。

——塞尔吉奥·阿圭罗

随着比赛临近,阿坤越来越焦虑了,他感觉等待比赛开始的时间如此漫长。他希望能平和地享受一场独立队的比赛,一场令人感到充满希望的比赛,当然,球迷们也是这么想的。阿坤认为好的开始是成功的一半,他希望球队取得开门红。

然而,当绕场一周结束后,球队工作人员要求阿坤留在场地内,因为他需要当球童。

"我不想当球童,但是他们坚持要求我这么做,我别无选择。"阿坤说,"他们给了我工作服,让我站在球门后面,而我背后是拉努斯球迷的看台。"

阿坤希望能平和地看球,而他的希望不幸地被现实打碎了。"我可是穿着独立队的衣服站在拉努斯队球迷面前,可想而知他们对我说了什么。幸好他们没有向我扔东西。"阿坤回忆道。

独立队的开场并不顺利,他们甚至还罚丢了一个点球。随着比赛进行,球迷们越来越不耐烦。上半场结束了,下半场也快要结束了,可是仍然没有进球发生。直到第 87 分钟,独立队获得了一个角球。

"球向我飞了过来,我立刻跑过去捡起球,我不想浪费时间。"阿坤兴奋地回忆道,"我抓起球,将它放在角旗区,心想:'把我的幸运传给他们吧,这样他们就能进球了。'然后,我回到自己的位置看比赛。塞里苏埃拉主罚角球,库基·西尔维拉在无人防守的情况下争顶成功,头球破门。我简直不敢相信自己的眼睛,我发疯一样地号叫,就好像是我自己进球了一样……"阿坤万万没想到,他第一次"帮助"独立队取得的进球正是球队的夺冠基石。随后,胡安·埃卢查恩斯在伤停补时阶段又进一球,最终独立队以2–0赢得了这场比赛。

凭借阿坤贡献了"运气"的角球,独立队赢得了该赛季的首轮比赛。这个赛季末,在赢得了一场与博卡青年队的榜首之争后,独立队获得了该赛季的冠军。

"这是我人生中唯一一次当球童,我的任务完成得还不错吧?"阿坤微笑着说。当时他没有想到,几年之后他将和那场比赛中的很多球员同场竞技。

没有太多时间可以让独立第九队的球员们沉浸于胜利之中了。夺冠庆典在当周的周六,随后独立第九队又开始了秋季联赛的新征程,他们以2–1击败了拉普拉塔大学生队。主教练豪尔赫·罗德里格斯和球员们都希望能夺得双冠王。

联赛前七轮,独立第九队取得了3胜3平仅1负的战绩,其中输球的一场对手是新芝加哥俱乐部。这样的战绩保留了独立队的夺冠希望。同上一届比赛一样,独立队的主要竞争对手是河床队和圣洛伦索队。独立队和竞技队的德比大战被安排在了第八轮,虽然只是青年队的比赛,但是全队上下依然给予了这场比赛特别的对待。

比赛的日期是9月21日,这是立春的第一天,这一天早上,小伙子们发现太阳格外地大。凭借着阿坤的远射,独立队最终在竞技队的主场以1–0赢得了比赛。当阿坤进球时,场边的莱昂忍不住尖叫起来。

"对于这个进球,我记得非常清楚。"他说,"塞尔吉奥从左路突破,远射打在球门上角入网。"9月22日的《奥莱报》同样记载了这个进球:"塞尔吉奥·阿圭罗在禁区外左侧用右脚射门,这一脚射门技惊四座,非常漂亮。不要再瞌睡了，坐下来享受这场由独立队1988级带来的精彩的青年队春季联赛吧！比赛结果：独立队1-0竞技队。"

这是阿坤在独立青年队面对竞技队打进的第一个进球，当然，这不会是他面对竞技队的唯一一个进球。在进入一线队后，阿坤也曾经攻破竞技队的大门。面对竞技队时，他的每一个进球都很精彩，每一次庆祝都很疯狂。

2006年2月25日星期六，阿根廷足球秋季联赛。阿韦亚内达竞技足球场，竞技队vs独立队。下半场进行到第9分钟。

在这个下午，17岁的阿坤向独立队的球迷证明他就是对付死敌的最佳武器。在3分钟内，阿坤梅开二度，这两个进球令他再一次名留青史。首先，他在禁区边缘接到布斯托·蒙托亚的传球，用他并不擅长的左脚以一脚低射洞穿了坎帕尼沃洛把守的大门，皮球从门将左侧飞进球网。3分钟后，独立队的门将奥斯卡·乌斯塔里制止了对方的一次进攻，奥斯卡快速发球将球传给前场的阿坤。阿坤先是在头球争顶中战胜了何塞·谢弗，随后在对方后卫的追逐下突入禁区。坎帕尼沃洛竭力拦截，但是阿坤绝妙的躲避恰好造成门将和后卫撞在一起。最后，阿坤用他擅长的右脚大力射门，两名拼命回追的竞技队后卫无力回天。2-0的比分让独立队的球迷陷入了疯狂，阿坤的出色表现抢了迭戈·西蒙尼的风头，这是后者执教独立队的第一场比赛。

在与竞技队的比赛后，独立队又收获了4胜2平。其中在第15轮，他们再一次战胜了博卡青年队，阿坤闪耀全场。"独立第九队的关键人物阿圭罗虽然没有进球，但是他为队友创造了机会。"《奥莱报》在11月24日写道，"阿圭罗参与了独立队全部的三个进球，他摧毁了博卡青年队。"

这场大胜保留了独立队的两连冠希望。河床队暂居榜首，但是由于在接下来的一个周末战平了萨斯菲尔德，因此他们只剩下两分的领先优势。紧随其后的独立队和圣洛伦索队还有一场相互之间的较量，谁赢得这场比赛，谁就会是冠军；如果双方打平，那么冠军将属于河床队。

在与博卡青年队和圣洛伦索队的比赛前，独立队有两周的休息时间。

因此，阿坤有机会去观看第一队和马德普拉塔的比赛。这两支球队正在代表贝拉萨特吉地区参加布宜诺斯艾利斯运动会。观看比赛的经历很有意思，因为这次运动会不仅有足球比赛，还有其他项目。

"全省的孩子们都聚到了一起，男孩儿们和女孩儿们参加各种不同的比赛。"教练卡乔·巴雷罗回忆道，"其中有250个来自贝拉萨特吉的孩子，他们都是自己来的。对于14岁的孩子来说，这是个巨大的诱惑。我们的酒店旁边是一家招待所，那里有参加跳舞比赛的女孩儿，她们一直和我的男孩儿们聊天，有一些还缠着阿坤，我不得不赶走他们……"不过，巴雷罗明白孩子们正在长大，这是成长的必经过程。他们现在是青少年了，除了足球之外，他们总会有其他兴趣。

"我告诉他们，别忘了我们是来比赛的。我尤其告诫塞尔吉奥，他潜力无穷，所以更要严格要求自己。想要在竞技体育的道路上走得更远，就注定要做出牺牲。当然，我知道足球不可能是他生活的全部。事实上，他第一次外出跳舞的晚上就是在我家留宿的，那一次他得到了他母亲的允许，然后和第一队主席阿德里亚娜·亚可诺的儿子一起乘出租车去了夜总会。我们让亚可诺的儿子照顾好塞尔吉奥。但是在马德普拉塔的这一次是不同的，我们是在备战状态，全队都想要夺冠。"卡乔解释道。

此时，阿甲秋季联赛的角逐已经达到了高潮。在阿韦亚内达，阿坤和莱昂以及他们的朋友马里奥·波尔蒂纳里观看了独立队的每一场比赛，但是这一次在马德普拉塔，阿坤没机会看比赛。

"独立队倒数第二场比赛的对手是博卡青年队，当时我正在马德普拉塔……独立队一度以0-1落后，如果这个比分保持到终场，那么博卡青年队将和我们并列榜首。但是在终场前4分钟，布西内里扳平了比分。我对当时的情景记忆犹新。"阿坤说。

"我正在酒店准备下楼，因为我们的比赛要开始了。我突然听到喊叫声，忙问发生了什么，然后有人告诉我独立队扳平了比分，我一听便开始像疯子一样庆祝起来。"阿坤说。

一周之后，独立队在3-0战胜圣洛伦索后捧起了联赛冠军的奖杯，这让阿坤想起了第一轮比赛时他当球童并且"参与"了独立队的进球的故事。阿坤相信，这是一个好的预兆，这种幸运会一直伴随着他，也伴随着独立队。

阿坤不能现场观看独立队夺冠一幕的失望被自己的夺冠冲淡了，他与贝拉萨特吉队在马德普拉塔又捧起了一座冠军奖杯。

"阿坤再一次技惊四座。"卡乔说，"他的转身速度惊人，他的速度对于对方来说是毁灭性的，他的小聪明也令对方无力招架。当我们在禁区边缘获得角球时，对方摆好人墙准备迎接阿坤的大力射门。然而，阿坤却选择将球轻轻踢到对方的人墙上，他想发动二次进攻。当人墙散开时，他趁对方不备抢点将球射入球门。他进过很多这样的球……"

巴雷罗指出，并没有人教给阿坤这些技巧，这是他的本能。巴雷罗还承认，虽然阿坤会接受他的教诲，但是他同样也从阿坤身上学到了很多。

"我曾经告诉他不要离边线太近，因为他经常往边线带球。但是他却给了我一个让我惊讶的回答。他告诉我'边线是我的朋友，在边线旁我更容易过人'。他是正确的，因为他会将球从对手的两腿之间踢出去，然后径直奔向球门。我们都从对方身上学到了很多，我们会相互倾听，相互理解。"巴雷罗说。

这是阿坤为第一队效力的最后一年。不过，阿坤一直和卡乔保持联系，直到今天，他都对卡乔怀有极大的感激之情。在阿坤看来，卡乔是对他的足球生涯和个人生活帮助最大的教练之一。

对于阿坤来说，2002年是快乐的一年。他跟随独立第九队获得了秋季联赛的冠军，又跟随贝拉萨特吉获得了布宜诺斯艾利斯运动会冠军，而且独立队也获得了阿甲联赛冠军。

接下来最重要的事情就是与圣洛伦索的比赛了，这关系到独立队是否能夺得春季联赛的冠军。如之前所述，这场比赛的胜者将夺冠，而如果双方打平，冠军将属于河床队。

12月7日，这场比赛在独立队的多米尼克球场进行。这一次，阿坤专门理了一个新发型，这让他更加与众不同。"他把头发留长了，还染成了金色。"冈萨洛微笑着回忆道。

"但是，真正吸人眼球的还是他的球技，他是一个现象级的存在。任何一个看过阿坤踢球的人都知道他有多厉害。"冈萨洛说。

这也是冈萨洛第一次见到阿坤一家和他们的朋友，由阿坤的父亲莱昂率领的庞大助威团令冈萨洛吃了一惊。此时，冈萨洛还不认识阿坤的教父达里奥·费尔南德斯，但是达里奥却给冈萨洛留下了很深的印象。

"我还记得我看到了一个染着黄色头发的男人，他一到场便开始扔烟花和爆竹，还不停地喊着他给阿坤起的绰号'罗特韦尔犬'。你在青年队的赛场边可是很难遇到这样的场景。我才意识到原来不仅场上有一个'现象级'的人物，场边也有一个。"冈萨洛说道。然而就在这一天，冈萨洛还见证了阿坤职业生涯中的第一个挫折。

上半场还剩下 10 分钟时，圣洛伦索队的安赫尔·罗德里格斯率先破门。9 分钟后，独立队的大卫·奥雷利亚纳射门被扑出，阿坤在门柱附近补射入网。然而直到比赛结束，罗萨里奥式的奇迹并没有再度上演。

独立队和圣洛伦索队最终战平，河床队夺得了冠军。《奥莱报》在 12 月 8 日刊登了新闻，并配上了一张阿坤坐在中线，手扶膝盖的照片。照片上的阿坤看起来非常沮丧，但是这样的经历对他的成长是有必要的。

感谢挫折，它让阿坤明白到他从失败中学到的东西可以比成功中更多。不久之后他还将明白，在足球世界里，你总会有复仇的机会。

第八章 球队基石

第九章 一线队首秀

尽管只有13岁，但是塞尔吉奥·阿圭罗这个名字已经被足球圈的人熟知。国外知名的俱乐部、经纪人和球探毫不掩饰地引诱阿坤与他们签约，因为他们相信阿坤前途无量。

然而在另一方面，尽管阿坤一家和何塞·马利亚·阿斯塔洛亚坚持与独立队谈判，但是球队方面却并没有明确地表示他们愿意留住当时青年队最有希望的新星，更没有提供续约合同。

"我们在1998年和他的父母签约，并在1999年要求独立队在AFA将他注册成为正式球员。这一切都很顺利，没有讨价还价。"阿斯塔洛亚说，"但是每当我们想坐下来和球队聊聊球员的经济权利时，都得不到俱乐部的回应。博卡青年以及其他一些大俱乐部都想签下阿坤，但是我一直对莱昂说，我更倾向于让孩子留在独立队，这也是俱乐部的愿望。但是，俱乐部没有提供合同，独立队对这些事务缺乏有条理的管理。"阿斯塔洛亚说。那时候，每个月莱昂都会到阿斯塔洛亚的办公室和他谈论这些事儿。"我通常都带着塞尔吉奥一起去。我们谈话时，他就喝饮料吃饼干。想想那个场景吧，我们在办公楼的顶层讨论事务，他则安静地凝望着远处的河流。他很喜欢这样。"

2002年10月的一天，莱昂、阿德里亚娜和他们的朋友马里奥·波尔蒂纳里再一次来到了阿斯塔洛亚的办公室。这一次，莱昂带来了一个消息：意大利著名足球俱乐部尤文图斯想要签下阿坤，让他到意大利踢球。

尤文图斯提供了一个很有价值的合同：月薪、公寓、往返阿根廷和意大利的旅费、阿坤和一名家属在意大利生活的一切日常开支。对于莱昂和阿德里亚娜来说，这将是一个艰难的决定。另外，阿斯塔洛亚等人也将从这笔交易中获得可观的收入。这么说吧，就算拿到今天，这份合同也是极具吸引力的。

　　莱昂和阿德里亚娜进退两难。一方面，他们相信对于阿坤来说，最好的选择是留在阿根廷，直到他真正成熟起来；另一方面，尤文图斯开出的条件非常诱人，可以消除阿坤以及他全家在未来的一切不确定性。

　　对于阿斯塔洛亚来说，现在的情况着实棘手。阿斯塔洛亚坚信，从阿坤的成长角度来说，无论是作为一个球员还是作为一名青少年，过早地离开阿根廷很可能是揠苗助长。但是，阿斯塔洛亚同样理解这对父母，对于他们来说，这是一份能保证未来的合同，他们很难拒绝。然而，尽管阿斯塔洛亚和他的同伴同样可以从这份合同中获利，但是他依然决定忠告莱昂和阿德里亚娜，他坚定地认为留下来对阿坤的未来是更有利的，这是他发自内心的想法，也是经过深思熟虑的想法。

　　"我对他们说，我认为对于塞尔吉奥来说，现在去欧洲太早了；他才13岁，我认为在独立队完成这个阶段的学习对于塞尔吉奥来说还是很重要的，在阿根廷成长和发展也有助于培养他对俱乐部和国家的认同感。我试着举出最好的例子来证明我的观点，我说就好像是一棵树，你不能在它根基未稳的时候移动它。到另外一个国家踢球，接触另一种语言、另一种文化，这太冒险了。如果他们这样做，那么塞尔吉奥的发展很可能不及预期。

　　"我甚至对他们说，我不能给他们那么多钱，所以如果他们决定转会，我很理解，也不会反对，我也不会用我和他们之间的合同干预这件事。

　　"最后，他们说需要再考虑一下。"阿斯塔洛亚说。

　　对于莱昂和阿德里亚娜来说，这是一个艰难的决定，无论如何，他们都面临风险。如果他们拒绝这个合同，那么就错过了一个改变全家命运的机会，因为没有人能保证今后他们还能遇到这样的合同。但是他们同样明白，如果接受了合同，他们将面临另一个风险：过早出国可能对阿坤造成消极影响。

　　没过多久他们就做出了决定。第二天，他们回到了波多黎各马德罗的办公室，告诉阿斯塔洛亚他们决定拒绝合同，要让阿坤留在阿根廷，留在独立队。

经过这场风波，阿斯塔洛亚确定了三件事：第一，不管阿坤未来能否成为一个球星，他和他的父母都已经为他做出了最好的选择；第二，为了避免未来的纠纷，现在是时候和独立队做一个彻底的谈判了；第三，要找到合适的人代表阿坤进行谈判，找到最好的专家照顾阿坤的下一个成长阶段。

2003年3月，在几次失败的尝试后，媒体将阿斯塔洛亚塑造成了一个反面角色。在阿坤罢训的几天后，阿斯塔洛亚终于得到了和独立队未来主席安德烈·杜卡藤泽勒在圣菲大道谈判的机会。

"我们知道俱乐部不愿意接受经纪人参与到球员的经纪合同中。通过第三方，他们已经告知了我们，如果我们要保留和球员的经纪合约，就必须支付独立队一定的报酬。谈判很艰难，他们声称我们已经在弗兰的转会中得到了不少的收益，而现在俱乐部正面临艰难时期，他们需要钱。

"我们向俱乐部解释了我们在阿坤一家承担的角色。这些年独立队没有给阿坤一家任何帮助，然而我们却一直在履行义务，当然我们也有相应的权利。经过一番唇枪舌战和紧张的谈判后，我们同意以70000美元的价格购买阿坤25%的经济权利。我们的做法是自相矛盾的，但是为了缓和局势，我们愿意一次又一次地让步。随着签署合约，事情就这样决定了。我们将所有条款写入合同，包括独立队确认以70000美元的价格出售阿坤25%的经济权利。另外还有一份三方合同，其中包括我们会继续支持阿坤一家，还包括一份中断条款，当莱昂和阿德里亚娜决定行使父母的权利时，这个条款将会生效。"阿斯塔洛亚说。

会谈之后，阿斯塔洛亚越来越确定他需要请专业人士处理羽翼未丰的阿坤的足球生涯。事情发展得很快，决策即将出炉。

正在阿斯塔洛亚寻求帮助之时，世界体育营销和经纪方面的领头公司IMG正在飞速发展他们在阿根廷的业务。这家公司由马克·麦考马克创办于20世纪60年代，旗下拥有罗杰·费德勒、迈克尔·舒马赫、大卫·纳尔班迪安、泰格·伍兹、小威廉姆斯和玛利亚·莎拉波娃等著名运动员。1993年，IMG在布宜诺斯艾利斯创立了分部，但是直到1998年律师豪尔赫·普拉特·盖伊就职主管才真正为该分部注入了动力。

盖伊最出色的决策就是专门开设了一个足球事业部，在当时，IMG还没有开始探索阿根廷的足球领域。

普拉特·盖伊从儿时起就热爱体育运动，他最初是一个橄榄球球迷，后来成为卡德纳尔纽曼队的球员。在完成法律资格认证后，盖伊成立了自己的公司，主要经营培育商业化的纯种赛马等项目。

在命运的安排下，盖伊结识了两位国际偶像级别的商人，一个是澳大利亚电视行业巨头克里·帕克，另一个就是IMG的创始人马克·麦考马克。麦考马克慧眼识金，任命年仅36岁的盖伊为IMG拉丁美洲地区的负责人。这个决定没有令麦考马克失望，盖伊的工作非常出色。

在拓展足球市场的过程中，普拉特·盖伊决定不遵循该行业的既定规则。在当时，常规的做法是收购已有的经纪机构，将其放置在公司的保护伞下。相反，他决定从零开始，将重心放在建立一个全新的分支上，以尊重该国特色为基础，实行一个严肃且长期的计划。他相信这是进入这个竞争激烈的市场最好的方法。只要他选择正确的人负责这一项目，只要他们保证以专业化的操作为潜在客户提供最好的服务，他们就一定会占据市场。事实证明，这种模式非常成功。

通过有机而非收购的方式占领市场，这种策略令IMG公司占据了阿根廷的足球运动员经纪市场的有利地位。在策略初期一个代表性的签约就是他们在2003年签下了塞尔吉奥·阿圭罗，一个年仅14岁的男孩儿。虽然未来艰辛，但是他前途无量。

阿坤的天赋、IMG公司的帮助、豪尔赫和他的团队的努力，这一切促成了2006年马德里竞技以2300万欧元签下阿坤的转会的达成。这笔转会的费用创造了阿根廷足球史上的转会费纪录。

在IMG足球部成立的早期，普拉特·盖伊招募了记者达里奥·博比尼，他们一起进行了第一阶段的工作，那就是签约已经职业化的球员。在这个阶段，他们经历了成功也经历了失败，这为他们提供了宝贵的经验教训。

2001年，U20世界杯在布宜诺斯艾利斯举行，普拉特·盖伊和达里奥开始了他们第二阶段的工作：签约年轻球员，但是这些球员大部分已经有在顶级联赛出场的经历。最终，他们签下了马克西·罗德里格斯、莱昂纳多·庞西奥、迭戈·克罗萨、费尔南多·克罗萨、马克西·洛佩斯等球员。

在积累了不少经验后，他们投入了第三阶段的工作：建立一个挖掘天才球员的机构，从这些球员参加青少年联赛时就与他们签约。在这种背景下，经过严格的挑选，普拉特·盖伊于2002年10月招募了两名球探，他们就是之前我们提到的商人埃尔南·雷格拉和律师冈萨洛·雷巴萨，这两人之前便经营购买年轻球员经济权的生意。正如我们之前提到的，在2001年12月，他们两人出现在了亚特兰大体育场，观看了阿坤所在的独立1988级球队夺冠的比赛。

为客户提供专业的服务和贴心的照顾成为IMG公司的制胜宝典。在这种模式的经营下，IMG成为阿根廷足球经纪界的领军公司。

"埃尔南和冈萨洛加入后，我们开始了第三阶段的工作，这也是我们从一开始就规划好的计划。"普拉特·盖伊说，"他们加入之后，立刻就签下了几名年轻球员，并且不停地提及塞尔吉奥·阿圭罗。按照他们的意思，阿圭罗独一无二，前途无量。"

尽管阿坤14岁的年龄会令人感到不确定性，但是豪尔赫选择坚定地相信自己的选择，并且为埃尔南和冈萨洛提供了必要的支持，以便他们签下阿坤。

"整个2002年，我们都在观察阿圭罗。"埃尔南说，"我们观看了几场难忘的比赛，他与众不同，天赋出众，是当时最好的年轻球员。我们非常相信这一点，他值得我们努力争取，豪尔赫也是这么想的。"

埃尔南和冈萨洛通过一些渠道得知商人萨缪尔·利伯曼以及他的律师何塞·马利亚·阿斯塔洛亚以及记者爱德华多·冈萨雷斯都与阿坤有联系，于是他们马不停蹄地找途径接触这些人。

他们接触阿斯塔洛亚的时间刚好是后者为阿坤的未来寻找合适负责人的时候。

"我总是对莱昂和阿德里亚娜说，我们必须找到一些认真负责并且关心阿坤、能够帮助他处理各个方面事务的人。阿坤未来一定会到欧洲踢球，必须有人可以全程参与这件事。我与很多著名的经纪人面谈过，但是当我见到冈萨洛和埃尔南时，我认为他们就是合适的人选。我听说过他们的事迹，在这个鱼龙混杂的行业里，他们的名声很好。"阿斯塔洛亚说。

阿斯塔洛亚和冈萨洛以及埃尔南第一次会面的地点是在布宜诺斯艾利斯的一间酒吧里。

"这次会面是一个里程碑，这意味着我们第一阶段的追求宣告成功。接下来就是第二阶段：成功签下他。这需要花费一些时间。事实上，IMG 从来没有过签下如此年轻球员的先例。"埃尔南和冈萨洛说，"我们相信我们必须签下这个男孩儿，所以我们坚持，并且最终成功了。"

阿德里亚娜还记得阿斯塔洛亚对于阿坤的职业生涯发展的建议："他对我们说，到了这个阶段，我们需要为阿坤寻找经纪人，他不是这个领域的专家。重要的是，我们的经纪人必须是善良的人。他表示，至少他可以为我们寻找合适的人选。"

"没过多久，他就为我们介绍了埃尔南和冈萨洛。那是在 2003 年的 4 月 20 日，我们在 IMG 公司附近的一家小咖啡馆见面了。"阿德里亚娜说。

在布宜诺斯艾利斯雷科莱塔区的普益乐东街和恩里克 – 莱文街拐口，阿斯塔洛亚和爱德华多·冈萨雷斯为阿坤一家和 IMG 公司的达里奥·博比尼、冈萨洛以及埃尔南做了简单的介绍。从第一次见面开始，他们便组成了一个紧密的团队。

四天后，莱昂和阿德里亚娜在豪尔赫·普拉特·盖伊的办公室与 IMG 公司正式签约。

"对于我们来说，这是一个时期的结束。"阿斯塔洛亚有一点儿留恋，但是更多的是高兴，"我唯一的要求就是，希望他们加快节奏，好好照顾这个男孩儿。"

阿坤安静地坐在一边，他选择让父母代替自己发言。不过，他认真地聆听了每一个字。虽然他不能衡量签约的价值，但是他能感觉到他的努力让家庭的生活变得更好了，这都要归功于足球。签下合约之后，美好的生活开始了。因为从此刻起，莱昂和阿德里亚娜开始享受无条件的支持，这可以让经营一个庞大的家庭变得容易一些。在短短的时间内，阿坤一家的生活发生了巨大的变化。

经纪人的常规任务就是解决球员身边的各种事务。在解决日常问题或面对挫折中，两位经纪人和阿坤一家的关系越来越紧密。

埃尔南回忆道："直到谈判之前，我们都没有见过阿坤的父母。我们在观看阿坤比赛时见过莱昂，但是我们和他没有交流。其实我们和阿坤本人也没有过接触，签约的当天是我们第一次正式见面。我们交流了几句，但是他很含蓄，尤其在面对陌生人的时候，阿坤总是很腼腆。但是，我们的关系发展得很快，团结而默契。他们需要我们，我们同样也需要他们。我们所做的一切都是为了阿坤的职业生涯，事实证明，我们是天作之合。"

莱昂和阿德里亚娜再一次在正确的时候遇到了正确的人。在未来，他们还会面临很多挑战，但是事实已经证明，莱昂和阿德里亚娜做出了正确的选择。

【大步向前】

签约之后，第一个重大变化就是阿坤一家又要搬家了。在阿坤新经纪人的坚持下，他们离开了位于基尔梅斯卡洛斯 – 佩莱格里尼大街的房子，搬到了莫伊塞斯 – 利贝松大街贝纳尔地区。

"新房子比以前的还要大，一层有起居室、卧室、厨房和卫生间，二层还有两间卧室和一个卫生间。对于我们来说，搬到更大的房子非常重要，新房子有一个大家庭需要的一切。"阿德里亚娜说。

在独立第九队主教练豪尔赫·罗德里格斯的运作下，阿坤与耐克阿根廷分公司签约。签约一个还未在顶级联赛出场的球员对于耐克来说是史无前例的。这个合同包括国家和国际选项，耐克南美公司看好阿坤的未来，认为当阿坤获得国际影响力时，他们可以有更紧密的合作，这样对双方都有利。

另一件大事就是阿坤回到独立队训练，此时他已经升入到第八队。能够在独立队继续踢球让阿坤非常高兴。签约新经纪公司的第二天，阿坤在因合约问题罢训后第一次返回训练场，这让他感到五味杂陈。

阿坤随独立第八队以 1-0 战胜了圣菲科隆，不过，他在第八队只有短暂的停留。没过多久，由于战绩不佳，独立队主教练阿梅里科·加列戈下课，奥斯卡·鲁杰里成为新任主帅。同时，在青年队与阿坤相识的吉列尔莫·里奥斯接手独立预备队。

2003 年 6 月 5 日，就在阿坤 15 岁生日的前 3 天，里奥斯第一次征召阿坤到预备队参加训练。

"他对我说，他希望我到预备队和成年球员们一起训练。于是那个星期四后，我就开始在多米尼克的一线队训练场旁边的场地参加训练。我欣喜若狂。想象一下吧，博乔·因苏亚、加比·米利托、蒙特内格罗、卢卡斯·普西内里……这些人就在你的身边训练！而且第二天我们就有一场比赛，所以当天晚上我们是一起度过的。埃米利亚诺·莫利纳也被征召了，我们彼此对视，不敢相信自己真的进入预备队了。唯一遗憾的是，我不能再继续学业了，我没有那么多时间。"

6 月 6 日，在阿韦亚内达体育馆与新芝加哥队的比赛中，阿坤完成了他在预备队的首秀。下半场开始 10 分钟后，身着 16 号球衣的阿坤被替换上场。《奥莱报》这样描写道："他的上场盘活了主队的进攻，另外他创造了一次直接面对门将豪尔赫·德·奥利维拉的机会，可惜射门被后者化解。"

一周后，在两场比赛的间歇期，阿坤终于迎来了迟来的洗礼。仪式在唐·托尔夸托的一间教堂举行，阿坤两个年纪最小的弟弟毛里西奥和加斯顿也同时接受了洗礼，达里奥·费尔南德斯成了阿坤的教父。

"教堂离我家很近，所以我们选择步行。阿坤一家、我的妻子儿女以及埃米利亚诺·莫利纳全都出席了仪式。阿坤刚刚度过他 15 岁的生日，他已经是一个健壮的小伙子了。我对他说，他已经长大了，在仪式上应该是他抱我，而不是我抱他了。"回忆起当时的场景，达里奥发自内心地笑了。

仪式之后，众人在达里奥家举行了一个派对，阿坤的祖父母和阿德里亚娜的哥哥丹尼尔也赶来一同庆祝。

随着时间流逝，达里奥仍然坚持观看阿坤的比赛，并且在阿坤表现惊艳时大喊"罗特韦尔"。他和阿坤的感情也越来越深了。6月21日，阿坤参加了他第二场预备队的比赛。下半场第3分钟，他攻入了自己在预备队的第一个进球，如你所料，场边的达里奥又奉献了他的经典呐喊。

接下来的两周，阿坤的日程非常紧张。6月23日，正在训练的阿坤得到了鲁杰里的召唤，开始同一线队一起训练。阿坤几乎没有意识到，六个月前他还在为这些球员当球童，而现在他已经开始与他们一起进行攻防演练了。

"我对蒙特内格罗的大力射门记忆犹新，但是我一直保持安静……我认真地训练、观察，但是一言不发。"阿坤说。

6月24日，阿坤作为首发参加了第八队1-1战平科隆的比赛。7月2日，他回到一线队参加训练。在一场对内比赛中，阿坤代表的替补队以0-3输给了首发队。就在这一天的训练结束后，鲁杰里走过来对阿坤说："你准备好在周六对阵圣洛伦索的比赛中担当替补了吗？你害怕吗？"

阿坤用几乎听不到的声音羞涩但坚定地回答道："不，一点儿也不……害怕，不怕。"

教练还向他确认，周五晚上他将和一线队的球员住在一起。这是2003年秋季联赛的第19轮也是最后一轮比赛。这个赛季独立队表现不佳，可以预见，赛季结束后球队将进行一场大的调整。

当天，莱昂就在训练场边。当阿坤告诉他鲁杰里的决定时，他感到发自内心的幸福。

这对父子刚一到家就向家庭中的其他成员宣布了这个好消息，全家人都沸腾了。阿德里亚娜非常兴奋，但是也同样担心她的儿子会被那些年纪和体型都更大的球员拳打脚踢。男人们对此的回应则是："裁判是做什么的？"不过阿德里亚娜仍然止不住担心。

那天，莱昂一直说个不停。你可以想象，他几乎对阿坤寸步不离。他并不是偶尔才这么做，他的付出是难以想象的。更重要的是，与其他家长不同，莱昂从来不对阿坤施加压力，他只是跟着他的儿子并照顾他。当他认为需要指点阿坤时，他从来不在其他人面前这么做，而是回到家再和阿坤沟通，而阿坤也愿意交流。看起来阿坤是一个传奇人物，但是他总能听取别人的意见。他会认真思考，几天之后，他就会给你一个惊喜的回应。他总是获胜，他赢得了许多奖杯，但是他很少谈论这些。对于我们来说，这一切都司空见惯，但是那一天是特别的。我们回想起了过往的牺牲，那些连一杯咖啡都买不起的日子，那些为了给阿坤买一双好球鞋而付出的辛苦。我从未想到阿坤能取得今天的成就，从未。现在我在电视中看到他，我会说："那是我的儿子……"不，我真的不敢相信。

——阿德里亚娜·阿圭罗

【首秀】

媒体很快报道了鲁杰里将让一名15岁的球员进到阿甲首秀的决定。

《奥莱报》在7月4日的独立队专版确认了年仅15岁1个月零3天的塞尔吉奥·阿圭罗将要迎来阿甲首秀的消息。报道称阿坤是青年队最有前途的球员，并且说明虽然阿坤并不在首发阵容中，但是鲁杰里宣称他将在下半场换上他。

《奥莱报》还刊登了阿坤的简介，执笔记者爱德华多·卡斯蒂廖内在标题下的那句"他不可阻挡"是对阿坤的最佳描述。

除了描述阿坤在儿童联赛的表现，卡斯蒂廖内还写道："阿圭罗一直很霸道。在我挚爱的克鲁塞西塔联队面对阿圭罗效力的六月二十队时，我们必须忍受他的冲击，但是我们同样也很钦佩他，他总能赢得比赛。"

"我看到他过了一个又一个人，一直到把所有人都过掉。他总是将任意球踢到人墙上，然后利用反弹的机会将球射进大门。

"他能戏耍后卫，会使用各种技巧，没人能盯防住他。"卡斯蒂廖内还写道，"希望他在标准球场上能拿出在小球场上一半的水平，那样便没人能忘了他。"

当周周五，阿坤第一次同一线队一起过夜。他和其他球员乘大巴从多米尼克训练营赶往布宜诺斯艾利斯总统酒店，按照惯例，作为最年轻的球员，他坐在巴士最前面的位子。一年前他和第九队在罗萨里奥夺冠的前一天也有过类似的经历，但是感觉却又完全不同。

到达酒店后，阿坤被分配到和后卫鲁本·萨利纳以及替补门将卢卡斯·莫利纳同住一个房间。

"我感觉我还没有明白身边的一切是如何发生的。和一线队球员在一起……晚餐的时候，我和博乔·因苏亚、卢卡·普西内里以及其他年长的球员坐在一起，令我惊讶的是，他们并没有在谈论足球，而是在聊其他事情。鲁杰里和教练组的其他成员坐在另一桌，我看着他心想：'我在这里做什么？'"阿坤回忆道。

为了消磨时间，这一晚他和队友巴勃罗·吉尼亚苏以及埃尔南·弗朗哥待在一起，这两名队友的年龄几乎是他的两倍。他们玩 PS 一直到深夜。阿坤的游戏天赋很不错，但是那一天他一直赢不了。阿坤并没有显露出对首秀的紧张和焦虑，相比之前，他更在意一直输掉游戏。后来，阿坤回到自己的房间，这一晚他睡得很香，一觉到天明。

比赛当天中午，冈萨洛·雷巴萨专门前来看望阿坤。在这样的年纪迎来阿甲首秀是很不寻常的一件事，球员自己应该也会这么认为。冈萨洛仍然记得当天发生的事情。

冈萨洛一直在试探阿坤是否感到紧张或焦虑，但是他得到的答案是否定的。恰恰相反，当冈萨洛问及阿坤鲁杰里人怎么样时，他得到了惊人的回答。"阿坤回答道：'不错，不错……'简直不可思议，他只有 15 岁，当天晚上他就要第一次为一线队出场了，他身边都是前辈球员，但是他看起来一点儿都不紧张，他甚至告诉我教练对他不错。我终于意识到，这个孩子一点儿都不感到紧张。他只是按照自己的节奏大踏步地前进，这种特质让他在人群中脱颖而出。在他随后的职业生涯里，他也一直都是这样的。"

比赛时间是 7 月 5 日晚 21 点 10 分，地点是双舌帽球场。在比赛前，阿坤都很平静。不过，当开赛时间越来越近时，阿坤还是有一些焦虑的。毕竟，这是不寻常的一天，对于阿德里亚娜来说更是如此，她很兴奋，也同样焦虑。这是她第一次看她儿子踢比赛，她之前从来没有过这样的经历，但是她看起来并没有大惊小怪。陪伴阿坤一直是莱昂的任务，而阿德里亚娜要留在家里照看其他的孩子。这一次，阿德里亚娜本想维持惯例，但是在人们的劝说下，她终于同他的丈夫莱昂以及朋友鲁本·阿马里拉夫妇来到了双舌帽球场。

阿德里亚娜一行人坐在底层的位置，前方就是独立队的替补席，这里的视角不错。她惊讶于看台上有如此多的女人，更惊讶于她们疯狂的呐喊。"比男人还要狂热。"她想。

草地看起来比往常还要绿。阿德里亚娜想起了图库曼和她的青年时光，想起了她和莱昂的相识以及莱昂未竟的梦想——成为一名职业球员，闯荡顶级联赛。阿德里亚娜看着她的丈夫，明白莱昂的梦想已经被用另一种方式实现了。任何人都能看出莱昂有多么自豪。

几乎同时，在主队的更衣室里，阿坤拿到了分配给他的 34 号球衣，上面印着他的姓氏阿圭罗。他已经决定要在比赛之后将这件球衣作为礼物送给他的父母。

阿坤开始缠绷带，在很小的时候，莱昂就教他如何缠绷带。莱昂说，绑带不能缠得太紧，这样脚容易受伤。为了固定绷带，必须用到胶带。穿上球衣的那一刻，阿坤才意识到这是他为独立队首秀的一天，为了避免和客队球衣混淆，球队选择的球衣是白色的。

也许是巧合，这一天阿坤身着的白色带蓝色条纹的球衣和他效力的第一支球队洛马·阿莱格里队的球衣很相像。

走出球员通道后，阿坤立刻开始在看台上寻找他的家人。当他看到莱昂和阿德里亚娜后，一个眼神的交换就说明了一切。冈萨洛和埃尔南也在看台上，他们注意到阿德里亚娜非常激动，泪流满面。

当下半场阿坤开始和其他球员一起在场边热身时，所有人都紧张了起来。当阿坤每次望向鲁杰里，寻找自己将要被替换上场的信号时，他的心跳都加速了。

阿坤的朋友、他在青年队的队友佩佩·索萨是这场比赛的球童。在罗萨里奥，正是佩佩·索萨的助攻帮助独立第九队夺冠。佩佩·索萨总是站在替补席附近，这样他更容易被电视转播拍到，他远在圣路易斯省的亲人朋友就可能在电视上看到他。这一天，佩佩得到了特别的福利，因为鲁杰里让他转告阿坤要上场的消息。

"阿坤的首秀里还有我的功劳呢。"佩佩开着玩笑说。阿坤一边进行冲刺热身，一边注意着身边的一切，他看到鲁杰里做了一个下压的手势，意思是"最小的那个"。

阿坤跑向中线，当他正要脱掉蓝色的训练外套时，教练拍着他的肩膀开始交代他事情。对于大多数看比赛的人来说，虽然这是这个传说中大有前途的小伙子的首秀，但是他们更关心球队的状态。冠军奖杯最终带来的不是痛苦或光荣，而是他们最后的领袖加布里埃尔·米利托离开的序幕。这赛季后，米利托就要去西班牙踢球了。

然而对于另一些散落在阿根廷各地的人来说，场边那个等待出场的男孩儿才是最牵动他们情绪的人，这是一个近乎神圣的时刻。汽车修理师马里奥·波尔蒂纳里为自己是一名独立队球迷感到前所未有的骄傲；阿坤效力于六月二十队时期的教练路易吉和他的儿子也在比赛现场，号称竞技队死忠的他们和独立队的球迷们坐在一起，这一次路易吉没有带上他恼人的摄像机；带阿坤到五月一日队踢球的面包师豪尔赫坐在伯纳尔的家中，一边看电视一边落泪。

在桉树贫民区阿坤家的旧居附近，所有居民都关注着 TyC 体育台，因为这个电视台会转播独立队的比赛。阿坤一家的老朋友古斯塔沃和安妮无法掩饰他们的自豪。在贫民区的另一间房子里，克里斯蒂安·福米加努力劝慰父母不要过于激动，看到阿坤首秀，福米加夫妇简直像看到自己的儿子出现在电视上一样开心。

在南部的贝拉萨特吉，第一队的教练卡乔·巴雷罗和他的儿孙一起坐在电视机前。当阿坤的脸出现在屏幕中时，他激动得不停地发抖。同时，在 300 公里外的罗萨里奥，一个 16 岁的男孩儿惊讶地发现一个比他还小一岁的球员就要迎来他的阿甲首秀了。此时这个 16 岁的男孩儿得到巴塞罗那青年队的允许，正在家中度假。这个男孩儿就是莱昂内尔·梅西。

梅西对于这一幕印象深刻，当然这时他还没有预料到，很快他就会和屏幕中的男孩儿有所交集了。

在布宜诺斯艾利斯北部的唐·托尔夸托，独立第九队主教练豪尔赫·罗德里格斯聚精会神地看着屏幕中的阿坤。电视中的鲁杰里向阿坤说着什么，后者年轻的脸上则满是兴奋和激动。豪尔赫猜阿坤一定在想："别说了，让我上去吧，我要上场……"

阿坤确实是这么想的，他努力集中精力，但是只听到了几句"就像训练一样，好好踢你的比赛，享受比赛"。

尽管阿坤在点头，但是其他的话他都没有听进去，他的注意力已经完全被比赛吸引了。阿坤一直关注着场上发生的一切，他只想赶紧上场。另外，阿坤还想起了莱昂、阿德里亚娜和其他等待他上场的人们……终于，在主裁判拉斐尔·富尔基的指示下，下半场第24分8秒，阿坤终于上场了。

"这是阿根廷足球的历史性时刻，一个刚刚度过15岁生日的男孩儿登上了阿甲的赛场。"著名足球评论员亚力杭德罗·法布里说道。这确实是一个历史性的时刻，在阿根廷足球史上从未有过15岁1个月零3天便征战顶级联赛的纪录。

阿坤打破了迭戈·马拉多纳保持15岁11个月零20天的阿甲最年轻出场球员纪录，他的阿甲处子秀比哈维尔·萨维奥拉、卡洛斯·特维斯和巴勃罗·艾马尔都要早。与贝利和罗纳尔多相比，他的顶级联赛处子秀也是最早的。

2011年8月15日星期一，伊蒂哈德球场。英超联赛曼城对阵斯旺西，比赛进行到第68分钟。

这天晚上，阿坤再一次证明了每个第一次都是一个机会，他一定会双手抓住。19天之前，阿坤刚刚以创纪录的身价从马德里竞技加盟到曼城。比赛进行到第60分钟，曼城以1-0领先斯旺西，随后曼奇尼用阿坤换下了荷兰人德容。主教练仅仅为阿坤的首秀留下了30分钟，人们猜测他需要多长时间才能融入球队，猜测他是否能够适应英超的环境。阿坤的第一次触球就完成了射门，对方门将沃尔姆不得不做出扑救。上场仅仅8分钟，阿坤就用他标志性的左脚射门完成了他在英超的第一个进球。两分钟之后，阿坤又为西班牙人大卫·席尔瓦送上了一记助攻，比分变成了3-0。补时阶段，阿坤右脚大力远射完成了他本场比赛的第二粒入球，梅开二度让这个夜晚显得更加完美。这一晚，他的新东家以4-0大胜对手，阿坤的出色表现成为他和曼城球迷蜜月的开端。这个赛季，阿坤一共打进了30个进球，并且帮助球队获得了历史性的联赛冠军。

【学会飞翔】

阿坤享受了20多分钟征战顶级联赛的感觉，尽管由于太过兴奋，他在场上的第一次触球便以犯规而告终。在对手圣洛伦索的队内有一名名叫巴勃罗·萨巴莱塔的球员，后来，他和阿坤在阿根廷U20国家队成了队友和朋友，并且以球队队长的身份捧起了2005年世青赛的冠军奖杯。多年后，他们又在曼城队成为队友。

7月6日的《奥莱报》这样写道："他做出了一个招人喜欢的假动作，并且发动了快速进攻，随后还和因苏亚进行了二过一配合。最棒的是，他过掉了对方防线上的所有人，并且传出了一记险些突破阿亚拉防守的传中。很不错，不是吗？"

最终，独立队以1-0战胜了圣洛伦索。这场比赛之后，独立队以18分排名联赛第17名，距离最后一名只有3位，并且落后榜首河床队25分。当时河床队的主教练是曼纽尔·佩莱格里尼，后来他和阿坤也在曼城队再度相逢。

这场比赛过后，阿坤并没能立刻在一线队取得位置，他再一次为一线队出场是七个月之后的事情了。在此期间阿坤为预备队效力，并且打进了7个进球。2003年8月，他在《图表》杂志上读到了另一个阿根廷男孩儿的故事，这个男孩儿比他年长一岁，被看作是巴塞罗那的未来之星。杂志中的这个男孩儿就是梅西。引发阿坤兴趣的是，杂志预测这个叫梅西的男孩儿将在巴塞罗那一线队大展宏图，并且将他与惯用左脚的马拉多纳相提并论。

尽管阿坤不太能记得住那个男孩儿姓什么，但是他对文章的内容却印象深刻。此时，他的大部分注意力都集中在独立队发生的事情上。2003年10月，由于球迷质疑球队的踢球风格，奥斯卡·鲁杰里宣布辞职。随后，奥斯瓦尔多·希什·索萨接任独立队主教练，但是由于战绩不佳，这位教练仅仅接手球队两个月便离开了帅位。

持续的动荡和成绩的飘忽是独立队高层管理混乱的信号。2004年1月，60岁的独立队传奇球星何塞·奥马尔·帕斯托里萨第五次成为球队的主教练。虽然俱乐部状况不佳，阿坤仍然希望争取到新任主帅的信任。

帕斯托里萨在季前拉练期间征召了30名球员，其中许多都来自青年队，阿坤也在其列。2004年1月4日，独立队将飞往萨尔塔省，在萨尔塔他们将展开新赛季开始前的大部分季前训练。

起飞之前，教父达里奥邀请阿坤到他位于唐·托尔夸托的家参加聚餐。可惜聚会被达里奥的比利时牧羊犬扰乱了，这只狗咬了阿坤的大腿。由于牧羊犬有定期注射疫苗，因此在简单的检查后，阿坤忍着疼痛直接赶到大都会区机场，与球队进行会合。

这是阿坤第一次坐飞机，他非常喜欢在天上的感觉。由于飞机在图库曼省省会圣米格尔转机，阿坤甚至从飞机上看到了他父母成长的地方。当然，比起坐飞机，更让阿坤兴奋的是和一线队球员一起进行季前训练。由于队内不成文的规定，第一次参加季前训练的阿坤不得不被队友剃光了头发。

帕斯托里萨的计划是让阿坤慢慢融入球队，和队友们并肩作战。在3-1战胜博卡青年的友谊赛中，阿坤得到了出场机会。球队方面，由于费尔南多·纳瓦罗·蒙托亚、智利人拉斐尔·奥拉拉以及哥伦比亚人杰罗·卡斯蒂略的加盟，独立队的阵容得到了补强。

"对于塞尔吉奥·阿圭罗来说，在一线队取得位置并不难，这就是他能在15岁的时候迎来一线队处子秀的原因。他不会让你们失望的。"帕斯托里萨在接受《奥莱报》的采访时这样说。

2004年2月12日，帕斯托里萨在他执教球队的第二场正式比赛中就派出了阿坤，这也是阿坤第一次面对国外球队。最终，独立队在这场南美解放者杯的比赛中以4-2战胜了秘鲁球队西恩夏诺。比赛进行到第69分钟，阿坤身着25号球衣替换阿尔贝托·塞巴斯蒂安·加西亚出场。

不到一个月后，阿坤再次得到了出场机会。3月2日，独立队在主场以2-0战胜了来自厄瓜多尔的民族队，阿坤在第74分钟替换埃尔南·洛萨达出场。

15岁的阿坤为一线队出场成为了舆论热议的事件，人们讨论是否应该让如此年轻的球员征战顶级联赛，辩论不是关乎于阿坤本人，而是关乎于这样的现象。

这种现象在阿根廷足球界变得越来越普遍，因为俱乐部急于出售他们最有价值的资产——有潜力的年轻球员。这些球员被卖到国外的俱乐部，以换取钞票来解决俱乐部的金融危机。而在另一些情况下，过早使用年轻球员的原因是俱乐部急于找到一个"救世主"，他们寄希望于找到一个迅速提高球队实力的天才球员。最严厉的批评者认为，俱乐部的这种做法无异于揠苗助长，这最终将对球员的成长起到消极影响。

针对阿坤的案例，人们分成了两派。一部分人认为如此有才华和早熟的球员应该尽快进入职业足球的世界，阿坤的崛起是自然而然的，不应该被横加干涉。而另一部分人则认为，阿坤应该遵循正常的成长轨迹，先在青年队打好基础。

阿坤并不关心这场争论，他所做的只是尽力汲取经验。接触前辈球员，参加一线队训练，聆听一线队训话……简而言之，体验职业足球，这一切都帮助阿坤更好地理解职业足球的世界，一个他将在不久的将来全身心投入的世界。

更重要的是，这段经历教会了阿坤很多道理：要想在职业足球的世界立足，阿坤必须经历不可避免但颇具价值的适应期，在勤奋和天赋的帮助下，阿坤很快度过了这段时间，属于他的未来就在不远处；他的职业生涯才刚刚开始，未来还有很多困难和挫折；他必须做出很多努力和准备，才能在机会到来的时候抓住它。最重要的是，他现在明白了他不仅要达到高水平，更要保持高水平。为了做到这一切，不管是在做人方面还是在作为一名球员方面，阿坤都必须成长。

阿根廷青年队主教练米格尔·安赫尔·多霍教会了阿坤很多。从多霍在亚特兰大体育场第一次看到阿坤比赛开始，他就一直关注着阿坤，并且将其征召到U17国家队，尽管以阿坤的年龄，他到U17国家队还为时尚早。

"有一些男孩儿会在某个年龄段脱颖而出，这是因为他们有天分，但是他们必须保持学习的态度。"多霍说，"举个例子，阿坤和卡洛斯·特维斯以及梅西一样，他们能吸引我是因为他们与众不同。但是，他们只知道当球在脚下时该如何踢球，当球不在他们脚下时，他们会等待别人传球。因此他们必须明白，踢足球的能力并不完全在于球在脚下时的能力。当球不在自己控制范围内时，球员必须跑动，摆脱防守，寻找空间或者为队友创造空间。"

在这个阶段，多霍对阿坤的帮助绝对不应该被低估。那段时间，阿坤总是盼望着每周一到周三前往埃塞萨的AFA训练场参加青年国家队的训练课。在这里，阿坤可以远离一线队的压力和要求，和其他同龄的男孩儿一样获得个人指导。多霍扮演导师的角色，这令阿坤非常喜欢。

"他总是有话对我说。"阿坤回忆道，"在一场竞争激烈的比赛后，一场友谊赛甚至是一堂训练课后，他总会指出我的不足，即便我们赢了也是如此。你明白吗？他总是会注意观察你。当我过人太多时，他会对我说：'当你面对两三名后卫的防守时，一次触球并寻求二过一的机会是更简便的选择，最终你还是能得到球权。如果你想过掉所有人，那你就得保证不出差错，所以另一种选择自然更容易一些。'他还教会我压球和罚任意球。令人不可思议的是，每次我们罚30个任意球就累得要死，可是他竟然在罚了200个任意球之后还精神盎然。'我能做到是因为我已经习惯了，而你们还没有。'他说。"

和其他在各自领域辛勤耕耘的教练一样，国家青年队主教练多霍为阿坤的发展提供了最好的帮助。多霍知道如何教，阿坤知道如何学。阿坤最大的优点就是作为一块璞玉，他愿意被打磨。比如说，阿坤总是选择在埃塞萨训练基地过夜，在那些日子里，多霍总会在晚餐结束时通知阿坤，他会在半小时之内到阿坤的房间聊天。

"他一般在11点左右过来。"阿坤说，"他会给我讲解南美各支球队的踢球方式：巴拉圭如何踢球，乌拉圭如何踢球……"

在夜聊时，多霍也会借机为阿坤描绘如何最大程度发挥其潜力的蓝图。在宿舍里，多霍会描述一幅想象中的球场图景，然后告诉阿坤后卫们和前锋们的位置，即使阿坤知道应该如何行动。

"我尽可能地教给他有用的知识，我总会跟他说：'当你在中场拿球时，你可以边跑边寻找出球点。你要观察是否有队友接近你并且可以接球，如果没有，你就暂停跑动，然后继续寻找机会。如果中后卫接近你并且对你施加压力，你就不要贸然接球。如果你后撤拿球，并且后卫跟上你，你只需要将球磕出，然后用速度击败对方。或者，你可以直接将球传给队友，对方后卫的上抢必然会留下很大的空当。如果后卫没有跟上你，那么你接到球之后可以过掉他。因为进攻球员总是知道自己下一步要做什么，而防守球员却不知道进攻球员要做什么。如果你领会这一点，你就能创造进球。'"

多年以后的今天，已经在国际足坛占有一席之地的阿坤仍然谨记多霍的教诲。当被问及和多霍的交流时，阿坤总是重复着这些话，他的记忆异常精准，甚至可以描绘出一个同样的虚构球场并用手指指出防守球员和进攻球员的行动，他的方式和少年时期多霍传达给他的方式如出一辙。

"我从他身上学到了很多。"阿坤发自内心地感激，"后来，这些经验都被我运用到了赛场上。"

2008年10月1日星期三，卡尔德隆体育场。马德里竞技对阵马赛，比赛进行到第3分钟。

经过11年的等待，马竞球迷终于可以在主场看到球队再度征战欧冠联赛。这一晚的进球对于马竞球迷来说来得并不晚。阿坤将教练的教诲运用到了实际当中，他回撤拿球并突然加速，甩掉了两名防守他的球员。阿坤的队友马克西·罗德里格斯领会了他的意图，并且送上了一记精准的传球。阿坤突然向右变向，晃倒了一名防守队员。此时马赛门将出击，另一名防守队员也靠近阿坤，阿坤找准角度将球射向左侧门柱，球进了，马竞球迷欣喜若狂。阿坤跑向场边庆祝进球，他含住了自己的大拇指，用这个动作将进球献给他即将出世的儿子。20 岁的阿坤还没有意识到，他已经利用父亲的身份给他的儿子本哈明传递了一个无声的信息：说什么不重要，重要的是做什么，倾听是学习的第一步。

【等待比赛】

2004 年 6 月 19 日，阿坤的 16 岁生日已经过去了 17 天，他的一线队首秀也过去了一年，他终于第一次成为独立一线队的首发球员。在这场比赛中，独立队在圣达菲省以 2-1 的比分客场击败了拉斐拉竞技队。

那一天，独立队的首发阵容由费尔南多·纳瓦罗·蒙托亚、大卫·亚伯拉罕、达里奥·卡瓦列罗、埃尔南·弗朗哥、劳尔·达米亚尼、克里斯蒂安·苏里塔、费尔南多·洛菲斯、塞尔吉奥·阿圭罗、克里斯蒂安·吉梅内斯、杰罗·卡斯蒂略以及伊曼纽尔·里瓦斯组成。这是秋季联赛的倒数第二轮，最终河床队夺得了这个赛季的冠军。

独立队随后又经历了一段 5 胜 7 平 7 负的低潮，他们在 19 场比赛中只得到了 22 分。

何塞·奥马尔·帕斯托里萨声明他将继续补强球队，但是他也会给予青年队球员充分的信任。几天之后，阿坤终于在 2004 年 7 月与独立队签署了合同，正式成为一名职业球员。然而，8 月 2 日突然传来了帕斯托里萨因心脏病去世的消息，这个噩耗打乱了一切计划。帕斯托里萨是一位受人尊敬和爱戴的足球偶像，他的逝世令足球界陷入了深深的沉痛。尤其对于独立队的球迷来说，帕斯托里萨是球队的传奇，他的突然离世引起了独立队球迷极大的不安。

阿坤非常尊敬帕斯托里萨，这是他第一次遭遇身边人的死亡，然而不久之后，另一个人的离世给阿坤造成了更大的痛苦。

"我永远忘不了那一天。那天早上我还在睡觉，我爸爸叫醒了我，告诉我帕斯托里萨去世了，我简直无法接受。于是我打开电视机，看到主持人正在播报这个新闻。我和帕斯托里萨的关系很好，他叫我'阿坎'而不是'阿坤'。我们之间有很棒的化学反应，当人们告诉我他去世了的时候，我根本不敢相信。"阿坤回忆道。

俱乐部任命丹尼尔·贝尔托尼继任帕斯托里萨的主教练职务。丹尼尔·贝尔托尼同样是独立队的传奇球员，他和里卡多·博奇尼作为队友，一同创造了球队20世纪70年代的黄金时期。在1978年世界杯决赛上，阿根廷队以3-1击败荷兰队捧得冠军，比赛中阿根廷队的第三个进球就是贝尔托尼打进的。不过，阿坤没有太多时间与贝尔托尼接触，后者上任没几天，阿坤就得到了阿根廷U16青年队的征召，准备参加9月11日到26日在巴拉圭举行的南美U16锦标赛。

如同往常一样，阿坤的守门员朋友埃米利亚诺·莫利纳也被征召入队。另外，球队中还有阿坤在独立第九队夺冠时的队友胡安·卡拉科切、阿坤曾经在独立第九队战胜过的河床球员迭戈·波纳罗特、博卡青年队的后卫胡安·弗林、萨兰迪阿森纳队的亚历杭德罗·帕普·戈麦斯，还有纽维尔老男孩队的毛罗·福尔米卡。

被分到B组的阿根廷队在开赛初期非常顺利，他们在小组中以2-1击败美国，3-0击败厄瓜多尔，2-0击败乌拉圭。在四分之一决赛中，他们以1-0淘汰了秘鲁。

就在人们看好阿根廷队闯进决赛的时候，他们却以0-2输给哥伦比亚惨遭淘汰。

"那次比赛简直是一个耻辱。"多霍回忆道，"后来我们发现，哥伦比亚队的一名球员已经有20岁了，这是违反规则的。16岁和20岁的青年球员有非常大的差别，我还记得他们把阿坤踢得浑身是伤，这太糟糕了。"

阿坤仍然是球队的最佳球员，这给了他一丝安慰。在该届比赛中，阿坤打进了 3 个进球，更重要的是，他在比赛中吸取了宝贵的经验，这些经验帮助他在随后的几年中获得了两次世界冠军，并且夺得了奥运会金牌。而且，阿坤在比赛中的表现吸引了国际上球探的注意，这为他日后转会欧洲打下了基础。

2004 年 11 月 21 日，在巴拉圭结束 U16 锦标赛的征程两个月之后，阿坤来到了努涅斯的纪念碑球场，这里是他第一次在现场观看足球比赛的地方。时隔 8 年，阿坤再一次回到了这里。

但是这一次阿坤可不是来看比赛的，他是代表独立预备队来踢比赛的。此时预备队的主帅是佩德罗·达米安·蒙松，蒙松是前阿根廷国家队的国脚，曾经参加过 1990 年世界杯。

对于蒙松和他的球队来说，这是一场重要的比赛。一方面，这是一场为进入一线队做准备的热身赛；另外一方面，这是一场德比战，教练和球员们希望打出精彩的结果。在教练席上，有些紧张的蒙松一根接一根地抽烟。

就在比赛开始之前，蒙松看着阿坤走了过来。阿坤捏住了蒙松一边的脸颊，一脸冷静地对他说："蒙松，别抽这么多烟，别紧张，我会进两个球，然后我们会赢得比赛。"对于一个 16 岁的男孩儿来说，这样的举动似乎显得有点儿放肆，但是阿坤的言谈之间又充满了尊重。

蒙松一直坚信独立队将拥有伟大的前景，在球场最好的位置上，蒙松看着阿坤为比赛奉献了最佳的表现。阿坤实现了自己的诺言，他打进了一个进球，并且送出了一记助攻，帮助球队以 2-1 战胜了德比对手。

"我永远也忘不了他那天的表现。"蒙松说，"事实上阿坤与众不同，这孩子是一个天生赢家。他在比赛前的言论证明他拥有强大的自信，但是他并不自负，你明白吗？他已经证明了自己拥有轻松解决问题的能力，不管是在场上还是在场下。"

莱昂、达里奥和他的儿子卢卡斯、埃米利亚诺·莫利纳、何塞·索萨、迭戈·坎波斯、埃尔南、冈萨洛……对于这些人来说，无论阿坤到哪里比赛，他们都愿意追随而去。因此，在纪念碑球场的这个下午，他们也同样在现场享受了阿坤的非凡表演。然而同样在这一天，独立一线队却以0-3输掉了比赛。这场比赛直接导致了三天后主教练贝尔托尼的辞职，贝尔托尼声称他没有得到俱乐部管理层的支持。

贝尔托尼的继任者正是佩德罗·达米安·蒙松。蒙松已经是独立队一年半以来的第六位主教练了，他任命吉列尔莫·里奥斯为他的助手。蒙松非常了解阿坤，不出意外地，他立刻表现出了对阿坤的信任。

"他是最棒的，而我所做的只是理所应当的，我必须给他首发位置。我是在独立队长大的，我明白独立队喜欢什么样的球员。阿坤满足我们的一切要求，他天赋异禀，球技出众，并且深爱着球队。"蒙松说。

在赛季仅剩的三场比赛中，阿坤全部获得了首发机会。对于阿坤来说，这是一个短暂但成功的赛季。

第一场比赛发生在11月26日，独立队的对手是拉普拉塔大学生队。蒙松的球队遭遇了困难的开局，开赛仅仅6分钟，拉普拉塔大学生队就凭借何塞·索萨和马塞洛·卡鲁萨的进球以2-0领先。22分钟之后，身穿20号球衣的阿坤在对手禁区内用右脚大力射门，皮球从大学生队门将埃雷拉的左侧入网。这是阿坤在顶级联赛攻入的第一粒进球。

"蒙松让我充满信心。"阿坤说，"他让我感觉很棒。他告诉我我只需要上场享受比赛，在前场进攻。他让队友们在我拿球时支持我，这样我就可以过人了。他总是让我过人，这就是我能进球的原因。"阿坤言谈之间非常支持蒙松。

"比赛之前，我总喜欢对每个球员单独训话。那天我也是这么做的，但是我对阿坤的交代仅仅是：享受比赛，过掉每一个对手，使出最棒的招数。"蒙松说。

这场比赛最终以2-2战平告终，阿坤在这场比赛中的表现绝对值得媒体大书特书，舆论普遍认为阿坤的表现配得上一个首发位置。

两天后，独立队遭遇了沉重的打击，球队的替补门将卢卡斯·莫利纳因心肺骤停在家中逝世。距离帕斯托里萨逝世还不到三个月，球队中又一个生命的离去使独立队笼罩在沉痛的气氛中。

12月4日，在与萨兰迪阿森纳的比赛之前，独立队的全体球员身着灰色的12号球衣，手臂上佩戴着黑纱，手牵手在中圈处围成一圈，用一分钟的默哀告慰逝世队友的在天之灵。

在这种情况下，比赛并没有向着独立队希望的方向发展。最终，他们以1-2输掉了比赛，阿坤在下半场第一分钟打进了球队的唯一一粒进球。

"我不能庆祝，我们都很沮丧，卢卡斯的逝世影响着我们。"阿坤回忆道。那一天，阿坤第一次享受了球迷唱赞歌的待遇。独立队的球迷为阿坤的表现感到欣喜，他们唱着"阿圭罗……阿圭罗……"虽然在这一天，歌声还不是很嘹亮，但在不久以后，这样的歌声逐渐变得频繁和洪亮了。

12月12日，独立队在2004年的最后一场比赛中战胜了纽维尔老男孩队，后者虽然输掉了比赛，但是却捧起了冠军奖杯。越来越多的人开始相信，16岁的阿坤就是独立队最大的希望。然而，给予了阿坤机会的蒙松却离奇地被球队管理层解雇。

虽然蒙松被迫离开了一线队，但是没有人可以剥夺他的自豪感，他是第一个在一线队给予阿坤持续机会的主教练，他为阿坤的未来铺平了道路。2005年，这个强壮、机敏又天赋出众的罗圈腿小男孩儿从基尔梅斯的贫民区走了出来，最终在阿甲赛场上站稳了脚跟。不久之后，他将成为独立队的偶像以及阿根廷足球的标志性人物。

第十章　梅诺蒂、梅西和莫利纳

2005 年年初，阿坤获得了巩固自己主力位置的机会，展现了比上赛季末更出众的能力。另外，塞萨尔·路易斯·梅诺蒂成为独立队的新任主教练。

梅诺蒂是 1978 年带领阿根廷夺得世界杯的冠军教头，经验丰富的梅诺蒂自然可以帮助阿坤更好地成长。也是在这一年，独立队迎来了百年大庆，梅诺蒂的挂帅和阿坤的表现给百年独立队带来了积极影响。

独立队获得过 15 座国际冠军奖杯，这支被称为"杯赛之王"的球队理应拥有一名可以代表俱乐部足球传统的优秀球员，他们配得上一名出色的领袖。

布宜诺斯艾利斯《民族报》在 2005 年 1 月 2 日刊登了一篇专栏，悉数了独立队历史上 7 名最伟大的球员，包括佩佩·桑托罗、奥斯瓦尔多·穆拉、奥斯卡·萨斯特雷、里卡多·博奇尼、罗伯托·费雷罗、马里奥·罗德里格斯和鲁道夫·米切利。而在这 7 名巨星的照片旁边则是阿坤的照片。文章作者认为，阿坤代表独立队的未来。

随着新的一年到来，阿坤还迎来了另一个好消息，他又入选国家队了。这一次，他将代表阿根廷 U17 国家队参加三月份在委内瑞拉举行的南美 U17 锦标赛。

对于阿坤来说，每次回到埃塞萨训练基地都令他倍感骄傲，他很乐意成为蓝白军团的一分子。在国家队的不同年龄组别，他和其他的男孩儿们一起为为国争光的梦想而努力。

在这样的背景下，一次巧遇发生了。只是当时人们没有想到这次巧遇的双方都将在未来的国际足坛大展宏图，也没有想到他们之间将产生如此深厚的友情。当时，除了 U17 国家队有比赛任务之外，U20 国家队也在埃塞萨准备一月份在哥伦比亚举办比赛。两支队伍的训练和住宿都在一起，所以球员们经常在吃饭的时候见面。

有一天，阿坤和一群人在餐厅吃饭，这其中包括他的队友毛罗·福尔米卡，毛罗的哥哥、在 U20 国家队效力的劳塔罗·福尔米卡，劳塔罗的队友埃塞基耶尔·加雷，还有一个阿坤不认识的 U20 国家队的球员。除了阿坤之外，几个男孩儿都来自罗萨里奥，为纽维尔老男孩队踢球，他们和阿坤不认识的男孩儿聊着他从美国带回来的引人瞩目的球鞋。

阿坤饶有兴趣地听了一会儿他们的谈话，然后看着陌生的男孩儿问道："不好意思，你叫什么？"男孩儿回答："莱昂。"阿坤又问道："莱昂？莱昂什么？"他们对视了一下，另一个来自罗萨里奥的男孩儿插嘴道："莱昂内尔。莱昂内尔·梅西。"阿坤觉得"梅西"这个姓氏很熟悉，但是他一时想不起来在哪儿见过。不过，福尔米卡和加雷对梅西的介绍帮助阿坤回忆起了这个名字。

阿坤这才想起来，在他 2003 年为独立一线队第一次出场之后，他在《图表》杂志上看到过关于梅西的文章，文章说他在巴塞罗那踢球，并且前途无量。几个月之后，梅西还成为为巴塞罗那一线队出场的最年轻的球员。

梅西也觉得"阿圭罗"这个姓氏很熟悉，随后他想起来，2003 年他在罗萨里奥度假的时候，曾经看过独立队和圣洛伦索队的比赛，而那场比赛正是阿坤创造最年轻征战顶级联赛纪录的首秀。

虽然之前梅西和阿坤并不相识，但是他们都听说了很多关于彼此的故事，并且惊讶于对方在如此年轻的时候就取得了巨大的成就。此时他们还不知道，未来还有更多的成就等着他们。埃塞萨的偶遇成了梅西和阿坤友谊的开始，从那以后，他们在场上和场下都建立了伟大的友情。

对于阿坤来说，参加 U17 国家队还有另外一个福利：他有机会和 U17 的小伙子们一起作为陪练和成年队的球星们对抗。彼时阿根廷国家队的主教练是何塞·佩克尔曼，他曾经成功地带领阿根廷 U20 国家队获得了 1995 年、1997 年和 2001 年的 U20 世界杯冠军。2004 年 10 月，佩克尔曼从马塞洛·贝尔萨手中接过了阿根廷国家队的教鞭。

佩克尔曼的国家队正在备战六月份的联合会杯，当然他们更重要的任务是为2006年德国世界杯的预选赛做准备。

米格尔·安赫尔·多霍是青年队教练组的成员，他推荐阿坤和其他一些球员与佩克尔曼的成年队进行训练赛。

"我记得为了激发阿坤的斗志，我甚至对他说青年队的人不可能在和成年队比赛的时候进球，一个都不可能。"多霍说，"'我就能进球。'阿坤回应道。最后他真的做到了，我对那个进球记忆犹新。队友将球传给了左路的阿坤，在法昆多·基罗加的盯防下，阿坤向右内切。在他带球突破的过程中，加比·米利托像一列蒸汽火车一样撞了过来，但是两人相撞后，阿坤仍然控制着皮球，他继续过人向右突破，随后莱昂·弗朗哥出击，阿坤将球打进。漂亮的进球！"

多霍的记忆丝毫没有差错，阿坤确实履行了承诺。"我刚一进球，多霍就将我换下场了，他说他怕对方伤到我，还向我表示了祝贺。"

阿坤和米利托的撞击伤到了他的右腿膝盖，几天后在独立队的训练课上，他再次感到了疼痛。一天之后的初始预测表明，阿坤的外半月板撕裂了。

"我的腿受伤了，不能移动。一开始我甚至都没办法站起来，因为我的膝盖不能弯曲。因为我以前总是用假装受伤开玩笑，所以一开始大家都不相信我。最终关节镜检查证明我的外半月板真的撕裂了，我必须接受手术。"阿坤说。

这是阿坤在职业生涯中遭遇的第一次重大伤病，他因此错过了3月26日在委内瑞拉举行的南美U17锦标赛，也错过了联赛的开始阶段。阿坤的经纪人邀请该领域的头号专家塞巴斯蒂安·罗萨斯克为他进行手术。2月19日，在家人和经纪人埃尔南以及冈萨洛的陪同下，他接受了手术。

"我有一点儿害怕。我曾经看到过其他队友在手术后的遭遇，我不想和他们一样。我对手术室中的记忆一片模糊。当我醒来之后，医生们为我进行了缝合，然后将我从手术室中推了出来。他们告诉我放轻松，25天之后我就可以康复了。"阿坤说。

阿坤谨遵了医生在手术前对他的嘱咐，但是他发现用拐杖走路比踢球难多了。

"手术之后，我放松多了。随着伤势好转，我的信心也回来了。我到健身房进行了恢复性训练，医生们制定了恢复计划，我绑着冰袋进行慢跑和跑步。最大的遗憾是，我错过了 U17 南美锦标赛，这是该年龄组别世界杯的预选赛。我想不惜一切代价赶上比赛，但是时间太紧了，最后他们还是让我留在阿根廷完成康复计划。"阿坤说。

医生认为为了防止意外，阿坤不能参加此次比赛，多霍听取了医生的建议。像往常一样，多霍从来不会让球员冒着受伤的风险踢球，因此他将阿坤排除在了参赛名单之外。为了安抚阿坤，多霍亲自打电话到阿坤位于唐-博斯克的家里解释情况。是的，阿坤一家又搬家了。

"我拥有一支出色的队伍，而阿坤是我的王牌球员。"多霍回忆道，"但是梅诺蒂在最后时刻告诉我，医生不希望阿坤冒风险。对我来说，球员的健康永远是第一位的。我不能让球员冒着影响未来的风险参加比赛。于是，我派国家队队医丹尼尔·马丁内斯给阿坤做检查，得到的反馈是他的膝盖已经康复，但是仍然有复发的危险。随后，我就给阿坤打了电话，向他解释了不征召他的原因。我还告诉他如果我们晋级了，也许他还有机会参加比赛。"

阿坤没有想到，两个月之后他将接到另一个电话，一个完全可以弥补错过南美 U17 锦标赛遗憾的电话。

南美 U17 锦标赛在委内瑞拉进行的同时，独立队迎来了俱乐部的百年庆典，超过十万名球迷参加了庆祝游行。此时阿坤已经开始随队训练，并且迅速回到了一线队。

这一决定引起了不小的争论，很多人认为阿坤的复出太仓促了。争论在于既然阿坤没有跟随国家队参加南美 U17 锦标赛，那么他的恢复就尚未完成，不应该参加比赛。尽管如此，梅诺蒂仍然确认阿坤将会出现在 2005 年 4 月 2 日独立队与拉普拉塔体操队比赛的首发名单中。

事实上，就是在与拉普拉塔体操队的赛前采访时，梅诺蒂在媒体面前将阿坤与伟大的巴西射手罗马里奥相提并论。

"我们队中正有一颗阿根廷足球新星冉冉升起，他潜力无穷，并且一直在进步。他在禁区附近踢球的方式让我想起了罗马里奥。"梅诺蒂说。

阿坤的室友尼古拉斯·弗鲁托斯发现了梅诺蒂的这一言论，他将这件事告诉了阿坤。"我正在睡觉，弗鲁托斯突然说'起来，蚱蜢①'。随后，他上网为我展示了梅诺蒂的言论。我的教父达里奥也有过相同的评价。当然，他的这番话没能登上新闻。"

"从那以后，一些人开始叫我'蚱蜢'。我没有看过罗马里奥踢球，但是我上网看过他的集锦，我们的跑步姿势确实很像，体型也很像。不过我必须承认，那时候我正被另一个巴西人所吸引：罗纳尔多。我每天都要看他的录像，他太强大了……"

阿坤和罗马里奥体型相近（阿坤身高 5.7 英尺，穿 6 号鞋，罗马里奥身高 5.6 英尺，穿 5 号鞋），他们的踢球方式也有很多相似之处：过人时的假动作和停顿，身体的使用，护球的能力，还有射门的方式。可以肯定的是，当时阿坤的职业生涯才刚刚开始，而罗马里奥传奇般的职业生涯已经接近尾声。2008 年，42 岁的罗马里奥退役，他在职业生涯中打入了超过 1000 个进球，就如同伟大的贝利一样。

16 岁的阿坤已经为独立第九队打入 19 个进球，为第八队和预备队打入了 24 个进球，为一线队打入了两个进球。这样的比较是有意义的，因为阿坤在如此年轻时便在职业足坛横空出世，他在青年队的数据也非常突出，一切都预示着他将在未来的日子里更上一层楼。不断提高的比赛级别没有掩盖他的天赋，相反，他如鱼得水。在职业足坛的舞台上，阿坤的灵感、能力和天赋得以完全挥洒。

2007 年 11 月 17 日星期六，布宜诺斯艾利斯纪念碑球场。南非世界杯预选赛，比赛进行到上半场第 40 分钟。

在这个下午，阿坤终于将他的名字书写在了阿根廷国家队的射手榜

---

① 巴西球星罗马里奥的绰号叫作"蚱蜢"。

上。一年两个月之前，阿坤在伦敦的一场对阵巴西队的友谊赛上迎来了自己在阿根廷成年队的首秀。那一次，阿坤在下半场第 20 分钟替换下了卡洛斯·特维斯，而在这个星期六的下午，阿坤作为首发球员出战。阿坤和莱昂内尔·梅西以及卡洛斯·特维斯组成了令人闻风丧胆的锋线组合，阿根廷的中场也是巨星云集，由于主教练阿尔费奥·巴西莱的信任，胡安·罗曼·里克尔梅得以统领中场。然而，除了莱昂·梅西偶尔闪现的火花，阿根廷队在顽强的玻利维亚队面前束手无策。直到上半场临近尾声，情况才得到改变。阿根廷队在左边得到了一个角球的机会，特维斯使用战术角球将球传给梅西，梅西右脚传中，马丁·德米凯利斯接球后头球顶向后点，小禁区处的阿坤门前头球一蹭将球顶进大门。这个进球再一次印证了阿根廷的古老的谚语"禁区里两个头球好手，进球一定有"。这个进球将场上比分改写成了 1-0，阿根廷全队一起进行了庆祝。随后，阿根廷队越打越顺，最终以 3-0 赢得了比赛。这一年阿坤 19 岁，这是他为阿根廷国家队打入的第一个进球，当然，不会是最后一个进球。

【荣耀与伤痛】

新赛季梅诺蒂的球队以去年的班底为基础，他征召了不少年轻球员，并且从其他球队引进了一些富有经验的球员。比如萨斯菲尔德的何塞·弗洛里斯、效力过河床和博卡青年并且有旅欧经历的费尔南多·卡赛雷斯以及费尔南多·蒙托亚，这些球员的年龄都是阿坤的两倍。

另外，梅诺蒂还引进了拉普拉塔体操队的射手尼古拉斯·弗鲁托斯、博卡青年的弗朗哥·坎格勒以及阿根廷青年人的卢卡斯·比格利亚。然而，球队在秋季联赛的开局并不顺利。到 4 月 19 日，独立队的战绩是 4 负 3 平 2 胜，糟糕的战绩让梅诺蒂提交了辞职申请。

在此期间，由于伤病的困扰，阿坤只参加了最后三场比赛。在与拉普拉塔体操队的比赛中，他打入了他在阿甲联赛的第三个进球。尽管梅诺蒂在独立队的时间并不长，但是仍然深深地影响了阿坤。

"他是对我影响最深远的教练。梅诺蒂知道如何与我交流，他提出的观点能让任何一个球员受益，尤其是我这种初入职业足坛的球员。毫无疑问，如果没有他，我不会成为现在的我。"阿坤认为梅诺蒂是他最好的教练。

梅诺蒂离任之后，独立队传奇门将米格尔·安赫尔·桑托罗成为新任主帅。

对于阿坤来说，一切又要从头开始。在换帅后的前6场比赛中，他一直坐在替补席上，没有得到上场机会。这实在太令人沮丧了。不过，阿坤进入了U20国家队备战六月份在荷兰举行的世青赛的42人大名单。由于原U20国家队主教练乌戈·托卡里加入何塞·佩克尔曼的教练组，因此U20国家队主帅一职由弗朗西斯科·菲拉罗接手。

阿坤很有信心，即使他知道想要进入最终的21人名单非常困难。阿坤在最年轻的一组，组里有许多优秀球员。为了进入最终的大名单，他以最大的强度和最高的要求进行训练。终于，他代表球队参加了一场友谊赛，虽然他并不是首发球员。

他需要证明自己的能力，而机会来得恰到好处。

"我刚从智利回来。U20国家队在智利打了一场友谊赛，但是我没能出场。我直接从机场赶到独立队的训练基地，最终还是迟到了半个小时，训练已经开始了。桑托罗看到我后，让我先去热身，然后在后半段的训练中将我和首发球员分到了一组。我非常迫切，因为我太久没有比赛机会了……在随后与阿根廷青年人的比赛中，我确立了自己的首发位置。"阿坤说。

2005年5月22日，U20世界杯的大名单出炉前夕，阿坤再一次把握住了关键机会。在与阿根廷青年人队的比赛中，他梅开二度，帮助球队以3-2击败了对手。

《号角报》这样描述了进球："曼里克在中场断球，阿圭罗加速过掉了梅德罗，这位16岁的新罗马里奥在禁区内完成了射门。"

"我认为6场替补的经历给了我动力，成就了我在对阵阿根廷青年人时的爆发。感谢这场比赛，我最终被选入了参加荷兰世青赛的大名单。"阿坤回忆道。

5月27日，菲拉罗公布了参加荷兰世青赛的国家队大名单，阿坤果然位列其中。当时，阿坤正与独立队在客场与科尔多瓦队进行比赛，双方最终0-0战平。当天球队留宿科尔多瓦省，比赛结束后，他随队回到了酒店。

　　"当消息从广播中传来时，我们正在吃饭。我陷入了狂喜，每个人都祝贺了我，那时候我真的很开心。"阿坤回忆道。

　　除了阿坤之外，世青赛大名单中还包括独立队尚未为一线队出场过的门将奥斯卡·乌斯塔里、来自纽维尔的后卫埃兹奎尔·加雷、博卡青年后卫费尔南多·加戈以及圣洛伦索后卫巴勃罗·萨巴莱塔。萨巴莱塔曾经是阿坤阿甲首秀时的对手，在命运的安排下，萨巴莱塔成为阿坤在曼城的队友，也是阿坤足球生涯中的一个重要人物。

　　球队中只有一名来自国外俱乐部的球员——巴塞罗那的莱昂内尔·梅西，也就是阿坤几个月前在埃塞萨偶遇的男孩儿。梅西在阿根廷不算出名，他在13岁的时候就加盟了巴塞罗那。

　　2004年5月1日，梅西完成了他在巴塞罗那一线队的首秀。2005年，梅西打入了他在西甲的第一个进球，当时他只有17岁10个月零7天，是巴塞罗那历史上最年轻的进球队员。当时梅西穿着30号球衣，接罗纳尔迪尼奥的进球打入一记吊射。巴西球星背着梅西庆祝的场景成为两人在未来为加泰罗尼亚球队带来更多的惊喜的预兆。

　　就在为巴塞罗那打进第一个进球后的一个月，梅西和阿坤又相遇了，这一次是在球场上，那是在2005年6月1日阿根廷U20国家队飞往荷兰之前的最后一场训练课上。

　　国家队的小伙子们同萨兰迪阿森纳队展开了一场以热身为目的的非正式比赛，最终他们以6-1取胜，梅西打进了3球，阿坤打进了1球。

　　"这两名球员表现出了强大的默契，他们是今早艾萨赛训练场上最突出的明星。"《奥莱报》在6月2日写道。梅西和阿坤在场上的默契迅速延伸到了场外的生活中。

　　梅西和阿坤的默契有多霍的功劳，因为多霍将他们安排到了同一间宿舍里。后来，梅西和阿坤在国家队一直延续了这个传统。

阿坤和梅西是本次参赛球员中最年轻的，阿坤17岁，梅西18岁，其他大部分球员都在20岁左右。

"我们很快成了形影不离的朋友，我们相处得很好，也许是因为我们是最年轻的。我们之间的亲密关系帮助我们更好地融入球队。"梅西回忆道。

"多霍告诉我，他将我和梅西安排到一间宿舍，这样梅西就可以给我讲在欧洲踢球的故事。"阿坤说，"我想他明白我不久后就要离开阿根廷了，他希望我能做好准备。事情确实和他想象的一样，我们聊了很多关于在欧洲踢球的事，还有欧洲足球和阿根廷足球的不同之处。"

多霍很有远见。一年之后，马德里竞技便签下了刚刚度过18岁生日的阿坤，这支西班牙球队将阿坤视为他们的明日之星。

6月3日，刚刚度过17岁生日的阿坤随阿根廷U20国家队飞往荷兰。然而，信心满满的小伙子们遭遇了滑铁卢，在6月11日的首场比赛中以0-1输给了美国队。阿坤整场都坐在替补席上，而梅西在半场时才被换上。

失败让球队严重受挫，但同时也激发了他们更强大的斗志。球员之间的默契和信任是恢复信心的重要基础。巴勃罗·萨巴莱塔是球队的队长和领袖，他为年轻球员们精心准备了一系列经典的恶作剧，阿坤也"在劫难逃"。有一次，萨巴莱塔假装成一名阿根廷的电台记者给阿坤打电话，而阿坤完全没有意识到这是一个玩笑。

"我很尊敬他。"阿坤说，"他已经在阿甲踢球了。他是队长，无论他有什么要求我都照做。所有的玩笑都是发自善意的，我们的队伍很友爱。"

巴勃罗·萨巴莱塔则将阿坤描述为一个"有个性、年轻但是有自知之明、讲话认真、尊重他人"的男孩儿。

球队体能教练赫拉尔多·沙罗尼奥教授是团结队伍的关键人物之一，他懂得用有趣的方式进行团队建设以及给球员提供发泄渠道的重要性。他总是用游戏的方式拉近球员们的距离，其中一个游戏就是每天早上用音乐或者歌曲叫醒球员，然后让他们猜曲子的名字。

"想象一下我们有多困。"阿坤解释道，"梅西还总是让我回答问题，因为我们都不想起床。我从来没猜对过，因为除了昆比亚①我什么都不懂，我完全没听过这些歌……"

沙罗尼奥的另一个爱好就是让小伙子们以世界杯为主题进行绘画比赛。

"周一的时候他布置了任务，要求我们周四交出作品。我从小就喜欢画画，但是在这种情况下，我毫无灵感，于是一直将事情拖到了最后。周三晚上，我开始尝试作画。我看到了索尼游戏机盒的封面上罗纳尔迪尼奥的照片，他双手指天，抬头仰望。我照着这张照片画了一幅画，并且写上'我想赢得世青赛'。梅西也想不出该画什么，他请我帮他。在我们房间的桌子上有一个酒店的宣传册，宣传册上有一个墨西哥流浪艺人拿着吉他坐在仙人掌旁边的形象，于是我画了这个。梅西写道：'如果我们赢得了世青赛冠军，我希望你把胡子剃掉。'最终，我凭借罗纳尔迪尼奥的画像赢得了比赛。后来，我们真的赢得了世青赛冠军，但是教授并没有剃掉他的胡子。"阿坤笑着回忆道。

另一个打发时间的方式就是玩游戏，在索尼游戏机上玩"血战到底"。阿坤尤其喜欢和梅西一起玩。"我们很吵，每次进球或者获胜的时候我们都会尖叫，其他人都快被折磨疯了。我们各有胜负，这些游戏成了我们之间经典的娱乐项目。"

没心没肺的欢乐日子在6月13日戛然而止，这一天，阿坤得到了从阿根廷传来的噩耗：和他一起在独立队和国家队经历了很多挑战的好朋友，和他对未来拥有共同梦想的好哥们儿埃米利亚诺·莫利纳遭遇了一场严重的交通事故，正在布宜诺斯艾利斯的菲奥里托医院里和死神做斗争。

埃米利亚诺驾驶的汽车在通往首都的普伊雷东桥上与一辆货车发生了追尾。

"那天，我去找负责装备的帕特里西奥·奥斯门迪亚拿装备。"回忆起当天的情景，阿坤依然非常痛苦，"是他告诉我的。'你听说过埃米利亚诺吗？'他问我。随后他向我讲述了那场事故，我简直无法相信，那是一

---

① 拉丁美洲一种流行的音乐风格。

个很大的打击。后来，我从网上看到了事故的新闻，我看到埃米利亚诺的车子前部损坏得非常严重，我担心最坏的情况会发生，于是立刻向家里打了电话，我妈妈告诉我他们已经去过医院了，埃米利亚诺已经好多了。他们都是这么对我说的，因为他们知道我和埃米利亚诺的关系有多好，他们不想让我知道真实的情况。"作为费拉罗助理的多霍也一直在安抚阿坤的情绪。

"我们必须小心应对这件事，委婉地向他讲述事情的情况，因为他们从小就是非常好的朋友，你可以想象这是多么大的打击。"当时，陪同阿坤去往荷兰的经纪人埃尔南也在努力平复阿坤的情绪。

第二天，阿坤得到了世青赛上的第一次出场机会，在 2-0 战胜埃及的比赛中，梅西和萨巴莱塔分别破门，身穿 19 号球衣的阿坤在第 65 分钟替换古斯塔沃·奥伯曼上场。第三场比赛，阿根廷又以 1-0 战胜了德国，阿坤在第 73 分钟被替换上场。

在十六强战与哥伦比亚的比赛和八强战对阵西班牙的比赛中，阿根廷分别以 2-1 和 3-1 取胜，可惜阿坤没能获得出场机会。当时的西班牙队云集了塞斯克·法布雷加斯、费尔南多·略伦特和大卫·席尔瓦等球员，几年之后，大卫·席尔瓦和阿坤在曼城成为队友，他们在有些比赛上配合得非常默契。在倒数第二场比赛前，阿坤得到了他最怕得到的消息：埃米利亚诺去世了。

尽管接受了手术，但是由于伤势过重，埃米利亚诺·莫利纳还是于 6 月 25 日夜里在布宜诺斯艾利斯去世，那时他和阿坤一样，只有 17 岁。

在与西班牙比赛之后的一天，阿坤得知了埃米利亚诺的死讯，那是阿坤最糟糕的记忆之一。

凌晨 4 点，教练组得知了埃米利亚诺去世的消息，他们立即采取措施，要求酒店切断互联网服务。他们不希望将哀痛传达到整支球队。然而，切断服务出现了问题，有几间客房仍然可以连接互联网。

这天早上，梅西起得比较早，他醒来后便上网查阅新闻。当梅西告诉阿坤发生了什么时，阿坤震惊了。"不……不……"听到梅西的话，阿坤的脸色看上去非常可怕。"不，不……"梅西也语无伦次，他不知道如何告诉阿坤他的朋友已经去世了。

"我们开始抱头痛哭。"阿坤伤感地回忆道，"我们哭了很久，梅西也认识埃米利亚诺，他们曾经一起训练过。梅西知道我们两人的关系非常好，对我来说这太难接受了，而且我离阿根廷那么远……我根本无法相信这是事实。与巴西的半决赛马上就要来了。那可是巴西，我们必须赢。我想起了我和埃米利亚诺共同的梦想，我对自己说，最好的祭奠就是击败巴西，夺得世青赛冠军。"

梅西也对那段艰难的时光记忆犹新。"他完全震惊了，我并不了解埃米利亚诺，但是我知道他对于阿坤来说非常重要。我们决定无论付出什么代价，一定要战胜巴西，然后夺得冠军，这是对埃米利亚诺最好的纪念。"

6月28日，阿根廷队在半决赛中迎来巴西队，他们决定化沉痛为力量。蓝白军团的所有球员和教练组成员臂带黑纱走入球场，以表达对埃米利亚诺的怀念。

比赛非常具有戏剧性。上半场，在本届杯赛上场均打进一球的梅西再度取得进球。在下半场最后阶段，梅西从左路过掉两名后卫形成突破并将球传向中路，阿坤射门踢空，跟上的萨巴莱塔在小禁区射门，皮球碰到对方后卫折射入网。这个进球帮助阿根廷取得了决赛门票，也帮助阿坤获得了解脱。

"他们挤作一团，边跳边叫，没有人能保持冷静。我们赢得了比赛，但是过程非常煎熬，因此比赛后我们的情绪得到了完全的释放。阿根廷进入决赛了，我们击败巴西进入决赛了，是时候该庆祝该放松了。阿坤也在疯狂地庆祝着，那时候他还是个孩子，按年龄他本应该属于U17国家队，却因为出色的能力在U20国家队效力。阿坤比任何人都要开心，因为他是埃米利亚诺的朋友。后来，阿坤哭了，泪流不止，其他人赶忙过来安慰她。多霍走过来拥抱着阿坤，试图让他停止哭泣，但是阿坤做不到……"《号角报》驻荷兰乌特勒支记者埃尔南·卡斯蒂略写道。

阿坤在面对《民族报》记者马丁·卡斯蒂略的采访时这样说道："在球

员通道,我看到了埃米利亚诺的脸,他的恶作剧,他的玩笑。我不能相信他已经不在人世了。也许获胜多少是一种慰藉,这场胜利是献给他的。"

距离冠军只剩下一场比赛了。"我想将世青赛冠军献给埃米利亚诺,所以我在我的一件T恤上写上了'献给你,埃米利亚诺',埃米利亚诺的另一个朋友奥斯卡·乌斯塔里也是这样做的。我希望全世界都能看到这一幕,为了他,为了我,为了所有人……"

阿根廷在决赛中的对手是强大的尼日利亚队,决赛的时间是2005年7月2日。在此之前,阿根廷成年队在德国举行的联合会杯决赛上以1-4输给了巴西。一年后,世界杯也将在德国举行。

此役阿根廷队的出场阵容是:门将奥斯卡·乌斯塔里,后卫胡利奥·巴罗索、埃塞基耶尔·加雷、加布里埃尔·帕莱塔和劳塔罗·福尔米卡,中场巴勃罗·萨巴莱塔、胡安·曼努埃尔·托雷斯、费尔南多·加戈和罗德里戈·阿列克西斯,前锋莱昂内尔·梅西和古斯塔沃·奥伯曼。阿坤进入了替补名单,下半场第12分钟,他替换奥伯曼上场。

比赛进行到第40分钟,梅西利用自己赢得的点球先下一城。下半场第8分钟,尼日利亚队的奥格布克利用头球扳平比分。阿坤替补上场18分钟之后,接到梅西的传球突入禁区,将球敲过防守他的詹姆斯,后者将阿坤绊倒,裁判再度判罚点球。这一次,又是梅西命中了点球。最终,阿根廷以2-1赢得了比赛。

裁判吹响了终场的哨音,阿根廷青年队的小伙子们开始了疯狂的庆祝。根据大陆电台记者维克多·乌戈·莫拉莱斯的报道,当时萨巴莱塔跪在地上泪流满面,而梅西和阿坤拥抱在一起,久久不能分离。

这是阿根廷获得的第五个世青赛冠军。第一次夺冠是在1979年,在迭戈·马拉多纳的带领下,阿根廷青年队在日本捧起冠军奖杯。第二次是在1995年,佩克尔曼作为主教练带领胡安·巴勃罗·索林和比亚吉尼等青年才俊在卡塔尔夺冠。1997年在马来西亚,由巴勃罗·艾马尔和胡安·罗曼·里克尔梅领衔的阿根廷青年队夺得第三座世青赛冠军。2001年,拥有哈维尔·萨维奥拉和马克西·罗德里格斯的阿根廷青年队第四度捧杯。

时间来到了 2005 年，这一次带领阿根廷走向金杯的是天赋异禀的梅西、伟大的队长萨巴莱塔和初出茅庐的阿坤，他们为决赛的胜利做出了至关重要的贡献。他们三个和其他球员一起在加尔根沃德球场狂欢，手拉着手不停地跳着舞。小伙子们知道自己创造了历史，他们异常激动地将赫拉尔多·沙罗尼奥教授高高抛到空中。此外，主教练弗朗西斯科·菲拉罗、助理教练米格尔·多霍、体能师劳尔·拉马斯和队医丹尼尔·马丁内斯以及装备师帕特里西奥·奥斯门迪亚也融入在庆祝的人群中。每个人的胸前都挂着一枚金色的奖牌，而梅西更是收获满满，他不仅收获了冠军的金牌，还得到了金靴奖和金球奖，其中金靴奖是奖励给进球最多的球员，而金球奖则是本届杯赛的最佳球员奖。人们涌过来向梅西表示庆祝，作为好友，阿坤自然率先表态，他紧紧地拉着梅西的手臂，完全没想到两年之后他也能得到同样的嘉奖。此时的阿坤体会着喜忧参半的感觉，他因夺冠而狂喜，但不免又想起埃米利亚诺。

阿坤将写着"献给你，埃米利亚诺"的T恤展示给了所有人。这是阿坤献给他的朋友最好的纪念，他们的友情触动了每一个人。虽然人死不能复生，但是阿坤的做法缓解了埃米利亚诺离开带来的伤痛。

【无价的献礼】

回到阿根廷后，阿坤的第一件事就是看望了埃米利亚诺的父母。阿坤想念他的朋友，回到阿根廷，物是人非的感觉让阿坤更加难过，他想念有埃米利亚诺陪伴的日子。在那些日子里，在场上和场下，纸牌游戏、客场作战、比赛、恶作剧……他对自己说，一定要早一点儿出人头地，一定要完成两个人当年共同的梦想。

随后，阿坤第一时间向独立队的新任主帅胡利奥·塞萨尔·法尔西奥尼报到。法尔西奥尼曾经是萨斯菲尔德队的门将，他最近刚刚带领班菲尔德队取得了联赛第二名的好成绩。

季前准备的一部分工作在开门镇举行，这是 7 年前阿坤跟随洛马·阿莱格里 1987 级夺冠的地方。当然，故地重游，感受却截然不同。此外，新任主帅给了阿坤一个很大的惊喜，他决定将10号球衣交给阿坤。也就是说，在新赛季的春季联赛，阿坤将穿着意义重大的10号球衣为独立队作战。将10号球衣交给阿坤的正是独立队传奇里卡多·博奇尼本人。这是一个再明显不过的信号：独立队过去的传奇将象征荣誉和责任的球衣传承给球队最大的希望。阿坤确实是最配得上10号球衣的人，他的风格符合独立队球迷的喜好，也不会让球迷们失望。

2005年8月7日，阿坤第一次穿着10号球衣出场，这是该赛季的第一场比赛，独立队在主场面对拉努斯。最终，独立队以4-2赢得了比赛，阿坤赢得了两个点球，并且当选该场比赛的最佳球员。在第二场比赛中，阿坤再度表现出色，他打入了两粒精彩的进球，并且当选最佳球员。

当比赛还剩下5分钟时，阿坤被替换下场，享受着全场"阿圭罗，阿圭罗"的歌声。随后，独立队接连1-1战平圣洛伦索和阿根廷青年人，随后以0-2输给了拉普拉塔体操。

没人能预料到一周后将发生什么，除了一个17岁的男孩儿。这样的场景他已经在梦里经历过许多次，而现实比想象还要精彩。

这天早上，阿坤带着一个信念抵达双舌帽球场：他要进球。这一天独立队的比赛对手正是他们的德比死敌竞技队，而对于阿坤来说，这不仅仅是一场德比战。在更衣室里，阿坤从背包里拿出了在荷兰制作的那件写着"献给你，埃米利亚诺"的T恤。

阿坤将球衣慢慢放下，似乎在寻找着什么灵感。随后，他穿上这件特制的T恤，并把红色的10号球衣套在外面。阿坤和队友们走出球员通道，球迷们的热情汇聚成一幅壮观的景象，红色的看台延伸到四周，似乎没有尽头。独立队的首发阵容包括：贝尔纳多·雷耶达、马丁·保塔索、马塞洛·门德斯、费尔南多·卡塞雷斯、爱德华多·多明戈斯、卢卡斯·普西内里、马里亚诺·埃卡隆、卢卡斯·比格利亚、埃斯特班·布汉、尼古拉斯·弗鲁托斯，当然，还有塞尔吉奥·阿圭罗。

另一方面，吉列尔莫·里瓦罗拉率领的竞技队包括核心迭戈·西蒙尼、胡安·曼努埃尔·托雷斯，还有极具创造力的鲁本·卡普利亚以及前锋劳尔·皮帕·埃斯特维斯。

比赛时间是非常规的上午 11 点，由于球场内有球迷点燃纸张，比赛不得不被推迟，直到消防员将火扑灭。15 分钟后，主裁判吹响了比赛开始的哨音。比赛进行到第 35 分钟，竞技队的查科·托雷斯由于用手部拦截多明戈斯的头球而被红牌罚下。弗鲁托斯打进点球帮助独立队将比分改写成 1-0。凭借一球和一人的领先优势，独立队得以更好地展开进攻。

在半场休息的时候，以及上半场阿坤触球的每一刻，他一直想着一件事：进球，进球！这个进球不是为了他自己，而是为了献给另一个人。下半场开始后，进球的念头依然盘旋在阿坤的脑海里。下半场第 11 分钟，弗鲁托斯头球破门将比分改成了 2-0。19 分钟后，阿坤在禁区内被卡布拉尔拉倒，裁判再度判罚点球，弗鲁托斯一蹴而就，独立队以 3-0 领先。第三个进球后，独立队球员疯狂地庆祝，而阿坤环顾四周，心想：比赛快要结束了，此时不进更待何时？下半场第 37 分钟，阿坤出人意料地从本方半场的左路发动了进攻。

在起步的时候，阿坤的脑海中涌现了过去的点点滴滴。他感受到莱昂通过基因传承给自己的热情，还有阿德里亚娜永不言败的坚韧，以及拉索莱达和桉树贫民区的勤劳勇敢的民风，一切在这一刻一同激励着阿坤。他还仿佛听到了面包师豪尔赫的忠告、科里亚和拉米雷斯的鼓励，卡乔·巴雷罗教诲他抓住机会，喊着"继续，塞尔吉奥……传球……"，豪尔赫·罗德里格斯与阿坤站在场上，告诉他只要比赛没有结束，一切皆有可能。阿坤又想起了多霍为他指引的道路，教父达里奥抱着他的儿子马里奥喊着"罗特韦尔"，最后，埃米利亚诺的脸闪现在阿坤的脑海里，这一切给了他力量，他不顾一切地冲向竞技队的球门。

独立队后卫马丁·比塔利被阿坤远远地甩在身后，在阿坤的面前是一大片开阔地，他充满力量地冲刺，而迭戈·克罗萨埋伏在前方，等待阿坤的到来。阿坤做出一系列假动作，变向、急停然后抹过克罗萨。随后，阿坤再次急停，用踩单车的方式再次突破克罗萨。终于阿坤来到了门前，和门将坎帕尼奥洛形成了一对一的局面，此时，皮球在阿坤右脚的控制下，他仿佛听到了所有朋友们的一起呐喊:"他们是我们的死敌独立队,这里是阿甲赛场,进球吧!我们一起庆祝吧!"

随着左脚一记弧线球直挂球门远角,阿坤攻入了一粒载入史册的进球,一粒令人终生难忘的进球。阿坤跑向场边,脱掉了他的 10 号球衣,露出了那件写着"献给你,埃米利亚诺"的 T 恤,他张开双臂,仿佛在和天堂中的老友拥抱。这是一粒点燃阿坤灵魂深处的进球,一粒感动了所有人的进球。当队友们将阿坤高高抬起,阿坤双手指天,抬头仰望,他用进球兑现了埃米利亚诺一个许久之前的承诺,他实现了他们共同的梦想,这是他能给埃米利亚诺的最有力的致敬。

【爆发、驱逐和揭露】

"等等,有人想要跟你说句话。"在独立队战胜竞技队的那个星期天下午,莱昂在电话中说道。几秒钟后,电话另一边的人听到了一个熟悉的声音,他第一次听到这个声音是在 7 年前,当然,现在这个声音听起来更加有力了:"你喜欢我的进球吗,何塞·马利亚?"

在电话的另一边,阿斯塔洛亚难以抑制自己激动的情绪。阿斯塔洛亚是独立队的超级死忠,他和他的儿子一起通过电视机收看了这场德比大战。在看到阿坤进球后,阿斯塔洛亚喜极而泣,他为自己曾经帮助过这个天赋异禀的小伙子感到无比骄傲。几个小时后,独立队的进球功臣竟然向他打来了电话,并且还问他是否喜欢这个进球。"这样的进球,你的进球,简直就是上天的礼物。"何塞·马利亚回答道。

在内心深处,阿斯塔洛亚最自豪的一点在于他为独立队留住了阿坤,从而给了独立队的球迷享受阿坤球技带来的快乐的机会。最终,阿坤和球迷们建立了良好的关系,他真正在独立队扎下根来,并且继承了俱乐部的光荣传统,当然,在不久的未来,他会登陆欧洲赛场。过往的经验告诉阿斯塔洛亚,在阿坤身上,一切皆有可能。

第二天,阿根廷各大报纸都刊登了阿坤庆祝进球时的照片,照片上的他被队友高高举起,抬头望着天空,手上拿着红色的 10 号球衣。

在唐－博斯克，阿坤和他的父母、兄弟姐妹以及佩佩·索萨一起看了报纸，他仍然不敢相信他打进了那个球。他非常享受这个进球，这是他人生中最快乐的一天。

阿坤还记得他和里卡多·博奇尼在密特雷电台接受的访谈。

"那是一个绝妙的进球。"博奇尼说道，"但是，我已经看过他在青年队进的很多球了，从他很小的时候，我就认识他，我知道他将会在阿甲赛场上攻破博卡青年、河床和竞技队的大门。"阿坤则说："我从来没想过我能够穿上 10 号球衣，很遗憾，我没有看过博奇尼踢球。"

阿坤小心翼翼地将献给埃米利亚诺的 T 恤收藏在柜子的角落里。不久之后，他把 T 恤送给了埃米利亚诺的妹妹杰西卡，因为杰西卡希望将这件特别的 T 恤留作纪念。随后，阿坤回到独立队参加训练。这是不寻常的一天，阿坤在唐·托尔夸托见到了达里奥和卢卡斯·费尔南德斯，并且在马丁内斯和朋友们参加了一场私密的聚会。在 13 频道，阿坤作为嘉宾参加了迭戈·马拉多纳的电视节目《10 号之夜》。

在节目中，阿坤和其他球员一起为主持人马拉多纳献上了一首歌，这首歌的原唱是摇滚乐团的主唱胡安内斯和安德烈·卡拉马洛。

和阿坤一起唱"我想永远看迭戈踢球……"的球员还有迭戈·西蒙尼、埃塞基耶尔·拉韦齐、马里亚诺·帕沃内、费德里科·因苏亚，他们表达了对传奇的马拉多纳由衷的感激。

"这真是个美丽的惊喜，我受之有愧。我是一名球员，至死都是，和你们一样。"马拉多纳说。这一天晚上，阿坤和马拉多纳 16 岁的大女儿吉安妮娜打了一个照面，在不久的将来，他们的人生将会再次出现交集。在这一年年末，马拉多纳参加了由马塞洛·蒂尼利主持的电视节目，这一次阿坤也是嘉宾。

在节目中，蒂尼利和马拉多纳与阿坤和拉普拉塔体操队的卢卡斯进行了一场网球比赛，最后年轻人们取得了胜利。节目之后，阿坤到更衣室里向马拉多纳道别，他又一次偶遇了吉安妮娜，这一次他们聊了几分钟。当然，此时他们都没有想到，在未来他们会拥有如此紧密的联系。

阿坤毁灭般的攻击力点燃了独立队球迷的热情，这种转变可以从比赛售票情况上一览无余。在春季联赛的前7轮比赛中，尽管独立队并没能占据榜首的位置，但是他们售出了超过10万张球票，领先圣洛伦索和竞技队。独立队球迷到场观战人数接近于2002年球队夺冠的那个赛季。2005年9月24日，独立队在第八轮比赛中迎来迪罗联邦队，尽管阿坤在比赛中被红牌罚下，但是球队的球票销售量还是再创新高，这也是阿坤在阿甲联赛中第一次被罚出场。

"在比赛中，你可以从许多事中学到经验。我还记得盯防我的球员赫尔漫·巴苏阿尔多，整场比赛他都在踢我。一般情况下，当我被这样对待时，我都不会反击，但是那一天我都快被逼疯了。一开始，他对我犯规，主裁判判罚了点球，弗鲁托斯将球罚进。后来，每当我触球的时候，他都会侮辱我或者向我吐口水，直到某一刻，我终于忍无可忍了，于是我骂了回去。助理裁判对我们说，冷静下来，不然我们都会吃到红牌。"

"主教练胡利奥·法尔西奥尼观察到了场上的情况，他决定将我替换下场，以免我被罚下。当我正准备下场的时候，巴塞尔多又开始羞辱我，他说我是一个同性恋，我害怕了，所以我要赶紧下场。当时我怒火中烧，所以我回过头推了他。我没有用力，但是他借题发挥，倒在了地上，随后主裁判胡安·巴勃罗向我出示了红牌。

"我更加崩溃了，因为我会因此错过下一轮和河床队的比赛。法尔西奥尼告诉我，这是一个教训，我必须学会不要让对手的诡计得逞。我还记得当我的队友卢卡斯·普西内里在更衣室里看到刚刚哭过的我发红的双眼时，他说："我告诉过你，别傻了，如果哪个对手欺负你，告诉我……"卢卡斯总是很照顾我。那天比赛之后，他和巴苏阿尔多一起接受了药检，队友们说卢卡斯简直要杀了巴苏阿尔多……"

阿坤对普西内里印象深刻，那时候普西内里已经29岁了，他比阿坤要年长12岁。在阿坤和年纪更大、经验更丰富的对手第一次发生冲突时，普西内里是最照顾阿坤的人之一。阿坤还记得关于普西内里的很多故事，他们对彼此印象颇佳。

"每场比赛前一天,球队会安排球员们住在一起,我们回到二楼进行团队训话。他会抓住楼梯扶手,扮演成站在防护栏杆里的球迷,大声唱着我们表现不佳时球迷们会唱的歌:'踢球的小伙儿们,如果你能得到球,就给我们看看;如果你能进球,就给我们看看……'然后他会看看我,立刻开始唱'阿圭罗,阿圭罗……'接着,他又会唱起另外一首歌'你必须为了红色的球衣付出汗水',再然后,他又会突然唱起'阿圭罗,阿圭罗……'卢卡斯是一个明星,他总是逗我开心。"

2005年10月6日,停赛之后的阿坤惊艳回归,在这场2-0战胜纽维尔老男孩的比赛中,阿坤包揽了两粒进球。

"其中一个是弧线球,刚刚擦着远门柱内侧入网。"阿坤回忆道。他还记得在进场和离场的时候球迷们巨大的欢呼声。

"阿圭罗,阿圭罗……"的歌声已经成为美洲解放者球场(独立队主场更名之后的名字)的保留曲目。在随后对阵班菲尔德、科隆、萨兰迪阿森纳和奥林波的比赛中,阿坤都有上佳的表现,帮助球队将夺冠的希望保留到了赛季末。虽然最终独立队没能取得冠军,但是阿坤以9球的成绩与尼古拉斯·弗鲁托斯并列球队射手榜的榜首。

从孩提时代开始,阿坤就一直是球队的最佳射手。在青年队时期,阿坤的位置不是纯射手,但是和他搭档的球员在他的帮助下也总能进球如麻。

最终,在阿尔菲奥·巴西莱的带领下,博卡青年队以40分排名榜首,夺得了2005年春季联赛的冠军。排在第二位的是积37分的拉普拉塔体操,获得季军的则是积22分的萨斯菲尔德。独立队以32分排在第四位,这是他们继2002年以来最好的成绩。阿坤被评论家们认为是本赛季最伟大的发现。《号角报》则将他和莱昂内尔·梅西评为本赛季的最佳年轻球员。

在阿坤被授予最佳新人奖之前,该报纸还刊登了一篇文章,文章将阿坤和里卡多·博奇尼进行了比较。文章作者塞尔吉奥·丹尼斯基用美妙的辞藻抒发了足球界——尤其是独立队的球迷——对阿坤的看法:"有意思的是,阿圭罗从来没看过博奇尼踢球,他们的风格也不尽相同:一个更偏向于助攻，另一个更接近于射手。但是很明显，他们代表了同一种足球情怀，他们为同一件球衣打上了伟大的烙印，一个穿得更久一些，一个影响更大一些。还有一些细节可以佐证两人的相似之处，比如，无论现代的趋势和观念如何改变，阿圭罗和博奇尼一样被球迷尊重。阿坤曾经很羞涩地讲起他在街头遇到球迷的故事，球迷表示希望他能进入国家队，参加2006年的世界杯。另一个细节是那些不经常到双舌帽球场的人无法察觉的：15年过去了，独立队的球迷再一次开始在球员传球时鼓掌，即便最终没有进球。当年，当博奇尼传球甚至在死球状态时，球迷们都会喝彩。阿圭罗在阿甲的生涯只剩下几个月了，随后他将开启在欧洲的神奇旅行，书写他与足球的爱情故事的新篇章。我们可以大胆地猜测，神奇的10号将在欧洲继续他的精彩表现。"

《民族报》也将阿坤评选为春季联赛表现最出色的球员之一，他在18场比赛中的平均得分是7.17。

记者尼古拉斯·巴里诺蒂在12月21日的文章中写道："他是独立队打法的核心，这支球队有时候是阿圭罗一人的球队。作为一名射手，阿圭罗从来都很冷静，而17岁的他也从来不会被压力打垮。他是球队的中流砥柱和灵魂，带领这支缺乏球星的队伍前行。仅仅六个月之后，阿圭罗的生活便发生了翻天覆地的变化，他的名字通过互联网传向了世界各地。他从双舌帽的神奇少年变成了足坛最炙手可热的明星。他成了头条人物。"

【穆尼奥斯发掘阿坤】

《号角报》和《民族报》的记者都没说错，阿坤真的成为了世界足坛最炙手可热的新星，去往欧洲已经是注定的事了。在参加U20世界杯和在阿甲联赛接连上演出色表现时，阿坤也曾经被追逐过。在巴拉圭参加了南美锦标赛后，各大俱乐部的邀请再一次纷至沓来。阿坤的经纪人被邀约淹没了，媒体不停地报道着传闻，据说来自英格兰、西班牙、德国和意大利的多家俱乐部都在求购阿坤，而他们开出的报价是2000万美元。

任何一家俱乐部都会有专门的工作人员负责观察足坛崛起的新星，在马德里竞技队,这就是体育总监托尼·穆尼奥斯的工作之一。从在巴拉圭举行的南美锦标赛时,穆尼奥斯就注意到阿坤了。当时,马德里竞技的球探专门提到了阿坤,而穆尼奥斯喜欢到现场观察球员,而不是通过录像去判断。因此,为了更好地观察阿坤在场上的表现,穆尼奥斯来到了阿根廷。

第一次是在2005年4月,穆尼奥斯看了阿坤的两场比赛,其中之一是阿坤膝盖伤愈后对阵拉普拉塔体操时攻入两球的比赛,另一场是独立队1-3输给了竞技队,导致梅诺蒂辞职的比赛。七个月之后,穆尼奥斯再一次来到布宜诺斯艾利斯,这一次,他观看了11月13日的阿韦亚内达的比赛,在这场比赛中,独立队17年以来第一次战胜萨斯菲尔德。比赛的结果是1-0,阿坤是比赛中表现最出色的球员。

"在那场比赛中,每当塞尔吉奥拿球时,球迷都屏神静息地期待着接下来会发生什么。这在阿根廷并不常见。"穆尼奥斯回忆道,"阿根廷的球迷非常狂热,但是阿坤还那么年轻。而且,他比我第一次见到他时更成熟了,在那个赛季他得到了磨炼,他更强壮了。尽管矮壮的身材可能造成灵活性的问题,但是他能将一切动作都做得很出色。"

回到西班牙后,穆尼奥斯立刻向俱乐部主席米格尔·安赫尔·吉尔·马林提交了一份详尽的报告,建议俱乐部签下阿坤。报告中清楚地说明,因为阿坤还很年轻,而且这笔转会的费用高昂,所以这将是一场赌博。但是与此同时,穆尼奥斯仍然建议马林签下阿坤。

不久之后,欧洲的许多俱乐部都面临着相同的抉择:过低的年龄和过高的转会费。在后来的转会运作中,穆尼奥斯的报告起到了至关重要的作用,而这份报告最终为"床单军团"带来了最好的决定。

第十一章　离别时刻

几个月以来，独立俱乐部主席胡利奥·科帕拉达一直在澄清关于国外俱乐部报价阿坤的传闻，他坚称阿坤仍然会留在俱乐部，至少在整个 2006 年，阿坤将继续为独立队效力。

也正在这段时期，独立俱乐部申请了破产保护，俱乐部的初始债务高达 3600 万比索，随后更是攀升至 5900 万比索。显然，独立队目前的财政状况说明主席关于阿坤留队的声明并不可信。如果真的有球队以数千万英镑的报价求购阿坤，为了俱乐部的生存，高层是不会拒绝报价的。

此时，随着阿坤转会海外的传闻不断升温，许多媒体报道称独立队拥有阿坤 100% 的所有权，并且拒绝承认阿圭罗·德尔·卡斯蒂略一家和何塞·马利亚·阿斯塔洛亚通过前独立管理层签订的合同。某些报道称，被转让给某商业集团的 25% 球员所有权并不合法。历史再度重演，曾经帮助过阿坤的人被恶意抹黑。

"对我们来说，这是严重的背叛。"阿斯塔洛亚说，"人们不知道曾经发生过什么，没有人说出事情的真相。"

莱昂和阿德里亚娜并不畏惧，他们当即决定站出来维护阿斯塔洛亚的权益。通过媒体，莱昂和阿德里亚娜表明了自己的立场，公开承认他们曾经在 1998 年与阿斯塔洛亚签署转让部分球员权利的合同。

莱昂和阿德里亚娜讲述了他们和阿斯塔洛亚的关系，以及萨缪尔·利伯曼从阿坤 10 岁时便开始资助他们一家的事实。莱昂和阿德里亚娜表示，在当时的情况下，利伯曼的公司得到了阿坤的一部分球员所有权，并且他们一家都会尊重这份合同。为了避免争议，这夫妇二人明确表示：如果阿斯塔洛亚和利伯曼的权利没有被承认，那么他们将不会同意独立队出售阿坤。

"莱昂和阿德里亚娜表现出的姿态是我们同甘共苦的证明。"阿斯塔洛亚说,"他们展现了这个家庭极高的道德水准以及崇高的价值观,很多人都欠缺这样的素养。"

2005年11月4日,阿斯塔洛亚用一封信向莱昂和阿德里亚娜表达了他的想法和感受,这封信被阿圭罗·德尔·卡斯蒂略一家收藏至今。信中说道:"我想要为你们写几句话,因为我希望你们能够了解,在昨天与你们谈话之后,我有多么开心。尽管俱乐部的做法令我们身处尴尬,但是这种处境也提供了一个让我了解你们的价值观和信念的机会。财富和名声并没有破坏你们内心的信仰,你们还是我7年前初遇时的样子。无论我所代表的公司最后得到什么样的结果,我都为曾经帮助过你们感到骄傲,我们的付出没有白费。我看到了一个坚定的阿圭罗·德尔·卡斯蒂略家族,他们脚踏实地,永远热忱。我为你们所有的成就感到欣喜,并预祝你们在未来获得更多,你们配得上这一切。请坚持自我,希望金钱可以帮助每一个人成为更好的人。爱你们的何塞·马利亚·阿斯塔洛亚。"

对于莱昂和阿德里亚娜来说,发表公开声明的原因仅仅是为了公正。萨缪尔·利伯曼也得到了消息,因此,莱昂和阿德里亚娜终于在利伯曼的安东尼奥·德阿雷科球场见到了这位商人。

"对于他给予的所有帮助,我一直心怀感激。"阿德里亚娜说,"不仅是因为每个人都会像他们那样伸出援手,还因为当时塞尔吉奥只是一个无名小卒,没有人知道他的未来如何。因此,像独立队那样否认利伯曼和阿斯塔洛亚所付出的一切是不公平的。我和莱昂以及塞尔吉奥都聊过这件事儿,我们都认为要遵守诺言。我们有过承诺,所以我们要言出必行。"

在揭露了不为人知的过去后,莱昂和阿德里亚娜的公开声明引起了媒体的广泛报道,也达到了他们想要的目的。几天之后,独立俱乐部高层的一个电话为双方的协议铺平了道路。

"他们打算支付我们40万美元,以此要求我们将25%的球员所有权降低至15%。"阿斯塔洛亚说,"对于我们来说,这不是最好的结果,但是这也许是最聪明的结果。我们给予了积极的回复,最终我们达成了协议。"

【甜蜜的17岁】

随着越来越多的认可,阿坤终于有机会在物质上犒劳自己了。比如,他用2005年获得的奖金为自己购置了人生中的第一部车——一辆崭新的黑色雪佛兰雅特。

"那是用他的奖金买的,之前他把钱都交给我保管。"阿德里亚娜说道,"他对我说'这是用来买车的,但是如果你要用,那就拿去用'。但是,我连碰都没有碰过这些钱。这就是这辆车的来历。"

阿坤还对这辆车进行了改装,当然,操刀的自然是他的朋友马里奥·波尔蒂纳里。波尔蒂纳里满足了阿坤提出的所有需求,包括最好的和最强力的音响设备,用来播放阿坤最喜欢的昆比亚。

阿坤一家也迎来了第一次度假的机会,同行的还有迭戈·坎波斯和佩佩·索萨。对于这个家庭的大多数成员来说,2005年12月是他们人生中第一次看到海的时候。

度假的目的地是皮纳马尔,这里距离布宜诺斯艾利斯360公里。他们一行人住在利伯曼经营的高档酒店里,直到今天,他们还记得那段享受沙滩、阳光和音乐的日子。

阿坤的年轻和天赋为他带来了更多的关注,越来越多的球迷们向他要求合影和签名。一开始,阿坤的签名简单而羞涩,他会签上"阿圭罗·莱昂内尔",有时候他会将昵称签在名字下面,但是他并没有署上姓氏。

后来他意识到并且被建议道,他不能简单地用签署法律文件的方式签名。他决定尝试其他的选择,他练了又练,探索和尝试,就好像在练习过掉一名后卫一样。一开始,他只签名字"塞尔吉奥",后来他只写"阿坤",再然后是"阿圭罗"。

在经过各种各样的尝试后,他找到了属于自己的风格,并且决定延续下去。后来,他又对此做出了调整。如今,他的签名中一定包含他的姓氏、绰号以及10号。在当时,10号就是他的标志,在后来的人生中,这个数字被"16"取代了。

在不断尝试之后，阿坤确定了签名的最终设计：将"阿圭罗"中的字母R中的垂直线向下延伸出去，使得这条线成为"阿坤"中字母K的起笔。最终，这个签名的样子便是由"阿圭罗"和写在字母R下面的"阿坤"，以及一个带有括号的数字"10"组成。从此以后，这个设计就成为阿坤亲笔签名的标准配置。除了索要签名的球迷之外，广告商也对阿坤越来越感兴趣。阿坤已经成为体育产品广告中引人注目的新形象。

通过经纪人介绍，17岁的阿坤与吉列和百事签订了代言合同，并且出演了电视广告。

其中一个早期广告是为耐克公司的"美丽足球"活动拍摄的，广告中的画面是阿坤在对阵竞技队时的进球，而配音则是由阿坤自己完成的："阿圭罗，漂亮的停球，他启动了。球迷们高呼'加油'。仍然是阿圭罗，他面对后卫，他过去了。'加油'，再过一次。'加油'，仍然是阿圭罗，阿圭罗，阿圭罗，阿圭罗射门，球进了！"

广告中阿坤过人和进球的画面取材来自真实的比赛，而背景中大声喝彩的球迷由剪辑技术完成，看上去就好像整个体育场的球迷都在唱赞美歌。最终，画面上出现了广告语"永不停歇"。有意思的是，"永不停歇"正是阿坤未来职业生涯中的基调。

在2006年1月的季前准备中，"阿圭罗热"未见消退。这一次，独立队在马德普拉塔进行季前训练和热身赛。根据前方记者的报道，阿圭罗吸引了非常多的球迷，甚至连死敌竞技队的球迷也现身独立队下榻的酒店，等待阿圭罗的出现。在夏季联赛中，独立队以2-1战胜了河床队，阿坤包揽了两球，他出色的表现征服了在场的所有球迷。

2006年1月11日星期三，马德普拉塔世界体育场。夏季联赛独立队对阵河床队，比赛进行到上半场第38分钟。

这一天，阿坤不仅得到了独立队球迷的欣赏，也俘获了对方球迷的心。在已经过去的2005年名声大震的阿坤，这一次又为新的一年开了一个好头。在第25分钟，阿坤已经用一脚精准的右脚射门洞穿了赫尔曼·卢克斯把守的大门。这是本场比赛的第一脚远射，皮球与对方后卫擦身而过随后入网。凭借这个进球，独立队扳平了比分。13分钟后，阿坤为这个夜晚增添了一粒更值得回忆的进球。在禁区边缘接到卢卡斯·比格利亚的传球后，阿坤避开奥斯卡·阿乌马达的防守，转身向远离球门方向跑去。接下来，面对加布里埃尔·洛埃施波尔的阿坤再度转身冲向球门，洛埃施波尔追赶不及，笨拙地倒在地上。阿坤突入禁区，门将卢克斯奋力出击试图阻止射门，阿坤急忙用左脚将球打向门将右侧，皮球擦立柱而入。兴高采烈的队友们瞬间围了上来，与阿坤一起庆祝逆转的进球。这一年，阿坤17岁，他第一次听到整个球场为他送上了赞歌："阿根廷的阿圭罗……"这一刻，他热血沸腾。

记者费尔南多在1月12日的《号角报》中这样描述了阿坤对阵河床时的第二个进球："无论何时，只要球在这个年轻人的脚下，他总是显得技高一筹。他令我们想起了马拉多纳，或者考虑到他身穿独立队10号，我们又会想起博奇尼。他过人的时候像一名右脚球员，射门的时候又像一名左脚球员。他在向两名足球巫师博奇尼和马拉多纳致敬。"

阿坤的表现征服了球迷，来自球场四周的欢呼实至名归。此外，球迷们还呼吁将阿坤招入国家队。要知道，2006年世界杯马上就要在德国举办了，不少人认为阿坤应该代表阿根廷出征此次世界杯。

在前一年的荷兰世青赛上，梅西和阿坤的默契和技艺让阿根廷球迷看到了新希望。对于阿坤能否入选国家队，阿根廷主教练何塞·佩克尔曼持谨慎态度，但是他没有否定这种可能性。直到5月15日，佩克尔曼才公布了参加世界杯的最终名单。《图表》杂志在2006年2月讨论了阿坤是否应该参加世界杯的问题。

一篇名为《伟大的谜团》的文章讨论了阿根廷国家队是否应该征召阿坤参加世界杯的问题，这篇文章收集了正反两面的观点，得到了广泛的传播。此外，文章列举了被称为"过往的失败决策"的决定，比如1978年迭戈·马拉多纳没有入选国家队，又如2002年贝尔萨的阿根廷队放弃了哈维尔·萨维奥拉。此外，文章还提到了那些年纪轻轻便参加了世界杯，而且取得了良好效果的例子，比如贝利、埃托奥和罗纳尔多17岁的时候便参加了世界杯，欧文18岁的时候在世界杯上成名，贝肯鲍尔和卡卡参加世界杯时的年龄也只有20岁。然而，对阿坤感兴趣的不止体育媒体。

2006年2月，阿坤登上了儿童杂志《福神》的封面，杂志给这个封面的标题是《偶像！》阿坤的崇拜者涵盖了各个年龄，年轻人喜欢阿坤，因为他们觉得阿坤很贴近他们的生活，他们拥有这个年代共同的特点。

作为17岁的青少年，阿坤在场下的爱好正如他的同龄人一样。比如，他很喜欢玩电子游戏，他会将游戏视为真正的比赛，和队友们拼个你死我活。阿坤喜欢使用的球队包括阿森纳、尤文图斯和切尔西。在使用利物浦时，他会安排四名后卫、两名中场、两名边锋、一名前腰和一名中锋。

"我会将杰拉德安排在西塞或者莫伦特斯身后。使用这个阵容，我能赢我的朋友六七个球。"2006年2月，在接受杂志采访时，阿坤说道。此外，阿坤还喜欢玩掌上游戏机，这个游戏机是他的教父达里奥·费尔南德斯送给他的礼物，他痴迷于此，能连续玩上几个小时。

阿坤和佩佩·索萨、迭戈·坎波斯以及弟弟卢卡斯的友情越来越深厚，他们是亲密无间的哥们儿。除了踢球之外，阿坤还喜欢上了跳舞和看电影，也是在这时候，阿坤开始了懵懂的初恋。

阿坤也很信任姐姐杰西卡和加布里埃拉，他们经常聊到很晚，或者在早餐时说个不停。

2006年初，阿坤一家又搬家了，这是阿坤离开阿根廷前的最后一次搬家。这一次，他们终于离开了大布宜诺斯艾利斯南部。新家位于大都会区北部的马丁内斯社区，是一座二层小楼。

和以往的住房不同，这一次空间不再是问题，甚至连佩佩·索萨的两个堂兄弟都有房间住。是的，阿圭罗·德尔·卡斯蒂略一家早就把佩佩·索萨看作家人了。阿坤的罗特韦尔犬独占了房子的后院，如你所想，这条名叫阿蒂拉的狗正是教父达里奥送给阿坤的礼物。此外，阿坤的众多奖杯奖牌以及纪念品也有了容身之处，比如他在阿甲首秀时身穿的34号河床队球衣，就挂在起居室的墙上。对于整个家庭来说，这面墙所展示的阿坤的荣誉是他们的骄傲。

在场上的成功和场下的成长中,阿坤走到了他人生中的第 18 个年头。《民族报》记者胡安·巴勃罗·瓦尔斯基以《阿圭罗:甜蜜的 17 岁》为标题,为阿坤写了一篇专栏。

"我们发现,他拥有偶像的魅力。他对足球的领悟、无邪的笑容、坦诚的交流、友善的天性甚至是他绘画的天赋,都成为人们喜爱他的原因。他喜欢为球迷签名,因此得到了一个重要的头衔:人民的球员。

"主队的球迷崇拜他,对手的球迷信服他,同行们尊重他,这一切都单纯地出自于对他球技的欣赏。

"这仅仅是他成为职业球员的第二年,人们急于想知道他是恒星还是流星,是会成为奢侈品货架上的明星产品,还是直接被扔到无人问津的处理货架。时间会证明一切,我们都希望他会是前者。

"我们绝不能用自己的急功近利的态度去衡量阿圭罗的成长速度。别忘了,他已经用超凡的魅力征服了我们。我们希望在面对更高的期待时,阿圭罗可以完成更多精彩的壮举,就像他的朋友梅西一样,为成年队鞠躬尽瘁,为俱乐部摧城拔寨。

"让我们耐心一点儿吧。17 岁的塞尔吉奥·阿圭罗已经告诉我们,在成功之前适当地放缓脚步和调整心态非常重要。

"我们不需要揠苗助长,该来的总会来。我们深知这一点。"

仅仅几个月后,胡安·巴勃罗·瓦尔斯基的观点就得到了应验,阿坤离成熟越来越近了。

【是时候决定了】

2006 年秋季联赛,法尔西奥尼率领的独立队开局并不稳定,球队前五轮的战绩是 2 胜 1 平 2 负。2 月 25 日,独立队在第六轮比赛中迎来了关键战役——阿韦亚内达德比。这又是阿坤职业生涯中里程碑般的一场较量。

竞技队在前五轮只拿到一分,他们急需一场胜利,而独立队也希望能够全取三分,保留这赛季夺冠的希望。

比赛中场上的状况反映了两名主帅的不同风格:竞技队主帅西蒙尼的

激进和独立队主帅胡利奥·法尔西奥尼的谨慎。最终，阿坤在三分钟内攻入两球，以一己之力决定了比赛的结果。

下半场第 9 分钟，阿坤从左路内切，摆脱对方中后卫的防守，在禁区外左脚一记低射，球碰门将古斯塔沃·坎帕诺洛左脚后滑门而入，这位倒霉的门将又一次被阿坤击败。三分钟后，独立队门将奥斯卡·乌斯塔里在阻止了对方的一次进攻后，迅速发动了一次快攻，他大脚将球开出，阿坤在对方半场接到传球，蹚过何塞·谢弗突入禁区，用假动作晃过了出击的门将，失去位置的回追后卫和门将坎帕诺洛只能眼睁睁地看着阿坤用右脚将皮球送入大门。

阿坤用昆比亚的舞步庆祝了自己的进球，表达了在主场面对死敌时攻入进球的兴奋，以及他对昆比亚音乐的热爱。

"我是在模仿卡洛斯·特维斯的庆祝动作。"在赛后接受采访时，阿坤说道，"我在电视里看到他的庆祝方式，他是我的偶像之一，所以我决定向他致敬。"

此时的阿坤已经成为电视节目上的常客，他与圣塔菲的昆比亚音乐组合忠实者一起参加了多个电视节目的录制。忠实者还将他们的宣传语改成了"阿坤喜欢的音乐"。两个月后，阿坤和忠实者联合录制了一首歌，歌曲表达了他对足球的感情。

2006 年 3 月，阿坤继续在阿根廷的球场上书写新的历史，而来自世界上最大的俱乐部们的邀请也如雪花般飘落。俱乐部们试图用丰厚的合同引诱阿坤，因为阿坤拥有在短时间内改变比赛的能力，而且他的踢球方式令人愉悦和兴奋。

是时候做出决定了，这个决定关乎阿坤短期内的足球命运。在意大利，国际米兰、AC 米兰和尤文图斯都表现出了对阿坤的兴趣；在法国，马赛队的经理已经准备好随时在合同上签字；在德国，拜仁慕尼黑队的高层确信他们应该签下阿坤，他们甚至派出了一个代表团前往布宜诺斯艾利斯同独立队谈判；在西班牙，正在因主席大选而经历动荡期的皇家马德里队以及他们的同城死敌马德里竞技队都对阿坤展开了追逐；在英格兰，曼联队、切尔西队和利物浦队也不甘落后。

这些豪门的体育总监都发出了类似的信号：他们对签下阿坤非常感兴趣，但是高额的转会费和阿坤的年龄又令他们迟疑。毕竟，17 岁的阿坤想要适应欧洲足球，还需要一段时间的磨砺。

2008 年 10 月，时任利物浦主帅的西班牙教练拉法·贝尼特斯在与马德里竞技队的欧冠联赛赛前采访时承认，他们曾经在 2006 年考虑过签下阿坤，但是他们不愿意为一个年轻球员冒这么大的风险。

面对所有的可能性，马德里竞技抛开疑虑，直接为阿坤准备了合同并向独立队提出了报价。托尼·穆尼奥斯对俱乐部高层的建议也初见成效，要知道四月初独立队就已经收到了第一份报价，但当时他们选择了拒绝。而如今，双方的谈判很快就会有个结果。

此时，阿坤的经纪人们需要帮助他做出登陆欧洲第一站的最佳选择。面对众多豪门的邀请以及各种诱人的条件，他们需要做出一个全面冷静的分析，最终的决定也必须利于阿坤在国家队和俱乐部的发展。

经纪人们很明白这次选择对于 17 岁的阿坤有多重要，所以结合语言和文化的考虑，阿坤的下一站先基本确定在西班牙。

而结合西甲现状，阿坤需要更多的出场机会证明自己并谋求发展，那么马德里竞技也就顺理成章地成为他的首选。而且，马竞队中还有弗朗哥、加莱蒂和马克西·罗德里格斯三位阿根廷人。所以经纪人坚信，马德里竞技对于阿坤来说完全合适。

"我希望在独立队待更长时间，但我也知道如果转会，对我、对俱乐部都是最好的选择，我的转会费能帮助俱乐部应对如今的破产危机。大家都认为马德里竞技是最好的选择，相同的习惯和风俗能帮我更快地融入球队，获得更多机会。我知道马德里竞技的历史，也了解这支球队，但现在我会更加关注它。人们告诉我马德里和布宜诺斯艾利斯很像，但我从没去过西班牙，我最远只去过荷兰，那是参加 U20 世界杯的时候。未来的一切都是无法预料的，但我毫无畏惧，我会尽全力把每件事都做到最好，就算到时候一切不尽人意，大不了我回来罢了。" 阿坤说。

他希望由我们来做决定，他询问我们的想法，以及我们想要的结果。我们告诉他，这些问题应该由他自己思考。随后他告诉我们他想去西班牙，但是他希望我们能和他一起去，一起生活。我们没有立刻回复他，但是后来，我们向他解释，这是不可能的。那是他的生活，让全家人一起陪他前往西班牙是不现实的。我们不能让全家一起移居国外，每个人都会有新的生活。我们向他承诺，一定会尽可能帮助他。我看着他，心里非常难过，在跟他说这些话时，泪水一直在我的眼眶里打转，他还那么小……一开始，他不能理解我们的决定，他坚持要求我们陪他出国。后来，他意识到我们的选择是有道理的。另外，我们也认为西班牙是最好的选择，至少是他在欧洲起步时的最佳选择，因为那里的语言和习惯是最接近阿根廷的。我们认为，这是他开始欧陆生活的最佳方式，在适应了欧洲的生活后，他还可以做出其他选择。

——阿德里亚娜·阿圭罗

四月中旬，独立队派出代表团前往西班牙完成球员交易，此前，独立队和马德里竞技队已经草签了合同，这意味着两家俱乐部已经做出了决定。

这笔交易的最终金额是2300万欧元，同时创造了阿根廷足球的转会费纪录和马德里竞技队的转会费纪录。在两家俱乐部达成协议的同时，经过另行磋商，阿坤的经纪公司也同意了这笔交易。

媒体报道阿坤转会海外的交易已经达成，但是他们仍然不知道阿坤的新东家是谁。然而，就在一切看上去已经尘埃落定时，阿坤的经纪人却在布宜诺斯艾利斯市中心的酒店里接到了一通电话。

皇家马德里的代表明确表示，俱乐部将尽全力签下阿坤，无论竞争对手的报价是多少，他们都将提供相同的报价，以及一份工资更高的合同。但阿坤的经纪人却表示，他们将遵守和之前某家俱乐部达成的约定，而且现阶段无法透露具体是与哪家俱乐部达成了协议，因为这个消息还尚未公开。

伴随着皇家马德里对阿坤最后的求购，最终的结果也即将公之于众。

2006年5月底,在阿根廷秋季联赛的尾声阶段,马德里竞技首席执行官吉尔·马林和独立队老板胡利奥·孔帕拉达将召开联合发布会,正式公布阿坤的下一站。

而对于IMG团队来说,这次交易创造了他们所操作阿根廷球员的最高转会身价纪录。团队的阿根廷地区总裁乔治·普拉特·盖伊表示,这样的交易也证实了团队的方向性和运营政策的正确。

做到专业化只是一个经纪人团队的基础,而全力帮助自己的球员成长,并不只是一味地追求高额合同,这才是重中之重。帮助自己的客户球员寻找新合同时,考量标准不仅限于竞技层面,更在于对球员本身的个性化定制,从而最终得出最好的结论。阿坤的转会就是按照这样的标准执行的,将球员个人发展的需求点放进考量中,最终只为培养出一位精英球员。而结果是,这次转会非常令人满意。

事实上,完成转会只是球员进一步发展的开始而已,还有很多事情等着阿坤和他的经纪人团队。比如在这次转会谈判中,耐克公司就又和球员达成了新的合作。作为世界范围内最具代表性的体育品牌,耐克在阿坤15岁那年就为他送上了第一份合作协议。而事实也证明了耐克公司非常有眼光,根据那第一份协议的附加条款,耐克顺利拿到了阿坤接下来的广告代言,并留住了这位当红小生。

这家北美体育品牌大鳄的诚意十足,耐克的法务总监和体育市场总监专程从美国飞往阿根廷,同IMG团队谈判了3天,并最终和乔治·普拉特·盖伊以及公司律师达成一致,在2006年3月25日上午签订了合作协议。

阿坤本人当然也需要出席最终的一个会议,会议将在布宜诺斯艾利斯北部的一个办公室举行。虽然阿坤还得最后一次穿上竞争对手品牌的衣服,但这都不是问题,走完这些过场,球员和耐克都将迎来崭新的一页。

这是一次亲切友好的会谈,各方对于最终的协议都很满意。耐克的代表通过翻译表达了他的喜悦之情。北美人很快回到了家,并且表示愿意满足阿坤的一切要求。

在这种情况下，客户们一般都会要求耐克其他大牌代言人的相关纪念品或商品，其中最受欢迎的就是勒布朗·詹姆斯、科比·布莱恩特和罗杰·费德勒了。

然而，阿坤却另辟蹊径。他的要求是一台 PS3。在当时，PS3 还没有在阿根廷市场发行。

显然，这不是一个过分的要求，耐克欣然同意。阿坤确实还是一个孩子，无论从任何角度看，他都还在成长中，尽管他已经和世界上最大的赞助商签约，并且身价高达几千万美元。

【音乐与泪水】

在秋季联赛中，独立队的表现缺乏稳定性，球队夺冠的希望越来越渺茫。

在第六轮联赛中战胜竞技队之后，法尔西奥尼的球队在接下来的 10 场比赛中只获得了两场胜利，其他 8 场比赛的战绩是 4 平 4 负。

在这段时间，阿坤的状态和球队其他人一样起伏不定。虽然如此，他还是在面对河床、班菲尔德、克隆和萨斯菲尔德时攻入了 5 粒进球。在与萨斯菲尔德的比赛中，阿坤更是在最后时刻连入两球。

联赛只剩下三轮了。4 月 29 日，独立队赴布兰卡港挑战奥林堡。对于阿坤来说，这是一场灾难性的比赛。正如我们所知，阿坤对这场比赛格外谨慎，在过往的比赛中，他已经累计了 4 张黄牌，如果在这场比赛中拿到第五张黄牌，他就将错过下一轮与博卡青年队的比赛。与博卡青年队的比赛是本赛季独立队的最后一个主场比赛，也是阿坤和独立队球迷告别的最后机会。

在与奥林堡的比赛之前，西班牙媒体公布了重磅新闻：塞尔吉奥·阿圭罗以 2300 万欧元的身价加盟马德里竞技。尽管尚未有官方确认这个转会消息，但是各大媒体都对此持肯定态度。

尽管对于阿坤的离开非常失望，但是独立队的球迷仍然在布兰卡港为阿坤献上了专属于他的歌曲。"加油，加油，阿圭罗永远是独立队的人。""阿根廷的阿圭罗。"阿坤时刻谨记并注意动作幅度,以免错过与博卡青年队的比赛。

博卡青年队仍然处在争冠队伍中,阿坤不想让他们轻易得逞,从而在阿韦亚内达捧起冠军。同时,他还希望能用一个进球作为告别。因此,在比赛开始前,阿坤与裁判迭戈·阿巴尔进行了交涉。

"我对他说,我已经累计了4张黄牌,如果他在比赛中再向我出示一张黄牌,我就要面临停赛了。我解释说,我可能会和对方发生身体接触,但是我一定是无意的。他对我说,如果我不犯规,那么一切都不会有问题。"阿坤说。

比赛刚一开始,阿坤就受到了比以往更多的"关照",他对此已经司空见惯了。乌拉圭后卫马克西莫·卢卡斯的一记粗鲁的滑铲令阿坤右大腿受伤倒在地上,医务人员用担架将阿坤抬到场外进行治疗。尽管阿坤非常生气,但是他告诉自己绝对不要回应潜在的挑衅。

在短暂的治疗后,阿坤一瘸一拐地走回场内。他很快恢复了状态,并且在30分钟后参与进攻,用一次轻巧的漏球帮助埃米利亚诺·阿门特罗斯攻破了罗阿把守的大门。10分钟后,阿坤试图在左边线附近突破卢卡斯的防守,他与卢卡斯发生了轻微的身体接触,后者借势夸张地倒在了地上。主裁判阿巴尔不仅判罚了任意球,还一边摸着口袋一边走向阿坤。阿坤意识到主裁判是要掏出黄牌,他抬起双手极力请求阿巴尔重新考虑,但是阿巴尔不为所动,还是出示了黄牌。阿坤绝望了,他双手抓着头发,气愤地走开。

几秒钟后,摄像机捕捉到了这样的场景:阿坤用球衣遮住头,泪流满面。

真是悲伤的情景,阿坤的绝望传染给了每一个人,他伤心欲绝,他的队友甚至对手都试图安抚他。卢卡斯·比格利亚和埃米利亚诺·阿门特罗斯都在安慰阿坤,但是阿坤仍然无法停止哭泣。他一会儿责怪自己不该在赛前和裁判说那些话,一会儿又埋怨裁判出示黄牌的做法并不公允。

"那些已经吃到黄牌的后卫对我又踢又踹却没有得到任何惩罚,而我只是轻轻碰了他们，就得到了黄牌……这太不公平了……"阿坤在更衣室里说。

阿坤的失望在下半场得到了一些补偿，在一系列精彩的突破后，他制造了一粒点球并且亲自主罚命中。他看着皮球滚入大门，发出了气愤和绝望的号叫。他预感到这可能是他为独立队打进的最后一个进球。在庆祝之后，他走向独立队球迷的看台，向着他们亲吻了胸前的队徽。

5月7日，尽管因累计黄牌停赛，阿坤还是来到了独立队与博卡青年队的比赛现场，他在替补席观看了整场比赛。马丁·巴勒莫和罗德里格·帕拉西奥的进球带给了独立队一场0-2的失利，并且帮助博卡青年队提前两轮获得了联赛冠军。

阿坤心中的苦涩因独立队球迷的鼓励而得到了缓解。在得知自己的偶像将要离开后，独立队的球迷用各种方式表达了他们的祝福。整整90分钟比赛，阿坤被球迷的歌声、旗帜和喝彩所淹没。

在与班菲尔德的比赛中，阿坤得到了13分钟的上场机会。5月14日，独立队在阿莱伊托巨人球场迎来了最后一场比赛的对手罗萨里奥中央。这场比赛独立队同样以0-2的失利而告终，这绝不是阿坤心目中完美的告别。

此外，独立队没能获得南美解放者杯的参赛资格。但球迷们的悲伤全部来自于阿坤的离去，球场周围挂满了送别阿坤的标语和旗帜。"谢谢你，阿坤！""谢谢你的魔法表演和眼泪！""阿坤，红军精神流淌在你的血液中！""这里永远是你的家！"越来越多不同的标语出现在球场，在官方公布之前，他们都奢求着偶像能够留下。所有人，无一例外地沉醉于阿坤的表演中，他的每一次盘带、每一次过人、每一记射门、每一个进球都是那么让人沉醉。从来没有哪名球员能在这么短的时间内让球迷如此喜爱，更何况此时的阿坤只有17岁，但这就是他的魔力。当"阿圭罗！阿圭罗！"的口号响起时，他脱下球衣，卷起扔向球迷，看台就能立即沸腾起来，人们永远为阿坤而疯狂。

阿坤代表独立队联赛出场54次打入23粒进球。在18岁生日的前夕，阿坤对自己内心也有了新的认知。他知道，总有一天他会回到这里，回到梦开始的地方，回到自己的初爱身边。

马蒂亚斯是一名特别的独立队死忠，他与阿坤同龄，是一位音乐家。独立死忠与阿坤的特殊情结在马蒂亚斯身上得到了完美的体现，他特地为阿坤谱写了一首歌，歌曲的名字叫《从一颗心到另一颗心》。

音乐是阿坤的另一个挚爱，他喜欢通过音乐表达自己对于足球的感情。阿坤尤其喜欢昆比亚，因此，当圣达菲昆比亚乐队忠实者的主唱马塞洛·阿圭罗邀请他参观排练时，他毫不犹豫地欣然前往。虽然他们都姓"阿圭罗"，但是他们没有任何亲戚关系。有意思的是，后来马塞洛的儿子埃塞基耶尔与阿坤的妹妹加比产生了感情，并且最终走进了婚姻的殿堂。

昆比亚在阿根廷非常流行，它源自于美洲中部的同名音乐风格，与阿根廷当地的音乐相融合，并深受加勒比音乐的影响。在20个世纪80年代，昆比亚在贫民区流行起来，并且迅速传播到了阿根廷社会的各个阶级。

马塞洛为阿坤写了一首歌，并且邀请阿坤与乐队参与录制，阿坤愉快地答应了。

"有一次，我们在阿坤家吃烧烤，突然我们想到可以邀请塞尔吉奥一起唱这首歌。"马塞洛说道，"他马上答应了。我们和塞尔吉奥一起完成了填词。歌词并没有经过太多的修饰，我们只是简单地将塞尔吉奥传达给我们的对于足球的热情以及当球迷为他高歌时他的感动写了进去。"

在某一天的午后，阿坤拿起了话筒，与马塞洛一起录制了歌曲。虽然此前毫无经验，但是阿坤表现得非常放松，并且一直微笑着面对镜头。

阿坤的拿手好戏当然是足球，但是他同样享受录制歌曲的感觉。

几个月之后，阿坤录制的音乐录影带在电视台和互联网上广为流传。

"唱什么？唱什么？阿坤·阿圭罗。"在歌曲开头，阿坤这样唱道，这是他与他的朋友一起创作的歌词。

"我不能抑制我的渴望，它在我的血液里流淌，它令我的内心荡漾。"

"足球是我的挚爱，我人生的动力。足球是我的生命，我炙热的灵魂。球迷们高唱'加油阿圭罗'给我力量。全世界都看着你，激励你，因你而欣喜，我的梦想如此清晰。"

这次偶然的歌手经历令阿坤十分开心，尽管说实话，他的歌唱天赋还是远不如足球天赋。

阿坤半开玩笑地表达了自己隐藏的渴望："如果我没有成为一名球员，我可以当一名歌手。"

【最美好的祝福】

2006年5月15日是秋季联赛结束的第二天，这一天阿根廷国家队主帅何塞·佩克尔曼公布了参加世界杯的大名单，阿坤没能入选。佩克尔曼选择了胡利奥·克鲁斯，这位效力于国际米兰的老将刚刚度过了一个杰出的赛季，他在45场比赛中打入21球。这也是31岁的克鲁斯第一次参加世界杯。

在佩克尔曼的名单中一共有6名射手，其他五人分别是莱昂内尔·梅西、埃尔南·克雷斯波、卡洛斯·特维斯、哈维尔·萨维奥拉和罗德里格·帕拉西奥。博卡青年前锋帕拉西奥也是大名单中唯一一名在阿根廷本土联赛效力的球员。

"我当然想参加世界杯，我有一点儿生气，但这对我影响不大。我知道想要参加世界杯很难，而且我还年轻，我还有很多机会。不过现在回想起来，当时我还是很伤心的。"阿坤回忆道。很快，阿坤又踏上了新的征程。联赛已经结束，在经过短暂的休息后，他就要完成和马德里竞技的签约了。

为了完成转会，马德里竞技董事长米格尔·安赫尔·吉尔·马林飞往阿根廷。抵达布宜诺斯艾利斯之后，马林的第一件事情就是与阿坤和他的家人见面。马林和阿坤一家一见如故。"我只有一个要求，就是请你照顾好我的儿子。"阿德里亚娜说，"其他事情都不重要。他太年轻了，我不希望你给他太大的压力。对于他来说，快乐地踢球非常重要，这样他才能保持渴望和热情，继续向前。"

阿德里亚娜给马林留下了很好的印象，他立刻回应道："别担心，我们会好好照顾他。"会面之后，马林马上给马德里竞技的市场营销经理埃米利奥·古铁雷斯打了一个电话，要求古铁雷斯把阿坤当亲生儿子一般好好照顾。古铁雷斯热心地答应了，并且在未来的日子里给阿坤提供了很多帮助。

5月30日，吉尔·马林和独立队主席胡利奥·科帕拉达召开了联合发布会，宣告了塞尔吉奥·阿圭罗的转会。

根据声明，阿坤以2300万欧元（2800万美元）的身价从独立队转会至马德里竞技队。此外，如果马德里竞技未来将阿坤以超过1800万欧元的价格出售，那么独立队还能获得1800万欧元以外的转会费的20%。

"这不是一桩普通的转会，对于马德里竞技来说，这是俱乐部历史上最重要的签约之一。"马林说，"对于他的到来，我们都非常兴奋，我认为世界上的每一名教练都想将阿圭罗招致麾下。"

科帕拉达则说："由于财政危机，我们不得不出售阿圭罗，我们都希望他有一天能回到独立队。阿圭罗可以在欧洲证明他的伟大，对于这一点我毫不怀疑。"

阿坤没有在这次发布会中发言，6天之后，他在马德里亮相并与马德里竞技正式签约，开启了一段4年的缘分。

在离开阿根廷之前，阿坤庆祝了他的18岁生日。对于他来说，这同时是一次特别的告别派对。

"我们到最后时间才做了准备。"阿德里亚娜说，"因为我们到最后时刻才能得知他是否入选了世界杯大名单，所以我们不能提前计划。结果，在生日的第二天，阿坤就要飞往西班牙了。"

6月2日，派对在马丁内斯街区的一个宴会厅举行。他们一开始只是想邀请最亲近的亲友进行一次小型的聚会，但是最终派对的场面变得非常盛大。阿坤身穿棕色上衣和浅黄色羊皮裤，在宴会厅门口迎接每一位客人。

派对中几乎没有足球圈的人，但是阿坤最亲密的朋友都出现在了现场，包括阿坤的父母莱昂和阿德里亚娜，他的兄弟姐妹杰西卡、加比、梅拉、戴安娜、毛里西奥和加斯顿，他的外祖父母鲁道夫和安娜，叔叔丹尼尔和阿姨玛吉，教父达里奥·费尔南德斯和其妻子莉莉。此外，还有阿坤的朋友佩佩·索萨，老邻居古斯塔沃·卡斯蒂略和其妻子安妮，鲁本·阿马里拉和其妻子埃琳娜、儿子托托，克里斯蒂安·福米加和他的父母丹尼尔·帕特里夏。此外，路易吉一家也从拉努斯赶来了，埃米利亚诺·莫利纳的父母也到场了。何塞·马利亚·阿斯塔洛亚和爱德华多·冈萨雷斯以及阿坤的经纪人埃尔南和冈萨洛也出席了派对。

派对的音乐由忠实者演唱，阿坤也拿起话筒高歌了一曲。此外，亲友们还为阿坤准备了一段惊喜录像，录像开头是卡通片"小原始人阿坤"的画面，随后是朋友们为阿坤送上的祝福。

激动的阿德里亚娜认真倾听了每一个单词，她回忆起早年没钱给阿坤过生日的日子。阿德里亚娜望向她的儿子，他笑起来时脸颊上的酒窝和自己如出一辙。

阿德里亚娜看着自己的儿子和丈夫，能感受到对足球的热情让这对父子的感情更加亲密。她感谢人生，感激上帝奖励他们的一切。不仅是因为与困难时期相比，他们的家庭已经拥有了太多，也因为她的家人和儿子都是善良的好人。阿德里亚娜写了一封信，表达了对莱昂和其他家庭成员的爱意。

"你已经长大成人，在未来的道路上你将遇到更多风景。"阿德里亚娜为阿坤读信，"你已经得到许多你所渴望的，然而还有更多目标等待你去实现。希望你的眼中能一直闪烁着幸福，希望你始终不变谦虚和善良。我们都为你高兴，为你祝福。你是令我骄傲的儿子，别忘了，我爱你。"

在派对的最后，阿坤许下了生日愿望并吹灭了蜡烛。派对结束几个小时后，时间来到了6月3日，阿坤马上赶赴机场，他将飞往西班牙，开启职业生涯的新征途。

送行的人群非常激动，尤其是哭泣不止的达里奥。亲友们的情绪影响着阿坤，他深切地感受到一个新的时代到来了。在这样的期待中，阿坤与父母以及 IMG 公司的代表盖伊、埃尔南和冈萨洛一起踏上了阿根廷飞往西班牙的航班。

这是阿坤第二次到欧洲去。第一次是为了到荷兰参加 U20 世界杯，而这一次，他乘坐的是商务舱，空间更大也更舒适。由于之前的疲惫，阿坤很快睡着了。但是第一次坐飞机的阿德里亚娜可没那么容易入睡。

"莱昂曾经坐过几次飞机,他说想和我聊聊,但是我根本没办法集中精神。当飞机启动时,我能闻到汽油味。当飞机飞到高空时,我对自己说'我真的不适合坐飞机'。我不想吃任何东西。我看到阿坤睡得很香,每个人看上去都很平静,最后我终于也放松了下来。当我醒来时,我们已经着陆了。"阿德里亚娜说。

第十二章　从马德里到加拿大

在西班牙待了5天后，阿坤于6月9号回到阿根廷和家人团聚。而恰好就在这一天，德国世界杯拉开了帷幕。

在返回马德里竞技参加季前训练之前的这段日子里，阿坤时刻关注着阿根廷国家队的世界杯征程。潘帕斯雄鹰在小组赛中表现出色，以2-1力克科特迪瓦，又以6-0横扫塞黑，与欧洲劲旅荷兰队也是战成了0-0平。最终，阿根廷队在小组赛中以2胜1平的成绩排在C组头名，晋级16强。

八分之一决赛，阿根廷遭遇加时赛鏖战。最终，凭借着阿坤的俱乐部队友马克西·罗德里格斯的超级世界波，阿根廷以2-1绝杀墨西哥。此时，大洋彼岸的阿坤兴奋不已。但是在随后的四分之一决赛中，阿根廷人倒在了12码线上，东道主德国队在点球大战中以4-2胜出。

阿坤在马丁内斯的家里和父亲以及一群朋友坐在电视机前收看了整场比赛。当阿根廷被淘汰时，他和身在柏林奥林匹克球场中的同胞们一样难掩泪水。

"我们都很伤心，情绪特别低落。我想忘掉这一切，所以我决定去健身房疯狂发泄。我坐上了一辆出租车，司机告诉我他现在也难过得要死，他的妈妈一直在哭泣，根本停不下来。我能感受到街上的每一个人都是如此的伤心，我也同样明白穿上国家队的球衣意味着什么。

"从我很小的时候开始，各年龄级别国家队都会打电话给我，为国出征对于我来说是一种荣耀。但是此刻，我明白了穿上这身球衣就得对整个国家的人民负责，我开始理解国家队对于人民的意义。"阿坤说。

阿坤从小就很热爱自己的祖国，自从2001年第一次被国字号召唤开始，他就享受着在埃塞萨训练基地的日子。他经常整夜整夜地待在训练基地，与教练组以及队友们沟通交流，他总是渴望和主教练单独沟通以便学习更多东西。他很自豪跟随着国青队征战荷兰并最终品尝荣誉。

虽然未能入选 2006 年德国世界杯的国家队大名单，但是阿坤坚信自己迟早能进入国家队，而这一天的确很快就到来了。2006 年 9 月 3 日，刚刚接班佩克尔曼的阿根廷国家队新帅巴西莱带上了阿坤，比赛第 65 分钟，年仅 18 岁的阿坤替换特维斯上场。虽然最终阿根廷 0-3 完败老冤家巴西，但是阿坤的表现相当亮眼，他先是接里克尔梅传球射门稍稍偏出，随后又是转身摆脱后卫后挑传至禁区中路，可惜门前无人防守的因苏亚居然左脚斜射将近在咫尺的机会球打偏。而在场上表现积极的阿坤甚至在和卢西奥的拼抢中吃到了黄牌。

与家人及朋友告别后，阿坤启程前往马德里和新球队会合。7 月 10 日，阿坤正式来到了马德里，成为马德里竞技主帅哈维尔·阿吉雷手下的弟子。当他走下飞机的那一刻，球迷们一拥而上，欢迎他的到来。

虽然到达时是早上 6 点，但是机场还是聚集了大约 100 名为阿坤而来的球迷。所有人都在不停地拍照录像，记录着这位希望之星的到来。

接下来，阿坤将跟随球队到塞维利亚进行季前训练，随后还要去往德国和中国进行热身赛。他开始融入这支新球队，了解身边的新队友，并时刻闪耀着自身的光芒。身披 20 号球衣的阿坤立即显现出了过人的能力，在对阵马德里竞技 B 队、阿尔巴塞特、德国球队科特布斯、日本球队鹿岛鹿角以及中国球队上海申花的几场比赛中，阿坤一共打入了 5 粒进球。此时年仅 22 岁的"圣婴"托雷斯已是马德里竞技的标志人物，而随着以阿坤为代表的强力新援加入，狂热的"床单军团"球迷看到了希望，他们相信自己的球队一定能扭转前些年在联赛中的颓势。

马德里竞技阵中有 4 名阿坤的同胞，他们分别是莱昂·弗朗哥、马克西·罗德里格斯、马里亚诺·佩尼亚和卢西亚诺·加莱蒂，同胞们的帮助对阿坤的融入起到了积极的作用。

除此之外，队中的球员还包括保加利亚人马丁·彼得罗夫，葡萄牙人马尼切和科斯蒂尼亚，希腊人乔治斯·塞塔里迪斯，哥伦比亚人路易斯·阿马兰托·佩雷亚，法国人彼特·卢辛，以及西班牙人巴勃罗·伊巴涅斯、安东尼奥·洛佩斯、何塞·胡拉多和米斯塔。

阿坤将住所搬到了小镇马哈达翁达，小镇位于马德里市区以外 16 公里，而阿坤的住所距离球队的训练基地更是仅有 300 米。他租了一座拥有 7 个卧室的别墅，以便和他的亲朋好友一起居住。阿德里亚娜的哥哥丹尼尔和其妻子搬到这里照顾阿坤，而经纪人冈萨洛、埃尔南以及后来的马克西都在这里住过，他们为阿坤处理相关活动事宜。

当阿德里亚娜返回布宜诺斯艾利斯陪伴家人后，阿坤的父亲莱昂内尔也来到马德里开始照顾阿坤的生活。他们父子俩的交流逐渐多了起来，彼此之间也变得更加亲密，而朋友们也会偶尔特地远渡重洋前来探望他们。

同时，俱乐部阿根廷老乡们的亲切帮助让阿坤感受到了家乡一般的温暖，尤其是住在阿坤家附近的马克西·罗德里格斯。

"自从他加盟马德里竞技，我就经常和他待在一起。"马克西说，"阿坤很年轻，所以我希望能把这 7 年来自己在西班牙的经验分享给他。当然，他自己就已经融入得很好了，但是如果我能帮他，一切就会变得更简单。阿坤是个可爱的孩子，他全身都充满了闪光点。"

2006—2007 赛季的上半段对于阿坤来说非常重要，这段时期的表现将在很大程度上决定他在欧洲足坛的未来，人们都在讨论这样的发展是不是有点儿操之过急。对于主帅哈维尔·阿吉雷来说，他将面临这个艰难的抉择。是让刚刚结束度假的阿坤首发，还是先让他坐板凳呢？8 月 27 日，马德里竞技在联赛第一轮中对阵桑坦德竞技，哈维尔·阿吉雷最终选择了托雷斯和米斯塔的首发锋线组合。

阿坤在第 67 分钟替补登场，完成了他在马德里竞技的首秀。9 月 9 日，阿坤迎来了他代表马德里竞技参加的第二场比赛，他们的对手是巴伦西亚。时任"蝙蝠军团"的主帅弗洛雷斯后来一度执掌马德里竞技。在这场比赛中，比赛刚一开始，马德里竞技就丢球了，大卫·比利亚在第七分钟打入了全场比赛唯一进球。但是下半场替补上场的阿坤依旧表现抢眼，赛后媒体和球迷一致认为"床单军团"找到了自己的"新 10 号"。9 月 17 日，马德里竞技在圣马梅斯球场客场挑战毕尔巴鄂竞技，由于托雷斯的停赛，阿坤首次代表球队首发出战。

冈萨洛与丹尼尔叔叔和麦吉阿姨一道从马德里驱车开往比赛场馆，他亲眼见证了马德里竞技高层的讶异：每一个从大巴上走下来的球员都显得心事重重，只有阿坤在开怀大笑，享受着周围发生的一切。

"这个孩子不惧怕压力。"冈萨洛回应道，他也认为这是阿坤的一大特点。阿坤天生就可以自然地面对挑战，这在赛场上令他受益颇深。在这场4-1的大胜中，阿坤表现出色，并且打入了他加盟马德里竞技以来的第一粒正式比赛入球。当时，他晃过对方两名后卫，在禁区外远射得手。凭借在这场比赛中的出色表现，阿坤还当选了西甲官方的当轮最佳球员。

"我们在看台上欢呼，心都快跳出来了，旁边当地的巴斯克球迷简直想杀了我们。"冈萨洛回忆道。比赛结束后，冈萨洛立刻赶回马德里，而阿坤则随队伍乘飞机返回。直到凌晨5点，飞机才抵达目的地，塞尔吉奥迫不及待地向冈萨洛询问当时看台上发生的一切。"他想知道看台上球迷的反应，他兴奋极了。"冈萨洛说。

《启明初耀》，这是第二天《阿斯报》的新闻标题；《阿圭罗杰出的表现为自己赢得了尊重》，这是《马卡报》的新闻标题；《阿坤赢得了手帕舞[①]》，这是《每日体育报》的标题。

马克西·罗德里格斯也肯定了阿坤的热情，认为阿坤对于自己所经历的一切都充满期待，并且努力适应着新的国家和新的队友。

"他必须适应不同的生活习惯，适应与阿根廷截然不同的更衣室传统，与世界上最强大的球队对抗。他需要一些时间，最终他做到了。"马克西说。

马克西指出，阿坤仍然很年轻，他必须学习与已经成熟的球员相处。"他必须赢得自己的位置，证明他的能力。这一点他也做到了。"

阿坤的个性帮助他赢得了队友的好感。莱阿莱斯的音乐成为他们友情的桥梁。无论在更衣室、飞机上、大巴上还是训练营，阿坤都在放莱阿莱

---

① 在看台上挥动手帕，这是西班牙球迷表达自己情绪的一种方式。

斯的音乐，甚至连托雷斯都要了一盘他们的CD，用来放在车上听。

阿坤和他的锋线搭档托雷斯相处得非常好。无论在场上还是场下，托雷斯总是给阿坤建议和忠告。托雷斯总是听从教练的安排，担负起领导整支球队的责任，他尤其关照阿坤。在托雷斯的影响下，阿坤有了第一个文身。

和托雷斯一样，阿坤的第一个文身的内容也是他的名字"阿坤·阿圭罗"。文身采用了《指环王》的作者J.R.R.托尔金发明的"腾格瓦"字体。这个文身被文在了阿坤的右手臂上，几年之后，他又将儿子的名字文在了另一只手臂上。

阿德里亚娜的兄弟丹尼尔·阿圭罗及其妻子也一同搬到了马德里，并且与阿坤一起生活。因此，丹尼尔夫妇非常了解阿坤到西班牙初期的情况。丹尼尔不仅与阿坤同住，每天都会碰面，而且他还得到了在马德里竞技的训练中心工作的机会，这使他可以了解阿坤生活和工作中的方方面面。

"他的适应能力很强。想象一下吧：他非常年轻，之前他一直和家人、朋友以及关怀他的人们一同生活。我本以为他在西班牙的开始会很艰难，但是真实的情况令我惊讶。依我所见，无论在家还是在训练场，阿坤的表现都非常自然。他渴望学习，渴望得到挑战，这样的个性让他更容易适应新生活。"

在那段日子里，丹尼尔和麦吉如父母一般照顾着阿坤。

"我妻子总是做阿坤最喜欢的食物，我们都希望能让他感觉像在家一样。电话和互联网让阿坤和布宜诺斯艾利斯的距离更近了，他很喜欢与家人联系。"丹尼尔说。

"可以说，经纪人、我和麦吉以及他的队友形成了一个良好的网络，为阿坤提供了最好的支持和正确的环境。在这样的基础上，阿坤积极的态度能够得到最大程度的发挥。"

埃米利奥·古铁雷斯则回忆了阿坤融入球队时的细节。

"阿坤总是能在更衣室中传递快乐，他很有幽默感，他的个性一点儿都不招人讨厌，没有人会不喜欢他。"埃米利奥说。此外他还认为，阿坤热爱学习的特点也引起了大家的注意。

"他的眼睛总是闪烁着光芒。他就像一块海绵，总想吸收更多知识。而且他一直保持着谦虚的态度。"埃米利奥说。

那段时间，每周四埃米利奥都在阿坤家吃饭，他也为阿坤的适应期付出了很大的努力。埃米利奥监督阿坤与媒体的接触，并且尝试保护他，这样阿坤便可以专心于足球本身。

可以肯定的是，在马德里的生活令阿坤感到轻松。令他惊讶的是，当他走在街上时，球迷会走过来一字一顿地对他说："今年你就能走出去了。"

这是当地人表达鼓励的方式，但是阿坤听不懂，所以他不得不请求队友将这些话翻译成阿根廷人能听懂的意思。

很快，阿坤就适应了路人们的反应，他开始钦佩这些偶遇的球迷们，并且表达了对他们的尊重。他也成为这些"路人"中的一分子。

阿坤拥有两辆车，一辆是由马德里竞技当时的赞助商韩国起亚公司提供的汽车，还有一辆是他自己购置的宝马3系轿车。很快，阿坤认识到卡尔德隆体育场以及其他常去的地方的最佳路线，特别是马哈达翁达地区卖阿根廷式肉类的地方。

其中一家店是由马克西·罗德里格斯推荐的，马克西对于马哈达翁达了如指掌。"问题是，每次我们烧烤的时候，阿坤从来不接近烧烤架。相反，他总是在安排音乐，他厚着脸皮不停地播放着莱阿莱斯的歌，你必须求他，他才会停下来。"

阿坤经常与马克西一起打网球或者看电影，体育场对面阿根廷人开的面包房也是他们经常光顾的地方。每当阿坤和马克西想家的时候，他们就会到这家面包房吃牛角面包。

【重拾信心】

2006年的最后几个月，阿坤仍然在既定的轨道上稳步向前，他在适应一个新的国家、新的球队、新的教练。在球场上，他展示着自己的球技。那些漂亮的过人和假动作令苛刻的西班牙媒体也不吝称他为"天才"。

10月1日,马德里竞技迎来了同城死敌皇家马德里,这是阿坤加盟球队后遭遇的第一场德比战。哈维尔·阿吉雷再一次派出了米斯塔和托雷斯的锋线组合,阿坤则坐在了替补席上。开场仅6分钟,米斯塔便攻破了皇家马德里的大门。半场结束之前,劳尔将比分扳成1-1平。当时,由法比奥·卡佩罗执教的皇家马德里拥有英格兰球星大卫·贝克汉姆、巴西球星罗纳尔多和罗伯特·卡洛斯、荷兰球星鲁德·范尼斯特鲁伊、意大利球星法比奥·卡纳瓦罗等名气与实力并存的球星。此外,皇家马德里阵中还有阿坤的老乡费尔南多·加戈以及冈萨洛·伊瓜因。

下半场第15分钟,阿坤被替换上场。5分钟之后,阿坤就险些攻破了伊克尔·卡西利亚斯把守的大门,西班牙门神拼尽全力才将球扑出。阿坤继续尝试过人和突破,短短时间里他已经造成了对手4次犯规。没错,即使到了西班牙,阿坤在场上也颇受对手的"关照",就像在阿根廷时一样。

在他出场的279分钟里,他已经遭受了17次犯规,这一数据名列西甲头名。在这场比赛之前,马德里竞技已经7年没有战胜过他们的同城死敌了,而在距离比赛结束还有一分钟的时候,阿坤获得了一个改写历史的机会。

面对卡西利亚斯,阿坤和托雷斯形成了一次撞墙式的配合。此时,卡西利亚斯已经出击,阿坤选择挑射,皮球擦着门梁而出。当时,冈萨洛就坐在看台上,他见证了阿坤错失机会后球迷们爆发的怨言。

"球迷们对阿坤并不宽容,但是阿坤所做的一切是需要勇气的。他只有18岁,并且他在伯纳乌球场比赛。我很确定,阿坤早晚会获得成功。不过,球迷们并不知道这一点,他们根本不了解他。对于阿坤来说,这是一个艰难的夜晚,他非常疲惫,那一夜我们聊到了很晚。"冈萨洛说。

阿坤也清楚地记得当时的感受。"我简直想杀了自己……"他说。

但是,冈萨洛所说的话令他记忆犹新。"你只要像今天这样踢球,就一定会成为一名伟大的球星……你知道在这种情况下,有多少球员会眼睛一闭就乱射一通吗?几乎没有人能做到像你这样。不要停下来,继续努力,这就是你的风格,也是你变得越来越强的原因。"

这些忠告很有见地。因为没过多久,那些抱怨阿坤犯下不可原谅错误的球迷就改口了。直到如今,阿坤还为那次机会感到遗憾,但是那次机会也证明了他的天赋和勇气。别忘了,当时他只有18岁,那是他的第一场马德里德比。

2006年10月14日,在西甲第六轮与维尔瓦的比赛中,阿坤打进了他在卡尔德隆体育场的第一个进球。这是一粒制胜进球,也是一粒具有争议的进球,因为这个进球是用手打进的,但是裁判判定进球有效。

那一天晚上,阿坤戴着蓝色的手套。当时,胡拉多主罚角球,托雷斯抢到第一点,随后球弹到阿坤面前,阿坤用拳头将球击进球门。某种程度上来说,这是作弊,不过对于一些人来说,这没什么大不了的。他们常常提及在1986年墨西哥世界杯上,马拉多纳面对英格兰时的那一记狡猾的"上帝之手"。他们甚至开玩笑说,阿坤当天戴着手套是为了不留下指纹。

阿坤直截了当地回应道:"是的,我是用手打入这个进球的。但是,我当时完全是出于本能。"

在第10轮联赛中,阿坤又打入了一粒进球。当时,马德里竞技的对手是由"工程师"佩莱格里尼执教的比利亚雷亚尔,他们最终以3-1赢得了比赛。在比赛中,阿坤打入了一记完美的吊射。12月13日,马德里竞技在西班牙国王杯中遭遇了莱万特,阿坤在伤停补时阶段的进球帮助球队进入到了16强。

在将一名后卫晃倒在地后,阿坤的大力射门洞穿了卡瓦莱罗把守的大门,人们关于他是否应该占据一个主力位置的争论越来越激烈了。在比赛的下半场,阿坤明显创造出了更多的机会。

12月20日,马德里竞技1-1战平巴塞罗那,阿坤打进了他在西甲联赛的第四个进球,也是在诺坎普球场的第一个进球。阿坤突破了普约尔和利利安·图拉姆的防守,面对巴塞罗那门将维克托·巴尔德斯将球射入球门。2006年年末,马德里竞技取得了8胜4平4负积28分的成绩,这让球迷们对本赛季抱有更大的期待。此外,塞维利亚以37分位列积分榜榜首,巴塞罗那和皇家马德里分别以34分和32分位列第二和第三名。

该赛季下半程，阿坤和他的队友表现并不出色，他们没能实现新年时的诺言。阿坤在 2007 年上半年只打进了两个进球，这两个进球分别发生在第 18 轮面对塞尔塔和第 22 轮面对毕尔巴鄂竞技的比赛中。

马德里竞技从冠军的争夺中掉队，巴塞罗那和皇家马德里战斗到了最后，最终皇家马德里凭借胜负关系的优势夺得了冠军。马德里竞技以 17 胜 9 平 12 负的成绩积 60 分最终排名第七，因此，他们没能取得参加欧冠联赛和欧联杯的资格，但是他们得到了参加国际托托杯的机会，这是多年以来马德里竞技第一次进军欧洲赛事。

在这个赛季，阿坤在西甲联赛和国王杯中一共首发 27 次，替补出场 15 次，打入 7 个进球。

2007 年上半年是阿坤离开阿根廷后最艰难的一段日子，除了手球进球之外，他还深陷其他争议之中。2007 年 4 月，阿坤在面对比利亚雷亚尔时传中助攻队友法比亚诺·埃勒，后者头球破门。但是当时，阿坤的阿根廷老乡吉勒尔莫·弗朗哥正因伤倒在距离球门几码以外的地上。因此，舆论指责阿坤对其他球员缺乏尊重，没有遵循公平竞赛的原则。对此，阿坤则申明说他当时确实没有注意到吉勒尔莫的情况。

几乎在同一时间，阿坤和他的队友们的状态都不太好，问题集中表现在他的身体状况不佳和比较"混乱"的生活习惯。有的人开始怀疑马德里竞技的千万欧元转会费可能会打水漂，更有甚者直接表示，阿坤也就那样了，不可能在将来有什么发展和突破了。但是也有人仍然相信阿坤，他们认为阿坤刚来西班牙，还需要有个适应过程。当年刚到巴塞罗那的罗纳尔迪尼奥和刚到皇家马德里的齐达内，也并不是第一个赛季就能达到最佳状态。

阿坤并不想让自己陷入这场争论中，他很明白，只有事实才能替他证明一切。他开始调整自己的饮食习惯，让体重维持在一名职业球员的理想水平上，同时他也搬到了一个更靠近训练基地的小公寓中。他为自己制定了严格的作息时间，在刻苦训练的同时，保证充足的睡眠和休息。阿坤知道自己正面临着一个重大的挑战，他需要证明自己，需要继续向前。

"你必须做决定了。"埃米利奥·古铁雷斯这样告诉他,"你可以选择成为塞尔吉奥·阿圭罗,仅仅靠足球运动谋生的球员。你也可以选择成为阿坤·阿圭罗,一个足球传奇,一个在足球道路上越走越远的人。如果你选择前者,那么也完全没有问题。但是你有这么好的天赋,只要你努力克服困难,是完全可以成为后者的。"

阿坤相信朋友的话,直觉告诉他 2007 年加拿大 U20 世界杯将是让他重回正轨的最佳时机,他一定能跟随阿根廷青年队重新找回比赛的状态。

但是马竞高层和他本人的经纪人都对此抱有疑虑。他们担心阿坤在比赛中受伤,在一个赛程紧密的赛季结束后,休假和调整才是合理的。在他们看来,备战下赛季联赛才是最重要的。

"人们的怀疑是可以理解的。"当时与阿坤同在马德里的马克西·洛拉索说,"问题在于,阿坤需要休息,需要一个良好的季前准备,以面对将要发生的一切。阿坤询问了我们的想法,但是他已经表明了要去加拿大的决心。"

"无论如何,我都想去加拿大。"阿坤说,"我对他们讲了我的决定。尽管很多人认为如果球队输了或者表现不好,那么我将会成为众矢之的,但是这对我来说并不构成困扰,我能够容忍这一切。我想把握住机会,无论发生什么,最后我就这样做了。"

阿坤身边最亲近的人也支持他的决定。"保持冷静,我们会将冠军捧回家。"阿坤对随他一起去加拿大的马克西·洛拉索说。

在赢得冠军后的几分钟里,阿坤想起了自己说过的话。的确,阿坤信心十足,这种信念为夺冠提供了驱动力。根据装备管理员帕特里西奥的说法,乌戈·托卡里在给身在马德里的阿坤打电话时得到了积极的回应,正是阿坤热情的态度让托卡里决定将其带到加拿大参加比赛。

"在提交名单之前,我给他打了电话。"托卡里说,"他立刻就答应了。我可以信任他,他拥有强大的信念,他相信我们是冠军。"

【双冠王】

阿坤在马德里度过了他 19 岁的生日。2007 年 6 月 18 日，西甲联赛结束的第二天，阿坤就回到了阿根廷。回国后，他立刻到托卡里手下已经颇具战斗力的队伍报到。

除了当时正在同成年队一起参加美洲杯的梅西以及最终没有加入球队的冈萨洛·伊瓜因之外，托卡里的阵中拥有他心目中的一切球员，其中包括来自拉努斯的阿坤的老对手劳塔罗·阿科斯塔，来自萨斯菲尔德的毛罗·萨拉特，来自罗萨里奥中央的安赫尔·迪马利亚，来自竞技队的克劳迪奥·雅库布、马蒂亚斯·桑切斯和马克西米利亚诺·莫拉雷斯，来自博卡青年的埃沃·巴内加，来自西部铁路队的费德里科·法齐奥，在荷兰踢球的守门员塞尔吉奥·罗梅罗，来自利物浦的埃米利亚诺·因苏亚和来自拉普拉塔体操的巴勃罗·皮亚蒂。此时赛季已经结束，许多在葡萄牙、西班牙、英格兰和意大利效力的球员都回到了阿根廷。

当乌戈·托卡里在埃塞萨的国家队训练场见到阿坤时，有些惊讶。从阿坤很小的时候，托卡里就认识他，那时候阿坤在米格尔·安赫尔·多霍麾下的青年队踢球，托卡里还记得阿坤在与成年队的训练赛上打入过进球。但是自从阿坤去了西班牙，他们就再也没见过面了。

"我发现阿坤变了，他成长了许多。他不再是当初训练场上那个沉默寡言的孩子，对于足球和人生，他开始有了自己的想法和见解。我问他是否认为自己有需要改变的地方，他回答说，有时候他会在比赛中迷失，他还需要继续学习，更好地适应 90 分钟的比赛节奏。当时我就明白了，那个男孩儿已经成长为一个男人了。"托卡里说。

集训数日之后，在球队飞赴加拿大之前，球队将标志性的 10 号球衣分配给了阿坤。

"我意识到他是可以带领全队前进的球员，这就是我将 10 号球衣交给他的原因。塞尔吉奥配得上 10 号球衣，这不仅是因为他飞快的成长速度，也是因为他不在意比赛胜负给自己带来的困扰，他只想与球队在加拿大并肩作战。他立刻就做出了参赛的决定，这是他最想做的事。他没有令我失望。"阿坤渴望比赛，渴望自信，如今他得到了教练的支持和队友的尊重。另外，这一次阿坤终于不再是球队中年龄最小的球员了。

恰恰相反，几乎所有球员都和阿坤年龄相仿。在一种积极的情绪下，阿坤来到了加拿大，他很快成为媒体和球迷的焦点，他和巴西球员亚历山大·帕托以及巴塞罗那的墨西哥球星乔瓦尼·多斯桑托斯一起被看作是本届比赛涌现的未来之星。

阿根廷与朝鲜、巴拿马和捷克一同被分到了 E 组。2007 年 6 月 30 日，阿根廷迎来了他们的第一场比赛，最终他们和对手捷克打成了 0-0，球员们在比赛中的表现引来了一些非议。不过，接下来面对巴拿马的一场 6-0 的大胜很快扫清了之前的阴霾，在这场比赛中，阿坤和马克西·莫拉莱斯分别打入两球，萨拉特和迪马利亚则分别有一球入账。这也是四个月以来阿坤的第一次进球。

小组赛最后一场，阿根廷凭借阿坤的任意球破门以 1-0 战胜朝鲜，挺进 16 强。

"那场比赛我们表现得并不好。"托卡里回忆道，"所以比赛结束后，我们开了一个非常严肃的会议。我还记得塞尔吉奥的态度，他表现出了成熟的一面。他站在那里说：'乌戈，我们要开一个会，讨论一下究竟发生了什么。'塞尔吉奥拥有天生的领导力，当他说话的时候，所有人都在倾听。他是一个积极的领导者，与每个人都相处融洽，并且愿意保护他的队友。对我们来说，无论在场上还是场下，他都是一个重要的球员。"

托卡里的谆谆教诲起到了作用。接下来，阿根廷凭借出色的表现以 3-1 战胜了波兰，阿坤表现出色，打进了两粒精彩的进球。

国际足联官网以《阿圭罗的伟大表演》为题，叙述了阿根廷与波兰队的比赛："下半场开始不到 40 秒，阿圭罗就帮助球队取得了领先，只有天赋出众的人才能打入这样的进球：快速的过人，灵巧的转身，角度刁钻的射门。阿圭罗奉献了最精彩的进球。随后，阿圭罗还打入了球队的第三个进球，随着对方门将痛苦地坐在地上，比赛的最后部分已经成了垃圾时间。"

《民族报》的随队记者克里斯蒂安在新闻中写道:"在阿圭罗打入他个人的第二个进球后,比赛的局面已经不可逆转。塞尔吉奥右脚轻击皮球,突破后卫阿德里安·马雷克,随后左脚凌空打出一记弧线球,攻破了比亚乌科夫斯基把守的大门。当来自阿根廷贫民窟的小子射门时,波兰门将再一次判断失误,他只能懊悔地趴在地上。最终,阿圭罗的进球帮助阿根廷以3-1战胜了波兰。"

《号角报》记者费尔南多的文章则更像一篇预言:"阿圭罗闪耀全场,U20国家队火力全开。如果说2005年的U20国家队是梅西的国家队,那么2007年的球队就是阿圭罗的国家队,这可不是一个牵强的比喻。阿圭罗完全复制了梅西两年前的成就。两年前,梅西是阿根廷队最具有破坏力的球员,他是射手王,也是赛事最佳球员。现在看起来,阿圭罗也完全做到了这一切。"

7月15日,阿根廷与墨西哥在八强战上遭遇,同一天,阿根廷成年队被巴西队以3-0击败,痛失美洲杯。U20国家队的小伙子们希望以自己的胜利缓解球迷们的悲伤,他们也真的做到了。

这是一场艰难的比赛,凭借马克西米利亚诺·莫拉雷斯的进球,他们击败了多斯桑托斯率领的墨西哥队,赢得了参加半决赛的机会。在半决赛中,他们的对手是一路淘汰了葡萄牙和尼日利亚的强大的智利队。

这是一场硬碰硬的比赛,场面甚至有些暴力。最终阿根廷的小伙子们以3-0击败了他们的近邻,进球的是迪马利亚、雅库布和马克西·莫拉莱斯。令人略感意外的是,阿根廷决赛的对手正是他们在小组赛中的第一个对手捷克队。在半决赛中,捷克队通过点球大战战胜了拥有杰拉德·皮克、马里奥·苏亚雷斯、迭戈·卡佩尔和胡安·马塔的西班牙队。这支强大的西班牙队此前淘汰了巴西队。

阿根廷的夺冠呼声越来越高,人们期待球队能够第六次捧得世青赛的冠军。在并不算稳定的开局过后,阿根廷队的表现一直很出色,并且踢出了自己的风格,成为了夺冠的热门球队。

在门将位置，他们拥有可靠的塞尔吉奥·罗梅罗，费德里科·法齐奥则镇守球队的后防，安赫尔·迪马利亚的细腻和爆发力以及马克西·莫拉莱斯的无私支撑着球队的进攻，再加上阿坤的天赋和领导力，难怪支持者们坚信他们能够夺冠。

"我们已经达到了巅峰水平，每名球员都有所进步。"托卡里说，"塞尔吉奥之所以出色，是因为他既可以担当一名纯射手，又可以回撤拿球。他可以在两翼制造威胁，他的射门技术和脚下功夫都很好。在与迪马利亚与萨拉特配合时，他都能为球队带来很多。但是最重要的是他个性的成长，他不再是一个小男孩儿了。

"在世青赛上，阿圭罗表现出色，他永远在寻求空间拿球，永远在寻找传球机会。首先，你需要给他持球的机会，让他尝试射门。最好的例子就是在与捷克的决赛中，他向巴内加要球，随后接球并献上了一粒精彩的进球。"

2007 年 7 月 22 日，多伦多国家体育场，世青赛决赛。阿根廷对阵捷克，比赛进行到下半场第 16 分钟。

这一天，阿坤向自己和世人证明他有能力为阿根廷带来世青赛冠军。这是一场精彩的战役，他与队友最终夺取了桂冠。然而，比赛的开始并不顺利。上半场双方均未能破门，下半场开始后，捷克队的马丁·费宁率先破门。不过，阿坤不会眼睁睁地看着冠军旁落。时间一分一秒地流逝，阿坤已经准备好改写比赛结果了。仅仅两分钟后，阿坤向巴内加要球，后者一记完美的直塞球给了阿坤绝佳的机会。此时，阿坤距离禁区 4 米左右，他让球从自己身前滚过，并向右侧跑去。他用 7 步进入禁区追上了皮球，期间没有一次触球，随后他抬起头，等待门将出击，用右脚将球射入球门。在快速扳平比分后，胜利看起来又近了。身披 10 号球衣的阿坤疯狂地庆祝。不过，这次进球只是最终狂欢的预告。5 分钟后，毛罗·萨拉特打入了制胜进球。最终，阿根廷夺得了他们的第六座世青赛冠军，而阿坤成为历史上第三个夺得过两次世青赛的球员。而这一次，他不仅夺得了冠军，还夺得了所有他能够染指的奖项。这一年，他年仅 19 岁。

西班牙籍主裁判温迪亚诺·马连科的终场哨成为庆祝的冲锋号。由于队长马蒂亚斯·卡埃斯停赛，阿坤成了这场比赛的场上队长。此刻，臂戴队长袖标的阿坤趴在草地上，情绪激动的他无法控制自己的泪水，他的队友也是如此，他们挤在一起互相祝贺着。

　　看台上，加拿大球迷在向球场上的年轻人们致意。在人群中有几个阿根廷人，是唯一从开赛以来就陪伴着阿根廷队小伙子们的亲友团：莱昂·卡斯蒂略、阿坤的姐姐杰西卡、教父达里奥·费尔南德斯以及马克西·洛拉索，他们亲眼见证了阿根廷队的胜利和阿坤的出色发挥，而阿根廷的几百万人民也见证了新一代球员继承了老一辈优良的足球传统。

　　阿坤举起了冠军奖杯，他成为从贫民窟走出来的球星的代表。此外，他还凭借6个进球成为射手王，并夺得了本届杯赛的金球奖。

第十三章　本哈明

阿坤手捧荣誉的照片传遍全球。在摄像师面前，阿坤表现出喜悦而满足的一面，他臂戴队长袖标，颈挂冠军奖牌，手里拿着世青赛金球奖和金靴奖的奖杯。

距离阿坤第一次获得冠军已经过去了13年。那时候，阿坤在基尔梅斯的洛马·阿莱格里效力，与一众梦想着有一天能成为顶级球员的男孩儿们并肩作战。如今，由167名记者组成的评审团选择阿坤作为世青赛的最佳球员，他从504名参赛队员中脱颖而出，继承了好友梅西2005年的衣钵。和两年前一样，阿根廷青年队的球员们疯狂地庆祝，先是在球场，然后是在更衣室，他们与主帅乌戈·托卡里、助理教练豪尔赫·泰勒、队医丹尼尔·马丁内斯、体能训练师劳尔·拉马斯一同为胜利狂欢。

可惜阿坤不得不提前离开庆祝的队伍，没能和国家队成员一同凯旋，而是独自飞赴马德里参加俱乐部比赛。2007年7月28日，马德里竞技以1-0战胜了罗马尼亚球队比斯特里察光荣，球队也凭借本场比赛的胜利进入欧联杯预选赛的第二轮。

这场比赛的唯一进球是由迭戈·弗兰打进的，他最近才从比利亚雷亚尔加盟到马德里竞技，而之前他还曾经为曼联队效力过。这一天晚上，阿坤和弗兰第一次为马德里竞技搭档出战，在随后的日子里，这对锋线组合成为"床单军团"的得分利器。

8月16日，在战胜塞尔维亚球队伏伊沃丁那后，马德里竞技时隔7年重返欧洲赛场，他们的凯旋之战十分精彩。在卡尔德隆球场，50000名球迷见证了这场3-0的大胜，而阿坤是比赛中最耀眼的明星之一，他助攻马克西·罗德里格斯打进了第一个进球，又自己完成了第三个进球。此外，那些令人眼花缭乱的假动作、脚后跟传球和过人也征服了球迷。下半场第

30 分钟，被替换下场的阿坤得到了全场球迷的喝彩。

阿坤公开感谢了球迷的支持，他认为自己参加世青赛的决定是正确的，并且相信自己在场上的直觉，另外他认为自己变成熟了。他一直知道自己能复苏。

在新赛季的西甲赛场上，阿坤将越战越勇。

巴塞罗那引进了阿森纳球员蒂埃里·亨利，此外他们还拥有梅西、罗纳尔迪尼奥、萨缪尔·埃托奥、哈维和伊涅斯塔等实力球员。皇家马德里方面，德国主教练伯恩德·舒斯特尔签下了荷兰国脚韦斯利·斯内德和葡萄牙人佩佩。马德里竞技引进弗兰以替代托雷斯，后者转战英超由拉法·贝尼特斯执教的利物浦队，寻求职业生涯的新突破。弗兰的到来显示了马德里竞技的野心，他与阿坤、新队长马克西·罗德里格斯、西芒·萨布罗萨以及何塞·安东尼奥·雷耶斯等人组成了一个强大的阵容。

然而，马德里竞技的开局并没有想象中顺利，他们在第一轮联赛中就在客场败给了老对手皇家马德里。尽管上半场阿坤的头球帮助球队早早取得领先，但是劳尔和斯内德的进球帮助皇家马德里实现了逆转。阿坤又错过了在最后时刻扳平比分的机会，这一次阻止他的不是门梁，而是卡西利亚斯的扑救。

首战失利后，马德里竞技又分别在主场对阵马洛卡和客场对阵穆尔西亚时收获了两个 1-1 的平局，阿坤再度取得了进球。随后，状态出色的阿坤第三次被征召到阿根廷国家队，上一次他为国家队出战还是阿根廷 1-0 战胜法国的那一次，哈维尔·萨维奥拉的进球帮助球队取得了胜利。

2007 年 9 月 11 日，阿根廷赴墨尔本迎战澳大利亚，此时距离阿坤在对阵竞技队时打入的那记传世进球刚好过去了两年。这场比赛在国家队比赛日进行，因此阿坤必须乘坐航程长达 3.5 万公里的飞机。直到第 90 分钟，阿坤才替换梅西上场，仅仅得到了一分钟的出场时间，但是他仍然得到了主教练的信任，并在随后入选参加 2010 世界杯预选赛的阵容。

2007 年 9 月 23 日，马德里竞技终于迎来了本赛季联赛中的首胜，他们在卡尔德隆球场以 4-0 战胜桑坦德竞技，阿坤凭借出色的表现赢得了在场球迷的心。就像在独立队时一样，他已经成为球迷心目中当之无愧的偶像。

阿坤打入了一粒进球，并且参与了另外两个进球的完成，球迷们呼唤"阿坤"的声浪此起彼伏，响彻卡尔德隆。在接下来面对毕尔巴鄂竞技和奥萨苏纳的比赛中，阿坤再度破门，征服了球迷。虽然来到西班牙不足一年，但是阿坤的10号球衣已经与费尔南多·托雷斯的球衣一道位居畅销榜的前列，球队官方商店的网站被阿坤球衣的订单淹没了。每售出一件球衣，阿坤将获得60%的提成，而售出一件儿童球衣的提成更是高达80%。

在阿坤迎来他的19岁生日之前，一项调查表明56%的西班牙人认识阿坤，这是令人不可思议的。要知道，卡西利亚斯和劳尔已经为西班牙队效力11年了，而认识他们的国民则占全部人口的92%。

越来越多的国际媒体和本地媒体的访谈邀约也证实了阿坤的人气，他比任何人的人气都要高。2007年，美国著名杂志《体育画报》发表了一篇关于阿坤的报告，在遥远的中国，他也成为《足球周刊》的封面人物。

2008年3月，英国广播公司发布了关于阿坤的扩展报告，埃米利奥·古铁雷斯的办公室堆积着来自全世界媒体的问询，要回复所有人可要花上不少的工夫。

"来自世界各地的采访邀约成了我每天都要处理的事务。"埃米利奥说，"在阿坤从加拿大捧回荣誉后，这样的情况更普遍了。阿坤的闪耀表现为足坛带来了新鲜感。从这个孩子决定参加世青赛起，他就有了巨大的转变。他摆脱后卫的能力和引人瞩目的速度回来了，他的心态很好，他说：'既然我可以在世青赛时做到这一切，那么有什么能阻止我在马德里竞技发光发热呢？'"

每当想到早年经历，阿坤就对自己目前所拥有的一切心怀感激。他想到的是足球以外的经历。当时阿坤一家的生活十分艰难，他还记得邻居家的一些孩子受到周围糟糕环境的影响，最终因为犯罪坐牢，甚至被警方击毙。

在那些艰难的日子里，莱昂和阿德里亚娜尽全力维持家庭生活的正常运转。在一次访谈中，阿坤讲述了这段经历，他向公众展现了作为一个名人鲜为人知的一面。

2007年10月1日凌晨，阿坤做客蓬塔电台参加《瞭望台》节目的录制。在与主持人何塞普的对话中，阿坤展现了他真诚的一面。他谈及了自己在西甲的表现和在马德里竞技的前景，表达了他对朋友梅西的看法，赞扬了他的前队友托雷斯。后来，问题开始慢慢深入，阿坤讲起了自己的童年，讲述了他在阿根廷与父母在一起的日子，讲述了家庭的牺牲，以及他的父亲带他到处比赛的情景。在阿坤不知情的情况下，节目组与莱昂取得了联系。

当电话接通时，听到父亲声音的阿坤一脸震惊。莱昂开始讲述阿坤的成功为整个家庭带来的快乐，以及阿根廷的家人们是如何通过互联网和电视机观看阿坤的比赛的。听着父亲的话，阿坤的情绪越来越激动，终于，他开始流泪。当阿坤意识到他无法控制自己时，他用双手捂住了脸，这样的情形一直持续了几分钟。

阿坤尽力平复自己的情绪，勉强说出："我爸爸总是告诉我……这就是为什么……"然后，他再一次情绪激动起来，泣不成声。

"在长达15分钟的时间里，他一个字也说不出来。"埃米利奥·古铁雷斯回忆说。埃米利奥总是陪同阿坤一同参加访谈，当时他就坐在阿坤对面的摄像机后面。"他的情绪来源于深深的感激，就在几分钟之前，他还公开表达了对于父亲为他所做的一切的感激。"

在离开的路上，阿坤向埃米利奥提及他对家乡的思念，并且表示他希望可以请假几天，回家看看。

"当时我一个人生活在马德里。"阿坤说，"我很想家。节目中他们打电话给我的父亲，我就忍不住哭了。当我和埃米利奥离开后，我们又一起哭了起来。"访谈结束后，阿坤和埃米利奥在一家酒吧中聊了起来。

"我是个白痴……我哭成那个样子。"阿坤说。埃米利奥也很激动，他想起了在自己年幼时就离世的父亲，他回应道："恰恰相反，阿坤，不要不好意思，这是发自内心的情感，不要否定它。当人们发现明星其实和自己一样时，他们会很开心。人们总认为名人是肤浅的，当时你展现了你的价值观，那就是家庭对你的重要性。你表达了一个真实的你，一个普通人，有血有肉有情感，将感情看得比物质重要。这会令你看起来更加伟岸，阿坤。"

【金童】

2007年的最后一个季度对于阿坤来说是特别的。10月13日，阿坤迎来了他为阿根廷国家队出战的第一场正式比赛。这是南非世界杯的第一场预选赛，阿根廷与智利在努涅斯的纪念碑球场交战。

阿尔费奥·巴西莱的球队最终凭借胡安·罗曼·里克尔梅的两记任意球以2-0战胜了对手。下半场第28分钟，阿坤替换卡洛斯·特维斯上场，他与梅西的配合得到了球迷的掌声鼓励。月末，欧联杯上的马德里竞技在寒冷的客场以3-3战平了莫斯科火车头，阿坤打进了球队的第一个进球，助攻迭戈·弗兰攻入了球队的第二粒进球，并且在比赛最后时间打入了扳平比分的进球。

第二天，《世界体育报》以《艺术家阿圭罗在莫斯科》为标题撰写了文章，这个创意来源于莫斯科火车头主教练阿纳托利的赛后采访，他声称"看阿圭罗踢球就好像在参观普拉多博物馆"。《马卡报》则刊登了一则对阿坤的专访，并且配了一张阿坤站在普拉多博物馆前的照片。

2007年11月17日，阿坤第一次为阿根廷成年队首发出场，最终球队在纪念碑球场以3-0战胜了玻利维亚。比赛中梅西传中，阿坤未来在曼城队的队友德米凯利斯将球传入小禁区，阿坤在空门前头球抢点破门。

事实上，阿坤的头球破门令不少人感到意外。对于球迷们来说，他们并不期待身高172厘米的阿坤攻入头球。然而，本赛季阿坤在西甲联赛中的7粒进球有4粒都是头球。对于这个问题，我们也许可以从马德里竞技的队内体测中找到答案。

阿坤在速度和跳跃测试中名列前茅，他的立定跳高成绩可以达到59厘米，另外在短短2秒内，他可以跑出15米的距离。阿坤的身体素质与他的足球技能共同成长，过人的身体机能帮助他取得了更好的表现。

2007年12月，阿坤获得了"金童奖"。"金童奖"是由意大利体育媒体《都灵体育报》颁发的奖项，授予给当年在欧洲踢球表现最好的21岁以下的球员，由来自世界各地的30家媒体的记者投票选出。至此，阿坤成为继莱昂内尔·梅西、塞斯克·法布雷加斯、韦恩·鲁尼和拉斐尔·范德法特之后的第五名获奖球员。

年末到了，阿坤保持着火力全开的状态。12月17日，金球奖颁奖礼在瑞士进行。这一年，巴西球员卡卡获得了该奖项，莱昂内尔·梅西和克里斯蒂亚诺·罗纳尔多则分列二三位。阿坤受邀参加世界20岁以下最佳球员的颁奖。

阿坤与埃米利奥·古铁雷斯一同来到了瑞士。为了参加在苏黎世歌剧院举行的颁奖典礼，埃米利奥特意为阿坤租了一套合身的晚礼服。当年四月，阿坤曾经与马克西·罗德里格斯一起参加了劳伦斯世界体育奖的颁奖。那一次，马德里竞技主席恩里克·塞雷索亲自为阿坤置备了一套晚礼服。

"本来一切都很好，但是我们发现袖子怎么都整理不好，好不容易解决了袖子的问题，又戴不上领结了。马克西和我笑个不停。"阿坤回忆道。

有了前一次的经验，阿坤这一次穿礼服的经历顺利许多。不过，他和埃米利奥返回马德里的过程就没这么顺利了。

国际足联为阿坤租用了一辆小型私人飞机，以便他可以赶上接下来的比赛。飞机上只有阿坤和埃米利奥两名乘客，他们坐在飞行员背后舒适的皮质沙发上。飞行员向阿坤和埃米利奥讲述了飞机航行的时间，并且为他们准备了好吃的点心。阿坤和埃米利奥聊着动物纪录片，突然埃米利奥被窗外的景象吸引了，当然，他所关注的并不是风景。

"看起来我们在阿富汗的上空……外面在闪光，你不知道它们是什么，也不知道它们从哪里来。其中一个飞行员向我们保证，在正常情况下50分钟内我们就能着陆。5分钟之后，我又看了看窗外，发现我们身处比利牛斯山上巨大的风暴中。阿坤和我一样担心，窗外到处都是雪，惊人的暴风雪。我们已经开始担心飞机会撞到山上了。"

"为了缓解紧张的情绪，我说道：'你知道现在我最郁闷的事情是什么吗？如果发生意外，你至少能收到150个花圈，而我只能得到来自我妻子和孩子们的哀悼，除此之外什么也没有。'当时的情况很糟糕，但是至少我把他逗笑了。最终，50分钟的航程变成了1小时20分钟，太可怕了，这是我们人生中最糟糕的一次航行。直到看到机场的灯光，我们才镇定下来。我们走下飞机后，阿坤一言不发，保持着沉默，他的衬衫完全被汗水浸湿了。"埃米利奥微笑着回忆道。

2007年的最后两个月，马德里竞技一共遭遇了两次失利，以第五名的成绩进入冬歇期，阿坤则是表现最出色的球员。此时马德里竞技的战绩是9胜4平4负积31分，在他们之前的是积32分的比利亚雷亚尔，积33分的西班牙人，积34分的巴塞罗那以及积41分排名榜首的皇家马德里。

马德里竞技宣布了一个并不令人意外的决定，将阿坤的买断费用从3600万欧元提高到了5500万欧元。由于出色的表现，阿坤再度得到大俱乐部的觊觎，这一措施显然是为了维护俱乐部的利益。

冬歇期期间，阿坤回到了布宜诺斯艾利斯，除了与他的家人朋友共度节日，他还见了一位特别的朋友——吉安妮娜·马拉多纳。2005年，阿坤和吉安妮娜在《十号之夜》节目相识，此后的两年时间里，他们经常在网上聊天，偶尔可以见面，两人的感情在相处中日渐升温。2007年，阿坤和吉安妮娜正式确定了情侣关系，一年多以后，他们的孩子出生了。

2008年1月到2月期间，"床单军团"获得了3胜1平4负的成绩，其中最令人遗憾的一次失利是他们以1-2败给皇家马德里的那一场比赛。

3月1日，马德里竞技在主场迎来了巴塞罗那。此时的巴塞罗那阵中拥有罗纳尔迪尼奥、埃托奥、亨利、哈维和梅西等球星。在联赛上半程，马德里竞技以0-3输给了巴塞罗那，如今他们迎来了复仇的机会。此外，目前马德里竞技以41分排名积分榜第四位，紧随其后的塞维利亚和西班牙人同积39分。因此，赢得这场比赛对于马德里竞技来说，也是巩固欧冠联赛资格赛席位的好机会。

2008年3月1日，马德里卡尔德隆体育场。马德里竞技对阵巴塞罗那，比赛进行到第25分钟。

这是一场众星云集的比赛，但是即便是足坛大佬们也无法掩盖阿坤的光芒。他在左路抢断普约尔，向着巴尔德斯把守的大门发起进攻。他利用身体变向晃过了加布里埃尔·米利托，后者倒在地上并试图绊倒他，他避开米利托的袭击，马不停蹄地突入禁区。此时，他身边聚集了5名赶来防守的巴塞罗那球员，临危不乱的他左脚低射，皮球精准地划出一道弧线洞穿球门，巴尔德斯无力回天。这是阿坤最伟大最重要的进球之一，他冲向看台边欣喜若狂的球迷，脱下球衣拿在手中旋转。他在10秒内带球狂奔35米，为球队攻入了第四个进球。尽管赛场上还拥有哈维、伊涅斯塔、亨利、埃托奥、梅西和攻入一球的罗纳尔迪尼奥，但是阿坤才是当天晚上最闪耀的明星，他打进了球队的第一个进球，助攻马克西·罗德里格斯攻入第二个进球，造点赢得第三粒进球，最后又打入了令人难忘的第四个进球。凭借阿坤出色的发挥，马德里竞技历史性地以4-2战胜了巴塞罗那。这一天，整个足球世界臣服于19岁的阿坤的脚下。

2008年3月和4月，马德里竞技的战绩是3胜2平3负，保持住了第四名的位置。在这8场比赛中，阿坤得到了对手的严防死守。

3月22日，在客场战胜塞维利亚的比赛中，阿坤被对方球员恩佐·马雷斯卡用头撞到鼻子，后者被主裁判德尔加多·费雷拉直接红牌罚下。阿坤满脸是血的样子成为当天比赛中最令人难忘的场景。

最后4场比赛成为马德里竞技能否进军欧冠联赛的关键比赛，此前他们已经远离欧冠赛场11年了。本赛季他们的目标就是回归欧冠赛场。队员们一鼓作气，分别以3-0战胜了维尔瓦，2-0战胜了西班牙人，1-0战胜了拉科鲁尼亚，保证了自己的资格赛位置。而在最后一场比赛中，马德里竞技以1-3负于巴伦西亚。

最终，皇家马德里以85分再度获得西甲冠军，比利亚雷亚尔以77分排名第二，巴塞罗那和马德里竞技分别以67分和64分排名第三和第四。

球迷们感到发自内心的喜悦。在球队取得优异成绩的同时，阿坤自己也交出了满意的答卷。这是他来到西甲的第二个赛季，他打进了 27 个进球，其中 19 个是联赛进球，这追平了费尔南多·托雷斯在 2003—2004 赛季创造的最好成绩。另外还有 6 个欧联杯进球和 2 个国王杯进球。

认可不仅来自于球迷，也来自于媒体。Canal+ 电视台授予了阿坤该赛季的安东尼奥·普埃尔塔奖，该奖项被授予当赛季最具有决定性的球员。

埃菲社则宣布阿坤是联盟中表现最好的拉丁美洲球员，他在 36 场比赛中拿到了 242 个积分，以 6.54 的场均分数超过了路易斯·法比亚诺 (6.41 分) 和他的朋友梅西 (6.35 分)。

【奥运冠军】

无论从足球还是个人方面来看，2007—2008 赛季结束后的这段时间都是阿坤最忙碌的日子。在参加了阿根廷国家队与加泰罗尼亚队的友谊赛后，阿坤和国家队一同飞往了美国，与东道主和墨西哥队进行友谊赛以备战北京奥运会。

6 月 2 日，在与墨西哥的比赛之前，阿坤在圣地亚哥庆祝了自己 20 岁的生日。在训练课中，他的队友为他送上了生日快乐歌。随后，阿坤的母亲阿德里亚娜和教母莉莉安娜来到了圣地亚哥，而女友吉安妮娜的到来则给了他一个惊喜。两天后，在一场 4-1 的胜利中，阿坤取得了进球，随后阿根廷又以 0-0 战平了美国。

与此同时，马德里竞技俱乐部主席恩里克·塞雷索再度否认了阿坤转会切尔西的可能性。接下来是 2010 南非世界杯预选赛，6 月 15 日，阿根廷队在纪念碑球场与厄瓜多尔战成了 1-1 平，三天后，他们又在贝洛哈里桑塔 0-0 战平巴西。

接下来，在随阿根廷国家队飞赴北京参加奥运会之前，阿坤计划与吉安妮娜去坎昆沙滩度假。

然而，在起飞前，一个意外的消息打乱了他们的计划，甚至他们的生活：6 月 26 日，一个快速妊娠测试显示吉安妮娜怀孕了。

"我们想要一个孩子，然后我们成功了。"阿坤说，"我一直想当一个年轻的爸爸，这样当我的孩子20岁的时候，我就只有40岁，我还可以为孩子做很多事。"

"我不仅要做孩子的父亲，还要做孩子的朋友。"阿坤坚定地说。在那个周末，阿坤和吉安妮娜将怀孕的事通知了双方的家庭。随着阿坤日复一日地关注着肚子里的宝宝，北京奥运会开始了。这支队伍主要由23岁以下的球员组成，另外包括了三名超龄球员：胡安·罗曼·里克尔梅、尼古拉斯·帕雷哈和哈维尔·马斯切拉诺。

球队中有不少球员曾经在2005年的荷兰与阿坤并肩作战的队友，包括巴勃罗·萨巴莱塔、莱昂内尔·梅西、奥斯卡·乌斯塔里、费尔南多·加戈、埃塞基耶尔·加雷，此外还有2007年在加拿大一同参加世青赛的塞尔吉奥·罗梅罗、费德里科·法齐奥、埃韦尔·巴内加、劳塔罗·阿科斯塔和安赫尔·迪马利亚。此外，球队中还包括卢西亚诺·蒙松、何塞·索萨、迭戈·博纳诺特和埃塞基耶尔·拉维奇。这支队伍的主教练则是塞尔吉奥·巴蒂斯塔。

在这项赛事中，阿坤第一次穿上了16号球衣。当时，队长里克尔梅给了阿坤三个选择：9、16或者17。阿坤对9号球衣并不是很感兴趣，而"17"在阿根廷是一个不吉利的数字，因此阿坤毫不犹豫地选择了16号球衣。最终16号带给了阿坤幸运，身穿16号球衣的阿坤在绿茵场上创造了许多辉煌的瞬间。尤其是在曼城队效力的时候，阿坤和"16"这个数字紧紧地联系在了一起。

阿根廷无可争议地赢得了小组赛的前两场比赛，他们先是凭借梅西和劳塔罗·阿科斯塔的进球以2-0战胜科特迪瓦，又凭借拉维奇的进球以1-0击败了澳大利亚。在这两场比赛中，阿坤的表现并不出色，但是主教练塞尔吉奥·巴蒂斯塔坚定地支持他。在面对记者询问是否会将阿坤排除出首发阵容时，巴蒂斯塔说："我必须把他留在场上，因为理论上来说，他可能在任何时刻改变比赛。"

巴蒂斯塔的话不仅成了预言，也证实了他对于阿坤这样可以以一己之力改变比赛的球员的信任。在小组赛最后一场比赛中，巴蒂斯塔对球队进行了轮换，最终凭借拉维奇和博纳诺特的进球，阿根廷以 2-0 战胜了塞尔维亚，并以全胜战绩名列小组第一。接下来，他们将在八强战中面对荷兰。

8月16日，阿根廷和荷兰的比赛在上海举行。凭借梅西的出色发挥和迪马利亚的进球，阿根廷以 2-1 取胜。阿坤仍然没能找到射门靴，他错过了 4 次明显的机会，7 次落入越位陷阱。关于阿坤是否应该出场的争论淹没了报纸、电台和电视节目。

"我更习惯在距离球门更远的位置踢球。"比赛期间，阿坤在接受采访时表示："我需要更多空间来过人。我的意思不是我现在不开心，只是我真的不经常踢 9 号位。踢这个位置对我来说并不容易，因为我不是一个天生的禁区杀手。"

对于阿坤是否应该继续首发的争论愈演愈烈，但在半决赛中，巴蒂斯塔依旧给予了他信任。阿根廷队半决赛的对手是老冤家巴西队，在那几年的国际大赛上，巴西人可谓是完全压制了阿根廷人。2004 年美洲杯，势不可挡的阿德里亚诺帮助巴西在补时阶段扳平了比分，并在点球大战中战胜了阿根廷。2005 年，巴西人又在联合会杯上 4-1 完胜阿根廷夺冠。2007 年美洲杯，两队又在决赛相遇，但是最终巴西人再一次笑到了最后：巴普蒂斯塔和阿尔维斯分别破门，阿亚拉自摆乌龙，巴西队又一次以 3-0 的比分战胜了阿根廷队并夺走了冠军奖杯。

对于阿根廷国家队来说，是时候来打破这尴尬的局面了。而对于阿坤来说，这样的重大场合是他展示自己的绝佳舞台。但与此同时，阿坤正关心着远在地球另一端的吉安妮娜和她肚子里的孩子。他随时随地都用手机关注着母子俩的动态，每天都在第一时间查看吉安妮娜的 B 超图。现在，阿坤已经考虑孩子的名字了。

远在中国的阿坤认为，如果孩子是个男孩儿，就叫他奥利弗或者本哈。这是西班牙版《足球小将》主人公的名字，这个漫画讲述了一群爱踢球的孩子最终成长为日本国脚的故事。

虽然阿坤时刻挂念着自己未出生的孩子，但在这场半决赛中他丝毫没有受到影响，反倒动力十足。第 51 分钟，阿坤快速插上破门，3 分钟后，他再次包抄推射将球送入网窝。加上里克尔梅第73分钟的点球命中，阿根廷队3-0完胜拥有罗纳尔迪尼奥、帕托、安德森、马塞洛、迭戈等球星的巴西队。

阿根廷人品尝着胜利的甘甜，这场比赛的意义不仅在于他们进入了下一轮比赛，更在于他们三年来第一次战胜了自己的老对手巴西，并且3-0的比分也是44年来阿根廷战胜巴西的最大比分。对于阿坤个人来说，他用这场比赛证明了自己是一个赢家，回报了主教练巴蒂斯塔的信任。作为阿根廷足球近年来最幸福时刻的一分子，阿坤十分骄傲，更令他开心的是，他用自己梦想中的方式庆祝了进球：他将拇指含在嘴里，向全世界宣告他成了一名父亲。

下半场第8分钟，迪马利亚从边路射门撞到阿坤的胸部，皮球反弹入网。赛后，媒体将这个进球描述为被"神的胸部"打进的。5分钟后，阿坤接右路加雷的传中，用脚打进了第二个进球。

"这个庆祝动作是献给我即将出生的孩子的。我已经准备很久了，没想到我进球时的对手正好是巴西。"赛后，在谈到吸吮拇指的庆祝动作时，阿坤说道，"我打破了进球荒。之前事情一直很不顺利，我就像被诅咒了一样，失去了所有运气。幸好我在一个完美的时刻回归了，我们战胜了最想战胜的对手。我很确定家乡的人民一定都很开心。"

阿根廷决赛的对手是尼日利亚队，"非洲雄鹰"在之前的比赛中未尝败绩，他们在小组赛第一场与荷兰战成0-0平，随后分别以2-1击败日本和美国，2-0击败科特迪瓦，4-1击败比利时。尼日利亚队是1996年亚特兰大奥运会的冠军，在那场比赛中，尼日利亚凭借最后时刻的进球以3-2战胜了由丹尼尔·阿尔贝托·帕萨雷拉执教的阿根廷。双方最近一次交锋是在2005年的荷兰世青赛上，阿根廷凭借阿坤制造的点球和梅西的进球以2-1取胜。在当时的阿根廷国奥队中，阿坤、梅西、萨巴莱塔、加戈和加雷都经历过那场比赛，而尼日利亚的阵容中更是有9人都曾经参加了荷兰世青赛。

2008年8月22日，奥运会男子足球决赛在北京国家体育场举行。阿根廷的表现非常出色，凭借梅西精准的助攻和迪马利亚完美的射门，阿根廷以 1-0 赢得了比赛，这是阿根廷历史上的第二枚奥运会男子足球金牌。赛后，球员们欣喜若狂，没有人想错过这样一场胜利。

阿坤戴着金牌拥抱梅西，这已经是他跟随阿根廷国家队获得的第三个冠军了。在与荷兰队的比赛中左侧膝盖韧带撕裂的奥斯卡·乌斯塔里也参与到了庆祝中。哈维尔·马斯切拉诺成了唯一一名夺得过两次奥运会冠军的球员。队长胡安·罗曼·里克尔梅也和小伙子们一同庆祝着。安赫尔·迪马利亚也很开心，他在本届奥运会中多次打入关键进球。

塞尔吉奥·巴蒂斯塔顶住了压力，和自己的队员们笑到了最后。终场哨声想起，全队开始了疯狂的庆祝。他们绕场一周，和所有的阿根廷人一起享受此刻的荣誉和欢乐。只有足球，能让这个民族如此疯狂。

【环游世界，两次】

疯狂的庆祝后是迅速的离别。夺得奥运会冠军后，球员们马不停蹄地回到了各自的俱乐部参加比赛，而阿坤是行程最繁忙的人之一。在决赛仅仅两天后，阿坤便登上了返回马德里的飞机。这年夏天，马德里竞技引进了荷兰人约翰·海廷加和捷克人托马斯·乌伊法鲁西，以补强目前的阵容。

8月27日，马德里竞技在欧冠资格赛中迎来了沙尔克04，这是他们的第二回合交锋，在第一回合中，马德里竞技以 0-1 输给了对手。球迷们热切期盼着阿坤的回归。

当天晚上比赛之前，马德里竞技名宿和1992年巴塞罗那奥运会冠军弗朗西斯科·纳尔瓦埃斯以及胡安马·洛佩斯为阿坤颁发了象征着马德里竞技最高荣誉的银棒，银棒上面刻着俱乐部历史上的三次巅峰。俱乐部将该奖项颁发给了阿坤，以奖励他为俱乐部带来的帮助和成就，并表彰他在北京奥运会上的表现。

从第 18 分钟阿坤创造第一次明显的机会开始，看台上的欢呼声就没有停止过。阿坤的头球破门吹响了一场大胜的号角，最终马德里竞技以 4-0 战胜了来自德国的对手。

2008—2009赛季西甲联赛的首轮在8月31日展开,马德里竞技以4-0大胜马拉加。随后,阿坤受到了国家队主教练阿尔菲奥·巴西莱的征召,飞往布宜诺斯艾利斯参加两场世界杯预选赛。9月6日,阿根廷国家队在努涅斯纪念碑球场以1-1战平巴拉圭,阿坤接梅西精准的传球打入一球。9月9日,阿根廷在利马挑战被公认为南美洲最弱球队的秘鲁,比赛的最终结果仍然是1-1。显然,阿坤的赛程安排太满了,他需要担负比其他球员更多的责任,因此很难过上正常的生活。

小时候,阿坤经常要从大布宜诺斯艾利斯的一边赶到另一边,或者去首都参加各种各样数目繁多的比赛。现在,20岁的阿坤的日程表并不比儿时繁忙,但是他乘坐的交通工具不再是汽车和巴士,而是飞机,而且他效力的球队是马德里竞技和阿根廷国家队。

当时,巴塞罗那报纸《世界体育报》揭露了这样一个事实:从5月18日2007—2008赛季结束到2008—2009赛季的第一场联赛开始,阿坤已经飞行了超过84297公里。

"环游世界一次的距离是40000多公里,也就是说,阿圭罗已经环游世界两次还要多。"切马·富恩特解释道。报告还指出,在过去的116天,阿坤踢了18场比赛,其中16场是国家队比赛,2场是俱乐部比赛。因此,阿坤乘坐了16次航班。如果把阿坤在航班上的时间加起来,那么可以说,在过去的三个半月,阿坤有5天是在飞机上度过的。

报告还指出,阿坤已经有连续两年的夏天没有休息过了。2007年夏天,阿坤随国家队到加拿大参加世青赛,接着立刻回到马德里参加国际托托杯。随后是常规的一个赛季的征程,一直到2008年赛季结束,阿坤又马不停蹄地回到阿根廷参加友谊赛、世界杯预选赛。随后,他又跟随国奥队到中国参加奥运会,其中还有飞往日本参加热身赛。奥运会结束后,阿坤又马上回到马德里参加俱乐部的比赛,然后飞往阿根廷参加国家队的比赛。

9月13日,在结束了在利马与秘鲁队的比赛后,阿坤又回到马德里参加该赛季西甲的第二轮联赛。在这场比赛中,马德里竞技以1-2输给了巴拉多利德,阿坤打进了球队唯一的进球。三天后,马德里竞技在主场以

3-0击败了埃因霍温，取得了欧冠小组赛第一轮比赛的胜利。对于阿坤来说，这是一次梦幻般的欧冠正赛首秀，他打进了两粒进球，并且被评为该场比赛的最佳球员。

在接受《世界体育报》的采访时，豪尔赫·巴尔达诺展现了他一如既往的犀利眼光："阿圭罗和罗马里奥有相似之处，他们都拥有在困境中扭转一切的能力。更重要的是，塞尔吉奥有一种突出的野性，他不惧怕任何事物。"

2008年10月1日，马德里竞技在欧冠联赛中迎来马赛队，这是阿坤在马德里竞技的第100场比赛，他打入了一个进球，并且用吸吮拇指的庆祝动作将这粒为马德里竞技打进的第41个进球送给了他未出世的孩子。

三天后，一场1-6的失利暴露了马德里竞技的防守问题。在这场比赛中，巴塞罗那在8分钟内利用定位球的机会打进了三个进球。加泰罗尼亚人在这个赛季的最后获得了冠军，梅西、哈维、伊涅斯塔组成的核心攻击组展现了超人的实力。

比赛之前，媒体将其渲染成了阿根廷人莱昂内尔·梅西和塞尔吉奥·阿圭罗的对决，最终前者获得了胜利。不过，五个月后，阿坤就复了仇，将那场比赛变成了真正的西甲赛场上的南美德比。

这场失利之后，阿坤又赶回布宜诺斯艾利斯参加了两场世界杯预选赛。

2008年10月11日，阿根廷在纪念碑球场以2-1战胜乌拉圭，梅西和阿圭罗的组合起到了决定比赛的作用。然而，四天之后的一场0-1的失利造成了阿根廷国家队的大地震，由于输给了马塞洛·贝尔萨执教的智利，阿尔菲奥·巴西莱辞职，迭戈·马拉多纳成为国家队的新任主教练。

在马拉多纳的带领下，2009年，阿根廷国家队终于回到了正确的轨道上。当年十月，阿根廷先是在布宜诺斯艾利斯凭借马丁·巴勒莫的绝杀以2-1击败秘鲁，随后在乌拉圭首都蒙特维多凭借马里奥·博拉蒂的进球以1-0客场取胜。看起来，南非世界杯的门票已经近在咫尺了。

2008年年末，马德里竞技以小组第二名的身份闯进了欧冠联赛16强，该小组的第一名是由拉法·贝尼特斯执教的利物浦。同时，马德里竞技在西甲联赛上的成绩也颇为可观，他们以9胜3平4负积30分的成绩位列第三，虽然距离佩普·瓜迪奥拉的巴塞罗那有11分的差距，但是距离第二名的塞维利亚仅差1分。

此外，巴伦西亚与马德里竞技积分相同，仅因为净胜球的劣势落后，而皇家马德里和比利亚雷亚尔则同积29分。

12月20日，马德里竞技完成了冬歇期前的最后一场比赛。截至此时，阿坤已经打进了14个进球，其中联赛进球9粒，欧冠进球5粒。阿坤的高光表现吸引了尤文图斯、国际米兰、曼城和切尔西的注意，因此，马德里竞技将他的违约金从5500万欧元提高到6000万欧元。

阿坤利用这几个月的时间在马德里马哈达翁达准备了一间公寓，以便家人们可以在孩子出生前入住。产前检查的结果表明吉安妮娜肚子里的孩子是一个男孩儿，因此，孩子的房间被粉刷成了浅蓝色。大家已经一致同意将"本哈明"作为孩子的名字。当提到孩子时，他们会昵称其为"本哈"或者"班吉"。将要成为祖父母的莱昂和阿德里亚娜则时刻关注着吉安妮娜的身体状况。

直到孩子出生之前，媒体一直猜测他的名字会是"莱昂内尔·迭戈"或者"迭戈·莱昂内尔"，他们完全没有想到，这个孩子将不会继承任何人的名字——那些会给他带来巨大压力的名字。不过，另一件事倒是早早就确定了下来：独立队、博卡青年队和马德里竞技队都宣称阿坤的儿子是他们的会员。

【本哈明诞生】

2009年到了，马德里竞技的好势头却戛然而止，他们不仅在国王杯中被巴塞罗那淘汰出局，而且直到二月初，也没能取得一场胜利。在积分榜上，他们从第四名一路下滑到第七名。

在卡尔德隆球场以1-2负于巴拉多利德之后，执教球队两个赛季的主教练哈维尔·阿吉雷被解雇，球队传奇门将阿尔贝·雷西诺成为新任主帅。

新官上任三把火，马德里竞技马上以3-0战胜了维尔瓦，已经5场没有进球的阿坤也重新找到了射门靴。接下来一场比赛于2月15日进行，马德里竞技在主场与赫塔菲战成了1-1平。

比赛之后，阿坤和家人在位于马哈达翁达的公寓聚餐并合影，这张照片也成为本哈明出生前的最后一张全家福。与此同时，阿坤和吉安妮娜越来越焦虑和不安。医生认为预产期会在2月20日到28日之间，但是在一月底，吉安妮娜就出现了临盆的迹象。在这样的情况下，阿德里亚娜预测孩子会在2月13日出生，吉安妮娜认为会是16日，而阿坤则猜测是21日。到了16日夜间和17日凌晨，一家人都开始相信孩子马上要出生了。

"那天晚上我们根本睡不着，因为胎动很厉害。太阳一升起来，我们马上去了医院。"阿坤回忆道。在双方母亲的陪同下，阿坤和吉安妮娜来到马德里蒙特普林西普大学医院进行预防检查。最后，阿坤失望地得知，孩子还没有降生，他必须再耐心一点儿。

2月19日，阿坤一家决定进行剖腹产。早上9点30分，莱昂开车带着一家人赶往医院，在从马哈达翁达到医院的15分钟路程中，过来人们一直安慰着这对焦虑的小夫妻。

"我发誓我一定把什么东西忘在家里了，我们回去看看吧。"他们打趣道。玩笑让阿坤放松了一些。最终，他们一行人在欢乐的气氛下来到医院，219病房已经为他们准备好了。

在等待室中，产科医生向阿坤和吉安妮娜解释了接下来将会发生的一切——他们所需要做的只是等待合适的时间。此时此刻，医生的话对于产妇来讲是最重要的。等待室里的气氛并不严肃，而是弥漫着一种值得珍惜的温馨。隔壁房间的产妇和家属更多的流露出乐天的精神，他们毫不掩饰自己的兴奋，一边吃着茶点一边等待着临盆，这是典型的阿根廷风格的生活态度。

幸运的是，媒体还不知道阿坤和吉安妮娜已经在医院了。虽然他们很清楚吉安妮娜怀孕了，但是并不知道预产期是什么时候。不过，阿德里亚娜告诉大家，当上午11点，记者们发现阿坤缺席了马德里竞技的训练课时，他们就会意识到发生了什么。果然，到了上午 11 点 30 分，记者、摄影师和摄像师已经将医院门口挤得水泄不通。

因此，虽然孩子还未出生，但是布宜诺斯艾利斯的媒体已经将孩子降临的新闻报道了出去。在 219 房间隔壁的等待室里，莱昂等人不得不忙碌地回应着家人朋友们的问候，通知大家其实本哈明还没出生。

丹尼尔·古兹曼是阿坤的一位艺术家朋友，他也听说了孩子降生的新闻。当他得知孩子还没出生时，给了阿坤和家人们一个打发时间的建议：猜测孩子的体重。迭戈·马拉多纳猜 7 磅 11 盎司（约 3.48 千克），阿德里亚娜认为是 7 磅 8 盎司（约 3.39 千克），克劳迪娅认为是 7 磅（约 3.17 千克），而莱昂猜测是 6 磅 2 盎司（约 2.77 千克）。轮到阿坤时，他给出的答案是 7 磅 14 盎司（约 3.56 千克）。阿坤并不是一个善于打赌的人，但是这一次他猜对了。

蒙特普林西普医院一共有 8 个宽敞的等待室，从入院开始，阿坤一家人就见证了医护人员的尽责、认真和体贴。阿德里亚娜不由得想起了她怀着阿坤时的往事。

20 年前，阿德里亚娜和莱昂相依为命，在阿坤出生前，他们经历了许多极端状况。她还记得洪水淹没拉马塔萨，他们不得不离开家，几个月之后当他们回到住处时，一切都被洪水摧毁了。

她想起了在布宜诺斯艾利斯弗朗西斯街区皮尼罗医院安胎的日子，那时候她只有 18 岁，他的丈夫和女儿杰西卡每天都来医院陪伴她。

她想起了 1988 年 6 月 2 日，她和莱昂经历了三个小时的车程，倒了两趟巴士和一趟火车才最终走到皮尼罗医院。

她想起在医生准备使用产钳时，痛苦之中的她爆发出惊人的力量，拒绝医生的建议，而是接受孩子可能锁骨骨折的现实。她的这个决定让阿坤远离了危险。当阿坤终于出生的时候，护士将他抱起来，她永远记得第一次看到他的场景。

她还想起那位她不知道姓名的医生对她说，她的孩子出生了，这个孩子会给他们一家带来好运。这时，阿德里亚娜觉得阿坤出生时的那种感觉又回来了。虽然本哈明诞生时的物质条件比阿坤诞生时要好很多,但是阿德里亚娜心中涌动的感激之情是一样的。她感激生命中的一切,她的过去和未来,她的家庭和孩子。她感激上帝赐予阿坤的好运和天赋,以及他如今的幸福生活。

18 点 30 分左右,在最后一次检查之后,阿坤穿上医院的绿色长袍,带上口罩,见证孩子的降临。在孩子出生前,阿坤还调皮地拍摄了照片。18 点 50 分左右,阿坤进入了手术室,他径直走向床头左侧,谨遵医生的嘱托。当孩子出生时,他情不自禁地流下了眼泪。小小的婴儿还睁不开眼睛,但是哭声十分响亮。本哈明·阿圭罗出生时的体重是 8 磅 1 盎司(约 3.65 千克),非常接近阿坤的预测。

见证了儿子出生过程的阿坤十分感动,他注视抚摸着这个婴儿,知道他对于自己无比重要,他将孩子抱到新生儿病房,略带惊讶地看着医生拉起婴儿的双腿做检查。阿坤看着自己的儿子,心里明白,就像 20 年前一样,这个孩子也会给他们的家庭带来好运。

【海王星】

阿坤进入分娩室还不到十分钟,而等待室的家属们却觉得度日如年,气氛越来越紧张,直到他们听说本哈明已经出生,一颗颗悬着的心才终于踏实下来。

沉默被欢乐取代了,尤其当吉安妮娜和本哈明被推出分娩室时,家人们兴高采烈地涌了过来。这些天以来积累的情绪,都在这一刻得到了爆发。对于为人父母这件事,阿坤和吉安妮娜有种奇怪的情绪,他们既高兴,又惊讶,想了解自己所能够做的一切,想为来到自己生命中的孩子提供最好的一切。

对于阿坤来说,本哈明的到来开始了他人生的新篇章,他很快认同了人们之前告诉他的话:一个孩子的出生会改变你的生活。阿坤每一天都体会着这一点,他要学习换尿布、准备奶瓶、给婴儿洗澡,并且还会在每天夜里被吵醒 100 次。最重要的一点是,他感觉到了作为一名父亲的责任,这种强烈的情绪是他从来没有体验过的。

阿坤为他的儿子感到骄傲，他想向全世界宣告本哈明的诞生。本哈明出生的第十天，马德里竞技在主场迎来巴塞罗那。这个时节，马德里的天气是非常寒冷的，因此阿坤和吉安妮娜自然而然地开始担心本哈明的身体状况。儿科医生向他们再三保证，只要注意保暖，孩子就不会有任何问题。于是，阿坤和吉安妮娜照做了。比赛当天，阿坤抱着本哈明走进球场，用手臂为他的儿子遮挡寒风。本哈明带着羊毛耳套和两层帽子，穿着连体裤和一件迷你版马竞球衣。

球衣刚好盖过本哈明的膝盖，背后印着"阿坤"，因为这件小小的球衣再也印不下更多的字母了。为了防寒，大人们还为本哈明准备了三条毛毯和一条头巾。

本哈明成为照相机的焦点。尽管体育场中欢声雷动，本哈明依然睡得香甜，仿佛他已经习惯于人群的喧闹。阿坤的骄傲和幸福溢于言表，他的眼神说明了一切。阿坤总是用眼神表达情感，因为他长了一双会说话的眼睛。

相比语言，阿坤更多的用表情与世界沟通，正如他喜欢用足球与世界沟通。阿坤不需要讲话，足球就是他的语言。就在这个夜晚，儿子的到来激励了阿坤。在这场比赛中，马德里竞技在两度落后的情况下最终以4-3击败了加泰罗尼亚巨人，阿坤和弗兰各进两球，其中阿坤更是在比赛结束前4分钟打入了绝杀进球。

3月28日，阿坤怀抱婴儿走上球场的一幕再度上演，不过这一次是在布宜诺斯艾利斯的纪念碑球场。阿根廷国家队将为2010年世界杯决赛资格而战，他们的对手是委内瑞拉，而这也是马拉多纳执教国家队以来的第一场比赛。本哈明身穿和他父亲一样的16号球衣，接受长枪短炮的拍摄。关于本哈明的球衣还有一个小插曲：由于实在找不到这么小的球衣，本哈明的曾祖母便自己动手将一件大球衣改良成了一件小球衣。

随后，小球衣的背后被印上了"阿坤"的字样，本哈明穿着这件有故事的球衣在这个伟大的夜晚亮相。本哈明受到了全场的礼遇，但是对于他来说，欢呼声更像是一首新奇的摇篮曲，整场比赛他都在睡觉，即便是在阿根廷攻入第四个进球的时候。第四个进球是由阿坤打进的，他过掉了三名后卫然后射门，委内瑞拉的门将回天乏术。

在本哈明 16 个月的时候，这样的场景再度上演。那是在 2010 年的南非世界杯上，本哈明和他的父亲以及外祖父在阿根廷的比赛前一同亮相。不过在那之前，还发生了很多事情。首先，马德里竞技以一波 9 胜 1 平 3 负的优秀战绩结束了 2008—2009 赛季的征程，他们最终排名联赛第四，获得了参加欧冠的资格。阿坤做出了突出的贡献，为球队打进 21 球，其中 17 粒为联赛入球，4 粒为欧冠入球。同样是这个赛季，世界见证了巴塞罗那的辉煌，加泰罗尼亚巨人夺得了六冠王——他们获得了所参加的每一项赛事的冠军。

2009—2010 赛季初，马德里竞技延续了前一赛季的良好势头。首先，他们淘汰了欧冠资格赛对手帕纳辛纳科斯，顺利晋级欧冠正赛。2009 年 8 月 19 日，马德里竞技凭借马克西·罗德里格斯、迭戈·弗兰和阿坤的进球以 3-2 战胜了希腊球队。

在第二回合比赛中，马德里竞技凭借对方后卫卢卡斯·文特拉的乌龙球早早确立了领先优势，补时阶段阿坤的破门帮助球队锁定了胜局。阿坤的进球也是马德里竞技在欧洲赛场上的第 100 个进球。

然而，开局的顺利很快成了缥缈的幻想，接下来的 10 场比赛如噩梦一般。在联赛的前 7 轮，马德里竞技仅仅取得 1 胜，余下 6 场是 2 平 4 负。换句话说，他们只拿到了 21 个积分中的 5 个。

欧冠赛场上的情况也相似，甚至可以说更为惨淡。在前三场小组赛后，马德里竞技仅积 1 分，他们在主场对阵来自塞浦路斯的弱旅尼科西亚时战成 0-0 平，此外还分别以 0-2 和 0-4 输给了波尔图和切尔西。这样的战绩实际上已经宣告了马德里竞技小组出局的命运。10 月 23 日，阿贝尔·雷西诺下课，前赫塔菲、巴伦西亚和本菲卡主教练桑切斯·弗洛雷斯接手。在不久的未来，弗洛雷斯将给卡尔德隆带来了一笔宝贵的财富。

马德里竞技迷失了方向，不过幸运的是他们还有时间重回正轨，俱乐部 48 年以来的第一座欧战冠军奖杯正在不远处等着他们。那将是阿坤效力马德里竞技时期取得的第一座冠军奖杯，这座冠军奖杯也让他实现了在 2006 年来到马德里竞技时所说的梦想和诺言。

2009 年中期对于阿坤来说并不好过，马德里竞技战绩不佳，阿根廷国家队的世预赛也不顺遂。阿坤从来不会拒绝国家队的征召，尽管很多时候他都没能首发出场，但是他为阿根廷的每一场糟糕结果感到担忧。

2009 年 10 月，阿根廷取得了仅有的两场胜利，他们先是凭借马丁·巴勒莫在补时阶段的进球绝杀秘鲁，随后又在客场战胜乌拉圭。但是在与玻利维亚、厄瓜多尔、巴西和巴拉圭的比赛中，阿根廷都遭遇了失利。因此，阿根廷的出线前景被笼上了一层阴霾。在困境中，阿坤没有掩饰自己的痛苦，然而在最终获得前往南非的机会时，阿坤也不会掩饰自己的兴奋。在 22 岁的时候，阿坤将得到第一次参加世界杯的机会。

从欧冠联赛与切尔西的第二回合交锋中，阿坤恢复了状态和自信。尽管马德里竞技的出线命运已经不掌握在自己手里了——他们必须取胜，然后等待波尔图和塞浦路斯尼科西亚的结果。但是，与英格兰最好的球队之一比赛本来就是提升自信的好机会。2009 年 11 月，这场比赛在马德里进行。阿坤进入了比赛名单，尽管他坐在了替补席上。

2009 年 11 月 3 日，卡尔德隆体育场。马德里竞技对阵切尔西，比赛进行到下半场第 20 分钟。

在这个夜晚，阿坤证明了自己是一位大场面球员。在面对强队时，大场面球员在场上的每一分钟都有可能创造机会。尽管马德里竞技需要一场胜利来争取小组出线，但是由于健康问题，阿坤还是被安排在了替补席上。下半场第 14 分钟，安东尼奥·洛佩斯传中，特里解围失败，阿坤在禁区内将球打进球门右上角，切尔西门将切赫回天乏术。随后，科特迪瓦前锋迪迪埃·德罗巴在 7 分钟内打进两球，将比分改写成了 2-1，卡尔德隆球场的气氛变得不安。但是，阿坤站出来改变了一切。在比赛的最后时刻，阿坤的任意球破门将比分扳平。虽然马德里竞技最终没能晋级，但是阿坤在关键时刻站了出来。这一年，阿坤 21 岁，他不再是一名年轻球员，他证明了自己的成熟。每一场比赛，阿坤都表现得越来越好，他已经成为世界顶级球员。

尽管马德里竞技最终没能晋级欧冠淘汰赛，但是他们保留了参加欧联杯的可能性，并且在年底确定了欧联杯淘汰赛资格。2009年年末，马德里竞技的联赛排名是令人失望的第15位，但是他们在国王杯中表现出色，并且仍然保留着夺得欧洲冠军的希望。

最终，马德里竞技在欧联杯上取得了突破。此时，球队拥有才华横溢的阿坤，强援何塞·安东尼奥·雷耶斯，在门将位置上越来越稳定的19岁的德赫亚，优秀的葡萄牙球员西芒，天生射手迭戈·弗兰。马德里竞技具有在艰难中前进的血统，追求荣誉是俱乐部的历史和传统。

一切从2010年2月的那场平局开始。在那场比赛中，马德里竞技在主场以1-1战平土耳其球队加拉塔萨雷，比赛过后，外界对马德里竞技的前景持怀疑态度。好在在双方的次回合较量中，马德里竞技凭借弗兰最后时刻的进球2-1获胜，顺利晋级下一轮。

三月，类似的情况发生在里斯本。在主场，马德里竞技和对手均无建树，而在客场，一场2-2的平局保证马德里竞技以客场进球的优势淘汰里斯本竞技。在这场比赛中，阿坤打进了全部两粒进球。他的第二粒进球是一记外脚背射门，这粒进球宣告了马德里竞技晋级下一轮。

2010年4月1日，马德里竞技在客场再度收获一个2-2的平局，事实证明，客场进球是决定性的。一周之后，5.5万名球迷在卡尔德隆球场见证了一场虽然没有进球但十分艰难的比赛，最终马德里竞技淘汰了巴伦西亚，11年以来第一次晋级欧洲赛事半决赛。

马德里竞技半决赛的对手是英超球队利物浦。利物浦的主教练是西班牙人拉法·贝尼特斯，球队中拥有阿坤的阿根廷老乡哈维尔·马斯切拉诺以及英格兰球星史蒂文·杰拉德，并且还拥有曾经的马德里竞技传奇费尔南多·托雷斯。

然而，托雷斯和阿坤都没能在双方的首回合较量中登场。阿坤因为在之前一场比赛中得到两张黄牌停赛（第二张黄牌出现在第94分钟，原因是拖延比赛时间），而托雷斯则是有伤在身。因此，双方都失去了阵中的头牌球星，但是比赛本身并没有因此而失色。最终，西班牙球队笑到了最后。

比赛在 2010 年 4 月 22 日进行。开场第 8 分钟，迭戈·弗兰的射门打在利物浦门将佩佩·雷纳身上反弹破门。第二场比赛是客场作战，马德里竞技并无优势，主力核心阿坤仍然不能登场，但是他们在安菲尔德艰难的环境中拼得了一个理想的结果。

4 月 29 日，卡尔德隆球场见证了辉煌的一刻。比赛直到上半场第 44 分钟还没有任何进球，随后阿尔贝托·阿奎拉尼的破门旋转着越过德赫亚。直到 90 分钟比赛结束，结果仍然没能改变，因此马德里竞技在首回合的胜利被扳平，比赛不得不进入加时赛阶段。

随后，利物浦的约西·贝纳永破门，为球队将比分改写为 2-0，如果比赛以这个比分结束，客场作战的马德里竞技将被淘汰。但是，如果马德里竞技能够进球，那么他们就将晋级决赛。此时，球队的求胜精神、态度和信心将是决定性的。

12 分钟后，迭戈·弗兰接雷耶斯的助攻破门，2-1 的比分如果保持到终场，马德里竞技将淘汰对手。在剩下的 15 分钟里，马德里竞技展现了他们对荣誉的极度饥渴，他们强势的进攻让利物浦球员在自己的禁区里手忙脚乱。在经历了惊心动魄的最后几分钟后，挪威主裁判特雷·霍特吹响了比赛结束的哨音，马德里竞技开始了疯狂的庆祝，他们晋级了欧联杯的决赛。

马德里竞技决赛的对手是英超球队富勒姆，富勒姆在半决赛中击败德国球队汉堡晋级决赛。2010 年 5 月 12 日，超过两万名马德里竞技球迷来到决赛的球场英泰竞技场，他们将这里变成了自己的主场。14 年无冠的历史，48 年没有欧洲冠军的历史，让马德里竞技球迷极度渴望着这一座冠军。

看台上球迷的欢呼声为比赛营造了惊人的气势，震耳欲聋的歌声刺激着球员通道中的每一名马德里竞技球员。此时，球员们已经在队长安东尼奥·洛佩斯身后依次排开，等待着进场的通知。在他们左侧，来自英格兰的对手同样在等待着，每个人都沉浸在自己的梦想中。在两支球队的正前方，欧联杯奖杯贝尔托尼杯正屹立在那里，等待着下一个将自己举起的球队。

有一种迷信的说法是，在婚礼前新郎和新娘不能见面，否则将会发生不吉利的情况。类似的说法在足球界也非常盛行，球员们在比赛前是不能看奖杯的。"不要看它，更不要摸它。"桑切斯·弗洛伦斯在比赛前的关键时刻提醒了每一名球员。他和每一个人交谈，拍打他们的胸部或背后以示激励，就像他在每场比赛前所做的一样。阿坤是队伍中的第八个，他的前面是托马斯·乌伊法鲁西，后面是雷耶斯。像其他人一样，阿坤必须非常努力，才能让自己不去看那充满诱惑力的冠军奖杯。

冠军奖杯是那么近……他是如此梦想得到它……但是阿坤仍然听从了教练的话，他没有向左右看，而是径直地走向球场，以避免看到奖杯。他会遵循一切迷信的说法，因为他是如此期待那光荣的时刻。

比赛进行到第32分钟，迭戈·弗兰的进球令马德里竞技的梦想触手可得，然而5分钟之后，西蒙·戴维斯的破门让夺冠的幻景破灭了。比分变成了1–1，两队又回到了同一起跑线上。

对于马德里竞技来说，这场比赛异常艰难，尽管他们攻势如潮，但是仍然未能取得进球。90分钟过去了，比赛进入到加时赛阶段。

90分钟里，阿坤谨记着"禁令"：不要看奖杯，即使它就站在球员通道前。阿坤一次都没有向那个方向望去。但是，留给阿坤把握住这座奖杯的时间只剩下30分钟了。此刻，阿坤决定违背所谓的"教条"或"命运"，他走近奖杯，盯着它，用几乎听不到的声音说：这是属于马德里竞技的，它会和我们一起回到西班牙，回到马德里，这是命中注定的。但是，在随后的时间里，幸运女神仍然缺席，场上的比分没能得到改写。

距离点球大战只有4分钟了，阿坤决定奋力一搏，他从左路奔袭，在对方后卫之前接到一记长传，并且摆脱对方的防守，向着禁区突破。在两名对方防守队员的包夹下，阿坤将球传给迭戈·弗兰，弗兰将球打进，马德里竞技以2–1绝杀夺冠！

进球，胜利！阿坤欣喜若狂。现在，他可以确定两件事：第一，足球和橄榄球不同。乌拉圭人弗兰在进球后脱掉上衣狂奔，阿坤三次试图抱住他未果。直到最后，弗兰趴倒在地，四名队友才追上了他。所有的不快一扫而光，此时只剩下狂欢。第二，阿坤终于实现了2006年6月他初到马德里竞技时在记者发布会上的诺言，他要给"床单军团"带来冠军。

当迭戈·弗兰攻入制胜的进球时，所有的球员、教练、高层、现场死忠以及在马德里观看电视直播的成百上千的球迷都沸腾了。第二天，人们在马德里市的海王星喷泉举行夺冠庆典，马竞人的喜悦之情在那里达到了顶峰。

"我一边跑一边争夺球权，然后我向迭戈示意到近门柱接球，他有能力将这个球打进。"欣喜若狂的阿坤说。乌拉圭人弗兰脱掉球衣，疯狂地跑到场边，哥伦比亚人佩雷亚、巴西人阿松桑、葡萄牙人西芒和捷克人乌伊法鲁西全都跑过来一起庆祝。来自世界各地的球员为一场西班牙风味的派对而疯狂。

队长安东尼奥·洛佩斯举起了冠军奖杯，这是他职业生涯中第一次举起奖杯，为他颁发奖杯的是国际足联主席米歇尔·普拉蒂尼和西班牙王储费利佩。在安东尼奥·洛佩斯身后的是雷耶斯，他感谢桑切斯·弗洛伦斯给了他重生的机会，他认为自己找回了自信。接着是德赫亚，他认为球队配得上胜利："尽管有一些艰难时刻……但这就是马德里竞技。"球员们一个接一个地走上前去，每个人都亲吻了奖杯，阿坤也不例外。当阿坤举起奖杯的时候，他清新自然的笑容打动了每一个人。现在，这个奖杯属于他，属于马德里竞技了。这支队伍将会被记载在马德里竞技的悠长的历史中，这支队伍已经得到了球迷和俱乐部高层的认可。俱乐部主席恩里克·塞雷索已经迫不及待地要回到马德里准备第二天在海王星喷泉的夺冠庆典了。

同时，俱乐部的首席执行官米格尔·安赫尔·吉尔承认，在比赛常规时间的最后，他已经离开了球场包厢，找到了一间既没有电视也没有收音机的房间，直到马德里竞技打入制胜进球，他听到球场里发出的刺耳声音，才知道比赛结束了。

"整个加时赛阶段我都在向老天爷祈祷，我父亲比任何人都爱这么做。

迭戈和阿坤共同书写了俱乐部历史上这浓墨重彩的一笔。"谈到这些，他依旧神采飞扬。

市场营销负责人埃米利奥·古铁雷斯心属马德里竞技，这个夜晚让他感受到前所未有的作为马德里竞技球迷的自豪与快乐。阿坤的家人们兴奋地围住了小本哈明，他一出生就给父亲带来了好运，他是父母最大的财富。

英雄们胜利归来，球队开始在马德里街头和球迷一同游行庆祝。人们从卡尔德隆球场出发，经过阿尔穆德纳大教堂和马德里市政厅，最终来到海王喷泉。这里是马德里竞技庆祝胜利的传统目的地，最后安东尼奥·洛佩斯将球队围巾系在了海王波塞冬的脖子上。球员们乘坐冠军大巴，享受着75000名球迷的欢呼和顶礼膜拜。球迷是这支球队的根本，而最终球队也融入进球迷，他们将奖杯手手相传，每个人都在上面留下了自己的印记，属于红白色"床单军团"的印记。

第十四章　更进一步

在与足球为伴的日子里，阿坤越来越坚定地相信，当快乐来临时，你最好毫无保留地去享受。足球就和人生一样，有至高的光荣，也有极度的悲伤。在汉堡夺冠的一周后，马德里竞技在巴塞罗那被塞维利亚以 2-0 的比分击败，遗憾地失去了国王杯冠军。

对于阿坤来说，这是一场痛苦的失利。他多么想成为获胜的一方，他明白马德里竞技的死忠们非常期待这份荣誉。阿坤是最后一个走出球场的球员，他到场边向数千名从马德里赶到诺坎普球场为球队加油的球迷致敬。

当阿坤走进球员通道时，他再也控制不住自己的泪水。球员们自然非常痛苦，但是能留给他们用来感伤的时间并不多，因为世界杯马上就要开始了。国王杯决赛之后，阿坤立刻启程赶赴阿根廷国家队。就在这个下午，他正式得到了征召，他将在布宜诺斯艾利斯与国家队会合，备战世界杯。

对于阿坤来说，回到布宜诺斯艾利斯意味着他可以在那些曾经战斗过的地方重新认识自己。其中一个地方就是位于埃塞萨的阿根廷足球协会训练基地。8 年前，14 岁的阿坤第一次得到由米格尔·安赫尔·多霍执教的 U15 国家队的征召，从那以后，阿坤从来没有拒绝过国家队的任何一次召唤。那时候，阿坤无休止地往返于基尔梅斯和埃塞萨，在国家队和独立一线队的训练场上不停地穿梭。有时候，阿坤会在埃塞萨留宿，这样他就可以避免长途奔波，还可以得到更多和他重要的足球导师多霍交流的机会。对于阿坤来说，多霍的教诲总是充满智慧。

时光飞逝，阿坤越来越理解蓝白队服对于阿根廷球员的意义。2004 年，阿坤第一次参加国家队赛事，与 U16 国家队一同参加了在巴拉圭举行的南美锦标赛。那一次，阿坤还获得了观看成年队训练并且为成年队陪练的机会。2005 年，何塞·佩克尔曼的球队开始准备第二年六月进行的联合会杯。

就是在埃塞萨训练中心，在教练们的教导下，阿坤爱上了国家队的队服，理解了自己所要承担的责任。从那时起，他从来不愿意错过任何一次为国效力的机会。

这就是当他因伤错过 2005 年南美 U17 青年锦标赛时会如此难过的原因，同样也是两个月后，当年仅 17 岁的他得到了弗朗西斯科·费雷拉的征召，得以参加荷兰世青赛时如此开心的原因。

在神奇的埃塞萨，他还遇到了自己一生的密友莱昂内尔·梅西。在训练营的朝夕相处中，两个年轻人越来越亲密。他们与其他队友拥有共同的梦想，其中有一些梦想在未来得以实现。比如，他们在 2005 年夺得了荷兰世青赛的冠军。又比如，在 2007 年的加拿大，他们在乌戈·托卡里的带领下再度夺冠。还有在 2008 年北京奥运会上，主教练塞尔吉奥·巴蒂斯塔与球员们一起捧得奥运会冠军奖杯。

对于阿坤来说，重回埃塞萨让他 8 年来关于国家队的种种回忆又重新鲜活了起来，而这一次，他又有机会去创造新的历史了。在主教练迭戈·马拉多纳的带领下，阿坤和 22 名队友将踏上征程。阿坤很熟悉与国家队共同作战的感觉，但是这一次，他面对的是世界杯的挑战。对于国家队的全体成员来说，他们背负的是阿根廷几百万人民的野心和期待。

2010 年 5 月 24 日，就在离开祖国前往南非首都比勒陀利亚之前，阿根廷在友谊赛中以 5-0 战胜加拿大。这场大胜给阿根廷的球迷们带来了新希望。在努涅斯纪念碑球场，阿坤在下半场第 25 分钟替换卡洛斯·特维斯上场，并且取得了一个进球。当时，阿坤在禁区用右脚抹过一名后卫，然后用左脚射穿了帕特里克·翁斯塔把守的大门。

阿坤明白，在这届世界杯上，他必须为自己的位置而战。尽管阿坤知道他很可能不是首发球员，但是他仍然做出了最好的准备。每一堂训练课上，阿坤都拿出了最佳状态，以便随时为球队替补建功。阿根廷拥有世界上最强劲、最具天赋的攻击线：莱昂内尔·梅西、冈萨洛·伊瓜因、卡洛斯·特维斯、塞尔吉奥·阿圭罗、迭戈·米利托、马丁·巴勒莫。准确地说，阿根廷的锋线汇集了巴塞罗那、皇家马德里、曼城、马德里竞技、国际米兰以及博卡青年的球星射手。因此，虽然一开始并没有人看好阿根廷，但是由于马拉多纳阵容的攻击火力实在强大，他们很快就成为人们谈论的焦点。

阿根廷抵达位于比勒陀利亚大学的训练营的第四天便是6月2日，也就是阿坤的生日。这是激动人心的一天，阿德里亚娜为了阿坤的生日专程赶到南非，给了她的儿子一个惊喜。母亲的到来让阿坤惊喜不已，这个生日变得格外充实。

阿坤22岁了，他将迎来全新的挑战。世界杯的比赛越来越近了，除了面对强敌，阿坤还要面对一个特殊的处境，那就是国家队主教练迭戈·马拉多纳正是他的岳父。面对这样的状况，阿坤的处理非常职业。"我对教练和队友都非常尊重。"阿坤解释道。他知道他不会因为场下的关系而得到特殊照顾，但是尽管如此，在记者提出关于这种情况的问题时，阿坤仍然会不厌其烦地给出回答。

2010年6月11日，阿根廷在约翰内斯堡迎来了他们在本届世界杯上的第一场比赛，最终他们以1-0战胜了尼日利亚。六天后，阿坤终于完成了自己的梦想，实现了在世界杯上的首秀。6月17日，阿根廷在足球城体育场迎来了小组赛的第二个对手韩国队。下半场第20分钟，在2-1领先的情况下，马拉多纳和他的助理教练曼库索向阿坤点头示意，这意味着阿坤可以上场了。

在马拉多纳的示意下，阿坤穿上了属于他的16号球衣。此时，阿坤感到肾上腺素充斥着自己的身体：这是他的世界杯首秀，他渴望了多年的世界杯首秀，在这种情况下，他必须表现出最好的自己。但是，说到底，这也仅仅是他众多首秀中的一个而已。当他只有15岁时，他就迎来了自己在阿甲联赛的首秀，那时他甚至不明白那意味着什么。18岁的时候，他迎来了自己在马德里竞技的首秀，而自那之后，他又经历了很多很多。过早成熟的经历为阿坤的世界杯首秀提供了充分的准备，此时，没有什么可以阻止他享受比赛。

确实，此时的情况和他的每一次首秀都很相似。比赛进行到下半场第

29 分钟时，阿坤替换卡洛斯·特维斯上场——后来，阿坤才意识到，当他在伦敦第一次代表阿根廷成年队比赛的时候，他替换下场的人也是特维斯。不过在赛场上，阿坤可来不及想这些，他只有一个想法，那就是表现出最好的自己。在不多的时间里，阿坤参与到了两个进球当中，帮助球队取得了一场 4-1 的大胜。

在梅西的一系列触球后，阿坤接到了传球，然后为伊瓜因奉献了助攻。在 2005 年荷兰世青赛和 2008 年北京奥运会上，他们也曾经展现过进攻三人组的威力。

小组赛两轮战罢，阿根廷已经提前小组出线，在 6 月 22 日小组赛最后一轮对阵希腊的比赛中，马拉多纳在球队阵容上尝试了一些变化。阿坤首次和迭戈·米利托担任首发的锋线搭档，他的表现也十分出色，尤其是在上半场。

第 76 分钟，阿坤被哈维尔·帕斯托雷换下，阿根廷随后便取得了领先。而老将帕勒莫也在第 79 分钟登场换下了迭戈·米利托，这位深受阿根廷球迷爱戴的博卡前锋也终于在世界杯舞台取得了进球，他在第 88 分钟补射破门，帮助阿根廷最终以 2-0 战胜了希腊。

此役之后，阿根廷三战全胜以小组第一名的身份晋级 16 强，他们将迎战墨西哥队，值得一提的是，阿根廷上届世界杯 16 强的对手也是墨西哥队，当时他们在加时赛中凭借马克西·罗德里格斯的世界波绝杀了对手。而这一次较量中，虽然阿根廷整体表现并不稳定，但球员们还是创造出了很多机会，最终特维斯梅开二度，伊瓜因破门，比分定格在 3-1，阿根廷再次战胜墨西哥晋级世界杯 8 强。等待他们的，是刚刚淘汰了英格兰的德国队。

2010 年的 7 月 3 日，阿根廷挑战德国。这场比赛注定成为阿根廷球迷永远的痛，这也是阿坤职业生涯中最艰难的一天。比赛开始仅仅 3 分钟，托马斯·穆勒就为德国队首开纪录，德国队锋线杀手克洛泽梅开二度，弗里德里希也取得了进球，潘帕斯雄鹰 0-4 惨败给了德意志战车。比赛还剩 15 分钟时，阿坤才替补登场，而当时的比分已经是 0-3 落后了，他已经不能再改变什么了。就这样，阿根廷人离开了这届世界杯，他们一无所获。

这是一个无比沉痛的打击，但是第二天，仍然有众多球迷来到布宜诺斯艾利斯的埃塞萨国际机场迎接球员，人们簇拥着球队回到国家队训练基地。整支球队都被球迷们的热情和温暖所感动，这也减轻了一些他们心中的痛楚。

阿坤在世界杯开始前开通了自己的推特账号。在整个世界杯期间，他都在社交媒体上分享着自己的感受。

"对不起，谢谢。"简单的两个词汇，表达了阿坤此刻的心情。没能帮助阿根廷人民完成梦想，他很愧疚；与此同时，球迷们依旧热情地迎接球员们回家，他很感激。

沉浸在失利的悲痛中，阿坤久久无法释怀，他甚至没有也不可能有心思去关注最终西班牙的夺魁。这种烙印于灵魂的伤很难愈合，但同时也让阿坤学会了坚强，他在22岁的年龄已经体会了很多老球员才会有的经历。

阿坤调整好自己后，立即通过推特对西班牙夺冠表示了祝贺，同时也为自己的俱乐部队友迭戈·弗兰获得本届杯赛最佳球员而感到高兴。

时间流逝，一切都会过去，阿坤需要找到情感的平衡点，并从自己的经历中体会到快乐，重要的不是结果，而是这个过程。他和他的很多国家队队友都还很年轻，仍有很长的路要走，就像阿坤在马德里竞技俱乐部一样。

在度过了自己的假期后，阿坤回到俱乐部，和队友们一同备战2010—2011赛季。而在这之前，他们还将迎来欧洲超级杯的比赛，对手是战胜了瓜迪奥拉的巴萨并在意大利夺取三冠王的欧冠冠军国际米兰。

虽然葡萄牙人何塞·穆里尼奥离开了国际米兰，但是意大利豪门的主帅接任者是同样经验丰富的拉法·贝尼特斯。此时的国际米兰阵容强盛，拥有巴西国家队的核心球员麦孔、卢西奥、朱利奥·塞萨尔，以及阿根廷国家队的核心球员萨内蒂、萨穆埃尔、坎比亚索和迭戈·米利托。在大多数人眼中，国际米兰更有希望举起最终的冠军奖杯。此时的马德里竞技正低调地为欧洲超级杯做着准备。虽然季前赛球队的表现不算特别好，但是此时球队上下团结一致，阿坤和世界杯金球奖得主迭戈·弗兰也都处在最佳状态。

8月27日，在摩纳哥举行的这场欧洲超级杯比赛中，马德里竞技首发里只有乌拉圭人迭戈·戈丁这一名新援。阿坤后援团又一次到场观战。这次除了在汉堡观看了欧联杯决赛的妻儿吉安妮娜和本哈明以及莱昂，他的母亲阿德里亚娜也来到了现场，所有人一起为阿坤加油呐喊。

阿坤并没有和其他队友一起在飞机降落后乘坐大巴抵达摩纳哥，而是接受了莱昂的建议，乘坐直升飞机直接飞到了酒店。人人都很享受直升飞机的乐趣，但是经纪人埃尔南却被累得够呛。

小本哈明也安全抵达了摩纳哥，他的这次短途旅程将给一个人带来巨大的能量。

基克·桑切斯·弗洛雷斯告诉所有人，马德里竞技不是来凑数的，也不是来给国际米兰当垫脚石的。西班牙球队表现出色，他们最终2-0战胜了欧冠冠军，这次胜利也书写了俱乐部的历史：马德里竞技在夺取欧联杯后又加冕了欧洲超级杯！

2010年8月27日星期五，摩纳哥路易二世体育场。欧洲超级杯决赛国际米兰对阵马德里竞技，比赛进行到下半场第36分钟。

西芒·萨布罗萨左路突破将球横传至门前，阿坤轻松推射将球送入球门，阿根廷射手打入了球队在本场比赛中的第二粒进球。也许这粒进球在阿坤的职业生涯中并不能算作有多精彩，但正是这简单的一脚推射，却帮助马德里竞技最终2-0战胜了强大的国际米兰，也帮助"床单军团"在3个月内捧回了第二座冠军奖杯。同打入第一粒进球的雷耶斯一样，阿坤的表现是完美的，在沉寂多年后，他们一同宣告了马德里竞技的复兴。阿坤再度帮助马德里竞技夺魁，而能给他带来好运的正是儿子本哈明，小本哈明已经两次到场见证了父亲捧杯。此时此刻，阿坤父子正一同拥抱并亲吻奖杯，他们享受着胜利的喜悦。

虽然赢得了荣誉，但阿坤明白，自己的职业生涯将迎来崭新的一页。早在汉堡的欧联杯决赛之夜，他就发现天空才是自己的极限。所以现在阿坤要做的就是继续鞭策自己勇往直前。细细品尝了胜利的滋味后，阿坤发现了自己的欲望。这些荣誉不仅能帮助自己"充饥",也吊起了他更大的"胃口"。

也许在过去的这几个赛季,阿坤并没有发挥出自己的全部。他总是在不断学习不断反省自己。他觉得自己需要从一个孩子变为一名成熟有担当的球员。正是这种发自灵魂的对荣誉的渴望促使他不断进步。

本场比赛夺冠后,阿坤回到了更衣室,他编写短信发送给了自己的朋友们:"胜利是一种多么美妙的感觉。"这是一条简单的短信,它不仅表达了阿坤对所取得的成绩非常满意,更表现了阿坤对未来的渴望,他已经做好准备去迎接那些未知的新挑战了。

【完美偶像】

在西班牙的四年,阿坤已经证明了他的能力配得上人们的期待。

四年来,阿坤向世人证明,他是一名世界顶级球星;他经历过巨大的压力,并且最终挺了过来;他成熟得很快,这不仅体现在球场上,也体现在生活中。四年来,阿坤经历了不可避免的低谷,在冲破层层阴霾之后,他抵达了生活的新大陆;从各个方面来讲,他都具备了成为职业球员的必要条件。如今,阿坤从一个18岁的男孩儿真正成长为了一个男人。

虽然已经获得了很多荣誉和认可,并且一如既往地得到媒体的垂青,但是阿坤从来不曾迷失,相反,他比以往更加睿智和成熟。

这四年的时光并非一帆风顺,而过早的成功总是容易毁掉一个童星。但是,阿坤的一大优点就是他明白如何应对这一切。四年来,阿坤不断得到大俱乐部的垂涎,他被认为是世界上最有价值的球星之一。尽管如此,阿坤一直对马德里竞技保持忠诚,他认同俱乐部的价值观,并将其纳为己有。

阿坤的球技不仅征服了马德里竞技球迷,也征服了对手的球迷。根据马德里竞技的市场调查,阿坤已经在西班牙社会打拼出了一席之地。作为一名思想积极、行为模范、总是给人们带来快乐的正面形象,阿坤已经成为一名国际级偶像。通过电视转播收入、旅行业和球衣销售,阿坤已经为俱乐部创造了巨大的商业利益,并且,他的市场价值还在不断提升,社会对阿坤的认可正忠实地反映着现实情况。

　　阿坤可以很好地处理成为一名球星后所要面临的一切吗？答案是肯定的，生活中的一切都是证据。

　　阿坤不得不学习平衡他繁忙的工作和个人生活。首先，为了保持一名顶级球员的状态，训练、健身和体能训练就要占据他的大部分时间。除此之外，他还要应付朋友聚会、慈善活动和商业活动。比如，阿坤要为赞助商拍摄宣传照，在这种情况下，他必须表现得像一名专业的模特，面对灯光和摄像机摆出合适的姿势；又比如，阿坤要参加与家人和朋友的聚餐，即便在玩纸牌游戏的时候，好胜的他也会拼尽全力，就好像在西甲赛场上一般。阿坤一直热衷于参加慈善活动，曾经参与过马德里竞技基金会的慈善月历活动，该活动旨在帮助患有软骨发育不全症（这是一种由于基因缺陷造成的骨骼疾病）的儿童；他还与著名艺术家一同献唱，为海地地震募集善款。在生活中，阿坤对互联网非常感兴趣，常通过网络或者手机与身在布宜诺斯艾利斯的家人和朋友联系，并且尤其关注他的弟弟毛利西奥和加斯顿的情况。毛利西奥和加斯顿分别为独立青年队1996级和1997级效力，毛利西奥还同独立第九队一起获得了冠军，就像阿坤2002年所做的一样。阿坤还喜欢在推特上与球迷互动，在短短三年内，他的推特账号已经吸引了超过400万粉丝，这使他的推特账号成了阿根廷粉丝最多的推特账号之一，而在脸书上，他的粉丝数也已经超过了300万。阿坤还参与到了电影拍摄中。在西班牙导演圣地亚哥·塞古拉的著名系列电影《多浪迪警官》中，阿坤和其他球员一起进行了客串演出。闲暇时光，阿坤也喜欢在家享受电影，他最喜欢的影片是罗素·克劳主演的《角斗士》。尽管已经看过了很多遍，但他仍然时常回味这部影片，而每当电影中的男主角死去时，他都会潸然泪下。每年年末，阿坤还会回到阿根廷，与莱昂、阿德里亚娜、杰西卡、加比、梅拉、戴安娜、加斯顿、毛利西奥和其他亲朋好友共度假期。

　　此时，西班牙对于阿坤来说已经是第二故乡，他在这里结识了新的朋友，比如鲁本·多明戈斯。鲁本在西班牙一家大型电子产品零售商的马哈达翁达地区分支机构担任要职。有一天，阿坤要为家里购置电子产品，于是他和鲁本相识了。一开始，鲁本只是为阿坤提供"技术支持"，而后来，他们成了亲密的伙伴。

鲁本是一名狂热的皇家马德里球迷。在和阿坤的交往中，鲁本惊讶于这位球星的简单直接，这和他想象中的"国际巨星"形象大相径庭。阿坤看起来就像一个普通人，他与鲁本的交流十分自然。

阿坤的出现令忠诚的皇马球迷鲁本动摇了。每次观看马德里德比时，鲁本都非常纠结，尽管他深爱皇家马德里，但是他无法停止为马德里竞技球员阿坤喝彩。

鲁本是这样描述他与阿坤之间的友情的："对于我来说，这是一个惊喜。不仅是因为我对他有先入为主的看法，更因为我以为与他这样的名人接触会非常困难。在很多人眼中，名人们简直是外星生物，和我们来自完全不同的世界。但是阿坤让我明白，一个国际巨星也可以自然而谦虚。在短短的时间内，我们的关系越来越好。我所谈论的阿坤在他生活中的任何一面中都表现了相同的状态，无论对他的儿子、亲人还是陌生人，他都非常亲切。"

不久之后，阿坤离开了西班牙，而鲁本成为了他的好搭档以及忠实的助手。

四年来，尽管面对诸多变故，但是阿坤仍然保持脚踏实地的作风。就像许多年轻人一样，终于，在不断得到提高后，阿坤迎来了他人生发展中的新阶段。

同时，阿坤体验着作为一名父亲的五味杂陈。初为人父的阿坤会感到恐惧，也会感到喜悦。本哈明第一次说话、第一次走路和可爱的小习惯不断给阿坤带来惊喜。很明显，从一开始，本哈明就赢得了阿坤的心。我们都知道，孩子的童年对于家长来说是无可取代的，比如本哈明十个月的时候学会了走路，比如本哈明第一次叫爸爸，对于阿坤来说，都是独一无二的体验。日复一日，阿坤了解了本哈明的喜好和性格，他发现本哈明能激发他性格中最温柔的一面，在此之前，阿坤都不了解这样的自己。最令阿坤惊喜的是，本哈明显然继承了他的基因，从小就对足球感兴趣。

尽管拥有平板电脑、电子游戏、书籍和电影等许多玩和看的东西，但是本哈明仍然最喜欢足球。无论是与阿坤、莱昂还是其他人在一起时，他都会优先选择玩足球。在庭院中或草地上，家里或者卡尔德隆的包厢中，本哈明总是和妈妈一起观看阿坤的比赛。

阿坤在自己的官方网站上上传的录像可以证明本哈明的足球天赋。在2010年寒冷的冬天，阿坤在位于马哈达翁达的家中拍摄了录像，在录像中，他和本哈明亲密地玩耍着。阿坤向本哈明扔球，而仅仅22个月大的本哈明竟然可以将球踢到空中，这可不是一般的孩子可以做到的。另外，本哈明还可以熟练地用一只脚控制各种球类，他显然从父亲身上遗传了惊人的平衡能力。

本哈明展现出了不可思议的成熟，他和阿坤两人之间的对话看起来像是颠倒了父子之间的角色，人们可以从影片中感受到父亲和儿子之间的温情。这段影片真实地展现了阿坤和本哈明的日常生活，这也是迄今为止他们的生活第一次为人所知。

这段影片引发了公众的强烈兴趣。在五天之内，它已经被浏览了超过150万次，成为YouTube（世界上最大的视频网站）上的持续热点视频，打破了阿坤个人网站浏览量的纪录，并且登上了超过100个国家的新闻和电视节目。

阿坤拍摄了许多关于儿子日常生活的短视频，并将其放在网上。在视频中，22个月大的本哈明对自己脚下的足球表现出了非同一般的掌控力。所有看到这些画面的网友无不惊叹，球迷们纷纷写信发邮件给自己的偶像，他们觉得本哈明继承了老爸的优良基因，以后一定也是个足球天才。在这些邮件和信件中，有一封让阿坤特别感动，这是一对夫妻写来的：他们一直怀不上自己的孩子，两人甚至已经放弃拥有自己的孩子了，但是每当看到阿坤和本哈明的幸福画面，他们就决定无论如何也要再试一次。

阿坤在自己的官方平台写道："我希望自己上传的视频能分享幸福，帮助他人，现在看来我的做法是对的。我希望所有看到这些视频的人能和我一样感受到温暖，这让我非常自豪。和所有的父亲一样，我只是在陪儿子玩他最喜欢的游戏，这就足够了。"

【第五个赛季】

2010 年的 8 月，阿坤迎来了自己加盟马德里竞技征战西甲的第五个赛季，欧洲超级杯的夺魁为球队新赛季开了个好头。"我们是欧洲最好的球队！"战胜国际米兰后，他骄傲地说出了这句话，并目睹了"床单军团"球迷们的疯狂。

现在的阿坤近乎完美，对于新赛季，他的目标就是努力争取所有的冠军：联赛、欧联杯，还有国王杯。

此时，马德里竞技也到了跟阿坤续约的时候。原合同期至 2012 年 6 月，而对于阿坤这样一位极具天赋并且已经在球场上证明了自己的球员，很多豪门早就垂涎三尺。据传有的大俱乐部开出了数百万英镑的转会费。但是阿坤很清楚自己仍愿意留在马德里竞技。

18 岁的时候他就来到了这里，球队上下一直都对他照顾有加，从球迷到俱乐部的每一个工作人员甚至是球队高管都对阿坤十分关照。如今的阿坤名声在外，小有成就。但是越是这种时候他越需要保持冷静，调整好自己的心态和竞技状态，让一切都慢下来。

其实对于现在的续约问题，阿坤更多的是站在俱乐部角度出发，他知道几个月后自己就将成为自由球员，而那个时候一旦转会，培养自己的马德里竞技将一分钱都得不到。所以他通知自己的经纪人尽快和俱乐部谈续约，并表示，无论未来如何，那都是他自己的决定。

带着这样的目的，阿坤经纪人很快就与俱乐部高层坐到了一起商讨这个问题。而接下来的几个月，整个续约工作也都非常顺利。

新赛季开始，马德里竞技在西甲联赛中的开局非常顺利，他们接连以 4-0 和 2-1 战胜希洪竞技和毕尔巴鄂竞技。然而，在与毕尔巴鄂竞技的比赛进行到第 51 分钟时，阿坤与卡洛斯·吉尔佩吉发生了冲撞，这次冲撞导致了阿坤受伤并缺席了欧联杯小组赛的首轮较量。马德里竞技以 0-1 的比分输掉了这场与希腊球队阿里斯的比赛，这场比赛也预示该赛季他们在欧联杯上的不顺利。

在主场与巴塞罗那的比赛中，阿坤复出登场，但是未能完成全场比赛。下半场进行到第6分钟，阿坤因身体不适被替换下场，马德里竞技以1-2输掉了比赛。随后，为了不让伤势进一步恶化，阿坤又接连缺席了两场比赛。在这两场比赛中，马德里竞技分别以1-1战平巴伦西亚和勒沃库森。就在阿坤的伤势痊愈后，他又在训练中造成了左臀部肌纤维撕裂，因此不得不继续养伤。

阿坤希望以最好的状态回到比赛之中，因此，他严格按照理疗专家奥斯卡·皮蒂利亚斯的要求，进行了长达30天的休养。在主场面对挪威球队罗森博格的比赛中，阿坤在第65分钟被替换上场，并且立即展现了他的作用。

上场60秒后，阿坤就将比分改写成了2-0。随后，他又助攻迭戈·科斯塔打进了第三粒进球。在接下来的一场比赛中，马德里竞技输给了比利亚雷亚尔，战平了阿尔梅里亚，又赢得了与罗森博格的第二回合较量。随后，马德里竞技仍然没能打破不胜同城死敌的诅咒，以0-2输给了皇家马德里。不过，马德里竞技击败了奥萨苏纳，还在圣塞巴斯蒂安战胜了皇家社会，此前他们已经19年没能在这座城市取胜了。阿坤的两粒进球帮助马德里竞技回到了胜利的轨道上。

然而，12月的到来伴随着更大的阴霾。首先，马德里竞技以2-3的比分先后输给了西班牙人和阿里斯，被阿里斯击败意味着马德里竞技已经站到了小组出局的边缘。接下来，马德里竞技以0-2输给莱万特，遭遇三连败。12月11日，凭借阿坤的出色表现，马德里竞技总算以2-0战胜了拉科鲁尼亚，迎来了久违的胜利。

自从伤愈复出之后，阿坤已经在12场比赛中打进了12粒进球，但是他的出色表现没能扭转球队的颓势。马德里竞技在客场1-1战平勒沃库森，彻底失去了卫冕的希望。在国内赛场上，3-0大胜马拉加之后，马德里竞技以1-0击败西班牙人，这一次是在国王杯上。

与西班牙人的比赛是马德里竞技两位功勋球员的告别之战，其中一人是葡萄牙球员西芒·萨布罗萨。在合同行将结束之际，西芒没有得到球队的续约合同，因此他决定转战土耳其。而在阿坤看来，西芒是球队的关键人物。此外，何塞·胡拉多则转会德甲俱乐部。

阿坤毫不犹豫地公开表达了对西芒的尊重。"我想说，我一直仰望着西芒，他是团队中重要的一员，我从他身上学到了很多。更重要的是，我们通过这些年的努力收获了两座欧洲赛事冠军，而他在其中扮演了重要的角色。"

"与他一同作战的感觉非常好，他是一名伟大的球员，也是一个优秀的人。我们会想念他的。现在，唯有祝福他在未来一切顺利。"阿坤在社交网站上写道。

2010年年末，经过艰苦的谈判，阿坤和马德里竞技终于就续约合同达成了一致。在最终的协议里，阿坤与俱乐部的合同将在2014年6月30日到期，他的薪资得到了增长，而违约金从6000万欧元下调到了4500万欧元。

在续约被公开之前，阿坤和米格尔·安赫尔·吉尔·马林当面签署了合同。在会议上，阿坤向吉尔·马林解释了他续约的原因。阿坤表示，为了感激俱乐部一直以来的支持，他不会以自由球员的身份转会。

阿坤唯一的请求就是，如果在新合同期间有合适的报价，而且他自己也希望转会，那么俱乐部不要从中阻拦。阿坤认为有必要把这件事讲清楚，虽然此时他还没决定离开，但是他不想否认这种可能性。一旦有合适的机会，他可能做出转会的决定。

吉尔·马林答应了阿坤的请求，阿坤也相信这是一个君子协议。尽管阿坤并不希望离开，但是事情还是发生了。不久之后，他真的离开了马德里竞技。

2011年1月4日，马德里竞技通过新闻发布会宣布了一项将在月底正式通过的决议。在随后的新闻发布会上，卡尔德隆的大批记者质问俱乐部主席恩里克·塞雷索为什么阿坤的违约金从6000万欧元降低到了4500万欧元。记者们认为，这是阿坤即将转会的信号。

塞雷索解释道："这只是因为我们认为4500万欧元的买断条款更加合理，这不意味着任何转会的发生。阿坤很慷慨，他希望留下，降低违约金不意味着转会。要知道，如果阿坤不续约，那么只需要等待11个月，他就可以以自由球员的身份加盟到任何一家俱乐部。"

在记者的施压下，塞雷索显得非常镇定。当阿坤被问及关于他本人的转会流言时，他有力地回应道："现在不是谈这些的时候。如果我想离开，那么那是我个人的决定，与其他人无关。现在我很开心。如果我想走那么我会说'我要转会'，然后离开。这是我的未来，我有权做主。如果到了六月，俱乐部和我认为转会是更好的决定，那么那将是我们所有人共同的决定。"

阿坤留队的消息给马德里竞技的2011年开了一个好头，俱乐部的球迷们欢欣鼓舞，尽管在这一年的第一场比赛中，他们仅仅与桑坦德竞技队战成0-0平。在国王杯淘汰赛中，凭借阿坤的决定性进球，他们以1-1客场战平了西班牙人。由于在首回合比赛中取胜，马德里竞技晋级国王杯八强。

接下来，马德里竞技要面对的对手正是由穆里尼奥率领的强大的皇家马德里队。此前联赛中的交锋没能给马德里竞技留下美好的回忆，他们再一次输给了同城死敌。

面对德比对手，皇家马德里没有展现丝毫的仁慈，他们在主场以3-1大胜对手。这意味着一周之后，马德里竞技必须让奇迹在卡尔德隆球场发生。然而，由于阿坤左大腿肌肉拉伤，马德里竞技逆转的可能性变得微乎其微。果然，皇家马德里在客场以1-0再度获胜，并以总比分4-1将同城对手淘汰出局。

随后，马德里竞技又以0-1输给了希洪竞技，雷耶斯和阿坤双双受伤下场。接着，他们还以0-2输给了毕尔巴鄂竞技，这令球队的一月显得更加黑暗。在这样的战绩之下，球迷们不禁向马德里竞技的高层问责。

赛季开始之前，球迷们梦想球队能够复制甚至超越前一年的成功，然而美梦破灭了。球队的支持者们认为俱乐部没有做好自己的工作，高层没有抓住补强阵容的机会，在夏季和冬季接连失去何塞·胡拉多和西芒·萨布罗萨之后，俱乐部没有进行有针对性的引援。种种原因造成球队失去竞争力，糟糕的成绩在所难免。

在一个多月之内，失败的事实已经摆在眼前。马德里竞技先是从欧联杯中被淘汰出局，而他们正是这项赛事的卫冕冠军；在国王杯中，球队也止步八强，而上赛季他们则进入了决赛。更糟糕的是，马德里竞技在联赛中距离欧战资格的位置还差 5 分，而在赛季之前他们的目标是进军欧冠，现在看来，这已经是几乎不可能实现的"水中花镜中月"了。

进入二月，情况更糟糕了。马德里竞技先是在诺坎普球场被常胜将军巴塞罗那以 3-0 的比分击败，然后又在主场以 1-2 输给了巴伦西亚。在与巴伦西亚的比赛中，阿坤第一次戴上了队长袖标。面对失败，阿坤勇敢地站了出来。

"近几场比赛我们表现得都不够好。尤其是在最近一场比赛中，运气没有站在我们这边，我们本不应该输球的。因此，现在我们应该少说话，多做事，用赛场上的表现回应质疑。我们会认真准备比赛，在每一场比赛中拼尽全力，以争取尽可能高的排名。俱乐部的历史和球迷的支持值得我们去付出。"阿坤坚定地以近乎宣言的方式说道。

阿坤用场上的表现履行了诺言。2011 年 2 月 19 日，阿坤在面对萨拉戈萨的比赛中打进了一记漂亮的进球，他将这个进球献给了在这一天迎来两岁生日的儿子本哈明。

此时，阿坤已经在该赛季为马德里竞技攻入了 15 球，其中 8 球是在联赛中打进的，3 球来自国王杯，3 球来自欧联杯，还有 1 球来自欧洲超级杯。

战胜萨拉戈萨的一役终结了一段时间以来的糟糕表现，与塞维利亚和赫塔菲的平局给马德里竞技带来了希望，在 3-1 战胜比利亚雷亚尔之后，球队更是走上了正轨。在这场比赛中，阿坤打进了一粒进球，球队也凭借这场比赛暂时夺回了欧联杯席位。此时，阿坤在马德里竞技的进球已经达到了 90 个，他追平了俱乐部传奇费尔南多·托雷斯的进球数。

在接下来的一场比赛中，马德里竞技以 2-2 战平了阿尔梅里亚，阿坤独中两元，这是他本赛季的第四次梅开二度，也是来到卡尔德隆后的第 15 次梅开二度。凭借这两粒进球，阿坤以 92 球追平了俱乐部历史外援进球榜上的第二名门多萨。

随后，球队又以 1-2 输给了同城死敌皇家马德里，阿坤在比赛结束前打进了球队唯一的进球。不过，这场失利并没有影响马德里竞技的复苏。四月，球队以 3-2 击败了奥萨苏纳，3-0 击败了皇家社会。在与皇家社会的比赛中，阿坤攻进了他本赛季的第 20 粒进球。

随后，在 2-2 战平西班牙人的比赛中，阿坤再进一球，而在 4-1 大胜莱万特的比赛中，阿坤再度上演梅开二度的好戏。在这一阶段的比赛中，阿坤交出了 6 场比赛进 8 球的成绩单，更是第一次连续在 6 场比赛中取得进球。

四月末，在 1-0 战胜拉科鲁尼亚的比赛中，阿坤打进了他在马德里竞技的第 98 个进球，这也使他追平了俱乐部历史进球榜第十位的阿根廷传奇射手鲁本·卡诺。

在球场上奉献惊艳表现的同时，阿坤并没有忘记百忙之中抽出时间参加慈善活动。他先是参加了西班牙为日本大地震举办的募捐活动，随后参加了皇家西班牙高尔夫联盟在马德里举办的最为盛大的慈善活动。这项活动由赛维·巴列斯特罗斯基金会举办，以支持脑部肿瘤的研究。此外，阿坤还参加了一项名为"赐予我人生"的活动，这项活动由歌星 Huecco 发起，致力于通过运动发电，并将其提供给没有得到电力供应的家庭。阿坤与保罗·加索尔、豪尔赫·洛伦索、大卫·比利亚、佩佩·雷纳、塞尔吉奥·拉莫斯、费尔南多·沃达斯科和德尔·博斯克为这项活动录制了一个宣传视频，在视频中，阿坤跳起了伦巴舞，并且演奏了拉丁美洲打击乐器锯琴。

"阿坤是一个平易近人的明星，就像你所看到的一样。"Huecco 在事后表示，"他总是微笑着，并且专注于慈善事业。与他以及其他世界冠军一起合作是一种荣誉。"

阿坤还接受了桑切斯·维卡里奥基金会的邀请，与拉斐尔·纳达尔一起参加了少年冠军活动。运动员们在马德里球拍城网球场与人们分享了他们的人生经验，谈论了在如此年轻的时候便取得成功的原因。

马德里市市长阿尔贝托·鲁伊斯·加利亚东为活动进行了开幕讲话，他说："纳达尔和阿圭罗的决心、职业道德和奉献精神是全社会的榜样。"

【从男孩儿到男人】

阿坤已经打进了 24 个进球，这距离他 2007—2008 赛季的 27 球的进球纪录只差 3 球，距离为马德里竞技攻进 100 球还差两球。此时，阿坤和队友们已经准备好迎接五月份的最终战斗。

然而，0-3 输给马拉加和 1-2 输给桑坦德竞技的两连败让俱乐部参加下赛季欧洲赛事的目标又出现了波折。

好在，一球小胜赫拉克勒斯让马德里竞技又重回正轨。现在，联赛只剩下最后一轮，而这场比赛关系到球队的最终排名。

如果马德里竞技最终排在积分榜的第五位或者第六位，那么他们就能直接参加下赛季的欧联杯。但是，如果他们只能以第七名的成绩结束本赛季，那么他们还要在七月份参加欧联杯资格赛。

最后一场比赛将会在 5 月 21 日星期六展开，对手是将为保级而战的马洛卡。如今的阿坤心态更加稳定，他也更加清晰地意识到自己所要追求的是什么。在摩纳哥之夜夺得欧洲超级杯后，他每天都在回味着当时的喜悦，对于比赛总是动力十足。但是阿坤明白，此时他必须调整心态，绝对不能浮躁，一定要让自己以一颗平常心去追求一切。

与此同时，阿坤的脑海中出现了两个声音。一方面，他渴望迎接新的挑战，能在自己的职业生涯中更上一层楼，去到更好的球队使自己更进一步。另一方面，他也希望能留在马德里，这里就像是他的家一样，他在这里非常开心也非常放心，只是这里恐怕不能满足他的野心。

阿坤和最好的朋友以及自己的经纪人谈论了这个问题，他耐心地听取了大家的意见。2006 年他转会来到马德里竞技并在这里成长，但是现在的情况和当年明显有些区别。如今的阿坤即将满 23 岁了，他开始意识到很多事情必须自己做主了，他不再是那个需要人去关心的小男孩儿，他需要做自己的主人，需要成熟。

伴随着这些压力，阿坤和自己的队友们来到圣莫伊斯球场客场挑战马洛卡。那是2011年的5月21日，主队为了最终的保级急需在本场比赛拿分。马洛卡球迷为了自己的球队疯狂呐喊助威，但是阿坤的三粒进球让主场变得鸦雀无声。

第12分钟，胡安·弗兰传球，阿坤摆脱努涅斯后在禁区右侧打远角得分。比赛进行到第60分钟，马德里竞技已经2-0领先对手，此时阿坤再入一球，但是他并没有一如往常地疯狂庆祝。何塞·安东尼奥·雷耶斯长传准确找到了禁区左侧的阿坤，阿坤用右脚完美地接住皮球突入禁区，赶在三名后卫回防到位前突然大力起脚，皮球直飞球门左上方，门将望尘莫及，阿坤帮助球队再下一城！而当看到皮球入网，阿坤转头就往回走，即使队友前来庆祝，他也只是默默地回到中圈。

这粒进球是阿坤在马德里竞技打入的第100粒入球，这对他来说有着非凡的意义，虽然几分钟后，他再入一球将这一数字变为了101，而由于种种原因，这粒进球也将成为球迷们深深的回忆。

2011年5月21日星期六，圣莫伊斯球场，马洛卡对阵马德里竞技，比赛进行到下半场第35分钟。

这是一个令人惊喜交加的夜晚，阿坤在这场比赛中再一次留下自己的印记。这是2010—2011赛季西甲联赛的第38轮，也是最后一轮的比赛。比赛进行到下半场第35分钟时，阿坤已经打入了两球，而第二个进球正是他为马德里竞技打进的第100个进球。此时，阿坤再度获得了机会。他在左路拿球，突破了对方在进球边缘的四名防守队员。面对竭力出击的门将和两名试图放倒他的后卫，阿坤以一记精准的吊射完成了这次破门。这是他职业生涯中的第一个帽子戏法，也是他为马德里竞技打进的第101个进球。和这场比赛的前两次进球一样，阿坤没有庆祝，而是走回中圈重新开球。这是为了表达对对手的尊重，因为在输掉这场比赛后，马洛卡很有可能降级。当然，不庆祝的原因也包括了个人情感因素。这是阿坤职业生涯中最成功的一天之一，但是他却毫无兴奋感。因为就在这里，这个夜晚，这座体育场，在距离他23岁生日还有几天的时候，他知道他在马德里竞技的生涯已经走向了终点。

"2006年,我来到了西班牙。如今我所经历的一切和我即将面对的一切已经远远超出了我当初的想象。因此,我希望将进球献给所有的球迷。从我来到这里的第一天起,他们就张开双臂欢迎我。我一直都能感受到他们的鼓励和热情。

"三球击败马洛卡,球队却依然要打欧联杯资格赛,这令我感到有点儿遗憾。当然我仍然很开心,我为什么不去庆祝这些有意义的进球呢?很显然,我必须尊重对手,他们在为保级而战,但是我依旧为自己感到骄傲。哪一个进球最特别?我非常喜欢第二个进球,因为这刚好是我的第100球。但如果一定要我选,其实第三粒进球更有意义,因为这不仅仅是完成帽子戏法的一球,更是我对自身的突破。我也很开心自己成为了C罗和梅西之后的第三射手。"阿坤说。

赛后,阿坤表达了自己内心最真实的想法。能为球队进军欧战而做出贡献,阿坤感到很满足,如今他已经为马德里竞技打入了101球,也成为了西甲的第三射手,而本场比赛完成三粒进球也使他上演了职业生涯的第一个帽子戏法。

就这样,马德里竞技客场4–3惊险击败马洛卡,而由于拉科鲁尼亚最后0–2输给了巴伦西亚,所以马洛卡最终惊险保级。出于对对手的尊重,阿坤没有庆祝,但他同样感谢球迷的支持。

虽然完成了里程碑式的进球,但是这个夜晚他的心中五味杂陈,喜悦和悲伤的感受不断交替。尽管如此,阿坤依旧刷新了自己的单赛季进球纪录。这一年他一共打入27球,其中联赛入球20粒。

在这样的复杂情绪下,阿坤回到马德里,与他的家人和经纪人召开了一次会议。在会议上,阿坤表达了他的考虑和决定,并得到了所有人的支持。所有人都对阿坤表示了支持,并将立刻行动起来,为下一步计划做准备。但是,阿坤清楚地表示,虽然谈判由专业人士负责,但是下一个俱乐部的选择,一定是由他本人做出的。

在接下来的几个小时里,阿坤格外激动,在赛场下他很难有如此大的情绪波动。家人和朋友安慰他说，难过是正常的。尽管事情悬而未决，阿坤却又要马不停蹄地踏上新征程了。5月24日，阿坤前往阿根廷和国家队汇合，准备参加美洲杯。阿坤决定尽快将他的决定通知俱乐部，以便双方有足够的时间解决相关事宜。

然而，马德里竞技高层拒绝参加定于5月23日的会谈。因此，阿坤一方不得不积极应对，将他的决定公之于众。几个小时后，阿坤和他的经纪人完成了一份公开声明。

"我认为是时候该更进一步了。"阿坤在推特上说道，"我已经将我的决定告知马德里竞技俱乐部，要求球队接受其他俱乐部的报价。之前我一直表示，如果我想离开，那么我会公开我的决定。现在时间到了，我尊重自己的决定。"随后，阿坤附上了一条自己官网的链接，标题是《是时候更进一步》。

关于这个问题，我已经认真思考了很久。我相信我应该面对自己真实的想法。我相信我不能错过继续学习、继续成长的机会。在加盟马德里竞技五年之后，我人生中的一个篇章已经结束，而新的一页即将开始。我马上就要度过自己的23岁生日，我的征途是星辰大海。我想说，这个决定无关乎金钱，只关乎竞技。因此，我想对马德里竞技表达我最真诚的谢意，他们努力让我的工资水平同世界上最大的俱乐部的工资水平持平。我还想向大家解释一下，这个决定我已经酝酿多时。在去年我和马德里竞技续约的时候，我们就讨论过这个问题。我想和球队续约，是因为这是我回馈俱乐部的一种方式。如果我不续约，那么我将成为一名自由球员，俱乐部将不能从我的转会中得到任何收益。因此，考虑到之前双方的承诺，我希望马德里竞技可以无条件地听取任何俱乐部的报价。

对于球迷，我想说我永远感激你们。这不是什么官方发言，也不是为了政治正确。我所说的都是我的真实感受。我知道，只有发自肺腑的声音，你们才能懂我。你们是我生命中的一部分。这些年来，我为球队打进101个进球，夺得两座冠军。我永远不会忘记在海王星喷泉的庆祝，还有在巴塞罗那错失国王杯的那个晚上。对于我来说，动力永远来自于我从小就有的那种渴望：渴望比赛，渴望胜利，渴望成为最好的那一个。我爱足球，我爱这项运动。

我不想陷入老生常谈的演讲。这不是一个永别，只是一个再见。我想起一个著名的阿根廷探戈歌手的话，这句话非常适合现在的场景："谁说我走了？我总会回来的。"给你们所有人一个大大的拥抱，我爱你们。

——阿坤

【为了16号】

阿坤的声明一经公开，便得到了强烈的反响，有人支持他，也有人恶语相向。

在几个小时之内，超过12万人浏览了阿坤的个人网站。社交网络成为这一事件的传声筒。球迷，尤其是马德里竞技的球迷在网络上展开了激烈的讨论。

俱乐部高层备受指责，球迷认为他们没能很好地建设球队阵容，以至于阿坤这样的大牌球员流失。球迷认为高层的不作为是阿坤离开的根源，并且担心情况会继续恶化，失去争冠实力，甚至连欧洲赛事都参加不了。

阿坤努力让自己不受舆论的干扰，他必须前往布宜诺斯艾利斯，为美洲杯做准备。但是，俱乐部高层面对的指责和球迷的反应令他心神不宁。阿坤不明白，他早在之前与俱乐部在续约的时候就表达了可能离队的想法，为什么如今高层面对他的决定仍然如此震惊？而且，高层甚至不愿意配合他的工作。

阿坤努力克制自己的情绪。他对自己说，一方面，他与俱乐部一路走来，感情深厚；另一方面，这是俱乐部自己和球迷之间的问题。在飞往阿根廷之前，阿坤在马德里巴拉哈斯机场接受了记者的采访。

"我认为我在声明中已经说得很清楚了，我想转会。我已经通知了恩里克和米格尔·安赫尔。在我和俱乐部续约的那一天，我就告诉他们在适当的时候我可能会选择转会。当时我还说，如果我想转会，我就会公开我的决定。当时他们同意了。现在，我只能说他们早就知道我会发布声明，问题是他们似乎不记得曾经答应过我什么。俱乐部必须尊重自己的承诺，球迷也应该理解我。在这里我度过了愉快的五年，因此我想感谢俱乐部和支持我的球迷。我们之间的感情是相互的，但是，我已经决定开始新生活。"阿坤说。

阿坤的发言没有留下任何争论的余地。但是，就在接下来的几天里，就在阿坤和家人们在阿根廷享受天伦之乐的时候，关于他转会的争论却愈加火热。一切都源于一个不实的传闻，那就是阿坤将转会皇家马德里。这样的谣言对于马德里竞技球迷来说无异于火上浇油。无论在报纸、广播、电视还是互联网上，相关的讨论愈演愈烈。

面对争论，阿坤决定专注于眼下对于他来说最重要的事情，那就是七月份将在阿根廷举行的美洲杯。在生日前两天，阿坤接到电话，被告知他入选了主教练塞尔吉奥·巴蒂斯塔的最初26人名单。

"我迫不及待地想回到埃塞萨与队友们一同训练。我曾经说过，现在我要再说一次：我永远不会拒绝国家队的征召。"阿坤在推特上说道。

在热身赛中，阿根廷以4-0战胜了阿尔巴尼亚，阿坤替补上场攻进一球。阿坤的努力与热情得到了回报，巴蒂斯塔确认他入选最终22人大名单。这些天阿坤劲头十足，这是他第一次参加美洲杯，谁也不能阻止他享受比赛。

他还趁着这段时间参加了慈善活动。比如，他和梅西以及特维斯签署了联合国儿童组织的"保护儿童，反对歧视"的承诺书。

这项活动的目的旨在提高人们对于儿童歧视问题的认识，对于儿童的歧视已经影响了成百上千青少年的生活、成长和发展。

同时，阿坤还为参与联合国儿童组织一项名叫"冲击艺术"的活动而作画。这项活动联合了体育节和艺术节的力量，请体育明星们完成艺术品并拍卖，将所筹集的善款用于不同的非政府组织。

在美洲杯开始阶段，阿坤还参与了胡安·卡尔的阿根廷互助网的寻找失踪儿童活动。每一天，阿坤都将失踪儿童的照片和资料上传到他的推特和脸书上。

"这是一个很好的利用社交网络优势的方式,希望可以帮到那些失踪儿童和他们的家庭,这值得一试。"阿坤说道。

胡安·卡尔在互助网上赞扬了阿坤:"在拉丁美洲,每5000名失踪人口中就有1600名是未成年人,其中有440人是阿根廷人。因此,我非常钦佩像阿坤这样的年轻人,他如此成功,他的职业生涯如此辉煌,但是他仍然关注失踪儿童和贫困儿童。"

在参加了这些慈善活动后,阿坤更加坚定了自己要为国家队竭尽全力的想法,因为他"希望为这个国家的人民带来快乐"。然而,蓝白军团并没能实现赛前的目标。在与乌拉圭的淘汰赛中,双方在90分钟内战成1-1平,随后阿根廷在点球大战中被淘汰出局。

阿根廷队在本届美洲杯的开局就不顺利。在小组赛第一轮中,他们1-1战平了玻利维亚。比赛结束前20分钟阿坤替补登场,而此时阿根廷以0-1落后。阿坤一脚技惊四座的破门帮助球队取得了平局。迪马利亚传中,布尔迪索胸部停球摆渡,阿坤冷静施舍,帮助球队避免了揭幕战的失利。

第二轮,阿根廷又与哥伦比亚战成0-0平。阿坤再度在下半场替补登场,他没有足够的时间进球,帮助球队摆脱质疑。这样一来,为了保证小组出线,第三轮与哥斯达黎加的比赛成了必胜之战。

在这场比赛中,巴蒂斯塔终于选择让阿坤首发登场,与他搭档锋线的是梅西和伊瓜因。最终,阿根廷以3-0轻松取胜,阿坤梅开二度。可惜,阿根廷还是倒在了与乌拉圭的点球大战上,被评为当场比赛最佳球员的乌拉圭门将费尔南多·穆斯莱拉如有神助。被淘汰让阿根廷国家队再一次站到了舆论的风口浪尖上。

失利的苦涩令阿坤神伤,他没能完成赛前的目标。就如同每一次失败一般,阿坤感到深深的痛苦。即使很多报纸和专家认为他是阿根廷在本届赛事中表现最好的球员,他也没有觉得好过一点。

没有其他选择,阿坤只能翻过这失败的一页。阿坤答应自己,在未来的日子里要永远为国家队付出一切,要帮助国家队重振威名。

为了自己的职业未来,阿坤的确必须尽快走出美洲杯的阴影。在美洲杯期间，阿坤将他的转会事宜交给了经纪人处理。

传闻从未停息。切尔西、尤文图斯、巴黎圣日耳曼、曼城和皇马是被提及最多的名字。报道也不断提及阿坤转会的细节问题。

"除了皇家马德里之外，其他俱乐部想要得到阿坤，就必须触发4500万欧元的买断条款。"

在阿坤发布离队声明不久后，俱乐部主席米格尔·安赫尔·吉尔·马林就发表了这一言论。这句话在阿坤整个转会过程中被不断提及。这意味着他的离开不可能体面，这和阿坤原本的设想可不一样。而且，阿坤觉得俱乐部似乎想将他塑造成一个忘恩负义的坏人。

在阿根廷接受媒体采访时，阿坤暗示了自己对于马德里竞技高层的不满。在布宜诺斯艾利斯做客电台节目时，当被问及未来，阿坤说："如果我说我会留在马德里竞技，那么我就在撒谎。我不可能留下。你可以赌我去任何一支球队，但是不要赌我会留下。"

阿坤还表示，他是独立队的球迷，独立队才是他支持的球队。"我不知道哪些俱乐部对我感兴趣，但是从竞技层面来说，英格兰和西班牙的球队最吸引我。"

尽管他的言论只是针对于马德里竞技高层的态度，但是他明白这不代表他真正的想法，而且会引起误会。阿坤确实仍然是独立队的球迷，但是他也对自己18岁便加盟的俱乐部非常感激，是马德里竞技为他打开了通往欧洲足坛的大门。无论在场上还是在场下，阿坤一直强调，这五年来他所经历的一切都十分宝贵。

阿坤决定不再火上浇油，刺激球迷的情绪。此外，出于对合作五年的俱乐部的尊重，他决定不再发表不利于俱乐部的言论。尽管沉默可能意味着被误解、被羞辱。阿坤不想做错事，也不想背叛自己的承诺。

阿坤决定在事情完全解决之前不再发表任何言论。如果有谁想趁着这个机会诽谤他，那么悉听尊便，他不会接受挑衅。时间将会平息一切。现在，阿坤只想静待最终的结果，这将关系到他未来的职业生涯。

自从发表离队声明，并且奔赴阿根廷参加美洲杯后，阿坤就将转会工作交给经纪人了。埃尔南将他的全部精力都投身于与各个俱乐部的谈判中。他听取了所有报价,选取了其中一部分跟进,并且和阿坤进行讨论。

马德里竞技表示任何俱乐部想得到阿坤则必须付出违约金,这意味着阿坤的转会将是这年夏天最昂贵的签约。在这种情况下,阿坤得到了他的经纪人最职业的响应:无视流言蜚语,考虑每一种可能性,为阿坤做出最有利于其职业生涯的决定。

为了做到这一点,埃尔南辗转意大利、西班牙和英格兰所有对阿坤有兴趣的俱乐部。经过两个月紧张的工作,埃尔南在与各个俱乐部的会谈中得到了第一手消息。与当年从独立队转会马德里竞技一样,阿坤的转会必须考虑到关于他未来前景的方方面面。

埃尔南的其中一次谈判便是在罗伯托·曼奇尼位于意大利的家中进行的。时任曼城主帅的曼奇尼特意邀请了埃尔南,向他讲述了曼城的规划以及为什么他认为阿坤可以在队中扮演重要的角色。这次会谈发生在阿根廷1—1战平玻利维亚之际,也就是阿坤打入精彩进球挽回阿根廷揭幕战败局的那场比赛。

在这样的背景下,埃尔南了解到了曼城俱乐部关于公共设施建设和竞技层面发展的计划。2008年,曼城被来自阿联酋的谢赫·曼苏尔·本·扎耶德·阿勒纳哈扬收购。从那时起,曼苏尔就计划将曼城发展为全世界最大的足球俱乐部之一,而签下阿坤这种级别的球星正是他们计划中的一部分。

会谈过后,埃尔南认为在短期内,曼城是阿坤最有诚意的追逐者。没过多久,曼奇尼就公开了他对阿坤的兴趣。在接受《天空体育》的采访时,曼奇尼特别提到了阿坤,表示这是他今年夏天最想签下的球员。曼奇尼的言论刺激了尤文图斯,后者是最早表达对阿坤感兴趣的俱乐部之一。"老妇人"正处于重建期,他们急需签下阿坤这样的球员,作为俱乐部新时期的标志。

2011年7月下半旬,形式逐渐明朗,阿坤是时候该做出决定了。这些天以来,阿坤本能地感到焦虑,他自己才是最适合为他的未来做出决定的人。

7月23日是一个周末,这一天,他听取了经纪人详细的报告。最终,阿坤决定到一个新的国家发展，尽管这意味着更多的变数。阿坤要离开西班牙了，在这里他过得很开心，最近他才刚刚搬进位于马德里的新家，带着极大的热情装修了房屋。

新的开始总会带来新的问题，不过阿坤决定以最大的热情迎接挑战，他将专注于转会的好处而不是潜在的问题。在做出决定之前，阿坤与他的父母进行了讨论，莱昂和阿德里亚娜倾听了阿坤的观点。

随着时间的推移，阿坤越来越相信他的未来属于英超。他喜欢英超，那里拥有高水平的球队和激烈的比赛，这一切令英超成了全世界最重要的足球联赛之一。

更重要的是，阿坤被曼城的立场所吸引了。曼城展现了强大的决心，不仅是关乎于阿坤的转会，更关乎于曼城未来的发展计划。

在得知曼城更长远的计划和球队的水平之后，阿坤从内心更加确定这支球队将在未来成为重要赛事冠军的有力争夺者。

阿坤与自己的老朋友萨巴莱塔取得了联系。萨巴莱塔从2008年开始为曼城效力，他的话对于阿坤来说至关重要。萨巴莱塔和阿坤很有缘分。2003年，阿坤在阿甲联赛的处子秀上就遇到了萨巴莱塔。后来，在阿坤随阿根廷U20国家队夺得荷兰世青赛冠军时，萨巴莱塔正是球队队长。另外，目前效力于利物浦的前队友马克西·罗德里格斯也给了阿坤很多建议。

萨巴莱塔和马克西从自己的角度给出了忠告，这些话帮助阿坤从更全面的角度了解到等待他的将是什么。萨巴莱塔和马克西将在阿坤转战英伦的最初阶段扮演着重要的角色。

在阿坤的支持下，两家俱乐部加快了谈判节奏，并且确定了合同细节。阿坤授权埃尔南与曼城谈判薪资问题。7月26日，阿坤和他的父亲莱昂一同乘飞机从布宜诺斯艾利斯经伦敦抵达曼彻斯特。

此时，记者已经知道曼城签约阿坤的事已经板上钉钉，但是他们还不清楚俱乐部何时宣布这一消息。而在抵达伦敦的时候，阿坤自己通过推特宣布了加盟曼城的消息。

曼城的工作人员在曼彻斯特机场接机，并将阿坤接到球队的医院进行体检，随后他们抵达曼城的主场伊蒂哈德球场，在这里双方将进行最终的签约。

"现在，我是一名曼城球员了。非常高兴来到这家俱乐部、来到这座城市。感谢每一个欢迎我和接待我的人！！！"阿坤在自己的社交网络上写道。

尽管有些令人眼花缭乱，但是阿坤享受他抵达曼城后的每一分钟。俱乐部的组织能力、设施和接待令他印象深刻，良好的第一印象加深了他对于自己直觉的肯定。当然，无论情况如何，阿坤都相信自己可以很好地适应环境。现在，他对于新的开始充满了动力。

接下来，阿坤接受了他抵达英国后的第一次访谈。访谈他的是曼城俱乐部的官方电视台，访谈地点是球队的更衣室，印着16号和"阿圭罗"（后来球衣上加印了"阿坤"）的球衣就挂在那里。阿坤选择了和在阿根廷国家队相同的球衣号码——16号。

"我们将为重量级冠军而战。曼城是英格兰最大的俱乐部之一。我对我的经纪人说，我一定要加盟曼城，这是一家很好的俱乐部。我喜欢曼城，我想要征战英超赛场。"阿坤表达了他的期待。

关于融入问题，阿坤表示他毫不担心："关于球队，我所听说的都是积极的，我很期待见到队友。"

随后，曼城参加了都柏林超级杯，以作为夏季热身赛。这项赛事的参赛球队还有凯尔特人、国际米兰和爱尔兰明星队。虽然没有在比赛中登场，但是阿坤迎来了作为曼城球员的第一次公开亮相，他与曼奇尼一道出席了新闻发布会，并且承诺了他会为冠军而战："如果本赛季就能夺冠，那将是最好的。"没想到，阿坤的预言成真了。

在这样的态度下，阿坤全身心地投入新阶段，他将要适应一个新的国家、新的城市、新的联赛和新的俱乐部，他希望这个过渡期越短越好，他对自己很有信心。阿坤认为，了解并成为一种不同的文化的一部分也是一种成长。阿坤面临着绝佳的前景，他很确定他不会浪费机会。

第十五章 "市民"阿坤

阿坤愉快地度过了适应期。在他抵达曼彻斯特后不久，他的家人也来到了英格兰陪他，这让他喜上加喜。阿坤选择住在阿尔德利角，这里距离曼彻斯特大约19公里，许多曼城球员都在此地安家。阿尔德利角十分安静，附近一个小巧而精致的购物中心也给了这个小镇不少加分。

从一开始，阿坤就饱含热情地投入了新生活，他每周要上三次英语课。不过，随着外出比赛的增多，阿坤不得不降低了上课的频率。另外，阿坤轻而易举地适应了英国右驾左驶的习惯。

驾驶习惯的改变并没有影响阿坤，他喜欢开车出行。曼城位于卡灵顿的训练基地距离阿坤的新家只有20分钟的车程。一开始，阿坤需要依靠导航系统，不过没多久，他就不需要任何帮助了。

在加盟曼城的初期，阿坤还找机会了解了俱乐部的历史、现状以及对未来的愿景。他了解到，曼城曾经在20世纪60年代末有过一段辉煌期，但是随后俱乐部逐渐衰落，甚至有过几次降级的经历。

长久以来，曼城被曼联嘲讽为"吵闹的邻居"。曼联是曼城的德比对手，近年来成绩出色，一直处于争冠行列。对于曼城来说，重回昔日的辉煌是他们的目标。人们告诉阿坤，几个月前，曼城夺得了英格兰足总杯，这令俱乐部和球迷非常开心，因为这是球队35年以来的第一座冠军奖杯。此外，人们还告诉阿坤，曼城的雄心是夺得英超冠军，而他们上一次夺得英格兰顶级联赛冠军已经是44年前的事情了。

2008年，来自阿联酋的曼苏尔买下了曼城，并且提出了一个复兴球队的伟大计划。从那以后，曼城逐渐复苏，并且取得了一定的成功，而对于未来，他们还有更宏伟的愿望。

阿坤认为，俱乐部的计划已经比表面上看起来更容易实现。阿坤惊喜地发现，球队处理问题的方式非常专业，他们拥有现代化的设施，并且计划着进一步提升。此外，俱乐部重视球员的一切需求，因此，球员只需要专注于自己的本职工作：好好踢球。

此外，阿坤还了解到了俱乐部的伊蒂哈德训练营计划，未来曼城将在自己的主场附近建立一个占地 80 英亩（1 英亩 ≈ 4047 平方米）的综合基地。俱乐部的目标是建立全球最现代化的训练基地之一，用于为球队培养青年球员。训练营中还包括了一个可以容纳 7000 名观众的青年队球场。

总之，随着对新东家的了解，阿坤的感觉越来越好，尤其是在他见识到曼城队球迷的热情之后，这种好感进一步加深了。2011 年 8 月 7 日，曼城在温布利大球场迎来了社区盾杯，这一次他们的对手刚好是同城死敌曼联队。

这一天，阿坤没能得到上场机会，在替补席上近距离地观看了比赛。他为球队的人员质量和技术水平所折服，更为球迷们的热情而惊叹。尽管曼城在领先的情况下被连扳两球，最终以 2-3 落败，但是他们的球迷依然为队员们付出的努力而喝彩，因为对于他们来说，夺得足总杯冠军已经是一个伟大的成就。

尽管没能在温布利大球场迎来首秀，但是阿坤很快就尝到了为曼城而战的滋味。2011 年 8 月 15 日，2011—2012 赛季英超联赛第一轮展开角逐，曼城的对手是斯旺西，后者是第一支参加英超联赛的威尔士球队。2003 年，曼城离开老主场缅因路球场，如今他们的主场是伊蒂哈德球场，这是一座可容纳 47726 名观众的壮观的专业足球场。在整个 2011—2012 赛季中，伊蒂哈德球场一直座无虚席。

主教练罗伯特·曼奇尼为本赛季的第一场比赛精心布阵：在门将位置上，他派出了乔·哈特；强壮的本土球员米卡·理查兹和法国人盖尔·克里希分别担任右后卫和左后卫，比利时人文森特·孔帕尼和乔莱昂·莱斯科特搭档中后卫；中场方面包括荷兰人尼热尔·德容、科特迪瓦人亚亚·图雷、加雷斯·巴里和西班牙人大卫·席尔瓦；前锋线上的搭档则是波黑人埃丁·哲科和左脚射手亚当·约翰逊。替补席名单上则包括门将斯图尔特·泰勒、巴勃罗·萨巴莱塔、塞尔维亚人斯特凡·萨维奇和亚历山大·科拉罗夫、詹姆斯·米尔纳、阿坤以及球技出众但有点儿疯狂的意大利年轻小子马里奥·巴洛特利。

休息区中的阿坤心花怒放，因为曼奇尼承诺过会在比赛中将他替换上场。这是阿坤第一次在壮观的伊蒂哈德球场观看比赛。球迷们非常狂热，但是他们的表达方式是阿坤从未见过的。

首先，阿坤被《蓝月亮》的歌声震惊了。《蓝月亮》是创作于20世纪30年代的一首歌曲，在20世纪90年代，曼城球迷开始在比赛前合唱这首歌曲，这一习惯一直保留至今。这首歌最早由弗兰克·西纳特拉和埃尔维斯·普雷斯利演唱，后来由前绿洲乐队主唱利亚姆·加拉格尔翻唱。利亚姆·加拉格尔是著名的曼城死忠，自他翻唱《蓝月亮》之后，人们更愿意将这首歌视为曼城的标志了。

另外，更令阿坤惊讶的是，每名球员都有属于自己的歌曲。阿坤不禁开始想象，不久之后，他也能拥有属于自己的专属歌曲了。阿坤还第一次见证了球队进球时球迷的疯狂庆祝。在下半场开始后不久，埃丁·哲科攻破了斯旺西的大门。最终，曼城也凭借这一进球以1-0战胜了斯旺西。

哲科进球之后，阿坤看到球迷们背对球场，将手搭在身边的球迷身上，舞动着身体庆祝球队的进球。

球迷们把这种庆祝方式叫作"波兹南"。很久以前，他们在一场欧联杯的比赛中遭遇了波兰的传统强队莱克波兹南，当时莱克波兹南的球迷就是这样庆祝进球的。后来，曼城球迷学会了这种庆祝方法，并将其称为"让我们来一个波兹南"。每当球队进球的时候，曼城的球迷就会这样庆祝。阿坤没想到的是，没过多久，他就将给球迷一个"波兹南"的理由。下半场进行到第15分钟，曼奇尼将阿坤替换上场。

电视转播镜头捕捉到阿坤上场时的画面。在上场前，阿坤还和第四官员开了个玩笑。随后，第四官员举起了换人的电子显示屏，上面显示曼城队的16号阿坤将替换34号尼热尔·德容。不久之后，阿坤才发现这是一个惊人的巧合。在2003年，15岁的阿坤在独立队迎来阿甲首秀时也身披

16号战袍,并且替换身穿34号的球员上场。

不过在当时,阿坤可没心思回忆往事,他完全专注于对上场比赛的期待中。

踏上伊蒂哈德球场后,阿坤表现得非常兴奋,他的第一次触球就是一脚打门,惊出斯旺西门将米歇尔·沃尔姆一身冷汗。不久之后,阿坤从左路发起进攻,再度险些破门。出场8分钟后,阿坤就打入了他在曼城的处子球。在接到米卡·理查兹从右路的传球后,阿坤用幽灵般的跑位突破对方后卫的盯防,在门前将球踢进对方大门。仅仅两分钟后,阿坤在门前尝试射门未果,将球回传给队友大卫·席尔瓦,由于门将已经被阿坤吸引失位,大卫·席尔瓦轻松将球打进,比分被改写成了3-0。

进球之后,天赋出众的大卫·席尔瓦和阿坤相视一笑。在未来,他们有更多的机会带给曼城球迷激情与狂喜。仅仅10分钟,阿坤就证明了他的价值,无论对于曼城还是英超联赛来说,他的首秀都已经称得上完美。但是,一切都还没结束,阿坤还能将这个夜晚变得更加完美。在比赛最后时刻,阿坤右脚的一记精彩远射再度洞穿了斯旺西的大门,沃尔姆回天乏术。这是阿坤本场比赛个人的第二个进球,这个进球将比分定格在了4-0。

这记精彩的世界波引起了全场的欢呼,整个伊蒂哈德球场沸腾了,曼城的支持者们开始幻想着一个伟大的赛季,幻想阿坤的加盟将为球队带来更多的荣誉。阿坤本人也非常高兴,他对于这样的开局感到非常兴奋,并将存在于每个人心里的激动之情表达了出来。"希望这是一个伟大赛季的开始。"阿坤在推特上写道。九个月后,这句话成了现实。

【在打破纪录的路上】

月末,主教练罗伯特·曼奇尼赞扬了阿坤的表现。

"他很年轻,我认为对于我们来说,他是一个不可思议的球员。"曼奇尼称赞道。另外,他还提到了阿坤和席尔瓦之间的默契:"他们都说西班牙语,而且球技都非常非常出色。"

时任斯旺西主教练的布兰登·罗杰斯也称阿坤为一个"世界级球员",

同样的称赞声在媒体上也是不绝于耳。

巧合的是，那段时间阿坤刚刚选择了彪马作为他职业生涯新阶段的合作品牌。这家德国公司的全球体育营销高级主管克里斯蒂安·沃伊特说道："阿坤是目前全世界最令人激动的射手之一，我很满意他的表现，他现在已经是彪马的招牌人物了。"

"我们很开心与阿坤签约。"沃伊特说道，"毫无疑问，塞尔吉奥·阿圭罗将会成为一个真正的传奇。"

彪马签下阿坤的时机可谓恰到好处。没过多久，阿坤便将沃伊特的预言书写成了事实，他打入了许多进球，并且与曼城一起获得了许多荣誉。

曼城将在第一轮比赛中展现的强大攻击力完美地延续了下去。在该赛季的第一场客场比赛中，他们以3-2战胜了博尔顿。随后，他们又以5-1大胜托特纳姆热刺，其中哲科攻入四球，另一球由阿坤打进。在这场比赛中，法国球员纳斯里第一次为曼城出场，他的表现也非常惊艳。

2011年9月10日，曼城以3-0战胜了维冈竞技，阿坤包揽了全部的3粒进球，这也是他职业生涯中的第二个帽子戏法。在这场比赛之前，维冈竞技的西班牙籍主教练罗伯托·马丁内斯对阿坤做出了很高的评价："阿坤有在锋线和中场之间作战的能力。他起步的前五码速度非常快，后卫往往对此感到震惊。"马丁内斯甚至还预言道："他是一名全能球员，他的能力甚至接近马拉多纳和梅西。让我们拭目以待吧。"而在比赛中，阿坤确实很好地证实了马丁内斯的观点。

前四轮战罢，曼城打进15球仅失3球，这样的成绩让他们占据了英超积分榜榜首，并且引起了全世界的注意。曼城以坚挺的后防为基础，伴随高控球率和令人信服的攻击线，这种坚实的打法令球队备受称赞，也令他们吸引了竞争对手的注意。

虽然赛季刚刚开始不到一个月，球队也只进行了四场比赛，但是阿坤已经确信他加盟了一支水平极高、天赋出众的球队。

从个人的角度来说，阿坤明白他的成功必然建立在与队友的默契和对英超联赛的适应上。英超以比赛激烈程度高著称，因此，在整个赛季保持良好的竞技状态是非常关键的。尽管阿坤在第一场比赛中感到轻松自在，但是他明白自己如今身处于一个节奏更快、打法更直接的联赛中，他必须在比赛中付出更多跑动。

在英超，阿坤面对的挑战之一就是攻防转换节奏加快，因此他必须在这方面更加努力。如果他能够保持专注，那么他对球队的贡献将会越来越重要。阿坤坚信自己能给曼城带来提升，也相信曼城将帮助他成为一名更好的球员。

在接下来的几场比赛中，曼城仍然势不可挡。他们先是以2-2战平富勒姆，在这场比赛中，阿坤包揽了两粒进球。随后，他们又连续战胜了埃弗顿（2-0）、布莱克本（4-0）、和阿斯顿维拉（4-1）。此时，曼城以22个积分高居英超积分榜榜首，而他们的同城死敌曼联以两分的劣势暂居联赛次席。而在下一场比赛中，曼城的对手正是曼联。

弗格森爵士的球队在主场的战绩非常出色，在之前的25个主场中，他们赢得了其中的24场比赛。曼联的目标非常明显，他们要战胜近期状态出色的争冠对手曼城，夺取积分榜首的位置。

另一方面，曼城也期待拿下这场比赛，进一步巩固榜首优势。对于曼彻斯特双雄来说，这是一场事关冠军的严峻考验，更何况他们面对的对手还是同城死敌。

此外，这场比赛还被看作是两位顶级射手的对决。目前在英超射手榜上，韦恩·鲁尼以9粒进球排名第一，而阿坤以8球暂居第二。然而，即使是最乐观的曼城球迷或者是最悲观的曼联球迷，也无法预料2011年10月23日的这场德比大战的结局。

在这场比赛中，曼城发挥出色，而且在下半场早些时候，曼联的后卫埃文斯被红牌罚下，令曼城占据了人数上的优势。最终，曼城以6-1"屠杀"曼联。在比赛中，阿坤和大卫·席尔瓦各入一球，哲科打进两球，巴洛特利也上演了梅开二度。此外，巴洛特利还在进球后展示了他著名的印有"为什么总是我？"的T恤。巴洛特利表示，此举意在质问那些总是针对他的媒体和记者。

这场比赛的结果在国际足坛引起了极大的反响。要知道，曼联上一次在老特拉福德丢6球还是85年前的事，而上一次曼城在客场"屠杀"曼联还要追溯到1955年，当时曼城在老特拉福德以5-0战胜了曼联。对于曼联来说，这是一场惨痛的失利，连弗格森爵士自己都认为"这是曼联历史上最糟糕的一天"。

"巴洛特利有时候很疯狂，这只是因为他想要变得疯狂。只要兴致来了，他就会做蠢事，因为他认为他可以。"阿坤解释道，"在训练场上，他有的时候会将球踢得四处飞，在食堂里，他又会到处朝人扔奶酪。我觉得，他做出许多行为的原因是他觉得自己与众不同，而且缺乏安全感。我经常捉弄他，给他起绰号或者和他开玩笑，但是他明白那是我表达对他的喜欢的方式，我爱他，每个人都爱他，尽管他有的时候会发疯。他以前说他觉得没有人爱他，我相信他真的这么认为，但是真实的情况并不是这样的。

"说到我们客场和曼联的那场比赛，那时候没有人知道他有那件T恤，他一定是把它藏起来了。后来，当我看到'为什么总是我？'的字样时，我告诉他，如果他能保持冷静，不要做那么多出格的事，那么很可能就不会'总是他'了。如果我们知道他穿了那件T恤，我们一定会让他脱掉的。他有时会说'在我来训练场的路上，警察一直跟着我，想要和我说话'，我会说：'不可能！一定是你超速行驶或者撞到人了！'

"有时候，接待处会告诉他警察来找他谈话，他会说：'去他妈的警察！'随后他又想起来，他可能是超速驾驶了，所以警察才来找他。他总是想引起别人的注意。

"有一天，我们在卡灵顿一起吃早饭。我坐在巴洛特利身边，看到他正在阅读一份印着他身穿'为什么总是我'的照片的报纸。报纸上列举了巴洛特利总会成为新闻人物的原因：女人、吸烟、警察、红牌、停车罚款、烟花……数不胜数。他说：'算了吧，我根本没做过这些事。'于是我回应道：'可是这图是证据啊！你确实做了！'他从不真正在意任何人，但是我总是对他直言不讳，他也会听我的。

"他和曼奇尼的关系总是令我发笑。在训练中，他们就像猫狗打架一样，而训练结束之后，他们又会勾肩搭背地离开。他们总是争吵，甚至互相咒骂，但是过不了多久，他们又表现出了情同父子的一面。我们经常在训练中进行五人一组的练习，曼奇尼会加入我们。他总是选择当巴洛特利的对手，这样他们就可以互相捉弄了。他对巴洛特利和我们说，在比赛中不要将他当成教练，他就是一名普通球员。

"他告诉我们，在比赛中我们想对他说什么都行。于是在比赛中，曼奇尼和巴洛特利就会互相追打、咒骂。直到终场哨响起，曼奇尼就会说：'好，现在我又是你们的教练了！'

"巴洛特利则会说：'你当球员时简直就是一坨屎……现在我们可解脱了。'曼奇尼会说：'你别想参加比赛了！以后也别想！'好笑的是，巴洛特利就会默默走开，像个小孩子一样难过好几天。我很想念他，尽管他有时候有点儿疯狂，但是在更衣室中，他是个重要的角色。"

"看到巴洛特利离开，我很难过。不过高兴的是我和他还会经常联系。有一次我们在欧冠联赛中主场遭遇巴塞罗那，可是因为受伤我不能上场，只能在看台上看比赛。突然，我接到了一个电话，我不认识这个号码，但是当我接通电话，我就知道是谁了。'嘿！我是马里奥（巴洛特利的名字）！最近怎么样啊白痴？加油曼城！加油曼城！'——然后他就把电话挂断了！"

目前，曼城在积分榜上领先曼联5分居第二名，争冠优势非常明显。

在接下来的三场比赛中，他们主场以3-1战胜了狼队和纽卡斯尔联队，客场以3-2战胜了女王公园巡游者队，这意味着他们打破了阿森纳在2003—2004赛季创造的纪录，重新书写了英超历史上的最佳开局纪录。在12场比赛中，他们11胜1平保持不败，打进42个进球，这是50年以来的最好成绩。

曼城的不败纪录又延续了两场，他们先是以1-1战平了利物浦，然后又在2011年12月的第一场比赛中以5-1大胜诺维奇。在与诺维奇的比赛中，阿坤打进了第一个进球，那是一个漂亮的进球。当时，阿坤在小禁区获得机会，他在被对方多名后卫以及门将包围的情况下右脚捅射破门。

这是阿坤在 13 场比赛中打进的第 11 个进球。这场胜利之后，曼城以 38 分高居积分榜榜首，除此之外，他们 14 场比赛打进 48 球的攻击火力也值得骄傲。

第一场失利还是来了，对于曼城来说，这是一个很好的提醒，告诉他们通往最终目标的路上一定会有许多障碍。在斯坦福桥，曼城遭遇切尔西。比赛的开局在曼城的控制之中，但是结局却被切尔西掌控。

比赛开始不到两分钟，阿坤便在中场位置抢得球权，在三名对手的包夹下，阿坤送出了一记精准的传球，助攻巴洛特利攻破切赫把守的大门。上半场结束之前，劳尔·梅雷莱斯帮助切尔西扳平了比分。下半场，曼城的克里希被红牌罚下，切尔西的弗兰克·兰帕德以一记漂亮的点球宣告了主队的胜利。

尽管遭遇失利，曼城仍然以两分的优势领先曼联排名榜首。接下来，他们又取得了两场胜利，一场是以 1-0 战胜了阿森纳，另一场是以 3-0 战胜了斯托克城。在这场比赛中，阿坤打进两球，将自己本赛季在英超的总进球数改写为了 13 粒。

这意味着曼城球迷可以以最好的心情迎来圣诞节，因为这是 82 年以来曼城第一次在圣诞到来之际排名英超积分榜榜首。

然而，快乐并没能在圣诞赛程中得以延续。12 月 26 日，曼城以 0-0 战平西布朗，而曼联则击败了维冈竞技，这样两支曼彻斯特球队以 45 分的相同积分回到了同一起跑线。尽管因净胜球的优势暂居榜首，曼城仍然听到了警钟的声音：通往冠军的道路绝不可能是公园中的鸟语花香，而是山路中的坎坷艰险。

【忧郁的一月】

阿坤在 2011 年交出了出色的成绩单，凭借出色的表现，他入选了国际足联金球奖 23 人大名单。金球奖是由国际足联会员会、技术和发展委员会以及《法国足球》邀请的专家团共同评选的足球界最重要的奖项。此次和阿坤一起入选金球奖 23 人大名单的球员还包括：埃里克·阿比达尔

（法国－巴塞罗那）、卡里姆·本泽马（法国－皇家马德里）、伊克尔·卡西利亚斯（西班牙－皇家马德里）、克里斯蒂亚诺·罗纳尔多（葡萄牙－皇家马德里）、丹尼·阿尔维斯（巴西－巴塞罗那）、萨缪尔·埃托奥（喀麦隆－安郅）、塞斯克·法布雷加斯（西班牙－巴塞罗那）、莱昂内尔·梅西（阿根廷－巴塞罗那）、托马斯·穆勒（德国－拜仁慕尼黑）、纳尼（葡萄牙－曼联）、内马尔（巴西－桑托斯）、梅苏特·厄齐尔（德国－皇家马德里）、杰拉德·皮克（西班牙－巴塞罗那）、韦恩·鲁尼（英格兰－曼联）、巴斯蒂安·施魏因斯泰格（德国－拜仁慕尼黑）、韦斯利·斯内德（荷兰－国际米兰）、路易斯·苏亚雷斯（乌拉圭－利物浦）、大卫·比利亚（西班牙－巴塞罗那）、哈维·阿隆索（西班牙－皇家马德里）和哈维（西班牙－巴塞罗那）。

此外，尽管在西甲只参加了上半年的比赛，但是阿坤仍然被《马卡报》和《阿斯报》选入了年度最佳阵容，与梅西和C罗一同出现在锋线的位置上。

对于此番认可，阿坤感到非常开心。从本质上说，这一奖项是对于阿坤在2011年表现出的强大进球能力的认可。这一年，他在53场比赛中打进了34个进球。在马德里竞技的半个赛季，他参加了21场比赛，打进了14个进球。

在阿根廷国家队，阿坤参加了4场美洲杯，3场友谊赛和1场巴西世界杯预选赛。在这8场比赛中，阿坤仅仅首发2次，却打进了5个进球。在曼城，阿坤一共参加了包括英超联赛、欧冠联赛、社区盾杯在内的24场比赛（7场替补），一共打进15球。

2011年，阿坤的超高进球率给他个人带来了极大的满足感，当然，对于对手来说，这是一种灾难。在阿坤为阿根廷国家队参加的第一场巴西世界杯预选赛中，这种情况得到了完美的体现。由于受伤，阿坤没能参加之前的两场世界杯预选赛，在这两场比赛中，阿根廷先是在布宜诺斯艾利斯与玻利维亚战平，又在卡拉卡斯被委内瑞拉击败。因此，对于阿根廷队来说，接下来与哥伦比亚的这场比赛，他们非胜不可。

2011年11月15日，阿根廷与哥伦比亚的世界杯预选赛在哥伦比亚首都波哥大进行。上半场，哥伦比亚先进一球。下半场，主教练亚历桑德罗·萨维利亚替换阿坤上场，将其与梅西和伊瓜因组成锋线组合，以试图增加攻击线的协调性。

事实证明，萨维利亚的决定是100%正确的。阿坤、梅西和伊瓜因组成的前场三人组不仅在这场比赛中体现了价值，也在未来为阿根廷做出了巨大的贡献。这三人展现出的强大进攻火力让阿根廷重新成为世界上最好的球队之一。

2011年11月15日星期二，巴兰基亚城市球场，2014年巴西世界杯预选赛，哥伦比亚对阵阿根廷，比赛进行到第84分钟。

这一晚，蓝白军团赢得了对手的尊重，球员们展现了非凡的天赋。在纪念碑球场战平玻利维亚，并在客场被委内瑞拉击败后，球队一度丧失了信心。但是通过这场比赛，他们恢复了往日的骄傲。上半场情况并不乐观，哥伦比亚先进一球，阿根廷不得不以落后的姿态进入到下半场。下半场开始后，阿坤被替换上场，他的上场增加了阿根廷的进攻威胁。首先，梅西在第60分钟的进球为阿根廷扳平了比分。在距离比赛结束还有6分钟时，阿坤－梅西－伊瓜因的组合用一个漂亮的配合为球队实现了逆转。阿坤在自己的半场接到克莱门特·罗德里格斯的传球并策动进攻，他在对方禁区边缘精准地将球传给了梅西，梅西在弧顶前摆脱对方的防守后将球传给伊瓜因，伊瓜因的大力射门被对方门将奥斯皮纳扑出。此时，策动本次进攻的阿坤也出现在禁区，将球补射入网，2-1！阿根廷反超了比分！阿坤脱掉球衣疯狂地庆祝，在狂喜的同时他有了一种解脱感，更有了一种责任感：阿根廷国家队需要翻开新的一页，进入一个新的阶段，他们需要重新赢得足球世界的尊重，并且回馈球迷们的期待。现在是阿坤证明自己的时候了，他和目前队中的很多球员都经历过世青赛、奥运会和上一届世界杯，现在他们该展现出更成熟的自己了。新的时代即将到来，阿坤希望自己不仅是新时代的参与者，更能是其中的关键人物。

然而，对于阿坤来说，2011—2012赛季欧冠联赛中的遭遇就没有那么值得称道了。阿坤十分渴望在这项赛事中取得佳绩，他和球队都很重视欧冠联赛。可惜，各种各样的因素阻止了他们在欧冠联赛中的脚步。

首先是运气不佳。曼城被分到了"死亡之组"，小组内的对手包括强大的德国球队拜仁慕尼黑、意大利球队那不勒斯和西班牙球队比利亚雷亚尔。其次，曼城缺乏欧冠经验和连续作战的经验，不能很好地在比赛中完全发挥自己的实力，因此他们未能晋级淘汰赛。此外，在与拜仁慕尼黑的首回合较量中，主教练罗伯特·曼奇尼和前锋卡洛斯·特维斯还爆发了冲突。

"当时我在场上，所以我也不清楚发生了什么。不过，赛后更衣室中的气氛非常紧张。曼奇尼让特维斯滚回阿根廷，然后还让其他一些球员也回到自己的国家去。我坐在特维斯身边，有一瞬间我以为曼奇尼是让我回阿根廷。我想：'什么？我也是？好吧，我回去看看家人。'当然，其实他并不是在对我说话。"阿坤回忆道。

"当时特维斯倒是没有回应什么，但是第二天，他就真的像曼奇尼说的那样回阿根廷去了。我有四个月没有见到他，直到有一天，他回到卡灵顿参加会议。我相信特维斯和曼奇尼是早有矛盾，与拜仁慕尼黑的比赛那天发生的事情只是压倒骆驼的最后一根稻草。特维斯的脾气有时候很火爆，曼奇尼也是，所以他们的矛盾迟早会爆发。"

"特维斯和我是队友，从工作层面来讲，我们的关系很好，而且我们都是阿根廷人，这让我们感到很亲近。不过，我和他并不能算亲密的朋友。萨巴莱塔是我的密友之一，我们一起参加过世青赛，而特维斯要比我大4岁，所以我和他只在共同效力曼城的时候比较亲近。我们会在卡灵顿的餐厅聊天，会一起打高尔夫球，但是他离开英格兰之后，我们就不再联络了。相反，我和萨巴莱塔经常通电话，聊各种各样的事情。"

2011年12月，曼城从欧冠联赛中淘汰出局，这似乎成了一切不幸事件的开始。新年之际，曼城迎来了双重打击：他们在客场以0-1输给了桑德兰，尽管在比赛中他们一直控制着局面，可是在伤停补时的第三分钟，对手却进球了。这意味着在曼联输球的情况下，他们也未能拉开与夺冠对手的差距。

两天后，曼城在主场以 3-0 战胜了利物浦。这场比赛是整个一月份的高潮，因为在这个月里，曼城将遭遇不少麻烦事，不仅是输球，还有一系列的意外和不幸事件。

首先，曼城在足总杯上以 2-3 输给曼联惨遭淘汰。在比赛中，他们不仅输给了德比对手，而且还损失了自己的队长——文森特·孔帕尼因为红牌将被禁赛 4 场。同时，亚亚·图雷和科洛·图雷兄弟也要离开球队，因为他们要返回家乡为科特迪瓦征战非洲杯。

继在欧冠联赛和足总杯中被淘汰后，曼城又在联赛杯上被利物浦淘汰。这样一来，曼城本赛季就只剩下两条战线了，其中一个是将在二月份开打的欧联杯，另一个就是英超联赛。在联赛中，曼城与曼联的竞争依然胶着，尽管曼城的表现有些挣扎，但是他们依旧取得了两连胜。

他们首先在客场以 1-0 战胜了维冈竞技，然后又在伊蒂哈德球场以 3-2 击败了本赛季表现出色的托特纳姆热刺。在比赛中，曼城先进两球，顽强的热刺一度将比分扳平，但是凭借着巴洛特利在最后时刻的点球绝杀，曼城最终赢得了这场鏖战。

在 2012 年 1 月的比赛中，曼城仅在面对埃弗顿时以 0-1 小负一场。一月结束时，曼城的境况和这个月刚开始时一样：他们和同城死敌曼联同积 54 分，而托特纳姆热刺以 49 分紧随其后。

【恼人的伤病】

阿坤坚信，只要球队找回连胜时期的进攻状态，并且避免之前犯过的一些错误，二月的境况就将和一月完全不同。事实证明他是正确的。

二月的第一场比赛是一场难忘的雪战。2 月 4 日，曼城在主场迎来对手富勒姆，阿坤先是利用点球帮助球队取得领先，接着参与了球队的第二个进球，最后在一连串伟大的个人表演后，为哲科送上了一次助攻。赛后，阿坤被评选为本场比赛的最佳球员。

接着，曼城凭借乔莱昂·莱斯科特的进球以 1-0 战胜了阿斯顿维拉，而在这一轮比赛中，曼联和切尔西战成 3-3 平，这意味着曼城将在积分榜上取得两分的领先优势。

亚亚·图雷和科洛·图雷从国家队返回俱乐部，孔帕尼结束禁赛期，大卫·席尔瓦也伤愈归队，这意味着曼城的最强阵容又回来了，他们将在联赛中发起新一轮的冲刺。

接下来，曼城在联赛中以 3-0 击败布莱克本，巴洛特利、阿坤和哲科分别破门，这场比赛的进球是阿坤半赛季在联赛中的第 16 粒进球。另外，曼城还在欧联杯中以 2-1 和 4-0 两回合双杀波尔图。随着这几场比赛的胜利，曼城球员们的信心又回来了。

密集的赛程之外，场下的阿坤也要奔波。这段时间，百事可乐的最新广告在英格兰以及全球各地上映。阿坤与莱昂·梅西、迪迪埃·德罗巴、费尔南多·托雷斯、弗兰克·兰帕德、杰克·威尔希尔以及著名 DJ 凯文·卡利斯一同参与了广告片的拍摄。在广告中，阿坤展现了与球场上同样出色的球技。

然而，曼城全队在二月份表现出的完美状态并没能得以延续，赛季末的"蓝月亮"遭遇了种种坎坷和挫折。

首先，曼城在欧联杯赛场上被里斯本竞技淘汰出局，这意味着本赛季曼城仅剩的夺冠希望就是与同城对手曼联竞争英超冠军。此时，曼联传奇球员保罗·斯科尔斯宣布复出，弗格森的球队重整待发。

3 月 21 日的晚上，伊蒂哈德球场座无虚席，所有的曼城球迷都在关注着这场比赛。上半场曼城发挥非常出色，只是可惜离得分总是只差一点儿，纳斯里击中横梁，巴洛特利的单刀越过切赫，却还是稍稍偏出左门柱。

下半场开始，率先破门的却是客队切尔西。第 60 分钟，马塔开出角球，亚亚·图雷解围不远，卡希尔右脚劲射，皮球打在防守队员身上发生了一个小小的折射，乔·哈特扑救不及，切尔西 1-0 领先曼城！

在落后一球的情况下，曼奇尼为加强球队进攻火力，换上了阿根廷前锋特维斯。而特维斯因为在不久前和主帅曼奇尼爆发冲突，一度被下放二队，不过现在他终于还是回归一队并登场亮相这场比赛中，还有一件事会令曼城球迷在接下来的日子里十分揪心，那就是赛后阿坤确认右脚踝受伤，不得不休息接受治疗。

在比赛中，阿坤感到足部不适，但是他选择局部麻醉自己的右脚坚持比赛。不幸的是，这种坚持起到了副作用。阿坤的疼痛不仅没有减轻，而且更加严重了：因为药水喷雾使他的脚背产生了严重的灼烧感。他立即停止喷剂的使用，转而继续坚持比赛。

此时球队急需一粒进球，急需一场胜利，阿坤没有时间考虑太多。在主场球迷的支持下，曼城终于取得了进球，第 77 分钟，阿坤罚进点球扳平比分，而在终场前 4 分钟，特维斯禁区内倚住后卫妙传，纳斯里前插形成单刀，他面对出击的切赫 6 码处右脚挑射破门！曼城 2-1 绝杀切尔西！

回到更衣室，阿坤感觉到自己的足部疼痛难忍，队医立即对其进行了包扎处理。此刻，包括阿坤自己，没有人知道他的伤势到底如何。

至少在当时，所有人都沉浸在喜悦中，他们赢下了这场硬仗，在积分榜上没有被曼联甩开，球队依旧以 1 分的微弱差距紧咬曼联。

球队上下如今信心满满，在接下来的三轮比赛中，他们先是要做客挑战斯托克城，随后回到主场迎战桑德兰，最后是做客酋长球场，和另一支强敌阿森纳过招。

而现在，为保证阿坤的右脚健康，他不能使用任何麻醉喷雾，而为了防止出现药物灼伤后的水泡，他也不再参加正常的训练。球队不希望阿坤的伤势恶化，一切都要谨慎行事。

3 月 24 日星期六的早上，距离对阵斯托克城的比赛还有几个小时，一些曼城球迷都聚集在球队酒店附近，关注着阿坤的伤势。阿坤再次接受了检查，结果是他右脚上的水泡依旧没有愈合的迹象。阿坤十分沮丧，所有情绪都写在脸上，他很难相信在这种争冠的关键时刻自己却不能上场。

他将自己的情况告诉了朋友兼助理鲁本·多明戈斯，后者同时也是 Eleven GT 公司的一员。Eleven GT 是 IMG 公司的下属子公司，专注于足球运动方面的业务。豪尔赫·普拉特·盖伊是 Eleven GT 公司的总裁，而埃尔南·雷格拉和达里奥·邦比尼专门负责阿坤以及其他一些球员的经济事宜。

第十五章　"市民"阿坤

埃尔南在曼城战胜切尔西的比赛后就离开了英格兰处理公司的一些其他业务，但是在与鲁本以及阿坤通话后，他决定立即飞回英国，观察阿坤伤势的一切进展。

莱昂和阿德里亚娜远在布宜诺斯艾利斯，但是他们同样牵挂着自己的儿子。大家都认为，此时避免伤病进一步恶化才是最重要的，阿坤必须保护自己。而医生在诊断后也表示，阿坤最好不要上场比赛。如今，阿坤只能远离赛场，虽然他奢求转机，但是一切都已经很明确了，他确实不能在这关键的时刻和球队一起奋斗。虽然对此他也无能为力，但是这依旧会让阿坤感到非常失落。

阿坤的伤情公之于众后，球队也没有时间再纠结于此，虽然莱斯科特和孔帕尼同样受伤，但是如今更重要的是队内的团结气氛。曼城正面对着最困难的时刻，所有人必须团结起来，为眼下的比赛而努力。

在这场比赛中，阿坤出现在了球队的替补席上，他依旧关注并支持着场上的队友。"蓝月亮"的将士们全场猛攻，但是无奈斯托克城防守稳健，最终曼城在不列颠尼亚球场收获了一场 1-1 的平局，而场边的阿坤也目睹了一粒精彩无比的进球。下半场第 15 分钟，彭兰特右路做球，克劳奇在 25 码处右脚将球垫起，然后半转身再用右脚凌空抽射，乔·哈特站位太靠前，皮球直飞球门左上角，斯托克城取得了领先。这个进球也被认为是那个赛季英超赛场最精彩的进球之一，尽管亚亚·图雷最终扳平了比分，但是成为经典进球的背景板，多多少少对曼城来说是种打击。而且在这一轮比赛结束后，在主场以 1-0 力克富勒姆的曼联将领先优势扩大到了 3 分。

根据之前的计算，如果曼联能够赢得接下来的所有比赛，那就意味着曼城必须将同曼联的分差缩小到 3 分。因为在联赛倒数第三轮，曼城将在主场和曼联进行一场遭遇战，如果曼城获胜，那么他们将凭借净胜球的优势获得冠军。

然而，坏消息接踵而至。首先，由于持续的伤病，阿坤不能参加 3 月 31 日与桑德兰的比赛；其次，这场比赛进行到第 84 分钟时，曼城仍然以 1-3 落后。

看起来，失利已经不可避免。然而，巴洛特利和科拉罗夫的进球帮助球队最终战平了桑德兰，不过平局并不能带来太大的帮助。毕竟，曼联在这一轮比赛中又取得了胜利，他们已经领先曼城5分了，大多数人都认为曼城已经回天乏术。不过，联赛还剩下7轮，曼城仍然保留夺冠希望。

此时，阿坤就是坚信球队仍然有机会成为冠军的一员。在接受曼城官方杂志记者大卫·克莱顿的采访时，阿坤清楚地表达了他的观点，他认为曼城仍然没有放弃夺得44年以来的第一座联赛冠军的信念。

"为什么要问明年能不能夺冠？我们今年也有希望夺冠。"在被问及如果今年不能夺取冠军，那么球队是否有信心来年再战时，阿坤毫不犹豫地回答，他由衷地认为球队仍有可能举起冠军奖杯。

"为了冠军，我们必须战斗，我们还没打算放弃。我们相信球队将会夺得英超冠军，尽管这不是一件容易的事。我们将尽一切可能将梦想变成现实。"

他还承诺道："我们将战斗到最后一刻。"一个半月后，阿坤将为他所说的话感到骄傲，因为曼城真的战斗到了最后一刻，并且取得了胜利。这句话将成为球队的座右铭，被球迷们记载于赞歌之中。

【复活之时】

"我要说的是关于我伤势的真实情况。今天我已经可以参加训练了，伤病并没有困扰我。如果一切顺利，周日我就能参加比赛了。之前关于我的伤病有很多不实的传言，传言太多，我也无法一一否认。真相是这样的：在与切尔西的比赛中，我的脚踝受伤了，队医给我喷上了局部麻醉药，这种药灼伤了我的右脚。接下来的几天，灼伤恶化引起水泡，因此我错过了和斯托克城以及桑德兰的比赛。

"你们可以想象我的感受。在球队争冠的关键时期，我却不能上场。在场外观战是很痛苦的，尤其是我还遭遇了难以置信的谣言。一直以来我很尊重记者，我知道我是公众人物。我愿意接受批评，虽然我并不赞同这种方式。但是，当谣言四起时，我不能保持沉默，尤其是当他们质疑我的职业操守时。

"这只是一次单纯的伤病，而不是什么阴谋。我已经讲述了事情的全部。很难想象，在球队争冠的关键时刻，我却要困扰于此类问题。然而，事情已经发生，没有必要纠结。我只希望能够尽快恢复健康，为球队奉献我的全部。我曾经说过，我们要战斗到最后一刻，现在我要再次重申。夺冠是我们的共同目标，我将致力于此。"阿坤说。

4月4日，阿坤在自己的个人网站上发表了这样一篇声明，公开了这两周半以来他因麻醉喷雾灼伤而停赛的事实。这些天以来，阿坤愤怒且不安，在大部分时间里，他都致力于养伤以及寻求专家治疗。

阿坤已经被一些记者散布的谣言惹恼了，有人甚至杜撰曼奇尼称阿坤的受伤是"愚蠢的伤病"。然而，阿坤宣称的"战斗到最后一刻"，看起来已经有点儿像是在痴人说梦。在最近的一场比赛中，曼城在客场以0-1输给了阿森纳，而曼联则以2-0完胜女王公园巡游者，这意味着两队的积分差距已经扩大到了8分。

在与阿森纳的比赛中，莱斯科特和孔帕尼终于回归，但是大卫·席尔瓦依然因伤缺阵，阿坤虽然伤愈复出，但是他已经有20天没有出场，状态难称完美。更糟糕的是，比赛开始后不久，亚亚·图雷就因为对方的凶狠犯规而受伤下场。枪手们并不感到抱歉，在比赛结束前4分钟，西班牙人米克尔·阿尔特塔的破门宣告了主队的胜利。

更衣室中的气氛很沉默，马里奥·巴洛特利因为累计两张黄牌被罚下场。在曼联8分的领先优势下，曼城的夺冠前景愈发黯淡。然而，曼城的球员和教练心中有一个未说出口的誓言，那就是绝不低头。此时，俱乐部发起了一个名叫"一起"的活动，鼓舞了球队上下的士气。球员、教练组、俱乐部高层和球迷站在一起，面对几乎不可能的任务，依然坚定夺冠的信念。

输给阿森纳的三天后，曼城迎来了第一个机会，他们惊艳地以4-0战胜了西布朗。在比赛中，阿坤表现出色，攻入两球，这也是他本赛季的第五次梅开二度。凭借这两粒进球，他在英超的总进球数达到了19个。此外，回到球队的特维斯和伤愈复出的大卫·席尔瓦也各自攻入了一球。

在曼联客场一球负于维冈竞技后，曼城上下欢呼雀跃，现在他们将分差缩小至了5分，而联赛还剩5轮，其中包括4月20日曼城主场对阵曼联的直接对话。这一轮的胜利使得曼城重新看到了夺冠希望，他们必须为了赛季初的目标而努力，全队众志成城客场迎战下一个对手诺维奇。最终，曼城在客场6-1横扫主队，特维斯上演了帽子戏法，阿坤也有两球入账，亚当·约翰逊补时破门帮助球队锁定了胜局。

阿坤的第一粒进球是和特维斯的巧妙配合，他在禁区前沿直传特维斯，后者接球脚后跟一磕，阿坤随即迎球怒射，皮球直飞球门左上角。而他的第二粒进球则是一记漂亮的弧线球。阿坤从中圈带球杀到禁区左侧，他扣过防守队员后，右脚搓射破门。这是本赛季阿坤打入的第21粒英超进球，也是他在本赛季为曼城攻入的第28粒进球，这一数字超越了他之前在五大联赛球队单赛季27球的进球纪录。

这是一场酣畅淋漓的大胜，但很可惜没能在积分榜缩小与曼联的差距，红魔本轮也在主场4-0大胜阿斯顿维拉，双方的分差依旧是5分。现在已经是争冠的最紧要关头，曼城一分也不能再丢，同时还要期望曼联丢分。第一次机会出现在了4月22日的星期日。本轮曼联坐镇主场老特拉福德率先进行了比赛，直到比赛结束前7分钟，曼城上下都还处在失望当中。

但是这场比赛却很好地诠释了足球的不可预知性。埃弗顿两分钟内连入两球，耶拉维奇和皮纳尔的进球让红魔只能在主场眼睁睁地看着到手的3分变成了1分。这个结果对于曼城来说极为有利，他们在接下来对阵狼队的比赛中只要赢球，就能将积分榜分差缩小至3分。阿坤没有让人们失望，在这场比赛的第27分钟，他的首开纪录给全队上下吃了定心丸。克里希送出的斜传帮助阿坤推射破门。

接下来，特维斯助攻纳斯里再进一球，为曼城锁定了胜利。如此一来，在联赛还剩下三轮的情况下，曼城与曼联之间只剩下3分的差距。看起来，曼城得到了三周前鲜有人敢想象的机会，他们只需要在直接对话中战胜同城死敌便可以追平积分，并且凭借净胜球的优势占据头名。

最终，曼城真的做到了。4月30日，英超联赛迎来曼彻斯特德比。在比赛中，曼城延续了他们本赛季以来在关键战役中一贯的出色表现。也许是因为在上一场比赛中丢了四球，也许是因为考虑到一场平局更为保险，弗格森排出了非常保守的阵容，锋线上只有鲁尼一人，中场则由吉格斯、斯科尔斯、朴智星、卡里克和纳尼组成，而维尔贝克、阿什利·扬和瓦伦西亚这些攻击线上的关键人物都没有出现在首发阵容中。

相比之下，曼奇尼则派出了极具攻击性的阵容，阿坤和特维斯搭档前锋，纳斯里、大卫·席尔瓦和亚亚·图雷在中场输送炮弹，而巴里出现在后腰的位置上。

在后防线上，萨巴莱塔和克里希分居两侧，中后卫位置上则是孔帕尼和莱斯科特的完美组合。除去比赛刚开始几分钟的相互试探，曼城一直明显占据着场上的优势。

上半场临近尾声，曼城的进球令曼联的防守策略功亏一篑。大卫·席尔瓦主罚角球，孔帕尼一跃而起将球顶进大门。曼城队长孔帕尼高高跃起，俯视曼联后卫的画面，恰如其分地隐喻了球队对荣誉的渴望。是的，整座伊蒂哈德球场都充满了对冠军的向往，腾空的孔帕尼预示着球队的崛起，天空才是他们的极限。面对阿坤、纳斯里和亚亚·图雷的连番冲击，曼联疲于应对，险些再度失守。

最终，曼城以1-0战胜了曼联，伊蒂哈德球场人声鼎沸，球迷们用披头士著名歌曲《嘿，朱迪》(Hey, Jude) 的曲调高唱着"曼城"。对于曼城来说，这一天是甜蜜的，他们战胜了同城死敌，保持了主场不败的纪录，追平了曼联的积分，并且以净胜球的优势占据榜首。

这一晚过后，曼城距离英超冠军还只剩下两场比赛，只要他们全部取胜，就能夺取冠军。看上去，冠军奖杯已经触手可及，荣誉正在路上。不过，在夺冠之前，他们还将经历一个痛并快乐着的高潮。

【人民的进球】

距离2011—2012赛季的倒数第二轮比赛只剩下几天了，曼城球迷感到焦急而又兴奋。

现在,摆在他们眼前的是一个再好不过的机会,一个让他们时隔44年重夺联赛冠军的机会,一个可以在同城死敌面前重新扬眉吐气的机会。

即使谨慎如阿坤,也能在自己出席公开活动时从身边的人身上感受到一种压倒一切的自信。比如,他和朋友萨巴莱塔在曼城商店参加签售活动,而球迷则在活动开始前6个小时就排起了长队。

曼城官方电视台不断播放着签售会的画面:球员们为一件又一件球衣签名,青少年们喜极而泣,父母们欣喜地看着自己的孩子们与曼城阵中最重要的球员们合影。

萨巴莱塔已经加盟曼城四年了,一直以来,他以职业精神、个人球技和更衣室影响力著称。在本赛季的最后阶段,他不仅巩固了自己的主力位置,也增强了球迷对他的信赖。

萨巴莱塔认为,尽管阿坤来到曼城仅仅九个月,可是他已经成了球迷的最爱。的确,阿坤的16号球衣正是曼城销量最高的球衣。

"阿坤具有非凡的人格魅力,他迷人且真诚,与每个人的相处都很融洽。必须注意的是,这是他来到英超的第一个赛季,是他来到英格兰的第一年。在很短的时间内,他就证明了自己的与众不同。他的适应能力出众,并且屡有关键表现,他已经成为球队中的重要角色。"萨巴莱塔评价道。在这个赛季,萨巴莱塔和阿坤不仅是球队的一员,更是曼城最终登上巅峰的关键人物。

在曼城,人人都爱阿坤,被选为球迷心目中的年度最佳球员就是最好的证明。5月3日,曼城举办了年度颁奖礼,除了阿坤之外,孔帕尼也有获奖,大卫·席尔瓦则被选为球员心目中的年度最佳球员,年度最佳新人则被授予西班牙球员丹尼斯·苏亚雷斯。此外,阿坤在6-1击败诺维奇的比赛中的第一个进球被评为了赛季最佳进球。

此外,阿坤入选了英国职业球员协会的年度最佳球员和年度最佳新人(23岁以下)的候选名单。面对这些荣誉,阿坤感到自豪,这些认可给了他更多力量,并且进一步证明了在加盟曼城的短短时间内,他已经发挥了积极的作用，并且产生了良好的化学反应，尤其是和球迷。

阿坤尤其喜欢球迷对他的尊重。有时候，阿坤会在曼彻斯特的街头或者购物中心被一大群球迷认出，尽管球迷都视他为偶像，但是没有人会来纠缠他。

"我非常适应曼彻斯特的生活。"阿坤说，"有些人总是抱怨这里的天气，我则不然，无论炎热还是寒冷都不会困扰到我。如果非要选择，我宁愿天气冷一点儿，这对我在曼城踢球很有好处。幸运的是，我的妻子也更喜欢寒冷的天气。我喜欢坐在家中听窗外的雨声，没有比这更惬意的了。"

"曼彻斯特是一座安静平和的城市，我可以随时出去散步遛弯儿。这和我在马德里以及特别在阿根廷时有着很大的区别。当我第一次来到这里时，几乎没有人认出我，我完全可以自由自在地逛街，我去了特拉福德中心和其他的城市商业街。如果我再戴顶帽子，那基本就不会有人注意到我了。

"也许在最后一轮的绝杀进球之后，我更加为人熟知了一点，但是这里的人们依旧对我非常尊重。如果我出来吃饭，他们并不会过多地打扰到我，最多也只是会静静地等我吃完，然后才上来要求一张合影。换作是在阿根廷大街上的饭店，我就别想吃饭了。在阿根廷，我只能待在我的车上和家里，我不能出去吃饭，不能逛超市购物，如果我这么做了，我感觉全世界都会围过来，人们总是把我团团包围让我寸步难行。比如我在一家餐馆吃饭，人们会根本不跟我打招呼就直接过来合影，哪怕我正在吃饭，我告诉他稍等片刻，他也只会说：不行，我马上就要走了，等不了！

"英国人真的很有礼貌，非常懂得尊重他人，这是让我很感动的地方。他们温和善良非常友好，懂得出于尊重和我保持距离。我住在阿尔德利角附近，这里住着很多足球运动员，但是如果碰见了曼联球员，我可不会跟他们说话。

不过我很少看到曼联球员，这几天他们应该更愿意待在自己屋里吧。但是如果我看到利物浦球员，我觉得一切就不会这么糟。其实我一直挺喜欢利物浦的，可能是因为独立队也被叫作红军吧。小的时候，我渴望自己成为迈克尔·欧文这样的球员。当我看到他在代表英格兰对阵阿根廷的比赛中进球时，我不自觉地爆了粗口。虽然当时我只有 10 岁，但是我知道没人能追得上他，那时候的欧文非常了不起。"阿坤说。

虽然习惯了阿根廷人和西班牙人的热情奔放，但是此刻阿坤又见识到了不一样的足球文化。他知道，球迷们对于足球的激情都是一样的，但是表达方式却可能完全不同。

比如在比赛中，球迷们为球队和球员加油的口号都会有很大区别。在阿根廷独立队时，人们在看台喊着"阿坤，阿坤"，在西班牙的马德里竞技，人们的口号则是"阿坤，阿坤，阿坤"，而在曼城人们则会叫"塞尔吉奥，塞尔吉奥"。阿坤发现，这里根本没人会叫自己的绰号"阿坤"，即便他已经将这个绰号印在了球衣上。但是这并不是什么大问题，相反，阿坤很享受人们用有些奇怪的口音高唱"塞尔吉奥"，这显得颇富创意。每当阿坤为曼城打进一球，球迷们就会高唱他的名字，但是如今，阿坤更加渴望的不是个人崇拜，而是希望能在加盟英超的第一个赛季就能夺得联赛冠军，他希望和所有球迷分享夺冠的喜悦。

联赛倒数第二轮，曼城做客圣詹姆斯公园球场，主队纽卡斯尔联正为欧冠资格而努力。2012 年 5 月 6 日星期日的中午，曼城经历了一场艰苦的较量，并在比赛最后 20 分钟确保了胜利。2-0 的比分让曼城的一只手已经摸到了冠军奖杯，他们完全掌握了夺冠的主动权。因为尽管曼联本轮也以 2-0 的比分战胜了斯旺西，两队在积分榜上同积 86 分，但是曼城的净胜球优势达到了 8 个！只要最后一轮在主场拿下女王公园巡游者队，曼城基本就可以确保夺冠。

距离 2011—2012 赛季英超冠军的诞生只剩下 7 天时间了。所有人都情绪高涨，陷入无比的激动之中。阿坤有信心迎接将要发生的一切。但是当他看到俱乐部在准备夺冠庆典的活动时，却多多少少有些不安。

当然，俱乐部上下没人愿意被命运戏弄，而提前准备夺冠庆典也是世界上任何一家俱乐部都会去做的事，但是这的确让阿坤感到不舒服。在星期日的比赛结束前，他希望能把注意力集中在比赛本身上。训练课结束后，阿坤开始帮助自己放松心态，集中注意力。

他依旧保持着自身的日常饮食习惯，包括俱乐部队医建议的一周至少吃两次鱼，以助于提高新陈代谢。他还花时间去打了打高尔夫球，当年他在西班牙学会了这项运动，而来到英国之后，他花在这上面的时间越来越多。当然，阿坤也会花时间和家人待在一起。5月10日星期四，他的父母从布宜诺斯艾利斯飞到英国，准备观看曼城的最后一场比赛。第二天，阿坤邀请大家到一家日本料理餐馆聚餐，为母亲阿德里亚娜庆祝42岁生日。好友萨巴莱塔、埃尔南·雷格拉和鲁本·多明戈斯都参加了这次简单的晚宴。

尽管阿坤和萨巴莱塔并没有表露出自己的情绪，但是与他们一起吃饭的人还是能感受到他们微妙的心态。距离最后一战只有48小时了，阿坤和萨巴莱塔的内心有激动和紧张，更有汹涌的责任感。

"生日聚会只是一个放松的借口，因为我感觉他们已经有点儿紧张了。他们看起来一切正常，但是他们也说事情并不轻松。我坚信他们可以取胜，并且对他们说了我的想法。我来英格兰就是为了看他们捧起冠军奖杯的，他们必须保持活力，保持积极，放松并享受比赛。"阿德里亚娜说。她还记得她对萨巴莱塔说一切都会好的，而且她感觉他能够进球。

比赛前一天训练课结束后的下午，阿坤又款待了自己的家人。这一次，他准备在大家面前露一手，展示一下新学的技能——烹饪。尽管阿坤会的菜式不多，不过他有一个拿手好菜：奶油土豆泥焗牛肉。这道菜是阿坤的一个朋友教给他的，并且传授给他一个独家配方。阿坤对自己的菜肴非常用心，他亲自到阿尔德利角附近的商店挑选了原材料。

尽管决战即将来临，阿坤和家人的就餐气氛依然非常轻松。晚上7点，阿坤准时抵达曼城在主场比赛前夜常驻的希尔顿酒店，与其他球员和教练组汇合。

尽管这样的场景在一个赛季会上演无数次，但是这一次无疑是特别的。没有人表达自己的心中所想，但是随着比赛时间越来越近，大家也更焦虑了。

在这样的气氛下，赛前准备会在希尔顿酒店召开。和往常不同，没有球员提出问题和质疑，沉默意味着他们全神贯注于比赛本身，也衬托着这场比赛的重要程度。

在开往伊蒂哈德球场的巴士上，特维斯和巴洛特利和往常一样坐在前排，他们率先一步看到整个城市为最后一战做好的准备。球场附近因这场比赛的到来变得拥挤嘈杂，数千名球迷准备参加44年以来最盛大的派对。

比赛时间是下午3点，但是伊蒂哈德球场早早就坐满了观众，没有人想要错过哪怕一分钟的比赛。当然，阿坤的亲友团也不例外。在莱昂的带领下，他们一行人避开拥挤的交通高峰，早早地来到了球场。

莱昂、吉安妮娜、本哈明、埃尔南、鲁本·多明戈斯和彪马公司的努诺·巴斯孔塞罗斯坐在俱乐部为他们预留的舒适的包厢中，而阿德里亚娜则选择了留在包房内。包房与球场仅以玻璃墙相隔，内有40英寸的电视机。阿德里亚娜目不转睛地盯着电视机，极力抑制自己紧张的情绪。

布宜诺斯艾利斯也不平静。在这个特别的周日，阿坤在阿根廷的亲朋好友以及喜欢他的球迷同样坐在电视机前，等待着这场决战。实际上，全世界200个国家和地区都上演着这样的场景。

此时，阿坤和他的队友正在伊蒂哈德球场的主队更衣室里做最后的准备。阿坤不断地告诉自己保持冷静，一切都会好的。随后，他加入队伍，站在大卫·席尔瓦和亚亚·图雷之间。随着裁判员的指示，球员们从球员通道走进球场。一进球场，阿坤首先听到的是"战斗的骄傲"的歌声。在比赛开始前，曼城的球迷总是以这样的方式激励球员。接着，随着雷鸣般的欢呼声，曼城球员发现自己置身于天蓝色的人海中。

尽管阿坤已经拥有多次参加这类大赛的经验，但是他仍然感受到一种重大事件发生之前的刺激。阿坤没有怯场，相反地，一定程度上的紧张刚好可以使他专注于比赛。在哨声响起之前，阿坤搓了搓手，这是他在比赛开始之前无意识的习惯动作。

第一次触球之后，阿坤放松了下来。不过，随着时间流逝，阿坤觉察到他以及队友们都受到了限制，很难制造出有威胁的机会。直到上半场第15分钟，特维斯和大卫·席尔瓦的配合才为球队赢得了第一次射门机会，然而爱尔兰门将帕特里克·肯尼轻松将西班牙人的射门拒之门外。女王公园巡游者没有被曼城吓倒，"蓝月亮"们需要更加努力。

比赛进行到第20分钟，从桑德兰传来的消息令曼城的形势变得危急起来：鲁尼为曼联取得了领先。在这种情况下，曼城必须取得胜利。在一阵焦急之后，第39分钟，曼城终于也攻破了对手的球门。右腿受伤的亚亚·图雷和大卫·席尔瓦进行了一次配合，随后将球传给萨巴莱塔，后者门前劲射入网。这是萨巴莱塔本赛季的第一个进球，它来得正是时候。

1-0的比分慰藉了曼城人。但是，由于伤势严重，亚亚·图雷不得不被德容替换下场，此时上半场比赛还没有结束。中场休息终于到了，大家忙不迭地安抚自己紧张的神经，想象着45分钟后夺冠的画面。在上半场比赛中，女王公园巡游者甚至很难突破半场，他们没能制造出任何一次射门机会，这令曼城踢得比较舒心。

下半场比赛开始后，阿坤接克里希的传球射门被对方门将肯尼化解。

突然，曼城后防线上一个不幸的失误让最难以想象的事情发生了，法国前锋德吉布里尔·西塞趁莱斯科特头球解围失误拿球，一脚劲射洞穿乔·哈特把守的大门。下半场仅仅过去3分钟，曼城又和对手回到了同一起跑线上。

紧急态势之下，曼城进一步加强了对场面的控制，当然，球员们也更紧张了。第54分钟，一个将决定本场比赛结果的意外事件发生了，女王公园巡游者头脑发热的队长乔伊·巴顿肘击特维斯，主裁判麦克·迪恩做出了正确的判罚，将其红牌罚下。然而，巴顿并没有冷静下来，而是继续抗议，在离场之前，他还踢了阿坤，导致后者痛苦地摔倒在地。

为了平息事态，主裁判不得不暂停比赛，耽误的几分钟时间将被算入补时。缺少巴顿的女王公园巡游者不得不以10人迎战，场上冲突导致伤停补时时间较长，这两个事件从某种程度上成就了现代足球中最惊心动魄的时刻之一。

比赛重新开始后，曼城非但没有凭借人数上的优势进球，反而被女王公园巡游者逆转。第66分钟，客队主帅马克·休斯的换人起到了作用——讽刺的是，马克·休斯的教练生涯正是于2008年在曼城开始的。杰米·麦基头球传中，中路刚刚被替换上场的法国人阿曼德·特劳雷将球顶入大门。如果说，被扳平比分只是带来了沉默和惊讶，那么被逆转比分则是让曼城陷入了绝境。"蓝月亮"们感到不安和恐惧，他们必须逆转比分。

在女王公园巡游者反超比分后，曼奇尼表现出明显的不满，他用哲科换下巴里，又用巴洛特利换下特维斯。女王公园巡游者的门将肯尼如有神助，他先是扑出特维斯的头球，又防住了哲科接阿坤传中后的射门，再是将巴洛特利的强力头球拒之门外。此时，阿坤逆转比分的希望似乎越来越远，从队友们的脸上，他能感受到相同的情绪。落后之后，曼城队的进攻就像被冻结了，不管如何努力也无法取得进球。

他们控制着比赛，他们垄断着皮球，但是他们就是无法接近对方的球门。当获得接近球门的机会时，他们要么被在禁区里摆大巴的对方后卫断球，要么被本场比赛出奇神勇的门将肯尼阻截。阿坤不敢相信正在发生的一切，他看了看表，时间已经走向了75分钟。他对自己说："要么就现在，要么就永远没有机会。"再晚一点，可能会失去一切。第80分钟，他又对自己这么说，第85分钟，他再一次对自己这么说。但是，进球没有出现。阿坤眼睁睁地看着时间流逝，似乎冠军奖杯已经渐行渐远了。

看台上的观众和球场上的球员一样不安，你可以从他们流泪的眼中读出幻灭的悲痛。时间流逝，力量衰竭。90分钟比赛时间已经结束，尽管主裁判麦克·迪恩给出了5分钟的伤停补时时间，但是仍然有许多球迷已经离开了自己的座位，走到球场的出口，似乎希望在悲伤时刻到来之际，可以避免被别人看到自己的痛苦。

坐在包间里的莱昂、阿德里亚娜、埃尔南以及鲁本都开始紧张起来，他们和现场所有的曼城球迷一样痛苦地双手抱头。大家的脑子里都是一片空白，他们渴望着冠军，却对场上局势无能为力。此时，阿德里亚娜在包间中双手合十跪在地上，祈求着圣母能保佑曼城，保佑阿坤。直到比赛的最后一刻，她都还跪在地上一直祈祷。

场边的曼城主帅曼奇尼也显得急躁不安，他不断地抱头蹲下，又不断地看表，还要鼓励场上的弟子们不要放弃，要为了荣耀拼尽最后一丝气力。虽然所有人都很疲惫，精神也都处在了一个崩溃的边缘，但是现在还不能放弃，也没有人放弃。

第 91 分 13 秒，大卫·席尔瓦将球分边，萨巴莱塔的插上传中被破坏，曼城赢得了一粒角球。波黑前锋哲科强有力的甩头攻门将球砸进球门！场上比分变为了 2-2 平！

哲科头球破门后，球砸在门内反弹回来，此时刚好站在门线的阿坤本能地将球拿下并迅速放回中圈。就在刚才，眼前的这粒足球越过门线又弹回飞向他自己，阿坤似乎预感到将会有一个奇迹在接下来的 3 分钟里发生。现在的曼城还需要一粒进球才能夺冠！

比赛还剩下 3 分钟。纳斯里的传中又一次被解围，第一分钟过去了，比赛还剩两分钟。而此时曼联的比赛全场结束，他们客场 1-0 拿下了桑德兰，红魔正等待着伊蒂哈德球场的终场哨。

时间一秒一秒地过去，每一秒都有可能让曼彻斯特的一支球队飞上天堂，另一支跌入地狱。阿坤的内心突然出现了一个声音：没问题的，我还有机会，我还能有一两次攻门机会，我会终结这一切！

女王公园的前场界外球抛出，莱斯科特高高跃起将球顶给德容。荷兰后腰带球推进过半场，此刻补时已经过去 3 分 04 秒，而德容却在终场附近花了 8 秒来选择推进的传球路线。阿坤整场比赛都在回撤拿球，他不断地接球做球纵向穿插，而这一次，他依旧选择了这样做，而在接下来的 7 秒钟，奇迹就这样上演了。93 分 13 秒，阿坤从禁区边缘回撤，接到德容的传球。93 分 16 秒，阿坤和禁区线上的巴洛特利做了一次撞墙配合，后者在倒地前用外脚背将球拨出，高速插上的阿坤在禁区右侧拿球。93 分 18 秒，接球后的阿坤盘过倒地拦截的塔伊沃，尽管这次拦截很有可能造成一个点球，但是阿坤知道，永远不要轻易倒下，他果断而又冷静地控制着自己的步伐和脚下的足球。93 分 20 秒，足球出现在了女王公园巡游者门将肯尼的左下方，阿坤的劲射直奔球门近角，奇迹就这样发生了。伊蒂哈德球场瞬间沸腾，只有足球才能带来的激情点燃全场，溢于言表的兴奋蔓延在每一位曼城球迷的脸上。转播镜头记录下了这难忘的一刻，短短的7秒钟，阿坤和曼城创造了奇迹。

这粒进球同样让阿坤自己也陷入了狂喜，他向球场右侧飞奔，并脱掉了球衣拿在右手疯狂地挥舞。此刻的阿坤就是伊蒂哈德的天神下凡，他将黑暗驱散，他将胜利与欢乐带给了所有人。

欢笑与泪水都出现在了人们的脸上，但是毫无疑问，曼城球迷此刻都是幸福的。包间中的阿坤父母和朋友同样欢呼雀跃。一直跪地祈祷期望带给儿子勇气的阿德里亚娜，直到看见自己的儿子挥舞球衣才意识到发生了什么。而父亲莱昂此刻激动得流出了眼泪，他为自己的儿子感到无比骄傲。自己的孩子做出了一件伟大的事情，没有什么能比这更让他自豪的了。本哈明还太小，他只是好奇地看着自己的亲人，试图理解是什么让大人们如此疯狂。所有人抱在一起又叫又跳地疯狂庆祝，这一刻他们感受到了大家是一个真正的集体。

作为曼城队死忠的前绿洲乐队主唱利亚姆·加拉格兴奋得大哭，他冲进埃尔南和鲁本以及阿坤父母所在的包厢，疯狂地对着所有人大喊："塞尔吉奥，你真是我的英雄啊！"此时此刻，所有人都处在极度的疯狂之中，球场上的队友们蜂拥而至将阿坤压在身下。第一个赶到阿坤身边的是打入扳平一球的哲科，随后是巴洛特利，绝杀进球正是来自他的做球，那一刻，他不再是什么坏小子，而是名副其实的"超级马里奥"。

紧接着，中场魔术师大卫·席尔瓦、德容、孔帕尼、纳斯里全部围了过来，全队开始叠罗汉式的庆祝，感激着阿坤的金子般的绝杀进球。

被众人压在身下的阿坤几乎无法呼吸，他脑袋近乎缺氧，但是此刻他却清楚地听见了每一个人的声音。他听到队长孔帕尼与荷兰人德容用英语告诉他"太感谢你了"，也听到了巴洛特利用带有阿根廷口音的意大利语说"我爱你，阿坤"，他还听到法国人纳斯里用西班牙语对他大喊"伙计，兄弟，真的感谢你"。所有人都在高喊"我爱你，阿坤"，曼城球员趴在一起，迎接他们的将是球队44年来的首个顶级联赛冠军，而阿坤的这一脚进球，不仅仅为这赛季激动人心的争冠画上了句号，更是踢出了英超的一个新时代。

　　毫无疑问，阿坤已经成为球队的支柱，虽然此时的他只有23岁。阿坤完成了一个了不起的赛季，并最终亲自终结了对手，为曼城送上冠军奖杯。与此同时，在1.1万公里之外的阿根廷，所有人都为阿坤创造的奇迹陷入无尽的疯狂之中。他的天赋，他的成功，他的进球全部成为阿根廷人民心中的神话。这既不是什么精心策划，也不是任何思想绑架，这就是一个正在演绎着的传奇故事，一段让全阿根廷球迷陷入疯狂之中的传奇故事就这样诞生了。在比赛结束前7秒内攻入绝杀进球，帮助球队夺冠，这样的传奇故事必将写进历史。

第十六章　完美拼图

"如今，球场中总是充满了各种跳水假摔，很多球员都想骗取罚球，但是我从来不这样做。就像人们说的，我从不会试图跌倒或者假装受伤来欺骗裁判。当我快速突破或者追赶球时，和对手的身体接触在所难免，可能我也会跌跌撞撞甚至摔倒，但是那并不是我所期望的，这也不代表我就总是喜欢这样做。"阿坤说，"这个习惯可能是源于我童年的踢球经历吧，那个时候我踢球的场地非常烂，地面总是各种坑坑洼洼，我必须学会让自己保持平衡，而且那个时候场上没有裁判，就算你跳水，也没人会判给你任意球。所以无论如何，你必须保持平衡、继续向前，就算真的很困难，也要拼尽全力把球留在脚下。"

"如果后卫对我贴身盯防，我所想的不是在地上打滚骗犯规，而是朝着目标继续向前，我一定要过掉他，这就是令我骄傲的事情。赛后朋友和家人有时候也会问我，为什么不选择摔倒赢得点球，可事实就是我根本不知道怎么去摔！我压根儿就不会跳水，那种可耻的行为我永远不会去做。这就是我的本能，我更愿意享受过掉对手起脚射门，然后看看这球到底进不进。

"我也总会回想那粒绝杀女王公园巡游者的进球。我过掉塔伊沃并且将球射进大门，帮助球队赢得冠军。我也设想过，如果那个时候我倒下了，可能历史真的就不一样了。可能裁判并不会判罚点球，对吧？但是我抓住了机会，并一直努力将球保持在自己的脚下。"阿坤说。

当麦克·迪恩吹响了全场比赛的终场哨音时，阿坤还没有缓过神儿来，萨巴莱塔冲过来给了他一个大大的拥抱，随后米卡·理查兹也跑了过来，克里希、巴洛特利将他团团围住，教练席上的教练们和替补队员也全部冲进球场疯狂庆祝。随后，包围阿坤的就不只是队友了，许许多多兴奋的曼城球迷冲进了球场内,整个伊蒂哈德球场陷入了前所未有的火爆场面。阿坤不曾想象自己能创造出这么伟大的景象。所有人,无论男女老少全部冲向阿坤,他们渴望亲吻他,触碰他,拥抱他。阿坤可以清晰地听见全场响彻"谢谢你"和"我爱你"的歌声。顷刻间,阿坤被这种巨大的崇拜所吞噬,他几乎找不到路,也不知道该去哪儿了。还好俱乐部工作人员"解救"了他,将他护送回了更衣室。

曼城电视台著名的"卡姆通道"机位记录了这真实的一刻。这个镜头是正对着球员通道的一个机位,它真实地记录了曼城球员每一次踏入与离开伊蒂哈德球场。画面捕捉到阿坤此刻依旧处于游离状态,他的表情懵懂,仍然没有意识到自己的壮举有多伟大。这粒进球,这场比赛,这次绝杀,这个冠军,点燃的不仅仅是伊蒂哈德,也不仅仅是曼彻斯特和英国,更点燃了整个欧洲、整个布宜诺斯艾利斯、整个阿根廷和整个南美洲乃至全世界。人们感受到了足球比赛不可思议的戏剧性,全世界都因此陷入了前所未有的高潮之中。

无论是回忆起更衣室的庆祝还是再次回到球场参加夺冠盛典和颁奖仪式,甚至是后来的夺冠感言,阿坤始终说不清自己当时的感受。"我不知道如何形容,我是怎样射门的,我是怎样完成最后一击的,我是怎样获得这样的勇气和力量的,我也不知道。"阿坤身披父亲从布宜诺斯艾利斯带来的阿根廷国旗,上面还印着他心爱的独立队的颜色。他举起了冠军奖杯,享受着王者的荣耀,但是这一切的经历与感受,仍然需要他静下来慢慢回味与整理。

颁奖仪式结束后,阿坤回到了家人身边,第一次从旁听者身份了解到自己当时都做了些什么。在与家人团聚的时候,最亲近的人们向阿坤重新讲述了整场比赛和最后惊心动魄的几分钟。虽然依旧深陷震惊之中,但是阿坤开始明白人们的疯狂举动,也认识到自己做了件多么伟大的事情。

夺冠次日,也就是5月14日星期一,阿坤登上了夺冠花车,和球队一同开始了在曼彻斯特街道上的夺冠游行。15万人将道路围得水泄不通,而随着时间慢慢流逝,阿坤开始感悟到这一切的美妙。同样的事情也发生在阿根廷，身处布宜诺斯艾利斯的朋友告诉阿坤，家乡的球迷同样在大街小巷疯狂庆祝，所有人都在为他的绝杀进球激动不已。

在阿根廷，这场比赛的收视率空前地高，而当地报纸头条也全部是阿坤和曼城的消息。"阿坤先生""超级英雄""阿根廷的骄傲""传奇坤""坤时代""王者坤""曼市王者阿坤"等标题充斥了所有报纸杂志的头条。所有人都在谈论阿坤在曼城完成的这一伟大赛季，他打入了30个进球并奉献了8次助攻，最后还一手导演了如同好莱坞大片般的戏剧化夺冠结局。

比赛结束48小时后，阿坤开始拼接自己的记忆碎片，他通过录像回顾了这场史诗级的胜利。这就是人们口中他所做出的伟大贡献，这些图像告诉了阿坤究竟发生了什么，也让他第一次从旁观者的角度重温了当天的一切。

跟随镜头，他看到了自己打入绝杀进球后的疯狂庆祝，看到了主教练曼奇尼激动地拥抱了自己的助理布瑞恩·基德，然后开始狂奔，和教练组其他成员相拥。他也看到了球场另一端的门将乔·哈特，画面中的曼城门将是如此伟岸，乔·哈特孤零零地站在禁区里，身边没有可以拥抱的队友，但是他也同样兴奋，激动地展开双臂尖叫奔跑。他还看到克里希和其他人紧紧拥抱，所有队友趴在地上久久不愿离去。影音资料忠实地记录了这一切，阿坤看到所有人从焦急不安甚至是沮丧，瞬间变为兴奋喜悦甚至喜极而泣，千万张脸的情感变换呈现在他的眼前。

与此同时，阿坤看到的还有争冠对手曼联的痛苦。另一个赛场的曼联率先结束比赛，当时伊蒂哈德球场的比分还是2-2，红魔上下都在焦急等待最后的几分钟。可是自己的绝杀瞬间改变了一切，当这一消息传到曼联这边，他们知道自己最终只能以净胜球劣势名列第二了，而他们口中"吵闹的领居"成了冠军。当然，未来这个邻居将会变得更加"吵闹"。

他还在各种网络媒体视频网站下载了球迷们的庆祝活动视频。在YouTube上，他看到了曼城球迷们在酒吧中和家里的各种疯狂庆祝。

无论男女老少，球迷们围成一圈又唱又跳，甚至有人直接跳到了酒吧的桌子上，这样的狂欢持续了不知道多少个小时。

阿坤还看到了电视直播中，那些解说员和所谓的专家为这样的结局而惊呼，他们甚至不顾形象地呐喊，哪怕这是在摄像机前的直播，他们的表现也绝对属于完全失控的状态，这样的情况也是阿坤从来没有见过的。

他开始聆听来自世界各地的声音，所有的评论都传递着同样的激情，虽然语言不通，但是所有人都因为足球走在了一起，传递着超越一切的力量。

阿坤还浏览了曼彻斯特市著名摄影师莎朗·莱瑟姆拍摄的图片，这些图片记录的不仅仅是精美的画面，更是一段无法抹去的情感，通过这些图片，你可以感受到当时的激情。

为了回到现实中，阿坤最后将比赛录像又看了一遍，然后认真听了队友们和自己说的每一句话，现在他确定，曼城就是冠军。他看到哲科扳平比分的进球，看到巴洛特利最后时刻为自己分球，阿坤开始发现，这是属于每个人的胜利，这是场上场下所有曼城球员和球迷共同坚持努力的结果。当他再一次看慢镜回放自己的绝杀进球，他的心落地了，球队做到了，自己也做到了，曼城是冠军。

阿坤明白，这一切都不是什么巧合。虽然奇迹的发生只有 7 秒，但就好像是一种完美的融合，一切都是这么顺理成章，而这正是这些年来自己的坚持努力所换取来的。

他看到了自己绝杀前几分钟的自言自语："没问题的，我还有机会，我还能有一两次攻门机会，我会终结这一切！"他能感觉到自己的勇气和直觉，虽然当时是在如此极端的情况下。"我不知道我的力量从何而来。"哪怕现在阿坤依旧会这么说，但是他知道，这样的力量和奇迹发生源自自己的父母，源自自己的家庭，源自所有人对他的支持和不懈努力。

录像中的最后时刻，德容拿球到处在寻找出球点，而自己却深陷禁区内。这时候阿坤想起了自己在阿根廷国青队教练多霍的话："你必须观察自己的跑位是否能接住队友传球，如果不能，那就停止向前，多回撤接球，接球的点多了，你才能打出类似二过一的渗透！"幸运的是，当时在场上的自己正是这样做的，他看到自己跑出禁区来接球，又和禁区里的巴洛特利做二过一配合，后者背身拿球倚住了防守队员，虽然马上就要跌倒，但是还是用外脚背将球恰到好处地分了出来。

随后，他看到自己冲入了禁区，此刻他又想起了年轻时，豪尔赫·罗德里格斯曾对自己球队教练说过："你必须让阿坤90分钟都待在场上，他能在任何时刻帮你赢得比赛。"当然，还有卡乔·巴雷罗曾经给他灌输过的思想：哪怕只剩最后一秒，你也能进球。

阿坤回看了自己的进球，他自己创造出了机会，并最终完成了绝杀。随后，他关掉视频，开始回想自己在独立队的日子：15岁就完成阿甲首秀，然后转会西班牙，和马德里竞技一起奋斗成长了5年。

他还记得自己刚到曼彻斯特时的情景，他总是全力以赴去比赛，每个90分钟他都会让自己努力做到最好，为了能在竞争如此激烈的英超联赛立足，他从未停止过奔跑。

阿坤再次点击播放，继续观看录像，他看见进球后的自己挥舞着球衣，顷刻间被队友团团包围，每个人的脸上都写满了激动，这一次人们眼中的泪水和兴奋比任何时候都要多。

这震惊世界的7秒钟成就了阿坤，也让他更加清楚地认识到了自己的价值，更为他的继续进步提供了无限动力。

现在，阿坤明白，这个赛季的完美结局对于自己来说更是一个新的起点，他将要去迎接更大的挑战，也要为所有热爱足球的人们带来更多的激情。

阿坤很清楚，他有着自己的秘密武器，那是他独一无二的法宝。这个法宝其实很简单，那就是自己对足球最纯粹的热爱，他渴望用自己在场上的表现为他人带来快乐。这些年以来，阿坤清楚地认识到，这样的想法就是不断指引自己向前的最重要因素。

【禁区杀手】

"我越来越能意识到我们的夺冠有多重要。我认为今年夺冠的意义不仅仅在于这是曼城44年来的首个联赛冠军，更重要的是我们将同球队一起步入一个新的时代。虽然我希望自己保持谦虚，但是我还是要说，夺冠之后最美好的事情，是我们觉得自己能在接下来的几年夺得更多的冠军奖杯，今年的冠军仅仅是一个开始。"阿坤说。

曼城夺冠的几天后，阿坤在自己的推特发表了这段话，他是显得如此平静却又充满激情。而自从阿坤来到曼彻斯特，他的推特粉丝数就开始暴涨，短短几天就已经突破了100万。一个赛季过后，他的粉丝关注数更是再次翻了一番，他成为第一个推特粉丝数达到200万的阿根廷人。

阿坤总是会在不同的社交网站活跃，他喜欢和粉丝们互动。几乎每天他都会把自己的日常生活同步更新到这些社交网站。

当然，阿坤的曝光也要感谢曼城俱乐部和英超联赛。英超是全世界任何一个角落都在关注的联赛，所有球迷都关心着阿坤的成长。

阿坤涨粉的趋势势不可挡。截至2014年，他的推特粉丝数已经突破了700万大关，这使得他与韦恩·鲁尼、梅舒特·厄齐尔等大牌球员一样，成为英超最受关注的球星。而事实上，阿坤已经成为推特关注度排名世界前十的足球运动员。

同样的事情也发生在脸书上，在那里阿坤有着800万的粉丝，而最近很火的Instagram（一款时下流行的图片分享应用程序）上，同样有100万用户关注着阿坤的照片并分享。

曼城加冕冠军，阿坤则扮演了救世主的角色，这使得他在阿根廷的人气更高了。当然，他在国内本来就大受欢迎。

许许多多的阿根廷电视台也在反复播放着阿坤的绝杀进球，当他回到国家队同主教练亚历杭德罗·萨贝拉一同出席新闻发布会时，他依然是记者们采访追问的焦点。

2014年巴西世界杯预选赛的最新一轮即将开始，阿根廷队将迎来一场硬仗，他们的对手是南美劲旅厄瓜多尔。

比赛在6月2日进行，而这一天正好是阿坤24岁的生日。最终，阿根廷以4-0大胜厄瓜多尔，阿坤攻入一球。这场胜利对于他来说是最好的生日礼物，阿根廷也离进军巴西世界杯更近了一步。

在莱昂和阿德里亚娜的家中，亲人们也为他的生日以及这场胜利举办了聚会，但是对于阿坤来说，来之不易的假期却又要延迟了。因为他将代表阿根廷国家队参加一场在美国举办的友谊赛，对手是死敌巴西队。

这是一场精彩至极的比赛，双方的表现都没有让人失望。在这场比赛中两队一共打进了7粒进球，梅西上演帽子戏法，而阿根廷队最终以4-3战胜了巴西队。

在回到曼彻斯特随俱乐部一同前往奥地利参加季前训练之前，阿坤在布宜诺斯艾利斯待了一段时间。他到美洲解放者球场参加了独立队的纪念活动。在那里，他依旧受到了全场独立队球迷山呼海啸般的欢迎。

然后，阿坤来到多米尼克镇训练基地，这是他和罗霍一同成长的地方，重回故地的他参观了各级青年队的训练，而在这里的孩子们心中，阿坤已经成为一代传奇，他们专心地听着偶像说的每一句话。

"想当一名职业足球运动员并不是件容易的事，我知道你们都梦想着能踢上阿甲联赛，就像当初我做的那样。为了这个目标，你必须加倍努力，并且也需要做出一些巨大的牺牲。永远不要放弃梦想，用你双倍的努力去实现它！"

阿坤的讲话鼓舞着所有孩子，而孩子们也给偶像报以了最热烈的掌声。而突然，他发现背后的墙上挂着一张照片，那是他几年前因事故已经去世的朋友埃米利亚诺·莫利纳。

在沉默中，阿坤用手轻抚了这张相片，并给了它一个吻。他永远记得自己的朋友。

他环视四周，这里是他曾经奋斗过的地方，他仿佛看到了曾经那个年少的自己无比努力地在训练场上练球。在这里，阿坤有着太多美好的回忆，他想起了那些并肩战斗一起训练的伙伴们，比如毛里西奥和加斯顿，大家都为了自己的梦想而在这里汗洒绿茵。

想到这些，阿坤对自己目前取得的成绩更有成就感了。同时，他也坚定了要继续努力，为了梦想付出更多的决心。

这次寻根之旅帮助阿坤很好地调整了心态，他将更加积极向上，充满激情地迎接接下来的挑战。归队以后，他跟随曼城来到了奥地利小镇塞费尔德。

这个小镇是冬季运动发达的地方，全镇 3000 多名居民热情地欢迎了远道而来的英超冠军，所有人都对曼城上下充满了敬意。

每天早上，阿坤都和队友们骑自行车前往训练基地。他们将在这里待上两周，进行恢复训练以及战术演练。

随后，曼城将迎来 5 场友谊赛，对手分别是阿尔希拉尔、德累斯顿发电机、贝西克塔斯、阿森纳和马来西亚。在度过 2012 年 7 月后，他们将迎来社区盾杯的比赛，对手是英超劲旅切尔西。

8 月 12 日，尽管转会窗还未关闭，球队新援也都还未完全到位，但是阿坤还是跟随曼城一起在社区盾杯比赛上以 3-2 逆转击败切尔西。"蓝月亮"再夺一座锦标。

而在 2012—2013 赛季开始之前，阿坤跟随国家队在法兰克福以 3-1 战胜了德国队。这场友谊赛之后，阿坤的新赛季英超比赛即将打响，球队赛季的揭幕战将在主场伊蒂哈德球场打响，对手是南安普顿队。

在接受曼城官网采访时，阿坤很明确地表示他渴望帮助球队继续赢得冠军奖杯，他不希望球队的冠军只是昙花一现。

8 月 19 日的伊蒂哈德球场座无虚席，所有曼城球迷都来为自己主队新赛季的第一场比赛加油呐喊，这是冠军球队应有的待遇。

相比几个月前打入绝杀球之时，球迷们对阿坤的热情丝毫没有衰减。此时的阿坤也已经准备就绪，他的身体状态和精神状态全部都恢复到了最佳状态。

现在的他将为了更高的目标而战。阿坤怀抱着儿子本哈明迈进球场，然而等待他的，却是痛苦的伤病。

比赛仅仅进行到第 7 分钟，阿坤中场拿球大步向前，跟防的克莱尼一个侧面滑铲直接将阿坤放倒。倒地后的阿坤痛苦不堪，他紧紧抱住自己的右膝，并举手示意这次伤势可能有点儿严重。

虽然最后阿坤坚持起身自己走到了场外，但是他的伤势依旧需要更进一步的检查确认。

曼城在一度以 1-2 落后的情况下最终实现了 3-2 逆转取胜，但是阿坤的伤势才是人们关注的焦点。

阿坤自己向外界透露了伤情："经过初步检查，我的伤并不严重，但是膝盖确实受到了一定损伤。明天我将和医护人员一起继续检查，看看多久才能恢复。感谢所有人对我的关心，我会尽快好起来的。我也要祝贺我的队友们，他们不屈不挠，帮助球队赢下比赛，我们将继续战斗，前进吧曼城！"

进一步的检查结果很快就出来了，还好这次膝伤并不是特别严重，但是阿坤也至少要休息一个月时间。虽然最终还是要休战，但是比起当时人们对他伤势的恐慌程度，这已经算一个好消息了。

球队主帅曼奇尼透露："我非常担心，我当时真的觉得阿坤会离开赛场六个月甚至更长时间。所以现在看来，这样的结果已经很让人欣慰了。"

阿坤也迅速展开了康复工作，无论是在卡林顿还是在家，他都严格遵从理疗师的安排规划，他渴望在最短的时间内重返赛场。

时间来到了八月底，欧冠联赛小组抽签结果揭晓，曼城发现自己被分到了所谓的"死亡之组"。他们的对手是另外三个联赛的冠军：西甲冠军皇家马德里、德甲冠军多特蒙德，以及荷甲冠军阿贾克斯。

"伟大的对手意味着伟大的比赛。"阿坤表示，他相信球队依旧能够继续前进并发挥到最好。虽然他也承认这很困难，球队将面临前所未有的挑战，但是想要继续前进，必须经过欧洲赛场的历练。而如今，他们的欧冠经验确实相当匮乏，但是这些理由不能阻止球队在欧冠赛场上的跃跃欲试。

2012 年 9 月，阿坤抓紧进行康复训练，他还在国际比赛日观看了阿根廷国家队的比赛，对手是同样渴望挺进 2014 巴西世界杯的秘鲁和巴拉圭。

回到了布宜诺斯艾利斯后，国家队队医检查了阿坤的伤势，建议继续休养。阿根廷在主场以 3-1 击败了巴拉圭，在客场以 1-1 逼平了秘鲁。之后，阿坤返回卡林顿训练场，继续准备着自己的复出。

英超第四轮，曼城做客不列颠球场挑战斯托克城，阿坤继续因伤缺阵。首次代表曼城出战的新援哈维·加西亚帮助球队打进一球，最终曼城在客场带走了一场 1-1 的平局。而这个夏天到来的新援还有杰克·罗德维尔、麦孔和纳斯塔西奇。

阿坤的伤势恢复得不错，曼奇尼立即将他召回球队，因为在欧冠赛场的死亡之组中，他们的第一场比赛就是做客伯纳乌挑战西甲豪门皇家马德里。但是最终阿坤还是不得不在替补席上观看了这场比赛，曼城虽然两度领先，但是强大的皇家马德里最终凭借 C 罗的绝杀以 3-2 逆转战胜了曼城。

这场比赛也让整个欧洲足坛对曼城有了新的定位。不过，在整个小组赛中，曼城表现并不尽如人意，在负于皇家马德里之后，他们主场战平多特蒙德，在与荷甲冠军阿贾克斯的两回合对决中取得了 1 胜 1 平。回到主场，曼城以 1-1 逼平皇家马德里，而最后一轮则是客场以 0-1 落败于多特蒙德。

阿坤无法掩饰自己的失落，他对曼城的球迷们感到愧疚。球迷们对球队抱着那么大的希望，而如今曼城却连小组出线的目标都未能达成。

"所有人都确实很受伤，因为我们本希望能做得很好，但是最终却没能跨过小组赛这道坎儿。诚然，我们这一小组全是冠军球队，西班牙冠军、荷兰冠军和德国冠军。但这不是借口，大家都在同一水平线上，比赛中失败和胜利都只是一线之隔。现在谈论我们的第一场对阵皇马的比赛已经没有什么意义了，虽然当时确实离胜利非常地近。但足球就是这样，我们没能创造一个伟大的结果。欧冠对于我们来说是一项未完成的事业，我们会继续努力的，这次的比赛经验非常可贵，我相信未来会更好。"阿坤分享着这次欧冠小组赛的一些感受，虽然已经出局，但是他渴望帮助曼城重新站起来。

"我们没能达到人们的预期？我想每个人都有自己的看法吧，这就是足球。人们对球队充满了期望，这是好事儿，但是我认为此时，人们更应该给球队以信任。我们需要在球迷们的信任下战斗，过去是，将来也是。想当年，很多人说曼联高高在上，超越曼联对我们来说太遥远了，但是我们从未放弃，球迷们也相信我们。所以，曼城最终成为英超最棒的球队，赢得了冠军。

"很多人贬低曼城，说他们的冠军是靠金钱买来的，但是其他俱乐部也会做同样的事。你只需要看看夏季转会窗发生了什么，就会发现我说的是对的。因为据我了解，巴塞罗那是仅有的几支依靠青训提升球队实力的俱乐部，但是即使如此，所有的球队都必须投入。人们需要客观看待这些事情，而不是总对曼城抱有成见。"阿坤说。

阿坤明白，现在很多的人只是看到了曼城挥霍的大把钞票，却根本不去了解他们为荣誉付出的努力，也很少有人去了解这支球队的历史和他们忠实的球迷。

有一点是肯定的：即使球队赛季之初表现不佳，在积分榜上的位置也不理想，而球队也一直饱受伤病的困扰，但是曼城上下依旧团结一心，他们要为卫冕而战。

曼城在新赛季以 12 胜 6 平 2 负的战绩结束了这一年。其中包括主场 2-3 被同城死敌曼联绝杀，范佩西伤停补时阶段的进球让伊蒂哈德球场陷入了绝望。

而在联赛积分榜上，曼城落后第一名 7 分，这使阿坤高兴不起来了。虽然他已经在 11 月成为英超赛场进球效率最高的射手，排在蒂埃里·亨利（第三）、范尼斯特鲁伊（第五）和阿兰·希勒（第八）之前。

事实上，阿坤 3116 分钟攻入了 28 球，平均每 111.3 分钟就能打入一球。而这份榜单上排在他身后的还有哈维尔·埃尔南德斯（第二）、埃丁·哲科（第四）、范佩西（第六）、登巴·巴（第九）、马里奥·巴洛特利（第十），以及他的同胞、已经退役的埃尔南·克雷斯波（第七）。

不仅如此，阿坤对阵女王公园巡游者时的绝杀进球入选了 FIFA 国际足联年度十二大时刻。他同球队队长孔帕尼一同出席了晚会，并领取了英国广播公司体育频道的颁奖。但是此刻，荣誉和困难正并存着，曼城战绩不容乐观，而阿坤也在六个月前就和妻子吉安妮娜·马拉多纳分开了。

面对自己的私人问题，阿坤直到 2013 年初才在接受布宜诺斯艾利斯的《奥莱报》采访时公布这一消息。

"在过去的几个月中，我都在努力适应新的生活。没错，我们分居了，这真的很不容易，因为吉安妮娜和我有着太多美好的回忆，我们一起经历了很多。

"在那段时间里，我们一同成长，很幸运，我们的孩子诞生了，这是爱的果实。但这真的让我很难过，因为儿子本哈明在布宜诺斯艾利斯，而我在曼彻斯特。"阿坤说。

当被问及感情问题是否会影响到他生活中的其他方面，阿坤非常明确地说："我肯定在尝试着让这件事情不去影响我的生活，因为我是职业运动员，我必须有职业精神。如果你是指我在球场的表现，那我可以说绝对不会受到影响。但是远离了儿子这让我很难受，我不可能不思念本哈明。"之后，阿坤解释说他不希望事情被放大，也不想自己和妻子分居的事情在阿根廷闹得沸沸扬扬。"出于对彼此的尊重，我的一些私人事情没有必要过度曝光。"

夺冠后的第二个赛季往往会很困难，不单单对于阿坤来说是这样，对于曼城上下所有球员都是如此。

"现在我们被很多球队盯上了，卫冕之路并不容易，所有球队都已经把我们当作了竞争对手，大家都认同我们的实力。"阿坤解释道。"这赛季我们引进了几名新援，球队的战术打法有了一定改变，所以当有人想在伊蒂哈德球场击败我们时，往往只会被我们打回去。现在的曼城全面升级了，虽然我们不再像以前那样进球如麻。"

"上赛季的后半段，我们发现在伊蒂哈德球场的进球数慢慢减少了，这是因为其他球队都知道了我们的攻击力，他们开始选择严防死守。这种情况延续到了这个赛季初，我们的主场战绩也不太好，进球数也不多，这也许多多少少会让人失望，我们没能捍卫主场大比分的胜利传统。其实这可能是因为英超的其他球队越来越熟悉我们，这就好像你知道你的老朋友所有的优点和缺点。但是我这样说并不是试图消极应对。

"等待着我们的还有半个赛季，所有球队都企图充当拦路虎，他们想遏制我们的进攻，这是可以预料的。也许按照原来的方式去踢，我们赢下了比赛，曼联同样能赢，而当我们输掉比赛，曼联却还是能赢。所以相比进更多球，胜利带来的3分才是最重要的，一两个进球同样可以为我们带来三分。

"有时候很难抑制夺冠后高涨的情绪，就像赛季初，我们还是追求进攻，想进更多的球，但是结果却让人失望，是时候好好调整球队的打法思路了，我们在开局已经丢了太多分了，为了卫冕我们必须做出改变。

"至少现在看来，我们仍有机会赢得冠军奖杯。因为我们在足总杯上一直发挥得不错，现在已经进入了半决赛，对手是切尔西。温布利是一座美丽的球场，在这里击败强大的对手会非常美妙。这一天过得非常顺利，我们以2-1战胜了对手，而我罕见地进了一个头球，那一刻我是克劳奇附体。所以，即使在联赛中只能屈居亚军，我们还有足总杯冠军可以争夺。

"所有人都认为我们是夺冠大热门，因为维冈竞技现在处在降级区，他们还要为保级而战。但是我们会尊重比赛本身，我总是说，球场上什么都可能发生。我们准备好了，但对手真的表现非常出色，他们配得上胜利。

"我很遗憾他们在最后时刻打进制胜球，这意味着我们已经没时间去扳平比分，0-0的比分在最后时刻是最危险的。如果他们早15分钟进球，也许我们还能把比赛拖入加时，也许情况就会不一样了。

"我知道有许多人在谈论曼奇尼，说他可能在赛季末被替换掉，但是我从来没有听人说过这事儿会发生。我和曼奇尼关系很好，也许当时不是每个人都和他关系好，但是我一直如此，我和他之间没有任何问题。就我而言，他依然是球队主帅，我没有理由胡思乱想。

"是的，我听到了一次或两次看台上有球迷叫他下课，但是我不会多想。可惜很意外，赛季结束之前曼奇尼就被解雇了，这是在英国足球中很少见的。

"对我来说，我已经和球队踢了大半个赛季了，换帅的事不会对我造成太大影响。要知道我在独立队时，曾经历了球队在一个赛季走马灯似的换了8名主帅！而在马德里竞技，也出现过一个赛季更换了3名主帅的事儿，所以我完全能够接受，不会觉得不适应。

"每位主帅都有自己的工作方式和战术风格，而且他们每个人都不一样。所以作为一名球员，我要做的就是按照教练的布置去完成，并在场上严格执行教练的战术意图。对于换帅的事情人们可能存在误解，但是这很正常，在任何俱乐部都会发生，至少我觉得在曼奇尼麾下一切都很棒。

"所以，教练走了，经历了在纽约的短暂热身赛之旅，我们开始了假期。至于谁会来接任球队主帅一职，我可不会去想太多，因为俱乐部的唯一宗旨就是成功，所以他们会选择一个能够带领球员继续前进的人。"阿坤说。

【佩莱格里尼接任】

在佩莱格里尼正式接手曼城后，阿坤表示："我知道曼努尔·佩莱格里尼，当年我在马德里竞技效力时他正执教西甲球队。"

"当年他接手比利亚雷亚尔时，球队每年都要为保级而战，但是自从他到来，比利亚雷亚尔就取得了很好的成绩。他带领球队获得了欧冠资格，并总能让球队保持在前四的位置。球队在他的带领下踢出了高质量的比赛，对我来说，他确实是名声在外。

"他是一名喜欢给球员信心的教练，而且他喜欢攻式足球，对长传冲吊不感兴趣。当我了解他之后，我发现他是一个非常好接触的人。无论什么情况他都不会放弃，他也不允许自己的球员放弃。而且在个人层面上，我和他关系很好。当所有人都在为了同一个目标而努力时，你就会成为球场上最强大的力量。他在曼城的第一个赛季就证明了这一点。

"我们和佩莱格里尼开始了一个新的赛季，球队发挥不错，但是前几轮中我们还是输给了卡迪夫城和阿斯顿维拉。紧接着我们又要迎来欧冠的比赛，对手是德甲豪门拜仁慕尼黑，我们期待着能在小组赛有个良好的开端。

"这是在和全欧洲乃至全世界最好的俱乐部打比赛，他们是卫冕冠军，所以在1-3输给对手后，这也算是一个输球的借口吧。我想我们在比赛中学到了很多，他们是一支经验丰富的球队，而我们还是算作欧冠新人。而当几个月后我们做客安联球场再次挑战拜仁慕尼黑，情况就变得不同了。

他们依旧很强大，但我们最终 3-2 战胜了拜仁慕尼黑！主队 2-0 领先了我们，但我们完成了大逆转，我觉得我们有能力让质疑球队的人闭嘴。

"回到英超赛场，我们依旧保持着进球效率，我和内格雷多在场上建立了很好的默契，从赛季初的比赛来看，我们真的是一见如故。这得益于我们都讲西班牙语，在比赛中用一个单词的交流就能帮助我们很好地配合，这真的很棒。

"随着赛季的进行，我也开始适应和埃丁·哲科配合，他在我身前冲锋陷阵也是不错的选择。不幸的是，我和阿尔瓦罗·内格雷多都遭受到了不同的伤病影响，这使得我们的配合默契不断下降，没能再像赛季初一样所向披靡。"阿坤说。

按照如此的状态下去，阿坤很有可能在加盟曼城的第三个赛季继续打破各种进球纪录。但是在 2013 年的 12 月 14 日，阿坤再次遇到了伤病问题，他感觉右小腿有些疼痛，不得不在对阵阿森纳的比赛下半场被换下场。

阿坤在比赛的第 13 分钟凌空破门，这是他本赛季为曼城攻入的第 19 粒进球，而随后内格雷多也在第 39 分钟收获了进球。最终曼城 6-3 击溃了阿森纳。

赛后，阿坤被诊断为肌肉撕裂，需要进行小腿的康复工作。与此同时，阿坤的家人们都趁着假期前来看望他。他的兄弟姐妹们总会在这种时刻出现在他的身边，而如今他的家庭后援团又多了一位女人，那就是他的新女朋友卡琳娜·特赫达。卡琳娜·特赫达是阿根廷著名的流行歌手，两人在 2013 年开始恋爱。

卡琳娜·特赫达身在布宜诺斯艾利斯，此次前往曼彻斯特探望爱人，更加巩固了两人的关系。阿坤被自己心爱的人所包围，这使他很安心。他加紧养伤，准备回到赛场，他想恢复到赛季初的竞技状态，也想恢复到一个最好的心态。

他的这种自信在 1 月 15 日对阵布莱克本的比赛中得到了证实，这是他复出后首场比赛。替补登场的阿坤仅仅用了 50 秒，就在自己的第一脚触球便破门得分，攻入了球队的第四粒进球。曼城赢得了比赛，更重要的是，阿坤在伤别赛场一个月后，依旧保持着进球的本能。

而在紧接着的英超联赛中，阿坤继续着自己的进球表演。在 4-1 战胜卡迪夫城后，本赛季他为曼城取得的进球数达到了 21 个。而在紧接着的联赛杯半决赛中，曼城以 3-0 赢下西汉姆联后，阿坤的进球数又上涨为了 22。这也是曼城时隔 38 年再次进入联赛杯决赛，比赛将于 3 月 2 日在温布利球场打响。

在足总杯的赛场上，佩莱格里尼的球队继续着胜利的势头。在与沃特福德的比赛中，曼城在上半场出人意料地以 0-2 落后。但是到了下半场，曼城还是证明了自己的实力，最终球队以 4-2 逆转取胜，阿坤上演了帽子戏法，这也是他加盟曼城以来的第二个帽子戏法。队友科拉罗夫也打入一球，帮助球队锁定胜局。本场比赛过后，阿坤的表现受到了外界的一致好评。

然而命运总是爱捉弄天才。在 1 月 29 日对阵托特纳姆热刺的比赛中，阿坤再次证明了自己的伟大，虽然之前的两次头球都被化解，但是当第三次面对托特纳姆热刺门将洛里时，他用一记巧妙的吊射打破了场上的僵局。然而，比赛进行到第 44 分钟，阿坤在奔跑中拉伤了肌肉，不得不被约维蒂奇替换下场。

阿坤坐在球场中间，双眼充满了失落，他不敢相信这样的情况再次发生了。就在刚才，他还打入一球，还在为球队奔跑，但是顷刻间，他又一次受伤了。阿坤摸了摸自己受伤的右腿，蹒跚着走出了球场。虽然曼城球迷为阿坤献上了掌声，但是这依旧无法掩盖他内心的失落。由于他的下场，球队也必须进行战术调整。

令人欣慰的是，曼城最终在客场以 5-1 的比分大胜托特纳姆热刺，重新登上了榜首的位置。可是对于阿坤来说，他必须又一次离开赛场，一个人开始这漫长的养伤之路。

当天晚上，阿坤确实很失落，他感受到的不只是身体上的疼痛，更是伤病对他精神上的打击。但是很快，阿坤就告诉自己一定要有积极的人生观，他发誓，永远不要向伤病屈服。而他也收到了伤病诊断的确认：由于右腿的伤势他将大约休战一个月。如今,阿坤要在这段时间努力做好康复训练,无论是在精神上还是身体上,他都要让自己回到最佳状态。

在如此积极的态度下,阿坤的养伤过程并不单调,他不断增强自己的体质,锻炼自己的肌肉,而且主动地去试图调整自己的精神状态。一位名叫李·诺贝斯的曼城康复理疗师陪伴阿坤进行每天的康复训练,随着阿坤伤势的好转,训练的量和度也在逐渐增加。

李·诺贝斯为阿坤制订了一系列科学的训练计划。每天上午,阿坤会在卡林顿进行单独的个人训练和伤情评估,随后还有专门的按摩治疗,而到了下午,他还会进行瑜伽练习。

而阿坤的儿子本哈明也在这个时候来到了曼彻斯特,这期间能和儿子共处对于阿坤来说简直是天大的礼物。他们不止一次冒着严寒一起去钓鱼。虽然他们几乎一条鱼都钓不上来,但是能和即将年满5岁的儿子待在一起,阿坤已经倍感欣慰了,而这样的日子对于他的心理也是一种极大的治疗。

阿坤还经常带本哈明去打高尔夫球,球场就坐落在离他家很近的威姆斯洛。父子俩带着高尔夫装备,有模有样地一同挥杆,即使英国的天气再糟糕,此刻的阿坤也感到无比幸福。

他很享受这样的生活,当他看到本哈明模仿自己的样子挥杆击球,又学自己跑出去捡球,他感到无比的骄傲。在这样一个年龄,本哈明对于"击球"已经表现得非常出色了,他会模仿自己的父亲,然后用自己的方式去打高尔夫,他完全明白自己的目标是将球击入球洞中。

虽然父子俩并不能经常打高尔夫球,但是对于阿坤来说,这确实是一项很休闲放松的运动。他甚至还会在电视上和儿子一起观看各类高尔夫大赛。他特别喜欢泰格·伍兹,这是一名非常伟大的高尔夫球运动员。

在自己家中宽敞的客厅里,打开50英寸的液晶电视收看高尔夫节目,这对于一位足球运动员来说确实有些独特。

除非与此同时会有一场阿坤关注的重要足球比赛,比如已经降级的独立队将要冲甲的关键战,否则什么也不能打扰他看高尔夫球赛的雅兴。

当然,对于阿坤来说,早日康复才是他的首要任务,他也正为此做着努力。不过尽管这样,他还是错过了欧冠八分之一决赛对阵巴塞罗那的首回合比赛。进入欧冠淘汰赛对于阿坤来说非常重要,他渴望在这个更大的舞台发光发热。不能上场比赛对于他来说确实很难过,他也错过了和好友梅西在场上的直接较量。

2014年2月18日的晚上,阿坤在比赛最后阶段才赶到伊蒂哈德球场。因为之前他一直在卡林顿进行恢复训练,而曼彻斯特糟糕的交通让他迟到了。这是一场万众瞩目的比赛,所以前往伊蒂哈德球场的公路拥堵不堪。虽然抵达球场时比赛已经结束,但是阿坤还有时间到更衣室和队友们进行交流,而且他还在球员通道中撞见了梅西,关系密切的两人互相开玩笑说自己的球队肯定会赢得最终的胜利。

"与巴萨的比赛永远都会是一个巨大的挑战,不过这也给我提供了一次和最亲密的好友梅西过招的机会。当抽签结果出来时,我立即就给梅西发了短信:'为什么是我们?'梅西说:'是呀,要是在决赛见多好呀!'"阿坤说。

"一方面,我们为能够交手而高兴,但更重要的是,这意味着必有一方将被淘汰,这让我们有些难过。这种感觉有些奇怪,因为我总是和他走进同一个更衣室,无论是在国家队训练基地还是阿根廷比赛时,我们都形影不离。我总是坐在梅西和迪马利亚的中间,而马斯切拉诺和拉维奇坐在他们两人的两边。大家都是同龄人,当然除了马斯切拉诺和巴勃罗·萨巴莱塔,我们叫他俩老家伙。

"我和梅西真的是形影不离,一旦我不在他身边,他就会问我:'你为什么不在我身边?'而我的回答是:'我还想问你呢!你为什么不在我身边?'从2005年开始,只要在国家队,我就和梅西同住。他总是很早就睡了,而我会把电视声调低再看会儿电视。

"而当我睡着时,他又会起来到处找遥控器,然后帮我把电视关掉。当他睡着时,我上厕所都得踮着脚去,我还要把手机调为振动以免吵醒他。在2013—2014赛季快结束前,我先是因伤缺席了一些国家队比赛,而当我好了时,梅西又受伤了。一旦对方不在国家队,我们都是独自住一个房间。

"上次梅西还专门发短信问我,他不在的时候我和谁一起住的。我很快就回复他:'别担心宝贝儿,你不在时我都一个人住!'他回复我说:'你可最好别骗我!'

"就在不久前,球队的理疗师建议我们独自住一间房,但是梅西坚决反对这样做,他坚决要求跟我一起住!但是大家千万别多想,我们只是关系太好了而已。我们真的是最要好的朋友,总是一起又说又笑,他就像我的兄弟。

"第一回合在伊蒂哈德球场我们没有表现出最好的状态,我们给了巴萨太多的空间,或者说,我们的战术思路以及打法需要调整。所以在第二回合,我们必须做出这样的调整。

"可能是由于总是遇到巴塞罗那和拜仁慕尼黑这样的强敌,我们的心态不太好。从自身来说,我们就没有做到最好,我们要以一颗平常心去面对比赛才行。可能有的球员会觉得,面对某些球星时,如果我们没能击败他,那么自己一定会很狼狈,所以在处理球时你可能变得迟钝甚至出现直线下滑的状态,我觉得这真的非常不对。我们已经有了一些经验并能够作为一个团队去好好战斗,但是下一场比赛大家一定要以一颗平常心去面对,这只是一场比赛而已。

"梅西打入一球,而我们还被罚下一人,所以第二回合在诺坎普的比赛肯定将非常困难。我个人认为,想在那儿赢球确实不易,但是我也会尽快复出参加这场比赛,我一定要和好友梅西在场上相见!

"那大概是比赛开始的3分钟左右,我们都在中场抢球,当我试图启动加速时,我感觉自己好像又有什么不对劲儿了。我开始问自己的身体,你到底能不能够提供足够的爆发力,然而直到半场结束,这个答案都是否定的。

"我很失望,因为在如此重要的比赛中,我没能做到最好。我们以1-2的比分再次输给了巴塞罗那,结束了那个赛季的欧冠之旅。

"不过在两场和巴塞罗那的欧冠比赛之间,我们已经赢得了本赛季的第一座奖杯。在温布利大球场，我们击败了桑德兰赢得了联赛杯冠军。

"在这场比赛之前我一直在养伤，但是经过了几次训练之后，我还是觉得自己可以上场比赛。虽然我们最终以3-1取胜并夺冠，但是在这场比赛中我却感到刚刚从伤病中康复的自己对于比赛的节奏还很不适应，感觉也不对，我依然需要时间去调整。"阿坤说。

联赛杯是本赛季曼城夺取的第一座冠军奖杯，也是新帅佩莱格里尼上任以来的第一个冠军，同时是阿坤来到曼城三个赛季来的又一座锦标。在颁奖仪式结束后，双方球员以及家属全部来到温布利球场的贵宾室，大家在赛后进行了一个友好交流的茶话会。

在为夺冠而高兴的同时，阿坤也在这次会面中拥抱了自己的老朋友、桑德兰门将奥斯卡·乌斯塔里，后者曾在独立队和阿坤做过队友。

当天的庆祝晚宴在伦敦的中国餐厅举行，曼城上下笑逐颜开，大家都为能夺取联赛杯冠军感到自豪，而当天还有许许多多的球迷前来膜拜，大家都想一睹冠军奖杯的风采。

这其中就包括了一位著名的曼城球迷：诺埃尔·加拉格。他没有错过这个机会，抓住阿坤热情洋溢地向这位球队的大明星介绍自己。"我真的好爱你，兄弟！"诺埃尔几乎要亲遍了阿坤的脸，虽然阿坤也很开心与他一起分享喜悦，不过他还是委婉地把这位大歌星给及时拦住了。

回到赛场，曼城却没能把握住接下来的夺冠机会，球队在足总杯上遭遇失利。

"我们已经准备就绪，但最终还是很可惜地以1-2输给了维冈竞技。我们本以为可以轻松晋级，但现在的事实却是止步四分之一决赛。所以接下来，我们的目标只有一个，那就是专注联赛，夺取冠军。"赛后，阿坤说道。

"2013—2014赛季是我职业生涯迄今为止最艰难的一个赛季，比如伤病困扰，以及一些我从来没有遇到过的困难。赛季刚开始的时候，我们目标明确，但到了一月，我却发现自己只发挥了40%，这真的很让人失望。

"我真的不知道说什么了，我每天都和往常一样，我照常训练，照常比赛，照常休息，我也没有改变自己训练和比赛的方式，但我就是受伤了。只能说人们总是会遇到这样的时刻吧，这赛季对我来说注定充满了波折。

"梅西在巴塞罗那也遇到过类似的一个赛季，他也被大大小小的各种伤病困扰过，所以如今我能做的，只是尽快恢复，再回到赛场时一定要展现一个 100% 的我。

"在之前的 13 场比赛中我只上场了 3 场，而如今争冠形势已经进入了白热化，切尔西和利物浦是我们的竞争对手，所以现在正是紧要关头，我必须帮助球队走到最后。我必须好好训练和恢复，备战对阵利物浦的比赛，虽然这场比赛不能直接决定冠军，但这种积分榜头名间的直接对话往往能影响最终的冠军走势。

"比赛开局我们表现不佳，26 分钟时球队已经 0-2 落后了，我当时还不在状态，只能坐在替补席，但我真的为球队捏了一把汗，我试图寻找改变的方式，不能再这么下去了。至少半场结束前，我们不能再丢球了。

"还好一切似乎都被我们挽救回来了，大卫·席尔瓦在 57 分钟的破门让球队上下重燃希望，而仅仅 5 分钟后，席尔瓦的射门造成格伦·约翰逊乌龙，我们将比分扳成了 2-2 平！那时，我们坚信球队一定能赢下这场比赛。

"我在第 68 分钟时替换哲科上场，结局看似已经敲定，我觉得我们能赢。第 75 分钟，我左路突破过掉了防守队员，当时我抬头向禁区一看，席尔瓦即将包抄到位。于是我选择了一个低平球传中，席尔瓦跟上单刀，可是面对出击的米尼奥莱，他的铲射稍稍偏出了门柱。我们错过这次必进球机会后的仅仅 3 分钟，利物浦打进了绝杀进球，库蒂尼奥的低射越过了乔·哈特，安菲尔德球场陷入了疯狂。

"这是一个极其苦涩的结果，我们如今落后利物浦 7 分了，虽然我们少赛 2 场，但他们的联赛也只剩下 6 场。我们丧失了夺冠的主动权，如今必须期望着其他球队能帮助我们阻击利物浦才行，这样被动的状态确实很不理想。

"尽管如此，我依旧坚信我们能够成为本赛季的冠军。我告诉我的经纪人埃尔南，这一切肯定会发生。即使是在2-2战平桑德兰后，我们已经变为少赛一场落后6分，我还是相信球队会夺冠。

"可以说，当时全英国都认为利物浦会夺得冠军了，他们处在有利位置，但我们坚决不这样认为。因为之前我们也处在利物浦现在的位置，可是情况发生了变化，他们从我们的手中夺走了主动权，那么谁又能说这样的事情不会再发生一次呢？现在的情况很简单，我说我们要成为冠军，那我们就一定会夺取冠军。2012年时我说了同样的话，当时我们拥有强大的信念，而如今，这个信念变得更强了。

"这真的很奇妙，我记得那是2011—2012赛季的最后几周，我接受采访时对大卫·克莱顿说：我们会战斗到底。因为这已经成为球队的使命和信条，而正是自那之后，全队上下乃至球迷都更加团结了，我们没有放弃，并一同走到了最后。这样的精神值得延续，所以在之后的赛季我会一直这样。

"回归现实来说，我们必须赢取剩下的5场比赛，然后等待利物浦犯错。我觉得他们迟早会跌倒，而最终的事实也是如此。

"我们3-1战胜了西布朗，这是一场必须拿下的比赛，我们也做到了。我也打进了自一月以来的第一粒进球，这感觉棒极了。在这场比赛后随之而来的，就是利物浦的失误。我们正要同水晶宫进行比赛，所以我没有收看利物浦同切尔西的这场较量。他们的比赛结束前几分钟，我们开球了。然而当利物浦失利的消息传到了我们这儿，球迷们疯狂的表现就能告诉我那边发生了什么，虽然我们在安菲尔德失利了，但如今，一切又回来了，我们必须回到正在进行的比赛，尽全力拿下水晶宫。

"如果我们不能赢下比赛，那么利物浦的失利就没有意义了，所以我们以一个2-0漂亮地赢下了比赛。比赛结束后的晚上，我立即收看了利物浦和切尔西的录像。我没有为杰拉德的滑倒感到任何遗憾，登巴·巴的进球帮助了我们。这场失利也许对利物浦是个沉重的打击，但真的对于我们来说太重要了。这一切都是我的真实想法，我没有不尊重杰拉德的意思，我只是说他的失误帮助切尔西战胜了利物浦，而这正是我们所希望看到的。"

阿坤说。

周六我们做客古迪逊公园球场，杰拉德的失误导致利物浦输球这事儿还在发酵。曼城球迷们改编了利物浦死忠的经典助威歌曲："史蒂夫·杰拉——德，杰拉——德，他屁股朝天摔了一跤，他把球给了登巴·巴，史蒂夫·杰拉——德，杰拉——德！"刹那间，两队球迷非常和谐地开始高唱这首歌曲，曼城球迷感谢杰拉德的失误，将冠军拱手让出，而埃弗顿球迷则不想错过这个机会，嘲笑他们永恒的同城死敌利物浦，他们也很享受利物浦不能夺冠的场景。

"算上这场如今还剩3场比赛，我们知道，只要能一个一个把他们都赢下，冠军就是我们的了。虽然我们先丢一球，但是很快我就在第22分钟帮助球队扳平了比分。可是仅仅在破门后的第5分钟，我感到身体有一些奇怪，我的腹股沟好像有些不适，这可能是又受伤了，我觉得自己不能再坚持比赛了。做出这个决定真的必须非常谨慎，我需要预防伤情严重化，而事实也证明我这样做是对的，我因此赶上了球队的最后一场比赛。"阿坤回忆说。

主裁判李·普罗伯特吹响终场哨音的那一刻，曼城球迷陷入了疯狂的庆祝。能从古迪逊公园球场凯旋而归，似乎已经预示着最终的胜利，英超冠军对于曼城来说已经近在咫尺了。

同样的庆祝也发生在场上，球员们高举紧握的拳头庆祝胜利，伴随着永不放弃的信念，如今冠军奖杯已经触手可及。

阿坤也冲入球场和队友们一一拥抱，他感谢所有人的付出，感谢队友们用一场胜利拉近了球队与冠军的距离。

而对于阿坤个人而言，现在也没什么好担心的了，因为在经过仔细的检查后，他的伤势并无大碍，他只需要好好恢复一下，就能出战本赛季的最后一场联赛。

"我谨慎地做出了下场的决定，不过很幸运，在那之前我已经打入了一球。我为这粒进球而高兴，也为球队胜利而开心，更为我们依旧手握夺冠主动权而兴奋！"阿坤在推特上用140个字符总结了这场比赛。而之后他并没有因此松懈,虽然有点儿小伤,但是第二天一大早,阿坤就精神饱满地出现在了卡林顿训练基地,开始了肌肉恢复训练。

接下来的几天,他做了相同的事。星期一的时候,伤势似乎有些反复,但阿坤还是决定在星期三之前就必须进行体能测试,因为紧接着球队就将迎来和阿斯顿维拉的比赛。阿坤需要队医们对自己伤势的评估,以进一步确定是否能赶上这场较量。要知道,切尔西刚刚在和诺维奇的本轮较量中只是收获了一场平局,这使得伦敦球队的争冠梦几乎破灭。而周一的晚上,利物浦也将迎战本轮对手水晶宫。

此时在威姆斯洛的家中,阿坤刚刚通过社交软件Skype(一款即时通讯软件)和儿子聊完天,这是他每天日常生活中的一部分。当他来到客厅收看比赛时,他的经纪人埃尔南·雷格拉和鲁本·多明戈斯已经坐到了电视机前。因为埃尔南在这几天一直坚信,水晶宫一定会给罗杰斯的球队制造麻烦,所以他迫不及待地想验证自己的预感。

"水晶宫可不是善茬儿,他们可能会给你带来一个甚至两个惊喜。"埃尔南坚持着自己的观点。可是直到比赛结束前11分钟,场上的一切似乎都在打埃尔南的脸,利物浦一直以3-0的比分领先主队,而且从场面上来看,红军似乎还能取得更多的净胜球以赶超曼城。

但是在比赛的第79分钟,埃尔南所说的麻烦制造者来了,德莱尼的射门打在格伦·约翰逊身上偏转入网,水晶宫扳回一球!电视机前的三人立即又来了精神,迫不及待地希望心中的那个念头能够发生。果不其然,这一切发生了。和阿坤一样也身披16号球衣的盖尔·怀特替补登场打入了第二粒进球,随后在第88分钟,盖尔再入一球,比分奇迹般地被扳平!事实果然如埃尔南所料,水晶宫给电视机前的三人以及所有的曼城球迷带来了惊喜,他们以3-3逼平了利物浦!

此刻,阿坤依旧很平静,就算终场哨吹响的那一刻,他的脸上也没有一丝笑容。他只是坚定地对埃尔南说了一句:"和以前一样,我确信我们会赢下联赛冠军,现在我更加坚定了。"

至此,本轮比赛全部结束,利物浦依旧以81分暂时领跑积分榜,少赛一轮的曼城积 80 分紧随其后，切尔西 79 分位列第三。对于曼城来说，只要他们赢下阿斯顿维拉，排名第三的切尔西就将注定无缘冠军，而只要在最后一轮战胜西汉姆联，冠军就将到手。

换句话说，在其他所有球队还有 3 分可拿的情况下，曼城则还有 6 分可拿，他们只要保证拿下其中的 4 分，也就是 1 胜 1 平，他们就能确保夺冠。

【仪仗队】

这是本赛季的最后一周，阿坤感到很平静，经验告诉他应该这么做。2011—2012 赛季的奇迹让阿坤明白，在终场哨响起之前，什么事情都是可能发生的。当然，这一次球队夺冠的希望更大。曼城全队都明白这个道理，这一次他们不希望有什么奇迹再次发生，全队上下只求稳扎稳打拿下眼前的阿斯顿维拉就行。

虽然阿坤依旧渴望能在这场比赛中复出，但是队医们在检查结果出来后给出的意见依旧是继续休养，他们不希望阿坤冒着风险登场。而且就算错过对阵阿斯顿维拉的比赛，只要恢复一切顺利，阿坤还是能赶上最后一轮同西汉姆联的收官之战。

所以阿坤不得不继续坐在了看台上，女友卡琳娜也陪伴在他的身边，这周末他们希望共同见证球队夺冠。然而直到半场结束，比分依旧是 0-0，曼城还是未能攻破对手大门，这令阿坤为球队捏了一把汗。阿斯顿维拉的防守非常顽强，曼城的每次进攻都以失败告终。随着时间一点儿一点儿地过去，阿坤开始怀疑自己的保守选择是不是真的正确，他多么渴望能在这种时候登场助球队一臂之力，但现在，他所能做的只有相信队友，在场下为球队默默祈祷。

比赛的第 64 分钟，进球终于到来，萨巴莱塔助攻埃丁·哲科首开纪录，阿坤也终于松了一口气，露出了标志性的笑容。而接下来的比赛，进球如井喷般到来，哲科、约维蒂奇和亚亚·图雷的破门将最终比分定格在了 4-0，伊蒂哈德球场陷入了一片欢腾。曼城三年内的第二个冠军已经近在咫尺，所有人感觉已经触碰到了冠军奖杯。

虽然还未真正拿到冠军，但所有人都在庆祝。现在，球队扫清了最后的障碍，成千上万的球迷久久不愿离开球场，他们和球员们一同庆祝着胜利。阿坤来到球场，和每一位队友击掌拥抱，而在开车回家的路上，他甚至看到了曼城球迷在街道游行庆祝胜利。

他享受着四周球迷们的欢庆，人们挥舞着旗帜，不停地按着汽车喇叭。尽管大家摇下车窗吹着凉风，但人们的激情早已点燃一切。在这激动人心的时刻，人们相信周末的最终胜利将会把一切都推向最高潮，冠军真的就要来了。而路上的阿坤也完全成了庆祝游行的一部分，因为路上的人们认出他后，都开始向他欢呼，有人比出了胜利的手势，而有人还不断向阿坤鞠躬致敬。

阿坤也摇下了车窗，以便跟球迷们打招呼签名合影。人们将他团团围住，直到有一位球迷决定必须给自己的英雄让开道路，人们才一起护送阿坤离开了拥挤的街道。这位球迷就像一位临时的交警，他不断打着手势，指挥着人群，还"警告"旁边的司机给"英雄"让路。他自发地守护着球队的王牌射手，使得阿坤能够更快地离开这里，开车回家。

这是一幕非同寻常的场景，热烈的掌声经久不息，其他的车辆都按着喇叭向阿坤致敬，这使得车里的阿坤万分感激。他想告诉大家，其实自己并没有不耐烦，他愿意和大家一样在这里欢庆等着人群散去。但同时他也知道，人们这么做就是对自己最大的尊重与感激，如果此刻拒绝反而会不太好。

于是，阿坤缓慢地开着车，一只手伸出窗外和周围的球迷挥手致意。而人群则不断高呼"阿坤，阿坤"，直到最终他离开这里。此刻，阿坤的心暖暖的，这里的人民每天都在用不同的方式表达着对他自己和球队的支持与喜爱，而如今这样互相尊重而又愉悦的方式让大家都很享受。阿坤看了一眼身旁的卡琳娜，叹了一口气说："这真的太棒了，不是吗？"

自从2011年来到曼彻斯特，阿坤就感觉这里如同家一般温暖。但即便如此，他也认为这里的球迷们很难做出更多的事情来表现对球员和球队的喜爱。然而这一天，曼城球迷们带给了他太大的惊喜。

5月9日，也就是英超最后一轮对阵西汉姆联的比赛的前两天，阿坤接受了记者大卫·克莱顿在曼城官网上进行的采访。采访中，阿坤又一次感受到了自己的"特权"。

大卫说："2012年的时候，球队落后曼联8分，你说要战斗到最后。这句话现在已经成为球队和球迷的口号，球迷们甚至把这句话改变为了球队的加油歌曲，对此你是怎么看的呢？"

阿坤感慨地说："我从来没想过这句话会成为如此重要的力量源泉，但足球就是如此，什么事情都可能发生，所以我还是会说要战斗到最后，永远不要放弃。这能使我们永远充满斗志。我很开心，这句话成了我们所有人的座右铭，无论是俱乐部、球员还是我们可爱的球迷。"

克莱顿还问了阿坤对于最后一轮比赛的看法，这不可避免地提及了2012年球队上演奇迹逆转女王公园巡游者才最终夺冠。阿坤说："我认为情况还是不一样的，但这并不意味着比赛就会很轻松。"

而关于自己的伤势，以及是否能赶上最后的较量，阿坤向大家保证，自己没有问题。"我现在还没能恢复到100%的状态，但我应该能赶上周日的比赛，就算到时我没能痊愈，这样的时机以及大家所有人的希望也会让我忘却伤痛，我不会感受到任何伤病的存在。"

也是在5月9日星期五这一天，阿坤的父亲莱昂和母亲阿德里亚娜一起来到了曼彻斯特，这让阿坤的心情变得更好了，他们一家人期望着共同见证夺冠的瞬间。

阿德里亚娜依旧和往常一样乐观，就像2012年那样坚信曼城可以夺冠。而莱昂也是如此，他无法掩饰内心的喜悦，能和儿子在这样一个特殊的时刻团聚是一件无比美妙的事情。这似乎就是命运的安排，他至今也不能相信每一次和儿子的团聚都是伴随着如此的喜悦。

一家人在位于威姆斯洛的家中团聚，上午阿坤还要进行日常训练，而晚上一家人共进了晚餐。所有人都肯定一件事：那就是这顿晚餐一定是为胜利而准备的，就如同2012年那样，阿坤亲自下厨，这就好像一个既定的仪式。

这顿晚餐，阿坤并没有像上次那样做土豆和肉，而是选择了亲自和面做了比萨。他有自己的烹饪诀窍，让做出来的比萨近乎完美。准备好面团的阿坤并不会像别人那样去看各种食谱，而是以自己的风格做出别致的美食，他真的是一位天生的比萨大师。

在母亲阿德里亚娜的注视下，阿坤很快就和好了面团，母子俩有说有笑，而所有人也都惊讶于阿坤的厨艺。只见他熟练地将水和面粉和上酵母反复揉捏，做出了10个可以烤成比萨的面团。然后阿坤又用手指与手掌将面团揉开做成薄饼，他对于做比萨一丝不苟，不管是造型还是对于厨具的检查，当面饼放入烤箱时，他不断检查温度设置。作为一个追求极致的厨师，这些都是很有必要去做的。而阿坤自己也很享受这样，这个新的角色扮演让他感觉十分放松。在第一次烘培后，他从烤箱中拿出了半成品，开始往比萨上加各种配料，然后再次送入烤箱继续烘焙。

而最终，从家人们吃比萨的样子就能清楚地知道，阿坤做的比萨是有多么好吃，家里的人把他做的所有比萨全部吃完了。现在离星期日的比赛还有不到48小时，阿坤以这顿晚餐迎接最后的挑战，他冷静从容，被自己爱的人所包围着。现在的他无比放松，也非常自信，整个晚餐过程大家有说有笑，开心的事情层出不穷。伴随着这样的心态，阿坤在星期六与球队在希尔顿大酒店会合。

"我们以2-0赢下西汉姆联的比赛也许没有3-2逆转女王公园巡游者来得激动人心，但是没有人会不满意这样的结果。"阿坤说，"激动的情绪和球迷们的支持伴随我度过了那一天，因为我真的还没有恢复到最佳状态，但是我无论如何都不能错过这一天。

"整个赛季的努力就为了夺冠这一刻，所以我真的是迫不及待了。正如我所说，这一次的收官战不会充满太多戏剧性，一切都在掌控中，但我们依旧必须戒骄戒躁克服自身的心理，去力保平局并追求胜利，只要1分我们就是冠军了，我们必须保证稳稳当当地拿下冠军。

"我没有取得进球，这一天确实不是我的进球日，但很荣幸我们赢得了比赛。三年内第二次捧起了联赛冠军的奖杯，这样的结果已经让人非常满意了。我很高兴能为球队做出贡献，即使大半个赛季我都因伤缺席，但是我也奉献了自己的力量。

"在足球世界里没有什么是不可能的，任何事情都会发生。我们再次证明了自己，曼城的团队永远不会放弃希望，我们会永远朝着冠军而努力，这是一种能感染所有人的精神力量，它能帮助球队上下团结一致，而这也继续成为我们的口号。"阿坤说。

当主裁判阿特金森吹响终场哨音的那一刻，伊蒂哈德球场陷入了彻底的狂欢，全场氛围达到了顶峰。和2012年的夺冠一样，球迷们冲进了球场。对于这样的情况，就算是安全官员们也毫无办法，球迷们尽情释放着自己的喜悦，所有人蜂拥而至，球迷们和自己球队的球员一同在场内庆祝胜利。

和其他队友一样，阿坤发现自己已经被粉丝们所包围，他开始用任何可能的方式来向球迷们表达自己的爱。

三年内第二次夺得英超冠军，这样的成绩足以让球迷们满足，这也同样是阿坤尽情庆祝的理由，现在的曼城真的是一支王牌之师了，他们配得上荣耀与欢庆。如果说2012年的夺冠充满了戏剧性，那一夜发生了不可能发生的奇迹，人们都陷入其中无法自拔。那么这一次，阿坤仍能保持清醒的意识，他始终能意识到自己身上发生了什么。

正当阿坤被人群包围无法自拔时，俱乐部的安保人员适时出现，将他带离了人群，送回了更衣室。

他惊奇地发现自己的脚步比任何时候都要坚定有力，同时也清楚地看到所有欢庆中的人们，阿坤在离开球场时露出了自然的微笑。回到更衣室，球队上下依旧在欢庆胜利，队友和教练们又唱又跳，随后，大家一起回到球场。此时球场中央的球迷们都已散去，球员们和家人一起环场庆祝。而对于阿坤来说，能在球场以这样的方式与父亲莱昂和母亲阿德里亚娜团聚本身就是再美妙不过的事情了。

他们在球场中央再次见到了对方，巧合的是，5月11日这一天正是阿德里亚娜的生日。阿坤利用这个契机为母亲庆祝生日，他们在这里一同送上了蛋糕。而在伊蒂哈德球场独特的背景设计下，所有看台的灯光逐渐暗了下来，这一伟大的成就就这样极具视觉冲击力地载入了史册。

对于阿坤来说，一方面他正享受着这一个赛季所收获的喜悦，同时他已经看向了前方。现在，他要为自己设定新的奋斗目标。也许如今的阿坤赢得了一切，但他就是这样一个极具性格的球员，他的目标永远在前方，他将一直坚定地走下去。

在保留个人性格与魅力的同时，千万不要辜负自己的天赋。这是阿坤从每一任导师那儿学来的东西，在生活中如此，在工作中也是如此。他不断塑造着自己的人生，他的成功和魅力离不开自己在每一个细节中的辛勤付出，以及永远对自身的严格要求。

阿坤，他始终不会忘记自己来自哪里。阿坤，他始终会把照顾家人放在重要位置。他尊重长辈，他知错就改，他深思熟虑，他也会流泪。他可以自豪地回顾自己走过的每一段路，他创造了这一切。阿坤热爱足球，热爱生活，他踢球是为了快乐，并且将这种快乐充斥了自己的整个人生，然后分享给所有人。人们知道，他就是为足球而生的。

足球的基因流淌在阿坤的血液中，就像他自己最喜欢的电影《角斗士》中的主角一样，人们钦佩他的执着，推崇他的才华与实力。最重要的是，他永远拒绝失败，无论情况如何，他都会下定决心，战斗到最后一刻。